能源与气候金融学系列教材

能源金融学

姬强 郭琨 张大永 ◎ 编著

ENERGY FINANCE

科学出版社
北京

内 容 简 介

能源金融化是后金融危机时代能源市场最显著的特征，利用金融资本在能源全产业链进行资源优化配置已经成为实现能源可持续发展的重要手段。本教材从新时代能源金融的新内涵入手，深入浅出地对能源金融的理论发展脉络做了全面的解读，并对石油金融、天然气金融、煤炭金融、电力金融、碳金融、可再生能源金融等能源金融的表现形式进行了深入剖析，同时介绍了能源金融风险管理、能源公司金融、能源金融产品定价以及相关研究方法体系等，以期对能源金融进行全景式概览。

本教材是国内能源金融学建设的重要支撑材料，可以作为高等院校能源金融相关专业师生的教学参考用书，也适合政府有关部门、能源企业、投资机构以及科研机构的专业人士阅读。

图书在版编目（CIP）数据

能源金融学 / 姬强，郭琨，张大永编著. —北京：科学出版社，2024.5

能源与气候金融学系列教材

ISBN 978-7-03-078353-0

Ⅰ.①能⋯ Ⅱ.①姬⋯ ②郭⋯ ③张⋯ Ⅲ.①能源－金融学－教材 Ⅳ.①F407.2

中国国家版本馆 CIP 数据核字（2024）第 073177 号

责任编辑：方小丽 / 责任校对：贾娜娜
责任印制：吴兆东 / 封面设计：有道设计

科学出版社 出版
北京东黄城根北街 16 号
邮政编码：100717
http://www.sciencep.com

涿州市般润文化传播有限公司印刷
科学出版社发行 各地新华书店经销

*

2024 年 5 月第 一 版　开本：787×1092　1/16
2024 年 8 月第二次印刷　印张：19 3/4
字数：468 000

定价：68.00 元

（如有印装质量问题，我社负责调换）

作 者 简 介

姬强：国家优秀青年科学基金获得者，中国科学院科技战略咨询研究院学部学科研究支撑中心执行主任、研究员、博士生导师。

郭琨：中国科学院大学经济与管理学院副研究员，中国科学院虚拟经济与数据科学研究中心碳中和与气候金融实验室执行主任，民建北京市委金融委员会副主任。

张大永：国家社科基金重大项目首席专家，西南财经大学教授、博士生导师，中国"双法"研究会气候金融研究分会理事长、国际能源转型学会副理事长。

编委会

编著者
  姬　强（中国科学院科技战略咨询研究院）
  郭　琨（中国科学院大学）
  张大永（西南财经大学）

编写组（按姓氏拼音排序）
  陈雅婕（西南财经大学）
  兰思蒙（中国科学院大学）
  李　艳（中国科学院科技战略咨询研究院）
  刘　宇（中国科学院大学）
  栾丽媛（中国科学院大学）
  马嫣然（中国科学院科技战略咨询研究院）
  王田田（南京审计大学）
  幸小云（北京林业大学）
  张韵晗（中国科学院科技战略咨询研究院）

前 言 PREFACE

党的二十大报告指出："我们要坚持教育优先发展、科技自立自强、人才引领驱动，加快建设教育强国、科技强国、人才强国，坚持为党育人、为国育才，全面提高人才自主培养质量，着力造就拔尖创新人才，聚天下英才而用之。"[①]教材是教学内容的主要载体，是教学的重要依据、培养人才的重要保障。在优秀教材的编写道路上，我们一直在努力。

自19世纪中期第二次工业革命以来，石油在经历了从现货、长约到期货定价的发展历程后，其产品从单纯的燃料变成了新的金融投资标的，金融行业开始大规模参与石油市场交易，石油金融成为金融系统新的子系统，也是能源金融的雏形。随着能源金融创新产品的不断深化，能源金融也从早期的石油金融开始向传统能源金融、电力金融、可再生能源金融扩展，能源金融的内涵和边界也在不断丰富和拓展。

能源金融本质上是能源资源与金融资源的整合，是金融资本在能源全产业链优化配置的表现，也是投融资活动在能源领域的实践。从学科发展的角度来看，21世纪以来，能源金融化的不断加深特别是2008年金融危机的到来，推动了能源金融学这一学科的形成。能源金融学主要是在能源成为经济重要引擎的时代背景下，综合运用能源经济学、气候经济学、管理学、系统科学等多学科交叉的理论，建立起服务能源金融实践活动的理论体系，形成能源金融的系统性分析工具和方法论。

能源金融学源于实践，并服务于实践。本教材从新时代能源金融的新内涵入手，深入浅出地对能源金融的理论发展脉络做了全面的解读，并对石油金融、天然气金融、煤炭金融、电力金融、碳金融、可再生能源金融等能源金融的表现形式进行了剖析，以期对能源金融进行全景式概览。

本教材包含四个部分，共11章。第一部分为概论，包括第1章的内容，给出能源金融的基础概念；第二部分为能源金融市场，包括第2章至第7章的内容，分别介绍了石油金融、天然气金融、煤炭金融、电力金融、碳金融、可再生能源金融等能源金融市场的发展演化与中国的市场特征等；第三部分为能源金融管理，包括第8章和第9章的内容，介绍了能源金融风险管理和能源公司金融的投融资管理；第四部分为能源金融分析工具，包括第10章和第11章的内容，介绍了典型能源金融产品的定价方法和能源金融

[①] 《习近平：高举中国特色社会主义伟大旗帜 为全面建设社会主义现代化国家而团结奋斗——在中国共产党第二十次全国代表大会上的报告》，https://www.gov.cn/xinwen/2022-10/25/content_5721685.htm，2022年10月25日。

领域常用的科学研究方法。各章具体内容如下。

第1章能源金融概论：概述能源金融的概念、复杂特征以及边界，从市场体系、风险传导和产业融合三个方面讲述能源金融的发展脉络，并对能源金融理论研究的进展与演进以及未来的学术前沿和关键科学问题进行了综述。

第2章石油金融：梳理了石油市场的发展历程以及不同阶段的定价机制，对影响石油市场的关键因素从供需、地缘政治、气候冲击、市场投机等维度进行了全面分析，总结了中国石油市场的发展特色。

第3章天然气金融：介绍了天然气金融的基本概念与发展历程，对区域的天然气定价机制以及定价的结构演变进行了概述，总结了中国天然气贸易、市场定价以及定价机制改革的进展。

第4章煤炭金融：介绍了煤炭市场的形成与发展以及当前的衍生品金融工具，对全球煤炭市场的格局进行了分析，解读了煤炭价格的形成机制以及主要的驱动因素，最后对中国煤炭市场进行了概览。

第5章电力金融：介绍了电力市场和电力金融的基本概念与整体发展历程，对国际电力期货市场的定价机制和影响因素进行了描述，最后对中国电力市场的发展历程以及特有的定价机制和相关政策进行了介绍。

第6章碳金融：以碳排放与气候变化的关系为背景，介绍了碳金融的基本概念，在此基础上详细给出了国际碳市场的发展历程、主要交易模式、定价机制和相关衍生工具的情况，最后针对中国碳市场给出了发展历程的介绍和现有碳金融衍生工具的情况。

第7章可再生能源金融：在对可再生能源进行定义和分类的基础上，对可再生能源金融的概念和发展历程进行介绍，并对各类可再生能源金融工具进行了详细的剖析，最后给出各国可再生能源金融的相关政策及发展演化特征。

第8章能源金融风险管理：介绍了能源金融风险特征和风险类型，对能源金融市场风险溢出的基本理论和系统内外的风险溢出机理进行详细解读，对能源金融市场风险常用度量方法进行介绍。

第9章能源公司金融：介绍了能源投资和能源融资的基本概况，并对能源公司治理进行了案例分析；在能源投资方面，从能源投资的对象、投资的模式、跨国投资以及中国对外投资等方面进行了解读；在能源融资方面，从融资渠道、融资特点、融资实践、融资约束等方面进行了解读。

第10章能源金融产品定价模型：介绍了各类典型能源金融产品的定价模型，包括能源远期与期货的定价、能源期权的定价、其他能源金融产品的定价等，并拓展性地给出能源资产证券化的概念及其定价模型。

第11章能源金融研究方法与工具：介绍了能源金融领域常用的科学研究方法与工具，重点介绍了时间序列模型、网络科学理论、政策模拟与仿真等实用性工具。

能源金融学是一门新兴的交叉学科，能源金融学的学科发展也将随着能源金融的实践活动不断完善。本教材仅是对当前能源金融学的理论进行初探，也是研究团队在这一领域长期深耕的一些思考，希望能够吸引更多的学者共同探讨能源金融学的发展，不断完善能源金融学的学科建设。本教材在编写过程中，参考和借鉴了有关专家、学者的最新研究成果，在此一并表示感谢。书中难免存在不足，敬请广大读者批评指正。

  本教材的编著得到了国家自然科学基金项目（72348003，72022020）的支持。

姬强，郭琨，张大永

2024 年 1 月 1 日

目 录 CONTENTS

第 1 章　能源金融概论

1.1　能源金融概念与界定 ……………………………………………………… 1
1.2　国际金融市场与能源金融 …………………………………………………… 3
1.3　能源金融理论的发展综述 …………………………………………………… 5
1.4　能源金融未来研究的关键科学问题 ………………………………………… 18
参考文献 …………………………………………………………………………… 20

第 2 章　石油金融

2.1　基本概念 ……………………………………………………………………… 26
2.2　国际石油市场现状 …………………………………………………………… 27
2.3　石油定价理论发展 …………………………………………………………… 35
2.4　中国石油市场 ………………………………………………………………… 43
2.5　原油宝负油价事件案例 ……………………………………………………… 49
课后习题 …………………………………………………………………………… 52
参考文献 …………………………………………………………………………… 52

第 3 章　天然气金融

3.1　基本概念与发展历程 ………………………………………………………… 53
3.2　国际天然气市场现状 ………………………………………………………… 60
3.3　天然气定价机制 ……………………………………………………………… 67
3.4　中国天然气市场 ……………………………………………………………… 74
3.5　北溪天然气管道事件案例 …………………………………………………… 79
课后习题 …………………………………………………………………………… 79

第 4 章　煤炭金融

4.1　基本概念与发展历程 ………………………………………………………… 80
4.2　国际煤炭市场现状 …………………………………………………………… 84
4.3　煤炭价格 ……………………………………………………………………… 88

v

4.4	中国煤炭市场	94
4.5	2021年煤炭期货"过山车"行情案例	100
课后习题		102

第 5 章　电力金融

5.1	基本概念与发展历程	103
5.2	国际电力市场概述	106
5.3	电力市场的定价机制	113
5.4	中国的电力市场	116
5.5	澳大利亚电力现货市场暂停案例	120
5.6	川渝限电事件案例	121
课后习题		122
参考文献		122

第 6 章　碳金融

6.1	基本概念与发展历程	123
6.2	碳的定价机制	128
6.3	国际碳金融发展概述	136
6.4	碳价影响因素	148
6.5	中国碳金融市场	150
6.6	欧盟零碳价案例	157
课后习题		158
参考文献		158

第 7 章　可再生能源金融

7.1	基本概念与发展历程	160
7.2	可再生能源金融工具	165
7.3	可再生能源金融政策	172
7.4	中广核风电项目融资案例	176
课后习题		181
参考文献		181

第 8 章　能源金融风险管理

8.1	能源金融风险的内涵与特征	183
8.2	能源金融风险类型	185
8.3	能源金融风险机理分析	187
8.4	能源金融风险测度方法	194
8.5	能源金融风险管理方法	195

8.6 东方航空燃油套保案例 ································ 197
8.7 美国商品期货交易委员会加强监管职能案例 ···················· 198
课后习题 ······································· 199
参考文献 ······································· 199

第 9 章　能源公司金融

9.1 能源公司投资 ···································· 200
9.2 能源公司融资 ···································· 212
9.3 能源公司治理与社会责任 ····························· 217
9.4 2013 年中海油收购加拿大尼克森案例 ······················ 220
9.5 英国石油公司 2050 年净零排放目标及路径规划案例 ············· 223
课后习题 ······································· 226

第 10 章　能源金融产品定价模型

10.1 能源远期与期货的定价 ····························· 227
10.2 能源期权的定价 ································ 230
10.3 其他能源金融产品的定价 ··························· 241
课后习题 ······································· 247

第 11 章　能源金融研究方法与工具

11.1 时间序列模型 ·································· 248
11.2 网络科学理论 ·································· 266
11.3 政策模拟与仿真 ································ 279
课后习题 ······································· 297
参考文献 ······································· 298

第 1 章 能源金融概论

> **本章导读**
>
> 进入 21 世纪后,随着能源衍生品(期货、期权等)的不断丰富,能源定价开始向市场化转变。在这一过程中,能源商品往往表现出超过供需基本面的价格行为规律,能源商品的金融属性开始凸显,这一现象被称为能源金融化。随着能源产品金融化程度的增加,能源领域的金融问题也开始受到越来越多学者的关注。能源金融正是在这种背景下应运而生,并成为新兴的交叉前沿学科方向。本章主要从能源金融的概念流变入手,对能源金融的内涵进行重新界定,从市场体系、风险传导以及产业融合三个维度对能源金融的特征进行梳理。同时,对能源金融的理论发展进行综述,对不同时期能源金融研究领域的热点和前沿问题进行系统性概括,最后提出能源金融未来研究的关键科学问题。

1.1 能源金融概念与界定

当前学术界已经开展了大量的能源金融理论与实证研究,但对于能源金融还没有统一的定义。在国内研究文献中,学者对能源金融的内涵有不同的界定。佘升翔等(2007)认为能源金融是传统金融体系和能源系统相互渗透与融合形成的新金融系统,分为能源虚拟金融和能源实体金融两个层面。前者是指能源市场主体在能源商品期货市场、期权市场、国际货币市场以及能源相关的资本市场进行的金融活动。后者是指能源产权主体、效率市场和传统金融市场所支撑的实体产业。林伯强和黄光晓(2014)认为能源金融是利用金融市场来完善能源市场价格信号的形成与传递,管理和规避能源市场风险,解决能源开发利用的融资问题,优化能源产业的结构,促进节能减排和新能源开发利用等,其核心是能源的市场化定价机制。陈柳钦(2014)认为能源金融是一种能源与金融相互融合、相互促进的金融形态,是传统金融体系与能源系统的相互渗透、融合而形成的新的金融系统。

从上述定义来看,目前普遍认为能源金融是指能源系统与金融系统的深度融合,是金融活动在能源领域的深化发展。在金融危机后,国际能源市场发生深刻变革,其中一个标志性的特征就是能源金融化。我们认为能源金融的本质就是能源金融化的属性推演形成的。因此,我们将能源金融的内涵界定为随着金融市场面向能源产品创新的不断增加,能源价格表现出金融化行为以及能源市场与金融市场日益深化的一体化特征。简单来说,能源金融就是能源市场在金融属性下表现出的新的价格形态和微观行为规律,以及衍生的与能源相关的资本运作和金融活动。能源金融是一种新的业态,它与传统金融的最大区别在于能源作为一种资产兼具"商品"和"金融"的双重属性,能源的价格行为受金融活动的影响，但又遵循商品价值的供需理论，能源资产的"商品"属性也给能源金融的研究带来了一定的独特性。

2019年2月22日，习近平在中共中央政治局第十三次集体学习时指出"防范化解金融风险特别是防止发生系统性金融风险，是金融工作的根本性任务"[①]。在能源金融化日益加深的背景下，金融系统性风险已经从传统的金融系统开始向能源系统外溢，能源系统与金融系统正在深度融合，系统之间的耦合关系变得更加紧密。如何科学地识别能源系统与金融系统之间的耦合机制，有效地进行风险防控是当前能源金融领域研究的前沿和热点。

由于能源系统与金融系统之间信息传导关系的日益密切，能源系统正在表现出更加复杂的特征——波动性、不确定性、复杂性及模糊性，能源系统的复杂行为将被重新定义。

1. 能源价格波动剧烈且金融化属性凸显

从传统的供需理论看，近些年国际石油供需基本处于弱平衡态势，供需缺口并不能解释日益增大的价格波动趋势。例如，2008年油价"过山车式"的暴涨暴跌被认为是国际金融资本在能源期货市场上广泛介入的结果（Creti and Nguyen, 2015）。新旧能源势力博弈、美国页岩气革命、沙特阿拉伯和俄罗斯对定价权的争夺等都会影响能源市场秩序重构，引起价格的剧烈波动（Behar and Ritz, 2017；Caporin and Fontini, 2017；Gupta and Yoon, 2018；Razek and Michieka, 2019）。同时，前所未有的资金流入及机构投资者的广泛参与使能源市场金融化现象增多（Cheng and Xiong, 2014；Tang and Xiong, 2012；Basak and Pavlova, 2016）。

2. 市场不确定性成为能源系统价格运行的新的驱动因素

投资者对外部信息的快速反应和对市场预期的动态调整增加了投资者对市场不确定信息的敏感程度。电子交易网络化的发展使得网络情绪成为影响市场价格波动的新指标，而大数据技术的发展给网络情绪分析提供了新的理论工具。市场内部隐含波动信息，源于金融系统的恐慌情绪传染以及各种宏观经济政策的不确定性信息成为影响能源系统短期波动的新的驱动因素（Antonakakis et al., 2014；Wei et al., 2017；Liu et al., 2018；Ji et al., 2018；Albulescu et al., 2019）。

3. 市场内部微观行为机理更加复杂，需要新的研究框架

随着能源市场金融化程度的不断加深，能源市场内部金融创新工具不断涌现，带动市场新规律和新的交易机制及模式。能源价格波动规律已经不能完全由传统的供需理论解释，市场微观机制的内涵进一步扩展，需要从新的视角引入新的驱动因素进行系统分析。能源价格正在表现出更多的金融属性和地缘政治属性，而不再单纯是商品属性。能

---

① 《习近平主持中共中央政治局第十三次集体学习并讲话》，https://www.gov.cn/xinwen/2019-02/23/content_5367953.htm?eqid=eb00353f000170b4000000026462ded8，2023年12月20日。

源价格波动不仅受到市场内部因素的影响,不同层面的外部信息的流入也会对市场投资者的情绪造成干扰,因此对市场的研究需要新的思路和分析工具(Fan and Xu,2011;Ji,2012;Miao et al.,2017;Demirer et al.,2019;Ames et al.,2020)。

4. 能源市场与金融市场的融合程度正在进一步加深

金融投资者在全球范围内进行投资组合以促进资本的全球化流动,能源系统已经成为金融系统中不可或缺的一部分,与金融系统之间的信息传导关系更加多样化和复杂化,也开始面临系统风险和金融传染效应对市场的冲击(Kristoufek et al.,2012;Maghyereh et al.,2016;Bernardina and Arturo;Zhang,2017;Sarwar et al.,2020)。能源市场的边界正在模糊化,能源系统与金融系统之间的复杂关联需要重新界定,系统之间的风险度量需要新的理论和方法体系。

1.2　国际金融市场与能源金融

能源金融的发展离不开国际金融市场,这主要表现在市场体系、风险传导和产业融合三个方面。可以说,国际金融市场是能源金融发展的基础,它不仅为能源金融的参与者提供必要的交易平台,还提供流动性和避险工具。

1.2.1　市场体系

能源金融市场主要是针对某一特定能源商品(如石油、天然气、煤炭和电力等)的衍生金融产品交易,也是国际大宗商品交易市场的重要组成部分。能源金融市场体系包括场内交易和场外交易两种模式。场内交易市场是由证券交易所组织的集中交易市场,有固定的交易场所和交易活动时间,采取公开竞价和严格的监管制度,交易对象是标准的能源期货、期权合约;场外交易(over-the-counter,OTC)市场也称为柜台市场,没有固定、集中的交易场所,采取一对一的议价方式,是一个受到监控但不受监管的市场,交易对象主要是非标准化的场外衍生产品,具体如表1-1所示。

表 1-1　场内交易市场和场外交易市场比较

项目	场内交易市场	场外交易市场
交易地点	交易所集中交易	场外一对一交易
合约特征	标准化合约,由交易所统一规定具体格式	非标准化合约,双方自行协商确定合约相关的条款
交割方式	由交易所规定交割方式、数量、品质、时间和地点	由买卖双方自行协商交割方式,大多采用现金交割
议价方式	公开、集中竞价	一对一议价
结算方式	交易所或结算公司负责,实行每日无负债结算制度	由买卖双方直接结算
信用基础	保证金制	基于信用

续表

项目	场内交易市场	场外交易市场
履约风险	由交易所或结算公司担保合约履行	由买卖双方自行承担违约风险
法律框架	交易所制定有关交易、交割以及结算规则、风险控制方法	ISDA 协议
监管体系	接受证券期货监管部门的严格监管	遵循一般的商业合同法律和惯例

注：ISDA（International Swaps and Derivatives Association，国际互换与衍生品协会）成立于 1985 年，是衍生产品场外交易市场的国际性行业组织，致力于规范市场、加强风险管理。

国际能源金融衍生品市场的兴起是在 20 世纪 70 年代的石油危机爆发后。第一次石油危机不仅给国际石油市场带来了巨大的冲击，也直接导致了石油期货的产生。1982 年纽约商品交易所（New York Mercantile Exchange，NYMEX）推出了世界上第一份石油期货合约——西得克萨斯中质原油（West Texas intermediate crude，WTI）期货合约，其在随后的二十多年中发展成为全球交易量和交易金额最大的商品期货品种。石油期货的成功不仅对国际石油市场的发展具有重要意义，它还使得能源金融成为国际金融市场关注的新的焦点。美国利用其在国际金融市场上的主导地位，控制石油期货市场的定价权，进而获得了国际石油市场的主导权。可以说，石油期货市场不仅为美国能源企业提供了规避市场风险的渠道，还支持了美国经济的持续稳定发展。

目前，全球能源金融市场已经发展成为一个成熟、完善的多层次市场体系，能源金融市场逐渐替代现货贸易和长期合同机制成为国际能源市场的定价基础。除了传统的石油、天然气、煤炭等大宗能源商品的衍生品交易外，诸如天气指数、航运指数、碳排放权、节能量指标等与能源、环境、气候等相关的人为创设的"概念"产品也开始出现在交易市场中，这些产品为能源金融市场参与者提供了更多样化的避险工具。

1.2.2 风险传导

能源金融市场是国际能源市场的风险管理平台，其关注的核心是全球能源价格的波动。作为国际金融市场的一个组成部分，能源金融市场不可避免地会受到国际金融市场的影响，其中最为明显的表征就是能源商品的"金融属性"大大增强，吸引了大量的资金投入到能源金融领域，这既为能源金融市场提供了流动性，同时加剧了能源衍生金融产品的价格波动，而衍生品的价格波动又通过能源金融市场参与者的套期保值、套利或投机行为传导到国际能源市场，进而加剧了能源商品的价格波动。

随着这种能源商品金融化趋势的演进，影响能源价格波动的因素变得更加复杂，除了传统的生产供应、商品库存等市场内部因素外，全球政治经济形势、环境气候、金融投机等市场外部因素都会引发能源价格的剧烈波动。国际金融市场对能源金融市场的风险传导途径主要包括以下几个方面。

一是国际金融市场的信息溢出效应。由于全球金融管制的逐步放松和信息技术的高速发展，全球经济一体化趋势不断加强，信息在国际金融市场间的传播和溢出更为迅速。

能源商品作为战略物资和现代工业的基础，其供求关系极易受到经济形势的影响，而能源衍生品的价格对经济波动等相关信息（如就业率、利率等）的反应更为敏感，因此也更容易受到影响。

二是国际金融市场的资金溢出效应。由于美元是国际能源市场的主要计价及结算货币，因此美元贬值以及由此带来的流动性过剩导致大量的资金转向具有保值功能的能源商品，国际金融市场的资金溢出效应加剧了能源金融市场的价格波动，特别是大量的国际游资，其投机性强、流动性快、隐蔽性高，往往给能源市场及能源产业造成巨大冲击。

三是国际金融市场的风险溢出效应。由于国际金融市场的全球化趋势不断加强，国际投资者可以在24小时内在不同国家的市场间或不同交易品种之间寻找套利或投机的机会，因此跨市场风险溢出成为能源金融市场的风险来源之一。

1.2.3 产业融合

产业融合是指不同产业或同一产业不同行业相互渗透、相互交叉，最终融合为一体，逐步形成新产业的动态发展过程。不断增强的跨国能源战略合作是全球能源产业的发展趋势，但是在这一过程中，能源企业面临的地缘政治冲突、资源勘探开发和新能源技术开发等方面的风险也越来越频繁，能源行业亟须与金融行业开展合作，实现产业融合。产业融合可以提高能源市场的效率，促进能源产业创新，促使市场结构（市场集中度）在企业竞争合作关系的变动中不断趋于合理化，进而推动能源产业结构优化与发展。

能源、金融两个产业间的关联性和对效益最大化的追求是产业融合的内在动力，其主要模式可分为三类。第一类是产业渗透，一方面是能源企业的产业资本通过参股、控股金融机构等方式直接向金融产业渗透；另一方面是传统的投资银行、对冲基金等金融机构直接介入到能源市场中，成为能源市场的主要参与者，并发挥其信息和资金优势，引导能源产业的发展方向。第二类是产业交叉，也就是通过产业间的互补和延伸来实现产业间的融合，金融机构通过为能源企业提供急需的风险管理、风险投资，以及相关的金融、法律等服务，使得两者间逐渐融合形成新型产业体系。第三类是产业重组，由于国际能源市场的竞争日益激烈，跨国能源企业间的并购与重组更为激烈，金融机构不仅能够为能源企业并购与重组提供必要的资金，而且能够主动介入到能源行业的并购重组中，利用自身的信息及资金、管理等方面的优势，撮合能源企业间的并购与重组，加速能源行业的资源整合。

1.3 能源金融理论的发展综述

首先，我们对能源金融这一研究方向的发展历程进行整体回顾。其次，我们基于文献计量方法，对现有能源金融的相关文献进行系统的梳理，对能源金融的理论发展和前沿方向进行总结，将能源金融的研究领域分为能源市场内部的价格机理研究、能源市场外部的跨市场耦合研究以及能源金融的微观研究。其中，能源市场内部的价格机理研究细分为能源价格驱动因素研究、能源市场建模与预测、能源资产定价与套期保值三个部分；能源市场外部的跨市场耦合研究细分为能源-商品-金融市场相关性研究；能源金融的微观研究细分为能源行业投融资以及能源公司金融两个部分，并分析能源资产的金融活动。

1.3.1　能源金融研究方向的发展回顾

能源金融是近年来兴起的一个新的交叉前沿方向，关于能源商品的金融属性、价格特征及投融资问题正在受到广泛的关注，诸多学者开始研究新的模型来分析能源部门的风险溢出，并应用这些模型来丰富当前的能源风险管理理论（Ji et al.，2020a）。作为一个相对较新的概念，能源金融化没有明确的定义，然而我们可以回到商品金融化的概念。其中，Cheng 和 Xiong（2014）观察到大量投资流入商品期货市场，他们发现这些投资超越了商品期货作为风险对冲工具的基本作用。这些资本的流入极大地改变了商品市场，影响了传统的风险分担和信息发现机制。作为最重要的商品之一，能源产品有着相似的变化，但表现不同，这使得研究能源金融化的必要性更加迫切。

近年来发表的一些文章为研究人员如何定义能源金融化提供了线索。Ji 等（2019b）在 *Emerging Markets Finance and Trade*（《新兴市场金融和贸易》）上发表文章指出，能源金融化为研究能源市场的价格行为、风险传染机制和风险管理提供了新的研究思路和方向。Ji 等（2020a）在 *International Review of Financial Analysis*（《国际金融分析评论》）上发表了题为 "Energy financialization，risk and challenges"（《能源金融化、风险和挑战》）的文章，在导言中进一步阐述了能源金融化的概念。从 2008 年全球金融危机和地缘政治风险导致结构变化开始，全球能源市场出现了几个结构性变化。例如，极端的价格波动、更为活跃的能源金融衍生品和与对冲基金相关的高资本流动性，以及金融投资者分散投资组合风险的需求。这些变化的结果是能源市场、商品市场和金融市场之间的协同运动日益增加，这导致了比以前更复杂的风险溢出，并给能源风险管理带来了更多挑战。总的来说，他们认为能源金融化给能源市场带来了新的风险和挑战，并不可避免地产生新的研究问题和开发新方法的需要。

国际主流能源经济学期刊 *Energy Economics*（《能源经济学》）认识到了能源金融的重要性，并从 2011 年开始将发表文章的栏目重新划分为三个方向——能源经济、能源金融以及能源与环境，能源金融作为一个新的方向开始出现在国际期刊的分类中。为了更好地了解当前能源金融领域的研究进展和热点方向，我们将 2011~2022 年发表在 *Energy Economics* 能源金融栏目中的文章进行了梳理，以期从中揭示一些新的发现。根据统计，2011~2022 年共有 738 篇文章发表在 *Energy Economics* 的能源金融栏目中。能源金融领域的研究文章以研究石油金融为主，这与石油市场是能源市场中市场化程度最高、金融属性最突出的品种这一事实相对应，其次是市场化程度相对较高的电力市场和天然气市场的相关研究。

1.3.2 能源市场内部的价格机理研究

1. 能源价格驱动因素研究

影响能源价格波动的因素可以分为长期因素和短期因素，前者通过改变能源基本面供需而影响价格长期走势，后者则通过突发事件、投资者行为等影响市场心理预期进而对能源价格短期波动产生影响。

1）石油价格驱动因素

石油是全球消费量最大的一次能源资源，也是全球最重要的工业原材料之一，石油的价格变化影响全球经济的稳定运行。20世纪，石油输出国组织（Organization of the Petroleum Exporting Countries，OPEC）通过"限产保价"策略抬高石油价格，加之伊朗和伊拉克之间的冲突爆发，最终导致了三次石油危机，给全球经济带来了巨大的负面影响。为了规避石油价格波动风险和争夺石油定价权，美国、英国等国家相继推出了石油期货合约，后来又推出了燃料油和汽油等成品油期货合约，石油及相关成品油期货成为期货市场中重要的合约品种。驱动石油价格变动的因素主要包括石油的商品基本面、替代能源发展情况、投机行为、突发事件、市场干预、美元汇率等。

石油的商品基本面包括石油供给不确定性、石油需求稳定性以及国际石油市场格局的演变（Kilian，2014；Heath，2019；Fattouh et al.，2013；Hamilton，2009）。最早的研究需追溯到霍特林（Hotelling）的研究，他认为由于石油是一种可耗竭的资源，市场预期未来会出现石油短缺，因此油价将确定性上涨，这是石油作为投资产品的市场基础（Hotelling，1931）。Dees 等（2007）研究不同石油需求和供给对石油价格的影响，发现石油需求和非 OPEC 供应量对石油价格的影响较小，而 OPEC 的产量对石油价格产生了重大的影响。Kilian（2014）和 Heath（2019）则认为石油价格的变化会受到经济基本面因素的影响。Fattouh 等（2013）认为2003~2008 年石油价格的上涨并不是由投机因素引起的，而是基本面因素（石油需求的增加）在起主导作用。Hamilton（2009）得到相似的研究结论，认为油价的变化已经从 20 世纪的供给驱动转向 21 世纪的需求驱动。

一般认为，短期而言，石油是一种需求和供给都缺乏价格弹性的商品，即石油的供需在短期内具有一定的黏性，无法适应价格变化而进行及时、有效的调整，这是造成石油价格剧烈波动的根本原因。此外，突发事件、市场干预、投机行为、美元汇率以及其他金融市场等因素都会对市场心理产生影响，造成短期价格变动（Fattouh et al.，2013；Kilian and Murphy，2014；Du and He，2015；Demirer and Kutan，2010；Ji and Guo，2015）。特别是随着石油市场金融属性的凸显，市场中的投机行为成为驱动石油价格波动的关键因素。同时，由于市场一体化的发展以及大数据时代的到来，不同市场间的信息冲击和信息溢出效应变得更加显著，金融传染机制不再局限于股票市场之间，商品市场也被纳入金融体系，受市场系统性风险的影响。石油市场与股票市场、汇率市场以及商品市场之间的关系变得更加紧密。此外，地缘政治事件以及极端天气事件会通过影响投资者的心理预期来影响投资者对市场未来走势的判断和交易策略，从而引起石油市场的价格波动。

2）其他能源商品价格驱动因素

因为天然气、煤炭等能源产品尚未采用全球统一的市场定价机制，对于天然气、煤炭等能源商品价格的驱动因素，目前还没有形成一致的研究见解。以天然气为例，长期影响因素包括天然气资源丰度、经济发展程度、市场开放程度以及液化天然气（liquefied natural gas，LNG）的发展；短期影响因素包括竞争性替代燃料价格、天气变化、国际地缘政治事件以及国际航运市场。

首先，天然气价格与天然气资源丰度有很大关系，在天然气储量丰富的国家，如俄罗斯、挪威等国，天然气资源的价格一般较低，反之，则价格较高。比如，天然气资源极度匮乏的日本终端用户天然气价格为俄罗斯的 50 倍以上。

其次，天然气需求量的高低不仅与天然气工业基础设施的建设密切相关，而且与经济发展程度密切相关。因此，社会经济发达的国家更倾向于使用较为清洁的天然气作为燃料，其天然气的价格也会随之走高。

再次，虽然世界天然气工业发展很快，但是目前天然气需求的增长速度仍不及 20 世纪 70 年代时的石油需求的增长速度，国际市场仍然呈现区域性特点。在区域市场中打破垄断，形成竞争性格局已经成为趋势。天然气市场结构直接影响了天然气的供应，欧美国家天然气市场改革的进程就揭示了这一影响。第三方准入机制的引入直接增加了市场供应的灵活性，对及时满足市场需求起到重要作用。

最后，虽然 LNG 项目比石油项目的资本强度大（短期内投资额较大），但是随着能源消费增长和节能减排的要求，LNG 的需求将会不断增长，进而使得 LNG 设施数量不断增加，LNG 船队的规模不断扩大，远途航运的风险将被大大降低，市场普及程度将不断加深。LNG 有望成为全球最大的投资领域之一。因此，从长期来看，LNG 的发展有助于稳定全球天然气价格，降低需求国对单一市场的过度依赖。

由于天然气的价格弹性较大，与石油相比，天然气市场短期供需平衡对价格影响更大，在天然气管网及储气库体系较为完善的市场中，可以通过储气来应对突发性短期供应不足或短期需求上升，缓解季节性或临时性的市场价格变动。但由于大规模存储天然气的成本相对较高，因此突发性供需失衡可能造成天然气价格的暴涨暴跌。

首先，竞争性替代燃料价格对天然气短期需求的影响强度与用户在短时间内转换燃料的能力相关，但是市场对竞争性替代燃料价格波动的信息反应要更为敏感，竞争性替代燃料和天然气之间存在明显的相关性和趋同趋势。

其次，天气变化因素对天然气短期需求的影响取决于天然气在城市供暖系统中所占的比重，居民和商业用户取暖对天然气的依赖程度越大，那么天气因素对天然气短期需求变化的影响就越大，进而影响天然气市场短期价格波动。

再次，突发性的国际地缘政治事件有可能会对天然气短期供应产生非常大的影响，尤其是像欧洲这样天然气进口来源较为单一或某一进口来源国比重过大，而输气管道又过境多个国家的情况，极其容易因为产气国和管道过境国的政治冲突导致短期天然气供应大幅下降，甚至出现中断情况，进而引发天然气价格暴涨。

最后，与石油相比，LNG 供应成本中，运输费用所占的比例要大得多，LNG 远洋运输受到国际航运市场的影响较大，当国际航运市场随经济形势发生变化时，LNG 的运价也会随之波动。尤其是近年来国际航运衍生金融产品的投机性越来越大，LNG 的运价波动也随之加大，进而影响短期天然气市场价格。

2. 能源市场建模与预测

能源市场建模与预测主要分为能源市场一阶矩（即能源价格和收益率）建模与预测和能源市场二阶矩（即能源价格波动）建模与预测两个部分。从研究方法上看，预测方法比较零散，并没有一类方法对能源价格和收益率有突出的预测能力。过去对能源价格波动的预测方法主要是广义自回归条件异方差（generalized autoregressive conditional heteroskedasticity，GARCH）模型及其扩展模型，随着高频数据获取变得容易，运用高频数据的预测方法成为近些年流行的预测方法，尤其是基于异质市场假说构建的异质自回归（heterogeneous autoregressive，HAR）模型及其扩展模型最受欢迎。另外，同时考虑高频数据和低频数据的混频数据模型在近几年也开始应用于能源价格波动的预测。由于高频数据包含的信息更多，所以高频数据模型和混频数据模型对能源价格波动有更加准确的预测精度，这不仅是当前的研究热点，也是未来的研究趋势所在。

1）能源价格和收益率建模与预测

能源价格和收益率建模与预测方面的研究大多采用计量经济学方法，如多维自回归模型、GARCH 族模型等，代表性研究如下。Baumeister 和 Kilian（2015）使用六种计量经济学模型预测石油实际价格。范贻昌和刘波（1999）运用多维自回归模型预测天然气价格，研究证实该方法能把天然气价格预测的数学模型和国际贸易中的天然气定价思想相联系，能合理预测天然气价格。Chen 等（2010）运用计量经济学方法预测包括煤炭在内的大宗商品指数。Florian 和 Rafal（2018）比较了多种单变量模型和多变量模型对欧洲国家电力价格的预测作用，发现多变量模型并没有总是优于单变量模型，但将单变量模型和多变量模型结合进行预测，可提高对电力价格的预测能力。

同时，Baumeister 等（2022）构建多种预测指标，在计量模型基础上引入预测指标检验模型对石油价格的预测作用，发现对于短期油价预测，基于世界工业生产消费的模型被证明是最有效的办法；对于长期油价预测，考虑随机波动可以显著提高所有预测指标的预测能力。除了计量经济学方法外，还有文献使用神经网络方法（Fan et al.，2016）、最小绝对收缩和选择算子（least absolute shrinkage and selection operator，LASSO）方法（Uniejewski et al.，2019）、模式识别系统（梁强等，2008）等对能源价格和收益率进行建模与预测，或者使用这些方法来提高现有模型的预测能力。

2）能源价格波动建模与预测

在能源产品中，由于石油的金融化程度最高，所以关注石油价格波动的研究也最多。预测石油价格波动的研究主要分为三类，分别是比较现有的资产价格波动预测模型对石油价格波动的预测能力、基于低频数据的价格波动预测模型、基于高频数据的价格波动预测模型。

比较现有的资产价格波动预测模型对石油价格波动的预测能力（包括低频交易数据和高频交易数据），其中 GARCH 模型应用最为广泛，如 Sadorsky（2006）使用 GARCH

模型与 TGARCH（threshold GARCH，门限广义自回归条件异方差）模型、Kang 和 Yoon（2013）使用 ARIMA（autoregressive integrated moving average，差分自回归移动平均）-GARCH 模型与 ARFIMA（autoregressive fractionally integrated moving average，分整自回归移动平均）-GARCH 模型，以及 Zhang 等（2019）使用简单 GARCH 族模型和状态转换 GARCH 族模型预测石油的价格波动，发现 GARCH 族模型对石油价格波动有较好的预测能力。除了 GARCH 族模型外，还有一些基于低频数据的模型也被应用于预测石油价格波动，如幂自回归模型（Sadorsky and McKenzie，2008）、改进的 Hull-White（赫尔-怀特）模型和 Hull-White 模型（尚永庆等，2012）、SV（stochastic volatility，随机波动率）族模型（Baum and Zerilli，2016）等。

近年来，随着高频数据获取越来越容易，基于高频数据的价格波动预测模型已成为预测金融资产价格波动的非常重要的方法。目前大多研究是基于异质市场假说构建 HAR 族模型来提高石油价格波动预测精度（Haugom et al.，2014；Sévi，2014；Wen et al.，2016）。除了基于低频数据或日内高频数据预测石油价格波动外，还有研究把低频数据和日内高频数据纳入同一个模型中，运用混频数据模型来预测石油价格波动（Ma et al.，2019）。

不少文献旨在检验某些外生变量是否包含对石油价格波动的预测信息。驱动石油价格变化的因素是一组动态且复杂多变的因素，除了石油市场的基本面因素外，市场价格变动还会受到交易者行为、投机、金融化因素等影响（Hamilton，2009；Ji，2012）。因此，这部分预测的关键在于构造合理的预测因子。大部分研究是对影响石油价格波动的诸多因素进行筛选，建立油价波动与影响因素之间的函数关系进而实现对价格波动未来走势的合理预测。由于研究的视角不同，许多学者采用不同的驱动因素来预测油价波动。

一些学者认为全球石油供需基本面信息是分析和预测石油价格波动的重要信息（Ye et al.，2005；Baumeister and Kilian，2012）。Ye 等（2005）发现 OECD（Organisation for Economic Co-operation and Development，经济合作与发展组织）石油库存信息能够提高石油价格波动预测精度。Dees 等（2007）引入石油库存、投机、OPEC 产量、石油生产能力等因素作为预测模型中的解释变量。然而，近年来，在全球石油供需处于基本平衡的状态下，国际石油价格仍剧烈波动。这说明传统的供需基本面框架已经无法完全解释当前的油价波动特征，石油价格波动呈现出越来越明显的金融化属性，开始更多地受金融资本、汇率因素、市场投机行为等因素的影响。因此，有学者着重从石油市场金融化信息视角研究石油价格波动情况。Haugom 等（2014）通过引入隐含波动、成交量、持仓量等石油期货市场指标提高预测精度。

除石油市场商品属性和金融属性外，有学者认为石油市场中的突发事件和地缘政治冲突是造成短期内石油价格波动的重要因素。Miao 等（2017）采用中东和北非恐怖袭击的次数量化地缘政治属性因素，并将该因素作为重要解释变量引入预测模型中。除此之外，Antonakakis 等（2014）认为在全球经济衰退时期宏观经济政策不确定是主导石油价格波动的重要因素。因此，有学者提出在宏观经济政策不确定性信息的框架下研究石油价格波动情况。Wei 等（2017）认为全球宏观经济政策不确定性指数（economic policy uncertainty index，EPU index）比石油供需和市场投机行为更能提高波动预测精度。Pan 等（2017）发现，引入宏观经济基本面信息可有效提高石油价格波动的预测精度。

预测石油价格波动的文献较多，但预测除石油外其他能源价格波动的文献相对较少。其中具有代表性的研究如下。Uritskaya 和 Uritsky（2015）研究了加拿大阿尔伯塔省和安大略省以及美国哥伦比亚中部市场电价波动的可预测性。Ciarreta 等（2017）基于二次变差理论，使用三种不同的跳跃检验方法将已实现波动率分解成连续波动成分和跳跃波动成分，构建带连续波动成分和跳跃波动成分的 HAR 族模型（即 HAR-CV-JV[①]模型），并考虑（E）GARCH[②]结构，得到 HAR-（E）GARCH-CV-JV 模型，以此来预测德国和澳大利亚的电价已实现波动率。Baruník 和 Křehlík（2016）提出了一个基于高频数据的非线性模型，用于对天然气等能源产品的价格波动进行预测，发现该模型对能源价格波动有较好的预测作用。

3. 能源资产定价与套期保值

资产定价与套期保值是金融领域的核心问题，同样，对于能源金融而言，能源资产的定价与套期保值也是其核心问题。与能源的商品属性有关，一些能源供应商和需求方需要通过能源期货市场进行套期保值。从研究方法上来看，目前该领域的研究方法比较分散，尚未形成一个较好的研究体系。整体而言，能源资产定价与套期保值的相关研究还不够成熟，迫切需要广大能源金融学者对其进行探索。

1）石油定价理论与套期保值

从石油作为商品的一般属性及特殊属性出发，其价格决定理论发源于一般商品的价格理论，核心是将石油作为普通商品，考察石油的勘探、开采和交易过程，同时从其稀缺性以及不可再生性两个方面进行补充。与此同时，随着石油市场的不断成熟和发展以及石油定价体系的不断更迭，石油定价理论也不断发展完善。

（1）不可再生资源前提下的石油定价理论。由于石油具有稀缺性以及不可再生性，同时也是各国依赖性较强的战略资源，因此在早期就有较多学者从不可再生性的角度探讨石油定价。其中，最早也最具代表性的是霍特林提出的可耗竭资源理论（Hotelling，1931）。另一个基于石油不可再生性的定价理论是石油峰值理论。该理论最初源于著名地质学家哈伯特（Hubbert）在 1949 年所发现的矿物资源"钟形曲线"规律，即石油作为一种不可再生资源，任何地区的石油产量都会达到最高点并且在达到最高点之后不断下降（Hubbert，1949）。

20 世纪 70 年代石油危机发生后，资源短缺问题日趋严重，对自然资源的有效利用越来越受到学术界的重视。这些问题的深层次原因在于自然资源本身所固有的不可再生性和稀缺性。除了基于传统经济学的影子价格理论、机会成本理论与市场价值理论外，能值理论从自然资源本身所能发挥的作用出发，通过计算自然资源中所含有的总能量来确定自然资源价格，即计算自然资源所蕴含的总能量并将其折算成货币的一种资产定价模型。20 世纪 80 年代后期，著名生态学家奥德姆（Odum）在对不同生态系统中的能量流动进行系统研究的基础上，根据不同自然资源对能量吸收转换的效率差异，提出能值转换率的概念，并以此作为评价自然资源和环境价值的尺度（Odum，1996）。

[①] CV 即 continuous volatility，连续波动；JV 即 jump volatility，跳跃波动。
[②] EGARCH 即 exponential GARCH，指数广义自回归条件异方差。

(2）基于卡特尔模型的石油定价理论。作为石油最大的开采及外贸组织，OPEC具有典型的卡特尔组织的特点，以垄断市场结构为基础解释油价波动的相关研究，都把世界石油市场看成由OPEC这个卡特尔组织定价的垄断市场，而石油价格的波动则是OPEC国家的定价规则决定的。卡特尔是垄断组织的典型形式之一，是生产或销售某一同类商品的厂商通过在商品价格、产量和市场份额分配等方面达成协定从而形成的垄断性组织和关系。它们通过降低行业内商品供应数量，使价格提高到边际成本。石油资源在全球范围内的分布具有较强的不平衡特征，供给方和需求方之间存在空间上的分离，石油市场呈现出高度的卖方垄断特征。以垄断市场结构为基础来解释石油价格的相关文献，虽然在模型的设定上有些差别，但它们都将世界石油市场看成由OPEC这个卡特尔组织定价的垄断市场，石油的价格波动是由OPEC国家的不同定价规则导致的，区别在于如何判定OPEC的定价规则。

根据设定的卡特尔定价规则（焦建玲等，2004），此类理论主要分为两种：财富最大化型定价和生产能力利用目标型定价。财富最大化型定价是霍特林模型垄断部分的修正和改进。此类文献认为，OPEC或者OPEC中的某些重要国家作为产量的调节者，在不同的时期选择不同的石油产量并借此来影响石油价格，以实现石油收益的净现值最大化。此类理论内部逻辑自洽且论证逻辑缜密，从而成为最重要的石油定价理论之一。随着石油市场的不断发展和完善，这类定价理论也从初期的基本为静态模型发展到后期考虑了世界石油需求和非OPEC国家石油供应对价格存在滞后性反应的动态模型，但此类定价理论仍然存在着一些不足之处。由于市场的参与者仍存在着信息不完全，如世界石油需求、需求弹性值等，而最优价格往往又严重依赖于设定的函数形式以及函数具体值，所以其理论和实际的参数值、供给函数形式等方面的差异将会严重影响所得到的结论。

生产能力利用目标型定价则主要从垄断者不能拥有完全信息，也不能掌握最优定价路径的角度出发，假设OPEC不断通过最优生产能力目标来逼近最优价格路径。若实际的生产能力利用率高，说明市场供求紧张，应该提高价格，反之则降低价格。OPEC目标生产能力利用率由已有的生产能力、预计产量变化和已经探明的储量等因素决定（焦建玲等，2004）。此类理论优于财富最大化型定价之处在于不用设定众多的参数值，但仍在其假设前提下面临着诸多挑战和质疑，如不同时期具体的生产能力水平如何确定以及最优的生产能力利用目标区间如何设定等问题。

除了以上理论，萨伦特（Salant）从市场结构出发来研究国际石油价格（Salant，1976）。根据市场参与者、OPEC和非OPEC以及各个石油消费国之间的动态博弈结构来分析国际石油价格的大致走向，使用纳什-古诺（Nash-Cournot）模型来研究可耗竭性资源以及产业结构，并成功地应用于世界石油市场。在这个模型中，假设除了卡特尔以外的世界石油储备平均分散到足够多的其他开采者手中。这些开采者在假定价格路径既定的情况下来选择不同开采路径以最大化自己的贴现利润。而卡特尔在假定其他开采者的开采路径既定的前提下，选择价格路径来最大化自己的贴现利润。如果存在均衡，这个均衡就是纳什-古诺均衡。

萨伦特研究发现，在资源禀赋相同的情况下，非卡特尔将在不受任何约束的条件下追求高利润，从而率先耗尽资源，最后被卡特尔占领整个市场；但卡特尔的形成却使得非卡特尔得到的贴现利润大于卡特尔。卡特尔不但在一开始就提高石油价格，而且卡特尔在以后所有时期都会不断提高石油的垄断价格。

（3）基于"石油美元"的定价理论。现有的众多研究表明，国际油价的变化受到美元汇率的影响，这一方面是因为美元是主要石油市场的标价货币，另一方面是因为美元汇率也从市场需求和市场供给两个维度影响着石油价格。

从石油需求角度来看，美元汇率导致的石油价格变动是通过对需求方本国价格机制的影响而产生的。美元汇率波动使得国际石油市场处于不均衡的状态，对于非美元国家和地区而言，美元贬值会使得石油价格相对于本国货币表示的价格降低，从而刺激对石油的需求，导致用美元标价的石油价格上升。除此之外，还有些理论从汇率制度出发，认为美元贬值使得包括石油生产国在内的钉住美元汇率制度的国家有必要实行宽松的货币政策，宽松的货币政策将刺激对石油的需求，进而推高石油价格。

从石油供给角度来看，美元汇率导致的石油价格变动主要是通过影响石油供给方的购买力而产生的。对于石油出口国而言，通常拥有较大的"石油美元"收入头寸，极易受到美元汇率的影响，当美元存在贬值倾向时，石油出口国为了稳定其石油出口收入用美元表示的购买力，它们有动机来提高出口价格，以抵消"石油美元"收入头寸的损失（Austvik，1987）。

（4）基于市场投机的定价理论。随着石油现货市场和各类衍生品市场的发展，市场流动性的提高使得投机交易在大量市场上盛行，因此，石油所具有的金融产品属性使得投机行为不可避免地成为影响石油价格的因素之一。石油衍生品市场价格发现和风险规避功能的实现本身也依赖于大量的投机活动。投机活动能够把市场预期的变化转化为市场价格的变化，最终实现衍生品市场的价格发现功能。因此，市场投机活动会导致石油价格在短期内剧烈波动，油价泡沫的主要推手之一就是石油期货市场大量涌入的投机资金。相反，大量投机资金的逃离也是造成泡沫破裂、石油价格加速下滑的重要原因。因此，基于市场投机的定价理论能够通过市场预期的角度解释市场供需、美元贬值和地缘政治等因素都无法解释的过高或过低的石油价格水平。

在研究石油市场套期保值中，主要是将金融工程领域成熟的理论模型应用于国际石油期货市场的诸如最优套期保值比率（optimal hedge ratio，OHR）等问题。套期保值比率是指持有期货合约的头寸与风险暴露资产之间的比率。传统的套期保值理论认为套期保值比率应为 1∶1，也被称为完美套期保值；现代的套期保值理论则认为套期保值比率是可以变化的，最优的套期保值比率取决于套期保值的交易目的以及现货市场与期货市场价格的波动性、相关性。通过将资产组合理论引入最优套期保值比率的研究中，现代的套期保值理论形成了两大研究范式：一是从组合收益风险最小化的角度研究基于最小方差（minimum variance）的套期保值比率；二是从效用最大化的角度研究基于均值-方差（mean-variance）的套期保值比率。其中，基于最小方差的套期保值策略的应用最为广泛。

2）煤炭和天然气的定价与套期保值

与现有的关于石油定价的研究类似，关于煤炭和天然气定价的研究既包括对其基础产品的定价研究，也包括对其衍生品的定价研究。马超群和赵新伟（2018）提出了一种基于国际石油和天然气价格的双挂钩 LNG 定价机制，其实证结果表明，双挂钩定价机制下的 LNG 价格低于日本原油综合指数（Japan crude cocktail，JCC）定价机制下的 LNG 价格。Trolle 和 Schwartz（2009）提出了一个新的 SV 模型用于石油期货和期权的定价。

在研究煤炭和天然气的套期保值中，Ghoddusi 和 Emamzadehfard（2017）研究了美国天然气市场的最优套期保值问题，发现使用更长期限的合约可以提高天然气套期保值的有效性，协整和时变价格因素对几乎所有实物价格的套期比率和套期效率影响最小。

3）电力的定价与套期保值

Füss 等（2015）研究了前瞻性信息（forward-looking information）在电力衍生品定价中的作用，发现当电价对需求或可用容量高度敏感时将预测数据集成到定价方法中是有效的。谭忠富等（2019）提出了一种新的分时输配电价定价方法，该方法吸收了负荷率电价和分时电价的优点，能有效调节电力用户需求，实现削峰填谷，在一定程度上可以缓解输配电网阻塞问题。Adelman 和 Uçkun（2019）指出随着美国住宅智能电表的快速增长，美国大多数家庭将很快能够适应时变的电价。不同电力定价策略对电力市场的福利影响存在较大的差异，所以选择一个合适的电力定价策略是非常必要的。电力套期保值研究相对较少，其中 Tegnér 等（2017）对电力现货价格和电力消耗的联合动态进行建模，研究不同损失度量的预期损失最小化，并基于远期（forward）合同推导最优静态套期保值策略，发现新构建的套期保值策略明显优于基准策略。

1.3.3 能源市场外部的跨市场耦合研究

大部分文献都表明能源市场内部、能源市场与商品市场之间以及能源市场与金融市场之间存在相关关系。另外，无论是在研究对象还是研究方法上该领域的研究都很丰富，在能源金融研究领域占据非常重要的地位。格兰杰因果检验方法、多元 GARCH 模型、Copula 方法和 Diebold 和 Yilmaz（2012）溢出方法是研究能源-商品-金融市场相关性的重要方法，特别是近些年提出的 Diebold 和 Yilmaz 溢出方法越来越流行。当资产出现同涨同跌或者风险（价格波动）溢出时，表明市场上存在系统性风险，于是市场相关性成为度量市场系统性风险的一种比较流行的衡量方法。对市场相关性的研究在风险管理领域研究中扮演着非常重要的角色，所以该方向的研究仍然是能源金融领域研究的热点。

1. 能源市场内部相关性

本部分将从两个角度探讨能源市场内部的相关性：一是单一能源产品在不同市场之间的相关性；二是不同能源产品间的相互关系。

在第一类研究中，研究对象包括石油、天然气、煤炭和电力在不同市场之间的相关性；研究方法主要包括多元 GARCH 模型、Diebold 和 Yilmaz 溢出方法以及格兰杰因果检验方法等；绝大多数文献的研究结论是单一能源产品在不同市场之间存在相关关系。魏巍贤和林伯强（2007）发现 Brent（布伦特）和大庆原油价格波动之间存在溢出作用，Brent 原油价格对大庆原油价格的溢出作用更强。余炜彬等（2007）以 WTI 和 Brent 原油现货作为研究对象，证实 WTI 和 Brent 原油现货市场中原油现货价格在短期内存在相关性。

Liu 和 Gong（2020）以 WTI、Brent、Oman（阿曼）和 Tapis（塔皮斯）原油期货为研究对象，证实四个原油期货价格波动间存在时变的溢出效应，当价格波动越大时，溢出作用越明显。Geng 等（2017）以北美和欧洲天然气为研究对象，证实二者之间存在双向非线性格兰杰因果关系。Xue 和 Huang（2017）研究亚太地区、欧洲和中国的煤炭关系，证实中国与亚太地区、欧洲的煤炭价格存在双向因果关系，亚太地区和欧洲的煤炭价格对中国煤炭价格的影响大于中国煤炭价格对亚太地区和欧洲的煤炭价格的影响。Batten 等（2019）研究澳大利亚和中国等八个国家和地区的动力煤，发现澳大利亚市场是决定世界煤炭价格的主导力量，其次是莫桑比克和南非。Ciarreta 和 Zarraga（2015）研究发现，西班牙、葡萄牙、奥地利、德国、瑞士和法国的电力市场在价格波动溢出效应方面存在较大差异。

在第二类研究中，研究对象包含石油与燃料油市场之间的相关性、石油与天然气市场之间的相关性等；研究方法包括协整模型、多元 GARCH 模型以及近似因子法等；绝大多数文献的研究结论是不同能源产品之间存在相关关系。

具有代表性的第二类研究如下。马超群等（2009）研究 WTI 期货市场、迪拜原油期货市场、新加坡燃料油现货市场和上海燃料油期货市场发现 WTI 期货市场和迪拜原油期货市场对新加坡燃料油现货市场和上海燃料油期货市场存在较为稳定的信息溢出效应，上海燃料油期货市场受到其他三个市场的波动溢出作用。Ramberg 和 Parsons（2012）发现石油和天然气价格之间没有存在较强的协整关系，也没有完全脱钩，而是存在弱相关关系。Bunn 等（2017）通过近似因子法发现石油市场的投机因素增强了石油与天然气市场的相关性。

2. 能源市场与其他商品市场相关性

能源市场与其他商品市场之间的联系主要可以从以下几个方面来理解：第一，商品市场的金融化使得能源市场与其他商品市场拥有共同的投资者，市场间存在传染效应；第二，一些农产品可以用来制造生物燃料，而不同农产品之间又有替代关系，因此能源市场与农产品之间存在紧密联系；第三，能源（尤其是化石能源）的使用与碳排放息息相关，能源和碳价格之间存在一定的相关关系。

根据研究对象的不同，能源市场与其他商品市场相关性的研究主要分为以下四类。第一类，能源市场与农产品市场之间的相关性的研究。由于这两类市场之间不仅存在金融传染效应，农产品还可以用来制造燃料，存在替代效应，所以它们之间的联系更紧密，相关的研究也比较多。第二类，能源市场与金属市场之间的相关性的研究。第三类，能源市场、农产品市场与金属市场之间的相关性的研究。第四类，能源市场与碳市场之间的相关性的研究。在研究方法上，绝大多数研究使用的是多元 GARCH 模型，也有一些研究使用其他方法，如 Copula 方法以及 Diebold 和 Yilmaz 溢出方法。就文献的研究结论而言，几乎所有的研究都发现能源市场、农产品市场与金属市场以及能源市场与碳市场之间存在相关关系。

3. 能源市场与金融市场相关性

能源市场与金融市场相关性包括能源市场与股票市场相关性、能源市场与债券市场相关性、能源市场与汇率市场相关性等。

其中，研究能源市场与股票市场相关性的文献相对较多。以石油市场与股票市场为例，Kilian 和 Park（2009）研究了石油价格冲击对美国股票市场的影响，发现石油的供给和需求冲击能解释美国股票市场实际收益率长期波动的 22%。Degiannakis 等（2018）给出了石油价格上涨对股票市场的传递渠道。总体来看，当前研究石油市场与股票市场的文献相对较多；研究的方法种类较多，包括 GARCH 族模型、Copula 方法以及 Diebold 和 Yilmaz 溢出方法等；得到的结论大多是石油与股票市场之间存在相关关系。

除股票市场外，关于能源市场与其他金融市场相关性的代表性研究如下。谢飞和韩立岩（2010）研究了金融危机前后对冲基金规模指数、国际商品期货价格指数、标普 500 指数和油价收益率的波动溢出效应，发现对冲基金对油价收益率具有显著的波动溢出效应。姬强等（2016）提出了一种新的时变最优 Copula 模型，研究国际油气（石油和天然气）价格与汇率之间的动态相依关系，发现油气价格与汇率之间存在非对称的反向极端相依性。Yang 和 Zhou（2017）构建了一个金融资产波动溢出网络，检验了美国国债、全球股票市场指数和大宗商品（包括石油）的日隐含波动率的时变溢出强度，他们发现美国股票市场是国际金融市场波动溢出网络的中心，2008 年后其向其他市场的溢出作用变大。Ji 等（2019a）使用基于时变熵的方法研究了各种商品（如能源、金属和农业商品）与数字货币之间的信息溢出方向，结果表明，信息溢出的方向会随着时间而变化。

1.3.4 能源金融的微观研究

1. 能源行业投融资

金融的一个通俗易懂的定义是"资金的融通"，所以投融资问题是金融研究中的核心问题。对于能源市场而言，其投融资问题也是能源金融研究的一个重要领域。随着生活水平的提高，人们对环境的要求也越来越高。化石能源的使用是污染环境的重要因素，于是新能源和可再生能源的开发与利用成为能源行业的热点，新能源和可再生能源的投融资问题也成为能源金融领域研究的热点问题。新能源和可再生能源的大规模利用又离不开储能技术，储能技术的投融资问题也变得越来越重要，也是能源金融领域关注的重要研究点。就目前的研究来看，对新能源和可再生能源以及储能技术的投融资问题的研究都不充分，这将是未来重要的研究方向。

1）新能源和可再生能源的投融资问题

已有的新能源和可再生能源投融资文献大体可以分为以下三类。

第一类是分析新能源和可再生能源的融资来源与投融资工具。Enzensberger 等（2003）探讨了德国风电场的主要融资计划——封闭式基金，认为它是一种低风险的融资方式。Tang 等（2012）提出了碳收入债券，指出碳收入债券是一种补充环境信贷市场、鼓励可再生能源投资的融资工具。Ng 和 Tao（2016）在分析亚洲可再生能源项目出现融资缺口原因的基础上，提出利用债券融资来解决融资缺口的问题。

第二类是分析新能源和可再生能源领域投资的驱动因素。Zhang 等（2016）发现中国碳市场的发展、机组发电量、补贴水平、电力市场价格、二氧化碳价格和投资成本变化对中国太阳能光伏发电的投资价值与最优时机选择有重要影响。Kök 等（2018）指出电力定价政策（即统一定价与峰值定价）影响可再生能源的投资水平，统一定价会导致太阳能投资水平的提高，如果全天产生大量的风能，则可能导致风能的投资也增加。Ragosa 和 Warren（2019）通过选取 62 个发展中国家的面板数据，分析发展中国家可再生能源领域私人投资的驱动因素和障碍，研究表明国际公共财政分配、监管支持措施、上网电价和政治稳定是发展中国家可再生能源跨境投资的强大驱动力。

第三类是分析新能源和可再生能源的投资效率与投资决策。Zeng 等（2017）以 2012～2015 年上市新能源公司为样本，采用四阶段半参数 DEA（data envelopment analysis，数据包络分析）方法研究中国新能源产业的投资效率以及企业投资效率变化的因素。该研究发现新能源行业的整体投资效率相对较低，其投资效率受宏观经济条件和公司特征的影响。李力等（2019）基于可再生能源配额机制下电力投资最优序贯决策模型，研究了中国近海离岸风电投资的序贯投资决策问题。

2）储能技术的投融资问题

储能主要是指电能的储存，储存的能量可以用作应急能源，也可以用于在电网负荷低的时候储能，在电网负荷高的时候输出能量，削峰填谷，减轻电网波动。太阳能和风能等新能源发电的波动较大，如果储能技术不能满足新能源发展的要求，将阻碍新能源的大规模利用。因此，储能技术引起了越来越多企业和投资者的关注，学术界也对储能技术的投融资问题越来越重视。

Berrada 等（2017）基于成本效益分析原则，即提供的服务的价值必须超过系统在其生命周期内的成本，通过 NPV（net present value，净现值）和敏感性分析，以确定能源储存系统在住宅和大规模应用中的经济可行性。储能项目的可行性取决于投资者对项目的投资意愿，这种意愿受到如创新存储概念等因素的显著影响。Miller 和 Carriveau（2018）认为大规模能源储备难以实现的主要原因在于资金成本高、缺乏融资选择和激励措施。新的项目融资模式与有利的监管环境将是转变和开放能源储存市场的关键。

3）与其他能源相关的投融资问题

本部分主要回顾研究化石能源和电力行业等投融资问题的文献。黄超和达庆利（2007）研究了在电价不确定环境下发电企业对发电容量项目的最优投资时机选择和投资概率问题，认为电价不确定是发电企业投资发电容量项目的风险根源，电价不确定性越大，发电企业的项目投资风险越大，从而降低了发电容量项目的投资概率。Barroco 和 Herrera（2019）研究发现项目融资（project financing，PF）是能源融资的重要工具，项目融资在菲律宾主要由电力和金融公司提供资金支持，而私营公司获得项目融资相对于上市公司更加困难。王素凤等（2016）研究了发电商在多重不确定性环境下的碳减排投资问题，发现技术进步和投资补贴等因素能够激励发电商投资碳减排项目。

2. 能源公司金融

公司金融是金融学中一个非常重要的研究领域，能源公司相对于其他公司又有自身的特点，所以能源公司金融在能源金融中也扮演着非常重要的角色。

在下文的文献回顾中，基于公司的类型将能源公司金融分为化石能源公司金融、新能源和可再生能源公司金融和电力公司金融。能源公司金融研究的问题大部分是公司金融领域研究的核心问题，如资本结构问题、并购问题、投资行为和市场价值问题等。然而，针对能源公司自身特点，研究能源公司金融问题的文献非常有限，这是需要能源金融学者未来重点关注的一个研究内容。

1）化石能源公司金融

本部分主要回顾研究石油、天然气和煤炭企业的公司金融问题的文献。其中，关于油气类公司的文献相对较多，研究的话题也比较丰富，包括股东权益保护（王怀芳和袁国良，2007）、公司并购（Wan and Wong，2009）、风险管理（Bakke et al.，2016）、公司价值（Atanasova and Schwartz，2019；Gilje and Taillard，2017）、投资行为（Gilje and Taillard，2016；Gilje et al.，2020）、资本支出和债券发行（Doshi et al.，2018）、风险溢价（David，2019）等。然而，研究煤炭公司的文献非常少，其代表性研究如下。Michalak 和 Nawrocki（2015）研究了澳大利亚、中国和美国市场上硬煤开采企业的股权成本问题；Jonek-Kowalska（2018）研究了四家在华沙证券交易所上市的煤矿企业，并估算了与中东欧煤矿业相关的最重要工业风险因素的价值。

2）新能源和可再生能源公司金融

本部分主要回顾研究新能源和可再生能源企业的公司金融问题的文献。其中，具有代表性的研究如下。Thiam（2011）认为可再生能源企业开发新能源时面临财务风险（项目贷款的风险溢价）、政治风险和制度风险等，而通过金融风险分析可以降低这些风险，促进可再生能源技术的传播。Shrimali 等（2013）研究了外部政策对促进企业可再生能源经济高效利用的影响，指出可再生能源企业面临着高昂的融资成本，这在一定程度上限制了可再生能源的发展。Gupta（2017）分析经济和社会因素对 26 个国家新能源企业财务业绩的影响，发现国家层面的技术和创新能使该国的新能源企业得到更高的市场回报，国家之间的文化差异对新能源企业财务业绩的差异有显著影响。刘正阳等（2019）发现商业模式对新能源上市企业绩效的正向影响强于外部环境和技术能力。

3）电力公司金融

本部分主要回顾研究电力企业的公司金融问题的文献。其中，马秋君和彭明雪（2007）对 2001~2005 年 A 股 30 多家电力上市公司的资本结构数据进行全面分析，发现中国电力行业上市公司的负债率偏高。李永来（2009）使用 DEA 方法分析中国电力行业上市公司的绩效，发现 2002~2007 年电力行业的技术效率呈下降态势，规模效率出现下降，但是 2007 年又有所上升，总体上电力上市公司的规模效率要优于技术效率。Reinartz 和 Schmid（2016）发现生产灵活性可以通过降低财务困境的预期成本和提高税盾的现值两个渠道来提高电力公司的财务杠杆。

1.4 能源金融未来研究的关键科学问题

前文概述了能源金融的内涵以及回顾了能源金融理论的发展，但能源金融作为一个发展中的概念，特别是随着全球气候变化和各国能源低碳转型的进一步推进，能源金融在未来也将涌现出新的问题，激发学者新的思考。因此，本节将对能源金融未来研究的关键科学问题进行探讨，以期为从事能源金融研究的学者提供一些重要启示和新的思路，进一步促进能源金融研究的发展和完善。

1）能源系统性风险度量

随着能源金融化属性日益凸显，能源系统与金融系统之间的协同关系大大增强，尤其是在地缘政治、极端气候等不确定因素冲击下，易产生一系列能源安全问题，诱发系统性风险。作为经济和金融系统的组成部分，能源风险的管理研究对保障我国能源与金融安全尤为重要。因此，如何结合国际和国内实际情况，构建新的理论框架，研究能源系统的各个商品之间的系统性风险，以及分析能源系统在整个系统风险中发挥的作用和传导机制，成为未来能源金融领域的重要研究方向之一。

2）能源金融与气候金融融合

气候变化是目前全球面对的重要问题之一。为应对全球气候变化，各国纷纷采取由传统能源向新可再生能源转型的行动。但在能源转型的过程中，能源安全问题也受到了气候风险的冲击，从而加剧了能源转型进度的不确定性。从根本上看，能否实现向新可再生能源的过渡，资金、技术、基础建设支持是否到位发挥了关键性作用。因此，作为应对气候变化和发展绿色低碳经济的金融解决方案，气候金融应运而生。气候金融实际上是在气候变化背景下，积极调动政府、企业、个人等各方来为能源转型提供强有力的资金保障。因此，金融、能源和气候将在同一系统框架下相互影响。随着全球气候问题的加剧，为解决好能源转型过程中的资金问题，气候金融与能源金融的研究工作也将成为 21 世纪一个新的研究热点。

3）大数据在能源金融中的应用

数据基础和有效性决定了理论分析的准确性。特别是在当今社会，随着数据的海量增长以及数据形式的多样化发展，传统计量模型获取关键性数据的难度进一步加大，从而降低了论证结果的准确性和时效性。因此，作为用于存储、处理、分析、可视化海量的、复杂的、高维度数据的一系列技术和工具，大数据技术应运而生。例如，采用机器学习方法提取海量气候新闻中的非结构化数据，可以大大突破传统计量方法对单一数据类型的限制。因此，大数据和大数据技术在能源金融研究工作中的应用，可以丰富和完善理论研究的数据基础，为能源金融研究方向的发展带来新的理论突破。

4）能源公司金融

现有的对能源金融的理论研究主要是从能源市场或行业宏观角度出发，而对能源公司的进一步深入研究工作还有待完善，特别是对新可再生能源公司，如能源市场风险如何影响能源公司的资本结构，传统能源与新能源公司、可再生能源公司之间风险溢出效应是怎样刻画的。尤其是在气候变化的背景下，能源转型政策对传统能源公司的投资约束以及对新可再生能源公司发展所需的投融资预测，更加要求从公司这一微观层次来完善能源金融的研究内容，为政府、金融机构、能源公司等各方如何实现公司能源转型过程中的金融风险与预测、应对和管理提供理论依据。

参 考 文 献

陈柳钦. 2014. "钦点"能源(一). 北京: 中国金融出版社.

范贻昌, 刘波. 1999. 多维自回归模型在天然气价格预测中的应用. 系统工程理论与实践, 19(11): 92-96.

郭国峰, 郑召锋. 2011. 国际能源价格波动对中国股市的影响: 基于计量模型的实证检验. 中国工业经济, (6): 26-35.

郭剑锋, 姬强. 2014. 大数据时代的能源金融. 中国科学院院刊, 29(6): 692-693.

黄超, 达庆利. 2007. 电价不确定环境下发电商的最优投资时机及其概率分析. 系统工程理论与实践, 27(6): 105-110.

姬强, 刘炳越, 范英. 2016. 国际油气价格与汇率动态相依关系研究: 基于一种新的时变最优Copula模型. 中国管理科学, 24(10): 1-9.

焦建玲, 范英, 魏一鸣. 2004. 石油价格研究综述. 中国能源, 26(4): 33-39.

金洪飞, 金荦. 2010. 国际石油价格对中国股票市场的影响: 基于行业数据的经验分析. 金融研究, (2): 173-187.

李力, 朱磊, 范英. 2019. 可再生能源配额机制下电力投资最优序贯决策模型. 管理评论, 31(9): 37-46.

李永来. 2009. 市场化改革与电力行业效率: 基于DEA的电力行业上市公司分析. 当代经济科学, 31(1): 59-64, 126.

梁韵, 范英, 魏一鸣. 2008. 基于PMRS的期货加权油价多步预测方法. 管理科学学报, 11(6): 84-90.

林伯强, 黄光晓. 2014. 能源金融. 2版. 北京: 清华大学出版社.

刘正阳, 王金鑫, 乔晗, 等. 2019. 商业模式对企业绩效的影响探究: 基于新能源上市企业数据. 管理评论, 31(7): 264-273.

马超群, 佘升翔, 陈彦玲, 等. 2009. 中国上海燃料油期货市场信息溢出研究. 管理科学学报, 12(3): 92-101.

马超群, 赵新伟. 2018. 亚太LNG市场双挂钩远期合约定价研究. 系统工程理论与实践, 38(6): 1371-1386.

马秋君, 彭明雪. 2007. 我国电力行业上市公司资本结构特征及优化分析. 经济与管理研究, 10: 57-62.

牟敦果, 王沛英. 2017. 中国能源价格内生性研究及货币政策选择分析. 金融研究, 11: 81-95.

尚永庆, 王震, 陈冬月. 2012. Hull-White模型和二叉树模型在预测油价及油价波动风险上的应用. 系统工程理论与实践, 32(9): 1996-2002.

佘升翔, 马超群, 王振红, 等. 2007. 能源金融的发展及其对我国的启示. 国际石油经济, 8: 2-8, 78.

谭忠富, 蒲雷, 吴静, 等. 2019. 基于负荷率差别定价的分时输配电价优化模型. 系统工程理论与实践, 39(11): 2945-2952.

王怀芳, 袁国良. 2007. 要约收购下的股东权益保护: 中国石化要约收购下属子公司案例研究. 管理世界, 2: 120-128, 133.

王珏, 齐琛, 李明芳. 2017. 基于SSA-ELM的大宗商品价格预测研究. 系统工程理论与实践, 37(8): 2004-2014.

王素凤, 杨善林, 彭张林. 2016. 面向多重不确定性的发电商碳减排投资研究. 管理科学学报, 19(2): 31-41.

魏巍贤, 林伯强. 2007. 国内外石油价格波动性及其互动关系. 经济研究, 12: 130-141.

谢飞, 韩立岩. 2010. 对冲基金与国际资产价格的波动性传递. 管理科学学报, 11: 94-103.

余炜彬, 范英, 魏一鸣. 2007. 基于极值理论的原油市场价格风险VaR的研究. 系统工程理论与实践, 27(8): 12-20.

张程, 范立夫. 2017. 大宗商品价格影响与货币政策权衡: 基于石油的金融属性视角. 金融研究, 3: 72-85.

张跃军, 魏一鸣. 2010. 化石能源市场对国际碳市场的动态影响实证研究. 管理评论, 6: 34-41.

朱小能, 袁经发. 2019. 去伪存真: 油价趋势与股票市场: 来自"一带一路"35国的经验证据. 金融研究, (9): 131-150.

Adelman D, Uçkun C. 2019. Dynamic electricity pricing to smart homes. Operations Research, 67(6): 1520-1542.

Albulescu C T, Demirer R, Raheem I D, et al. 2019. Does the U.S. economic policy uncertainty connect financial markets? Evidence from oil and commodity currencies. Energy Economics, 83: 375-388.

Ames M, Bagnarosa G, Matsui T, et al. 2020. Which risk factors drive oil futures price curves?. Energy Economics, 87: 104676.

Antonakakis N, Chatziantoniou I, Filis G. 2014. Dynamic spillovers of oil price shocks and economic policy uncertainty. Energy Economics, 44: 433-447.

Atanasova C, Schwartz E S. 2019. Stranded fossil fuel reserves and firm value. NBER Working Papers from National Bureau of Economic Research, Inc, No 26497.

Austvik O G. 1987. Political gas-pricing premiums: the development in West Germany 1977-1985. OPEC Review, 11(2): 171-190.

Bakke T E, Mahmudi H, Fernando C S, et al. 2016. The causal effect of option pay on corporate risk management. Journal of Financial Economics, 120(3): 623-643.

Barroco J, Herrera M. 2019. Clearing barriers to project finance for renewable energy in developing countries: a Philippines case study. Energy Policy, 135: 111008.

Baruník J, Křehlík T. 2016. Combining high frequency data with non-linear models for forecasting energy market volatility. Expert Systems with Applications, 55(C): 222-242.

Basak S, Pavlova A. 2016. A model of financialization of commodities. The Journal of Finance, 71(4): 1511-1556.

Batten J A, Brzeszczynski J, Ciner C, et al. 2019. Price and volatility spillovers across the international steam coal market. Energy Economics, 77: 119-138.

Baum C F, Zerilli P. 2016. Jumps and stochastic volatility in crude oil futures prices using conditional moments of integrated volatility. Energy Economics, 53: 175-181.

Baumeister C, Kilian L. 2012. Real-time forecasts of the real price of oil. Journal of Business & Economic Statistics, 30(2): 326-336.

Baumeister C, Kilian L. 2015. Forecasting the real price of oil in a changing world: a forecast combination approach. Journal of Business & Economic Statistics, 33(3): 338-351.

Baumeister C, Korobilis D, Lee T K. 2022. Energy markets and global economic conditions. The Review of Economics and Statistics, 104(4): 828-844.

Behar A, Ritz R A. 2017. OPEC vs US shale: analyzing the shift to a market-share strategy. Energy Economics, 63: 185-198.

Bernardina A, Arturo L. 2015. Assessing contagion risk from energy and non-energy commodity markets. Energy Economics, 62: 312-322.

Berrada A, Loudiyi K, Zorkani I. 2017. Profitability, risk, and financial modeling of energy storage in residential and large scale applications. Energy, 119: 94-109.

Bunn D, Chevallier J, Le Pen Y, et al. 2017. Fundamental and financial influences on the co-movement of oil and gas prices. The Energy Journal, 38(2): 201-228.

Caporin M, Fontini F. 2017. The long-Run oil-natural gas price relationship and the shale gasrevolution. Energy Economics, 64: 511-519.

Chen Y C, Rogoff K S, Rossi B. 2010. Can exchange rates forecast commodity prices?. The Quarterly Journal of Economics, 125(3): 1145-1194.

Cheng I H, Xiong W. 2014. Financialization of commodity markets. Annual Review of Financial Economics, 6: 419-441.

Ciarreta A, Muniain P, Zarraga A. 2017. Modeling and forecasting realized volatility in German-Austrian continuous intraday electricity prices. Journal of Forecasting, 36(6): 680-690.

Ciarreta A, Zarraga A. 2015. Analysis of mean and volatility price transmissions in the MIBEL and EPEX electricity spot markets. The Energy Journal, 36(4): 41-60.

Creti A, Nguyen D K. 2015. Energy markets' financialization, risk spillovers, and pricing models. Energy Policy, 82: 260-263.

David A. 2019. Exploration activity, long-run decisions, and the risk premium in energy futures. The Review of Financial Studies, 32(4): 1536-1572.

Dees S, di Mauro F, Pesaran M H, et al. 2007. Exploring the international linkages of the euro area: a global VAR analysis. Journal of Applied Econometrics, 22(1): 1-38.

Degiannakis S, Filis G, Arora V. 2018. Oil prices and stock markets: a review of the theory and empirical evidence. The Energy Journal, 39(5): 85-130.

Demirer R, Gupta R, Ji Q, et al. 2019. Geopolitical risks and the predictability of regional oil returns and volatility. OPEC Energy Review, 43(3): 342-361.

Demirer R, Kutan A M. 2010. The behavior of crude oil spot and futures prices around OPEC and SPR announcements: an event study perspective. Energy Economics, 32(6): 1467-1476.

Diebold F X, Yilmaz K. 2012. Better to give than to receive: predictive directional measurement of volatility spillovers. International Journal of Forecasting, 28(1): 57-66.

Doshi H, Kumar P, Yerramilli V. 2018. Uncertainty, capital investment, and risk management. Management Science, 64(12): 5769-5786.

Du L M, He Y N. 2015. Extreme risk spillovers between crude oil and stock markets. Energy Economics, 51: 455-465.

Enzensberger N, Fichtner W, Rentz O. 2003. Financing renewable energy projects via closed-end funds: a German case study. Renewable Energy, 28(13): 2023-2036.

Fan X H, Wang L, Li S S. 2016. Predicting chaotic coal prices using a multi-layer perceptron network model. Resources Policy, 50: 86-92.

Fan Y, Xu J H. 2011. What has driven oil prices since 2000? A structural change perspective. Energy Economics, 33(6): 1082-1094.

Fattouh B, Kilian L, Mahadeva L. 2013. The role of speculation in oil markets: what have we learned so far?. The Energy Journal, 34(3): 7-33.

Florian Z, Rafał W. 2016. Day-ahead electricity price forecasting with high-dimensional structures: univariate vs. multivariate modeling frameworks. Energy Economics, 70: 396-420.

Füss R, Mahringer S, Prokopczuk M. 2015. Electricity derivatives pricing with forward-looking information. Journal of Economic Dynamics and Control, 58: 34-57.

Geng J B, Ji Q, Fan Y. 2017. The relationship between regional natural gas markets and crude oil markets from a multi-scale nonlinear Granger causality perspective. Energy Economics, 67: 98-110.

Ghoddusi H, Emamzadehfard S. 2017. Optimal hedging in the US natural gas market: the effect of maturity and cointegration. Energy Economics, 63: 92-105.

Gilje E P, Loutskina E, Murphy D. 2020. Drilling and debt. The Journal of Finance, 75(3): 1287-1325.

Gilje E P, Taillard J P. 2016. Do private firms invest differently than public firms? Taking cues from the natural gas industry. The Journal of Finance, 71(4): 1733-1778.

Gilje E P, Taillard J P. 2017. Does hedging affect firm value? Evidence from a natural experiment. The Review of Financial Studies, 30(12): 4083-4132.

Gupta K. 2017. Do economic and societal factors influence the financial performance of alternative energy firms?. Energy Economics, 65: 172-182.

Gupta R, Yoon S M. 2018. OPEC news and predictability of oil futures returns and volatility: evidence from a nonparametric causality-in-quantiles approach. The North American Journal of Economics and Finance, 45: 206-214.

Hamilton J D. 2009. Understanding crude oil prices. The Energy Journal, 30(2): 179-206.

Haugom E, Langeland H, Molnár P, et al. 2014. Forecasting volatility of the U.S. oil market. Journal of Banking & Finance, 47: 1-14.

Heath D. 2019. Macroeconomic factors in oil futures markets. Management Science, 65(9): 4407-4421.

Hotelling H. 1931. The economics of exhaustible resources. Journal of political Economy, 39(2): 137-175.

Hubbert M K. 1949. Energy from fossil fuels. Science, 109(2823): 103-109.

Ji Q. 2012. System analysis approach for the identification of factors driving crude oil prices. Computers and Industrial Engineering, 63(3): 615-625.

Ji Q, Bouri E, Roubaud D, et al. 2019a. Information interdependence among energy, cryptocurrency and major commodity markets. Energy Economics, 81: 1042-1055.

Ji Q, Guo J F. 2015. Oil price volatility and oil-related events: an Internet concern study perspective. Applied Energy, 137: 256-264.

Ji Q, Li J P, Sun X. 2019b. New challenge and research development in global energy financialization. Emerging Markets Finance and Trade, 55(12): 2669-2672.

Ji Q, Zhang D Y, Kutan A M. 2020a. Energy financialization, risk and challenges. International Review of Financial Analysis, 68: 101485.

Ji Q, Zhang D Y, Zhao Y Q. 2020b. Searching for safe-haven assets during the COVID-19 pandemic. International Review of Financial Analysis, 71: 101526.

Ji Q, Zhang H Y, Geng J B. 2018. What drives natural gas prices in the United States?-A directed acyclic graph approach. Energy Economics, 69: 79-88.

Jonek-Kowalska I. 2018. How do turbulent sectoral conditions sector influence the value of coal mining enterprises? Perspectives from the Central-Eastern Europe coal mining industry. Resources Policy, 55: 103-112.

Kang S H, Yoon S M. 2013. Modeling and forecasting the volatility of petroleum futures prices. Energy Economics, 36: 354-362.

Kilian L. 2014. Oil price shocks: causes and consequences. Annual Review of Resource Economics, 6: 133-154.

Kilian L, Murphy D P. 2014. The role of inventories and speculative trading in the global market for crude oil. Journal of Applied Econometrics, 29(3): 454-478.

Kilian L, Park C. 2009. The impact of oil price shocks on the U.S. stock market. International Economic

Review, 50(4): 1267-1287.

Kök A G, Shang K, Yücel Ş. 2018. Impact of electricity pricing policies on renewable energy investments and carbon emissions. Management Science, 64(1): 131-148.

Kristoufek L, Janda K, Zilberman D. 2012. Correlations between biofuels and related commodities before and during the food crisis: a taxonomy perspective. Energy Economics, 34(5): 1380-1391.

Liu J, Ma F, Yang K, et al. 2018. Forecasting the oil futures price volatility: large jumps and small jumps. Energy Economics, 72: 321-330.

Liu T Y, Gong X. 2020. Analyzing time-varying volatility spillovers between the crude oil markets using a new method. Energy Economics, 87: 104711.

Ma F, Liao Y, Zhang Y J, et al. 2019. Harnessing jump component for crude oil volatility forecasting in the presence of extreme shocks. Journal of Empirical Finance, 52: 40-55.

Maghyereh A I, Awartani B, Bouri E. 2016. The directional volatility connectedness between crude oil and equity markets: new evidence from implied volatility indexes. Energy Economics, 57: 78-93.

Miao H, Ramchander S, Wang T Y, et al. 2017. Influential factors in crude oil price forecasting. Energy Economics, 68: 77-88.

Michalak A, Nawrocki T L. 2015. Comparative analysis of the cost of equity of hard coal mining enterprises-an international perspective. Gospodarka Surowcami Mineralnymi-Mineral Resources Management, 31(2): 49-71.

Miller L, Carriveau R. 2018. A review of energy storage financing: learning from and partnering with the renewable energy industry. Journal of Energy Storage, 19: 311-319.

Ng T H, Tao J Y. 2016. Bond financing for renewable energy in Asia. Energy Policy, 95: 509-517.

Odum H T. 1996. Environmental accounting: emergy and environmental decision making. Forest Science, 43, (2): 305-306.

Pan Z Y, Wang Y D, Wu C F, et al. 2017. Oil price volatility and macroeconomic fundamentals: a regime switching GARCH-MIDAS model. Journal of Empirical Finance, 43: 130-142.

Ragosa G, Warren P. 2019. Unpacking the determinants of cross-border private investment in renewable energy in developing countries. Journal of Cleaner Production, 235: 854-865.

Ramberg D J, Parsons J E. 2012. The weak Tie between natural gas and oil prices. The Energy Journal, 33(2): 13-36.

Razek N H A, Michieka N M. 2019. OPEC and non-OPEC production, global demand, and the financialization of oil. Research in International Business and Finance, 50: 201-225.

Reinartz S J, Schmid T. 2016. Production flexibility, product markets, and capital structure decisions. The Review of Financial Studies, 29(6): 1501-1548.

Sadorsky P. 2006. Modeling and forecasting petroleum futures volatility. Energy Economics, 28(4): 467-488.

Sadorsky P, McKenzie M D. 2008. Power transformation models and volatility forecasting. Journal of Forecasting, 27(7): 587-606.

Salant S W. 1976. Hirshleifer on speculation. The Quarterly Journal of Economics, 90(4): 667-675.

Sarwar S, Tiwari A K, Cao T Q. 2020. Analyzing volatility spillovers between oil market and Asian stock markets. Resources Policy, 66: 101608.

Sévi B. 2014. Forecasting the volatility of crude oil futures using intraday data. European Journal of Operational Research, 235(3): 643-659.

Shrimali G, Nelson D, Goel S, et al. 2013. Renewable deployment in India: financing costs and implications for policy. Energy Policy, 62: 28-43.

Tang A, Chiara N, Taylor J E. 2012. Financing renewable energy infrastructure: formulation, pricing and impact of a carbon revenue bond. Energy Policy, 45: 691-703.

Tang K, Xiong W. 2012. Index investment and the financialization of commodities. Financial Analysts Journal, 68(6): 54-74.

Tegnér M, Ernstsen R R, Skajaa A, et al. 2017. Risk-minimisation in electricity markets: fixed price, unknown consumption. Energy Economics, 68: 423-439.

Thiam D R. 2011. An energy pricing scheme for the diffusion of decentralized renewable technology investment in developing countries. Energy Policy, 39(7): 4284-4297.

Trolle A B, Schwartz E S. 2009. Unspanned stochastic volatility and the pricing of commodity derivatives. The Review of Financial Studies, 22(11): 4423-4461.

Uniejewski B, Marcjasz G, Weron R. 2019. Understanding intraday electricity markets: variable selection and very short-term price forecasting using LASSO. International Journal of Forecasting, 35(4): 1533-1547.

Uritskaya O Y, Uritsky V M. 2015. Predictability of price movements in deregulated electricity markets. Energy Economics, 49: 72-81.

Wan K M, Wong K F. 2009. Economic impact of political barriers to cross-border acquisitions: an empirical study of CNOOC's unsuccessful takeover of Unocal. Journal of Corporate Finance, 15(4): 447-468.

Wei Y, Liu J, Lai X D, et al. 2017. Which determinant is the most informative in forecasting crude oil market volatility: fundamental, speculation, or uncertainty?. Energy Economics, 68: 141-150.

Wen F H, Gong X, Cai S H. 2016. Forecasting the volatility of crude oil futures using HAR-type models with structural breaks. Energy Economics, 59: 400-413.

Xue Y, Huang Y T. 2017. Study on the price co-movement among the Asia Pacific, European and Chinese coal markets-based on the empirical analysis of MS-VEC model. Applied Economics, 49(7): 693-701.

Yang Z H, Zhou Y G. 2017. Quantitative easing and volatility spillovers across countries and asset classes. Management Science, 63(2): 333-354.

Ye M, Zyren J, Shore J. 2005. A monthly crude oil spot price forecasting model using relative inventories. International Journal of Forecasting, 21(3): 491-501.

Zeng S H, Jiang C X, Ma C, et al. 2017. Investment efficiency of the new energy industry in China. Energy Economics, 70: 536-544.

Zhang D Y. 2017. Oil shocks and stock markets revisited: measuring connectedness from a global perspective. Energy Economics, 62: 323-333.

Zhang M M, Zhou P, Zhou D Q. 2016. A real options model for renewable energy investment with application to solar photovoltaic power generation in China. Energy Economics, 59: 213-226.

Zhang Y J, Yao T, He L Y, et al. 2019. Volatility forecasting of crude oil market: can the regime switching GARCH model beat the single-regime GARCH models?. International Review of Economics & Finance, 59: 302-317.

第 2 章 石油金融

> **本章导读**
>
> 首先，本章梳理石油金融的基本概念和发展历程，从石油现货、金融衍生品和主要市场价格的角度分析国际石油市场现状。其次，本章分垄断定价、市场化定价和金融化定价三个阶段介绍石油定价理论发展的脉络，并且对影响石油价格的主要驱动因素，包括供需、地缘政治、气候冲击、市场投机等进行分析和讨论。再次，本章总结中国石油市场的发展特色，详细介绍上海原油期货产品。最后，本章选取原油宝负油价事件作为案例深入剖析事件产生的原因，并向投资者、商业银行和监管部门提出建议。

2.1 基本概念

2.1.1 石油与石油价格

石油被誉为"工业的血液"。1859 年，石油钻井、开采和控油实现机械化，拉开了石油产业现代化和石油商业化的序幕。石油的第一次广泛应用是照明，其作为重要的原料逐渐进入了人类的视野。人口和需求的不断增长让石油进入第一个高峰期。第二次工业革命中，石油提供了新的能源和燃料，煤油、汽油、柴油等被用于照明、加热、运输和发电等领域。此外，石油也促进了内燃机的发明和化工工业的发展，改变了人类的出行方式和生活方式。石油为人类带来财富与繁荣的同时，也带来了战火与纷争。从第二次世界大战（简称二战）、1990 年海湾战争到 2003 年伊拉克战争，为了维护自身的能源供给安全，各国或明或暗钩心斗角，甚至不惜动用武力。产油国与消费国因利益分配明争暗斗，消费国主导的低油价带来了二战后西方国家的经济腾飞，OPEC 产油国以油价为武器引发的石油危机则导致了长达十年的经济滞胀。

从传统意义上来讲，石油作为一种重要的能源产品，其价格是由市场的供需关系决定的。然而，两次石油危机给大量石油消费国造成了严重的冲击，大量西方发达国家出现了经济衰退现象。为了应对石油价格频繁与剧烈波动的风险，主要石油消费国开始探索新的应对方式，期望设计一种工具来降低石油价格的波动性，管理石油价格风险。1983 年，美国纽约商品交易所推出了轻质低硫原油期货合约，这也是世界上第一份原油期货合约，也被称为 WTI 期货合约。1988 年，伦敦国际石油交易所（International Petroleum Exchange，IPE）推出了 Brent 原油期货合约，其具有稳定性、安全性和市场的完善性，是目前全球重要的石油定价基准之一。逐渐地，国际石油金融市场形成了以纽约商品交易所和伦敦国际石油交易所为中心的衍生金融产品交易市场。两个市场之间的联动性也引起了大批跨市场套利者的关注，石油成为真正的金融市场交易对象。此后，石油期货、石油期权、石油远期、石油掉期等金融衍生品被不断推出。大量石油衍生金融产品的出现吸引了大量国际金融资本加入并参与到国际石油市场中，石油金融化趋势开始出现。国际石油价格再也不仅仅由现货市场的供求关系来决定，更多地受到石油金融市场的影响。

2.1.2 石油金融

石油金融的内涵主要体现为两个层次。

第一，从金融的投融资功能来看，石油金融是指金融体系为石油产业资本的壮大提供投融资渠道。石油是不可再生资源，分布不均导致自然垄断。此外，石油产业投资周期长，风险较大。石油及其产业的特性使其发展离不开金融系统的支持，石油产业通过金融融资功能实现生产规模的扩张和经营利润的提升，并完成金融资源在能源领域的有效配置。

第二，从金融的衍生品创新角度来看，石油金融是指以石油现货市场为基础，衍生出的石油期货、期权、互换等相关石油金融创新产品，通过这些石油衍生品的交易，各类市场主体可实现投机、套保、投资等多重目的，从而完善石油市场的价格发现功能和风险管理功能。

2.2 国际石油市场现状

石油是最重要的资源之一，但石油资源在全球分布不均衡，这直接影响了石油市场格局。根据美国《油气杂志》（*Oil & Gas Journal*，OGJ）2022年发布的《全球油气储量报告》，石油储量仍主要集中在中东和美洲地区。截止到2022年，石油储量前五名分别是委内瑞拉、沙特阿拉伯、伊朗、加拿大和伊拉克。五国总储量占据全球储量的62%。

石油资源分布不均衡主要有以下几个原因。一是石油的形成需要特定的地质条件，如有机质的富集、热演化、油源岩、储集岩、盖层岩和构造背景等。这些条件在不同地区的存在程度和组合方式不同，导致了石油资源的分布不均。二是石油的形成受到古代地理环境的影响，如古气候、古海洋、古生物等。一般来说，海相油田比陆相油田更容易形成，因为海洋中存在大量的动物群，如鱼虾和浮游生物，其体量远大于陆地动物，更有利于有机质的积累和转化。因此，中东、北欧北海、委内瑞拉等地区形成了大型海相油田，而中国、美国等地区则以陆相油田为主。三是石油的形成受到板块运动的影响，如大陆漂移、构造隆升、断裂活动等。这些运动会改变地壳的厚度、温度和压力，影响石油的生成、运移和聚集。例如，中东地区位于欧亚板块和阿拉伯板块之间的碰撞带，形成了大型断陷盆地和向斜构造，有利于石油的储存和保存。

2.2.1 国际石油现货市场

石油资源分布不均导致了全球石油供需存在明显的错位，逐渐形成了全球性的石油现货贸易流通市场。其中，亚太地区是全球石油消费量最大的地区，而中东地区是全球石油产量最大的地区。目前世界上主要有四个石油现货市场。石油现货市场的参与者包括原油出口商（如卡塔尔国家石油公司）、炼厂［如中国石油天然气集团有限公司（简称中石油）］、大型国际石油公司（如荷兰皇家壳牌石油公司）、贸易商（如摩科瑞能源集团）、银行（如摩根士丹利）等。

1. 欧洲市场

欧洲现货市场主要包含西北欧市场和地中海市场。

西北欧市场以鹿特丹为中心，市场规模大，服务范围覆盖德国、英国、荷兰、法国等国家。这一地区集中了西欧大量的油港码头和炼油厂。西北欧市场交易的 Brent 原油是世界上最活跃的原油现货之一，其不仅是英国北海产量最大的石油，也是国际自由市场非 OPEC 石油中产量最大的。这一市场大约有三十余个规模大小不同的贸易商，主要的石油公司和炼油厂在这一市场上很活跃。

地中海市场分布在意大利的地中海沿岸，是欧洲的又一重要石油现货市场。该市场的油品供应主要来自沿海岸岛屿的独立炼油厂，特别是西意大利海岸的独立炼油厂，另外有部分来自经由黑海运输的独立国家联合体（简称独联体）国家的石油。此外，海湾地区的石油也已进入这一市场。

2. 美国市场

美国是世界上最大的石油消费国之一。尽管产量居世界第一，但由于巨大的需求量，美国仍需进口大量石油。美国进口的原油主要来自加拿大、墨西哥等国。美国的石油现货市场主要位于墨西哥湾沿岸、纽约港和俄克拉何马州的库欣。

美国的石油现货市场和欧洲的石油现货市场有以下几点区别。第一，运输方式不同。在美国，输油管道系统在全国范围内通畅，其在调整货物批量的大小上比欧洲用船运输的贸易方式更加灵活，这使其石油现货市场更加活跃，参与主体比欧洲更加多元化，而西北欧市场的参与主体通常需要具有雄厚的财力，所以主要是大型的油气公司。第二，影响因素不同。美国的石油现货市场受到美元汇率、页岩气革命、管道建设、环境法规等因素的影响。欧洲的石油现货市场则受到欧元汇率、北海产量下降、俄罗斯供应中断、欧盟能源政策等因素的影响。

3. 亚洲市场

进入 21 世纪后，由于亚洲地区新兴经济体的高速发展，亚洲对石油的需求量快速增长。由于地处马六甲国际航道的地理优势，新加坡逐渐成为亚洲地区石油现货交易的主要市场。新加坡是南亚和东南亚的石油交易中心，也是全球较大的燃料油现货市场。新加坡市场每天有数百万桶石油和成品油进行交易，涉及来自中东、非洲、澳大利亚、俄罗斯等国家和地区的多种石油品种。

除了新加坡市场之外，亚洲还有其他一些较小的石油现货市场，如日本的东京湾和千叶港、韩国的仁川港、中国的青岛港和上海港等。这些市场主要服务于本地区或本国的炼油厂和消费者，也参与一些区域性或国际性的贸易。亚洲各国有着不同的石油需求和偏好，因此对不同质量和价格的石油有着不同的需求强度。

4. 加勒比海市场

加勒比海地区石油资源丰富。近年来，圭亚那在近海发现了世界级的油气田，预计将成为全球人均石油产量最高的国家，为经济增长提供巨大助力。圭亚那的邻国苏里南也探明了大规模的油气田，吸引了巴西、美国等国家以及一些公司的参与，形成了一个南加勒比"能源矩阵"。

与其他主要石油现货市场相比，加勒比海市场规模较小，但它对美国和欧洲石油的供需平衡起着重要的调节作用。该市场的石油及油品主要流入美国市场，当欧美石油价差增大时，也会有一部分流入欧洲市场。

2.2.2 国际石油金融衍生品市场

石油金融化逐渐成为新的趋势。基于此，国际石油市场发展出了多种石油金融衍生品，即价值来源于石油的金融产品。相比石油现货市场，石油金融衍生品市场的参与者更为广泛，不仅包括现货市场参与者，还包括对冲基金、共同基金、保险公司、投资银行、个人银行、散户投资者，以及成品油和涉油企业，如航空公司、船运公司等。

1. 石油期货

场内交易是指在公开的交易所进行的标准化合约的交易。所有的交易者集中在一个场所进行交易，增加了交易的密度，一般可以形成流动性较高的市场。石油场内交易以期货为主。根据对石油加工处理程度的不同，石油期货可以分为原油期货和成品油期货两类。

1）原油期货

目前，全球范围内交易比较活跃的原油期货市场主要有英国伦敦国际石油交易所、美国纽约商品交易所、新加坡交易所（Singapore Exchange，SGX）、迪拜商品交易所（Dubai Mercantile Exchange，DME）、东京工业品交易所（The Tokyo Commodity Exchange，TOCOM）以及上海国际能源交易中心（Shanghai International Energy Exchange，INE）（表2-1）。

表 2-1 全球主要原油期货交易所的期货合约

交易所	推出时间	原油期货合约品种
纽约商品交易所	1983 年	WTI 期货合约
伦敦国际石油交易所	1988 年	Brent 原油期货合约
东京工业品交易所	2001 年	MECO 期货合约

续表

交易所	推出时间	原油期货合约品种
新加坡交易所	2002 年	MECO 期货合约
迪拜商品交易所	2007 年	Oman 原油期货合约
上海国际能源交易中心	2018 年	上海原油（SC）期货合约

注：MECO 即 Middle East crude oil，中东原油

WTI 是产自美国得克萨斯州的佩尔米安盆地（Permian Basin）的轻质低硫原油，是北美地区较为通用的一类原油，其期货合约也是世界上最具流动性、交易最为活跃的原油合约，该合约的成交价被视为全球原油市场的重要基准油价。1983 年，WTI 期货在纽约商品交易所上市。目前 WTI 期货是世界上最大的期货交易品种，美国页岩油技术的突破使其国内原油产量快速增长，但受其管道运输与合约中实物交割设计的限制，不能有效地扩大市场需求，也导致了 WTI 与 Brent 原油期货价差的出现。

Brent 原油是欧洲地区的基准原油。Brent 原油期货价格反映了欧洲、非洲和中东地区的原油供需状况，同时也受到全球原油市场的影响。1988 年，Brent 原油期货在伦敦国际石油交易所上市交易，该期货品种以 Brent 原油价格指数作为标的物。Brent 原油期货标的是出产于北大西洋北海布伦特和尼尼安油田的 Brent 轻质低硫原油，目前主要包括 BFOET [Brent blend（布伦特混合油）、Forties（福蒂斯）、Oseberg（奥斯伯格）、Ekofisk（埃科菲斯克）以及 Troll（特洛尔）]。2001 年，伦敦国际石油交易所被伦敦洲际交易所（Intercontinental Exchange，ICE）收购，成为其全资子公司。

MECO 对国际原油价格的影响较小。2001 年，日本推出了 MECO 期货合约。但是 MECO 期货的定价单位并没有应用原油行业的通用标准，而是选择了国家标准单位"千升"，这样的合约设计对国外投资者进行交易造成了诸多不便。与此同时，日本国内并没有原油生产，其原油全部依赖进口，国内缺乏足够的原油现货来支撑原油期货市场的运行，日本原油期货的发展受到限制。在这些不利因素的影响下，日本原油期货上市以后，合约成交量一直较小，对国际原油价格的影响非常小。2002 年，新加坡交易所与东京工业品交易所合作上市 MECO 期货合约。与日本类似，新加坡国内也没有原油生产，其最大的优势在于其地理位置。新加坡地处全球原油贸易运输的黄金位置，所以新加坡在原油贸易中主要提供转口贸易服务，并不是传统的原油供给方和需求方，因此相关实体企业对在新加坡进行原油交易的套期保值并没有太多需求，其原油期货合约对国际原油价格的影响也相对较小。

Oman 原油是一种中质含硫原油，占中东原油产量的大部分，在过去的几十年中一直是中东的重要基准原油。Oman 原油期货于 2007 年在迪拜商品交易所上市。迪拜商品交易所是苏伊士运河以东首要的以能源为中心的商品交易所。根据迪拜商品交易所的数据，Oman 原油期货的交割比率超过 90%，是全球实物交割比率最大的原油期货，远高于 WTI 期货和 Brent 原油期货。这说明 Oman 原油期货市场更倾向于现货市场，大多数交易者是通过迪拜商品交易所 Oman 原油期货市场完成现货市场交易的。

2018年3月26日，上海原油期货合约在上海期货交易所旗下的上海国际能源交易中心正式挂牌交易。上海原油期货的标的物是主产自中东地区的中质含硫原油，不同于其他原油期货，上海原油期货以人民币为计价货币。尽管欧美已有成熟的原油期货市场，但其价格难以客观、全面地反映亚太地区的供需关系。上海原油期货的推出有助于形成反映中国乃至亚太地区石油市场供求关系的基准价格体系，通过市场优化石油资源配置，服务实体经济。截至2018年12月31日，上海原油期货的双边日均交易量达28.05万手，日均成交额达1347.97亿元，已赶超Oman原油期货，成为仅次于WTI期货和Brent原油期货的世界第三大原油期货品种，成功迈出了争取亚太地区原油定价权的第一步。

综上，全球影响力较大的原油期货合约主要有纽约商品交易所的WTI期货合约、伦敦国际石油交易所的Brent原油期货合约、迪拜商品交易所的Oman原油期货合约、上海国际能源交易中心的上海原油期货合约（表2-2）。

表2-2 全球主要原油期货合约

原油期货合约种类	合约标的	交割方式	价格类型	结算货币
纽约商品交易所的WTI期货合约	轻质低硫	实物交割、期货转现货、期货转掉期	FOB（free on board，离岸价）	美元
伦敦国际石油交易所的Brent原油期货合约	轻质低硫	期货转现货、现金结算	FOB	美元
迪拜商品交易所的Oman原油期货合约	中质含硫	实物交割、期货转现货	FOB	美元
上海国际能源交易中心的上海原油期货合约	中质含硫	仓单交割、未到期允许期货转现货	中国沿海保税价	人民币

2）成品油期货

成品油是指原油经过生产加工而成的油品，常见的成品油期货包括汽油期货和柴油期货。除此之外，还有能够对冲油价波动风险的裂解价差交易。

在汽油期货中，RBOB（reformulated gasoline blendstock for oxygen blending，氧化混调型精制汽油）期货最为成熟。汽油是一种由相对不稳定（易燃、易挥发）的碳氢化合物组成的复杂混合物（主要成分是C_4~C_{12}烃类），可能包含其他少量添加剂。它被调和后用于点火式内燃机的燃料。RBOB是一种在美国芝加哥商品交易所交易的无铅汽油期货合约。作为汽油价格的全球基准，美国和国际炼油厂都跟随RBOB期货价格，且商业和非商业性市场参与者都通过RBOB汽油期货合约对他们的汽油价格风险进行套期保值。

在柴油期货中，全球范围内可供交易的、流通性比较好的产品是美国芝加哥商品交易所的纽约港超低硫柴油（ultra-low sulfur diesel，ULSD）期货。它是以纽约港超低硫柴油为标的物的期货合约。超低硫柴油期货是蒸馏燃料的基准，交易者通过这一合约管理他们在超低硫柴油和有关馏分油产品上的风险，如航空柴油、取暖油和粗柴油。

裂解价差是指原油价格与原油加工的衍生产品（汽油和柴油）之间的差值。在石油行业，炼油商最关切的是对投入成本价与产品产出价之间价差的对冲。炼油商的利润与原油价格和炼油产品［如汽油和馏分油（柴油和航空燃油）］价格之间的差值（价差）直接挂钩。

由于炼制过程是将原油"裂解"成各种主要炼油产品，因此这种价差被称为裂解价差。炼油厂的产出根据其厂房配置、炼制的原油种类以及市场季节性产品需求等因素而有所不同，有多种裂解价差来帮助其对冲不同比例的原油和炼油产品。裂解价差采用美元/桶的计量单位，因为原油价格是用美元/桶表示，而成品油是用美分/加仑[①]来表示，所以应该按照 42 加仑/桶的比例将汽油、柴油等成品油价格转换成美元/桶表示的价格。以芝加哥商品交易所上市的主要能源期货合约为例，裂解价差类型有简单的 1∶1 裂解价差，以及复杂化的 2∶1∶1、3∶2∶1、5∶3∶2 裂解价差。

2. 石油期权

石油期权是一种在未来某个时间以约定价格买入或卖出石油的权利。石油期权合约是一种金融衍生品，它是以原油期货合约为标的物的期权合约，可以分为看涨期权和看跌期权。看涨期权是买方有权在未来某一特定日期或之前以约定价格买入标的物的合约，看跌期权是买方有权在未来某一特定日期或之前以约定价格卖出标的物的合约。

美式期权与欧式期权是根据期权持有者可行使权利的时间不同而划分的两个基本类型。其中，欧式期权是指期权合约的买方在合约到期日才能够执行的期权，美式期权是指期权合约的买方在期权合约到期前的任何一个交易日均可以执行的期权。在原油市场中，WTI 期权属于美式期权，Brent 期权则属于欧式期权。

场内期权与场外期权是依据交易场所不同而划分的两个基本类型。其中，场内期权是指在交易所内进行交易的期权，这种期权有其特定的规定，难以进行更改。场内交易采用标准化和集中交易，结算机构为交易双方提供了可靠的履约保证，有利于市场流动性的提高。WTI 期权、Brent 期权，以及上海原油期货期权均为场内期权。而场外期权则不同，场外期权并不是在场内进行交易的，所以其灵活性要远大于场内期权。场外期权条款可定制，是投资者与金融机构"一对一"量身定制的交易合约，目前部分期货公司的风险管理子公司可以提供场外期权服务。

3. 石油远期

远期合约是最早出现的场外交易的衍生产品，交易双方约定在未来某一日期按约定的价格、约定的数量进行交易，或者以现金形式结算差价。远期交易在石油市场发展中发挥了重要的作用。远期和期货被视为竞争性工具，很多人认为期货将最终取代远期，就像在其他商品市场一样。但是 Brent 远期、WTI 远期与期货同样的成功表明了远期在石油市场的重要性。远期合约在石油市场发展中发挥了重要的作用，而且具有更加灵活的合约条款，对期货市场是非常重要的补充。

远期对期货起补充作用，因为它有期货没有的相对优势。第一，远期能 24 小时交易，是标准期货交易所工作时间之外的交易工具。第二，它使参与者可一次交易更大量的石

---

① 1 加仑（US）=3.785 43 升。

油。第三，参与者能选择交易伙伴。第四，它的实物交割满足了一些公司对现货的实际买卖需求或会计方面的偏好等。近年来，石油远期有一些创新，Brent 差额合约如 CFD（contract for difference，差价合约）和纸货 Tapis 是以互换（swap）而不是传统的远期为基础。许多以前活跃的纸货远期市场被互换替代，如俄国汽油、英国利特布鲁克燃料油。即使这样，远期仍在欧洲北海、美国、亚洲发挥着重要作用。

4. 石油互换

互换是场外交易衍生市场中比较新的形式，是一种灵活地填补由其他交易工具而导致的石油市场空白的产品，完美地适应了石油市场的复杂性。石油互换市场由石油生产商、石油购买者（投资者）和金融机构构成，金融机构通过对生产商、购买者进行撮合，提供头寸等方式，获取佣金或价差。石油互换在过去几年飞速发展。

石油互换为石油产品的价格风险提供了短期和长期的管理工具。短期互换已经从公司之间大额的私下交易发展为更标准化、更透明的交易工具，被广泛作为许多远期纸货合约的替代。然而，长期互换的协商比用其他石油交易工具更花费时间，而这些工具有时能以更低成本提供相同程度的风险保护。

石油互换是管理石油基差风险的有效手段。基差风险是实际买卖的商品价格与期货价格的差别导致的风险，在石油、天然气和电力产品中基差会非常大，所以基差风险需要通过互换交易者的主动交易来进行管理。

2.2.3 主要市场价格

目前，石油市场价格主要有三种：现货价格、期货价格和合同价格（张大永等，2023）。除此之外，不同地区的基准油价不同。一般来说，可以将价格划分为欧洲石油市场基准油价、北美石油市场基准油价、中东石油市场基准油价和亚太石油市场基准油价。

1. 现货价格

石油现货市场价格根据其确定方式的不同可分为以下两种。一种是在现货市场上实时成交的价格，另一种是报价机构通过追踪市场评估得到的价格。世界上较大的石油现货市场有美国的纽约、英国的伦敦、荷兰的鹿特丹和亚洲的新加坡。反映现货市场价格的报价系统有普氏报价、路透社报价、美联社报价等。

2. 期货价格

石油期货市场的价格是在期货市场上买卖双方对石油期货标准合约各自出价撮合形成的均衡价格，反映了市场对未来石油价格的预期。期货市场有发现价格的功能，能够在一定程度上领先于现货价格。一般来说，石油现货价格与石油期货价格应该是同向波动的。世界上最重要的两种原油期货是纽约商品交易所的 WTI 期货和伦敦国际石油交易所的 Brent 原油期货。

3. 合同价格

石油长期合同价格是根据公式计价法参考现货或是期货价格确定的。长期的石油销售合同需要约定交易的石油品种、数量、时间、地点等条件，以及价格公式、贴水和质量调整机制等内容。在石油合同市场上，一般需要根据事先约定好的价格进行交易，目前较少使用固定价格作为石油合同的交易价格，大部分都采用公式计价法计算，即选取一种或者多种石油的加权平均价格作为基准油价（A），再加上升贴水（S）作为长期合同的交易价格。交易价格计算公式为

$$P = A + S \tag{2-1}$$

其中，P 为石油结算价格；A 为基准石油的期货价格或现货价格；S 为升贴水。基准油价 A 是参照某种石油价格或者某几种石油的加权价格来确定的，该参照价格不是石油的某个时间点的具体成交价格，而是根据交易时间前一段时间内的现货价格、期货价格或某报价机构的报价计算出来的价格。石油种类繁多，有时候所选用的基准石油没有参照价格，这时就需要根据有报价的石油进行升贴水调整。贴水是根据石油的品质、运输费用、出口对象、买方的订单量等诸多因素进行计算的一个调整系数，可以为正也可以为负。

2013 年 6 月，在俄罗斯总统普京和中国国务院副总理张高丽的见证下，俄罗斯石油公司总裁伊戈尔·谢钦和中国石油天然气集团有限公司董事长周吉平签署了对华长期供应原油协议。该协议规定，俄罗斯未来 25 年每年将向中国供应 4600 万吨石油，该协议总价值高达 2700 亿美元。该协议的签署意味着中俄两国及两家公司在能源与经济合作方面迈出重要一步。

4. 地区基准油价

1）欧洲石油市场基准油价

欧洲石油市场普遍使用 Brent 原油作为定价基础。Brent 原油是一种轻质低硫的原油，主要产自北海的英国、挪威、丹麦和荷兰的海上油田。Brent 原油的名称来源于英国石油公司（British Petroleum，BP）在北海开发的一个油田，该油田由五个平台组成，分别是 Broom、Rannoch、Etive、Ness 和 Tarbert，它们的首字母组成了 Brent。Brent 原油既有现货市场，又有期货市场，主要在伦敦国际石油交易所交易，并配有衍生品的场外交易，成交非常活跃。Brent 原油期货合约的交易时间为每天早上 8 点到晚上 11 点（伦敦时间），周一至周五开放。在西北欧、北海、地中海、非洲以及部分中东国家等地区进行原油交易或者向这些地区出口原油，均以 Brent 原油作为基准原油进行定价。

2）北美石油市场基准油价

北美地区主要将 WTI 作为基准原油。WTI 是一种轻质低硫的原油，主要产自美国得克萨斯州的佩尔米安盆地。与欧洲原油市场一样，美国和加拿大原油市场也已比较成熟，主要在纽约商品交易所交易，场外交易也有相当大的规模。除此之外，西半球出产的原油也主要挂靠 WTI 计价，包括美国的阿拉斯加北坡（Alaska north Slope，ANS）原油、墨西哥的玛雅（Maya）原油、厄瓜多尔的奥瑞特（Oriente）原油、委内瑞拉的圣芭芭拉（Santa Barbara）原油和阿根廷的埃斯克兰特（Escalante）原油等。

3）中东石油市场基准油价

中东地区是全球石油资源最丰富的地区。由于巨大的石油产量，其对石油出口的定价机制有充分的话语权，目前中东原油市场的出口原油定价有两种方式。

一是与出口目的地基准原油挂钩。对于不同的出口市场，中东国家会选择不同的基准原油。具体来说，销往北美市场的采用 WTI 价格定价，出口欧洲的采用 Brent 原油价格定价，出口东南亚地区的选择 Oman 和迪拜原油的价格定价。除此之外，还有一些中东国家对所有出口市场都选择同一种基准价格，但会根据不同市场调整升贴水。例如，科威特对出口上述三个市场的石油，其参照定价原油都为阿拉伯中质油，但其对阿拉伯中质油的升贴水则不同。

二是根据出口国自己公布的官方价格，即官方销售价格（official selling price，OSP）指数。常见的指数包括：阿曼石油矿产部的 MPM 原油价格指数；卡塔尔国家石油公司的 QGPC 价格指数；阿布扎比国家石油公司的 ADNOC 价格指数。这些价格指数每月公布一次，均为追溯性价格，反映了原油出口国政府对市场趋势的判断和采取的对策。

4）亚太石油市场基准油价

由于亚太地区目前还没有成熟的原油期货市场，因此缺乏一个区域性的基准原油。当前，亚太地区的原油贸易长期合同价格主要是参照评估机构根据现货市场每日交易情况而评估出来的一个价格指数制定的。一些常见的价格指数包括普氏（Platts）报价、阿格斯（Argus）原油报价、亚洲石油价格指数（Asian petroleum price index，APPI）、印度尼西亚原油价格（Indonesian crude price，ICP）指数等。

2.3　石油定价理论发展

从石油作为商品的一般属性及特殊属性出发，其价格决定理论发源于一般商品的价格理论，核心是将石油作为普通商品，考察石油的勘探、开采和交易过程，同时从其稀缺性以及不可再生性两个方面进行补充。按照传统的霍特林法则，不可再生但在一定程度上可以被其他商品替代的资源，它的价格由其稀缺性和替代资源的成本来决定。随着石油市场的不断成熟和发展，以及石油定价体系的不断更迭，石油定价理论也不断发展完善。

价格是石油金融研究的核心变量，它反映了金融资产的价值和风险，也影响了投资者的决策和行为。在早期，石油的价格主要由资源的供需决定。作为最主要的能源之一，生产国与消费国视石油为一种战略性资源，对石油的供给与需求决定了其价格波动。进入 21 世纪，随着全球市场一体化和原油期货市场的快速发展，石油已经超出了作为一种自然资源固有的物理属性，而更多地表现出金融属性以及地缘政治属性等社会属性。进入市场繁荣阶段后，金融机构开始大规模参与市场定价。纵观历史，石油的定价机制演化可以分为垄断定价、市场化定价和金融化定价三个阶段。

2.3.1　垄断定价

石油资源在全球范围内的分布具有较强的不平衡特征。在早期，对于很多产油国来说，影响石油产量的事件在很大程度上会影响全球石油价格，国际石油市场存在垄断的特征。在垄断定价阶段，石油价格经历了买方主导的卡特尔公司定价时代和卖方主导的OPEC定价阶段。

在20世纪60年代以前，石油的生产和需求均受美国和西方跨国石油公司控制。作为这一时期石油价格的主导者，"石油七姐妹"通过自身强大的力量垄断了世界石油资源及市场，获得了巨大的财富。

"石油七姐妹"如下所示。

（1）新泽西标准石油，即后来的埃克森（Exxon）石油公司，现为埃克森美孚（Exxon Mobil）公司的一部分。

（2）加利福尼亚标准石油，即后来的雪佛龙（Chevron），2001年吞并了"石油七姐妹"的另外一家公司德士古（Texaco）。

（3）纽约标准石油，即后来的美孚（Mobil）石油公司，1998年与埃克森石油公司合并组成埃克森美孚公司。

（4）德士古，在2001年被雪佛龙收购。

（5）海湾石油（Gulf Oil），在1984年被雪佛龙所收购。

（6）英国波斯石油公司，即后来的英国石油公司。

（7）荷兰皇家壳牌石油公司（Shell），其是英国与荷兰合资的跨国石油公司。

"石油七姐妹"商标如图2-1所示。

图2-1 "石油七姐妹"商标

国际"石油七姐妹"开始主导石油定价的标志是1928年新泽西标准石油、纽约标准石油和荷兰皇家壳牌石油公司在苏格兰签订了《阿奇纳卡里协定》，后来另外四家跨国石油公司也加入了这个协定。为了防止寡头之间的恶性价格竞争，该协定划分了各签订方的市场份额，并规定了石油的定价方式：不论石油的原产地在哪里，石油价格均为墨西哥湾的离岸价格加上从墨西哥湾到目的地的运费。因此，只要将实际发生的运费和油价之和控制在墨西哥湾沿岸基价加运费以下就可获得盈利。

石油卡特尔公司能够攫取国际石油定价体系定价权，具有一定的历史原因。第一，当时的国际石油供给几乎全部来自现在的 OPEC 地区，而石油的主要消费国则是欧美国家。两者相比，产油国的政治、经济、技术、资源等方面与需求国都有较大的差距，很难在谈判中占据上风。特别是许多中东产油国都曾沦为西方列强的殖民地或半殖民地，当时这些新独立不久的国家处于弱势地位，很难获得平等的国际石油交易谈判地位。第二，国际石油卡特尔公司代表了欧美石油消费大国的利益，这些国家具有强烈的定价诉求和能力，希望获得稳定的低价石油资源，以保证本国的工业发展需要。第三，当时的特许权租金制度安排也对石油卡特尔公司攫取石油定价权提供了便利。该制度规定产油国的主要收入来源为石油资源开采的特许权租金，因此如果产油国希望获得更高的收入，只能寄希望于石油卡特尔公司的大量开采，所以为了保证收入的稳定性，产油国一般不敢干预石油市场价格。第四，技术水平有限。产油国技术落后，不具备大规模开采石油的能力，因此只能借助石油卡特尔公司来提高石油产量，从而保障稳定的石油开采收入。

在此阶段，石油卡特尔公司通过攫取定价权将油价长期压制在极低的水平。该定价模式过分强调石油需求国的利益，极大地侵害了石油资源国的利益，这种极度不公平的定价体系注定难以长期存在。随着产油国在政治、经济等方面地位的提升，为了维护自身在石油定价上的话语权，广泛开展了石油国有化运动，并且成立了与石油卡特尔公司相对抗的组织——OPEC。

二战结束后，中东地区凭借本地油田储量大、埋藏深度浅、开采成本低且单井产量高等优势，成为世界上最大的产油地区。然而，中东地区各产油国不满"石油七姐妹"对市场的垄断。1960 年，沙特阿拉伯、科威特、伊朗、伊拉克和委内瑞拉等主要石油生产国组成了 OPEC，以对抗"石油七姐妹"对国际石油市场的控制。OPEC 成立之初，其石油剩余探明储量占全球的 72.4%，为 297.39 亿吨，产量占全球产量的 40%以上。

在 OPEC 最初的十年里，其并没有成为国际石油价格制定的决定性力量，仅对价格的变动产生了一定的影响。1973 年，OPEC 单方面提高了轻质石油的定价，并且宣布收回对石油的定价权，标志着石油定价告别了需求方"单边定价"的模式。此外，OPEC 成员国的石油工业国有化措施改变了石油市场的供给结构，使得石油卡特尔公司的石油价格控制权被极大地削弱。

然而，OPEC 在国际石油价格体系中的决定作用并没能持续多久。自 1973 年石油禁运后，石油卡特尔公司充分认识到 OPEC 成员国减产在石油价格协商中的重大优势，因而加大了对非 OPEC 地区石油的勘探和开采力度。随着英国、墨西哥等非 OPEC 产油国的崛起，这些石油市场的新势力也在石油定价领域拥有了更大的话语权。在这一阶段，除了 OPEC 制定的官方石油价格之外，还出现了政府售价，该价格由非 OPEC 产油国政府参照官方价格，并结合本国石油供给和世界石油供需状况制定。与 OPEC 官方价格相比，政府售价不受限于非正式协议，这些价格更能够反映市场的供求水平，因此往往更具有竞争力，使得石油市场内的交易主体日益多元化，OPEC 官方油价也逐渐失去了主导地位。

2.3.2 市场化定价

国际石油现货市场诞生的重要节点之一是 1978～1979 年发生的伊朗伊斯兰革命。受到时局不稳定的影响，伊朗的石油产量从日产 600 万桶降到日产 50 万桶，导致全球石油供给短缺，同时还使得原有的行业内长期合约协议无法履行，市场陷入混乱。长期石油合约的失效迫使大量买家转向石油现货市场，OPEC 成员国在现货市场上失去合约束缚，拥有了向独立的第三方出售石油的更大自主权利，这标志着长期合约即将退出历史舞台，而现货市场正逐步发展。

1980～1985 年是国际石油定价竞争最激烈的时期，OPEC 官方定价和非 OPEC 国家的政府定价在市场上并存。为了提升竞争力，非 OPEC 国家的政府定价相对灵活，频繁发生变动，其价格也与现货市场价格更为接近。而 OPEC 则受制于定价的刚性，持续向市场提供过剩石油，甚至在现货市场上以折扣价格出售多余的石油，导致 OPEC 定价严重偏离石油真实价值，加速了原有定价体系的瓦解。1984 年，OPEC 制定的官方售价远远高于市场过度供给时应该表现出的正常价格，OPEC 的行动策略失误使其逐渐丧失对国际石油价格的控制。1985 年 9 月，沙特阿拉伯屈服于市场力量，将 OPEC 官方定价和现货市场价格关联起来，将国际石油定价体系交由自由市场力量主导，现货价格取代 OPEC 官方价格和非 OPEC 国家的政府售价成为国际石油定价体系内的主导价格。

该阶段是现货与期货结合的市场化定价阶段，是石油进入金融化定价前的过渡阶段。以现货价格为主导的市场化定价方式固然提升了石油价格的有效性，但是价格的频繁波动也催生了规避价格风险的要求，这为原油期货合约的推出奠定了基础。同时，在现货贸易中，确定现货价格时常常会依赖一些先行价格，这也使得期货价格的确立成为必需。1983 年和 1988 年，WTI 期货和 Brent 原油期货依次推出。当原油期货价格作为石油交易的基准参考价格被确定后，由于期货市场的性质和参与者同现货市场存在较大差别，由现货市场中供需双方确定石油价格演变为由期货市场和现货市场的参与者共同参与确定石油的交易价格。自该阶段开始，战争等地缘政治事件和气候风险冲击对石油价格的影响越发强烈。

1. 战争等地缘政治事件

石油资源是世界各国工业发展最需要的能源，对于发达国家来说，保障石油资源的充分供给尤为重要。又由于石油供给具有明显的地域特征，欧美国家对石油储量丰富的中东地区依赖程度极高。因此，在中东地区爆发战争等地缘政治事件，会直接影响石油供给量，主要表现为石油供给减少、供不应求、推高油价。美国页岩油革命的成功不仅保障了美国的能源安全，实现能源独立，也使得美国在国际能源市场的地位提高，对石油定价的话语权增强。但是美国的野心不止于此，其是为了进一步控制中东地区的石油资源，并强迫其将石油与美元挂钩，以便更好地操纵石油价格走向，进而掌控全球经济走向，为美国创造巨额财富。因此，由美国引起的地缘政治冲突（主要在石油资源集中区）在近二十年来次数增加，大大加剧了全球石油市场的不稳定性。例如，2003 年，美国以伊拉克藏有大规模杀伤性武器并暗中支持恐怖分子为由对其实施军事打击。2011 年，"阿拉伯之春"导致叙利亚和利比亚战争。因受美国长期制裁，委内瑞拉经济严重衰退，石油开采技术发展停滞。

自 2014 年克里米亚危机以来，俄罗斯和乌克兰之间的关系日趋紧张，局势持续恶化。

倘若乌克兰加入北大西洋公约组织（简称北约），白俄罗斯将会被乌克兰、波兰、立陶宛、拉脱维亚等北约国家包围，迫使白俄罗斯加入北约阵营，此时俄罗斯的发展局面将岌岌可危。因此，俄罗斯必须阻止乌克兰加入北约，守住地理缓冲界限。2022年2月，俄罗斯对乌克兰开展特别军事行动，尤其是在乌克兰东部地区，爆发了大规模战争。在俄乌地缘政治战争的硝烟之下，与之而来的是全球能源价格暴涨，高位波动现象显著，引发了市场对能源断供的担忧，加剧了全球能源危机。

一方面，西方国家的制裁行动给"能源大国"俄罗斯的石油出口带来了强烈冲击，如欧盟明令禁止向俄罗斯的能源部门进行投资、出售或转让炼油产品和技术，禁止从俄罗斯进口煤炭、石油、天然气等化石燃料。作为全球位居前列的原油生产和出口大国，俄罗斯的能源出口市场主要集中在欧洲地区。根据《bp世界能源统计年鉴（2021年版）》，俄罗斯在2021年的石油总产量达5.34亿吨，石油出口量达2.29亿吨，仅次于沙特阿拉伯。在俄罗斯石油出口的36个国家中，出口到欧盟国家的总量最大，占总出口量的47.0%，主要集中在荷兰（16.3%）、德国（8.4%）、波兰（4.9%）、意大利（3.9%）、芬兰（2.8%）、斯洛伐克（2.3%）以及其他欧盟国家，从此可以看出，俄罗斯在欧盟国家的石油市场中占据重要地位。在西方国家对俄罗斯的能源制裁行动之下，其他石油供给国家增产也不足以弥补俄罗斯石油出口的减少，如OPEC剩余产能不足，美国页岩油增产乏力，伊朗重回全球石油市场困难重重。国际能源供需矛盾紧张，油价一路上行。

另一方面，正值后疫情时代下全球经济复苏之际，在经济利好形势和货币政策宽松背景下，俄乌冲突爆发使得本就处于高位的油价一路看涨（李晓依等，2022），在俄乌冲突爆发后的一个月里，国际油价一度突破了2008年的高峰点。与此同时，西方国家切断来自俄罗斯的石油供应必然加剧了市场对能源断供的担忧，市场恐慌情绪加剧，因此国际油价一直处于高位波动的状态。此外，不仅仅是禁运俄罗斯油气，全球石油交易商为规避风险，减少使用俄籍油轮，导致油轮运费飙涨，俄罗斯至欧洲的Aframax（阿芙拉）油轮运价的单日费率从3月下旬的30 000美元大涨至4月初的63 597美元。不断上涨的运费成本也推动了油价上涨。

2. 气候风险冲击

应对气候变化已成为全球能源转型的核心议题，越来越多的国家提出碳达峰、碳中和目标，加速推进能源绿色转型。后疫情时代，全球能源市场不确定性因素增多，许多国家也将新能源投资作为促进经济复苏的重要手段，能源格局加速重塑。2021年全球绿色能源投资支出同比增长27%，达到创纪录的7550亿美元。电动汽车销量不断增长，生物质燃料、氢能源等石油替代能源迅速发展，石油在能源消费中的占比将加速下降。

近年来，随着气候变化问题越来越突出，气候变化带来的油价波动现象频频发生。一方面，从气候转型风险来看，全球正面对由化石燃料消耗带来的气候变化风险的巨大挑战，各国纷纷开始采取减缓温室气体排放的强制措施。在气候政策主导下，化石能源加速向可再生能源过渡转型，但化石燃料的过快退出导致可再生能源无法完全、稳定满足能源消费需求。特别是在极端天气情况下，人们对能源和电力需求增加，而"对天气依赖性强"的可再生能源供应不稳定，加上化石燃料后备资源不足，供不应求，不断推高油价。另一方面，从气候物理风险来看，不仅仅是可再生能源受极端天气影响巨大，高温天气也给炼油厂带来了巨大问题。炼油厂的设计工作温度通常在 0～35℃，因此在夏季高温时石油产量减少，供应中断。高温热浪等极端天气导致的油价暴涨现象在近年来频频发生。除了极端高温天气，洪灾、飓风等气象灾害也加剧了油价的不稳定性。值得注意的是，由于洪灾、飓风等气象灾害突发性强、影响范围广、预测难度大，因此它们一旦发生，可能比高温天气对油价的影响更大。例如，2005 年的卡特里娜飓风和 2012 年的桑迪飓风分别对新奥尔良和纽约的原油进港口造成了重大破坏。美国 17% 的原油产量均来自墨西哥湾的海上钻井，2019 年的墨西哥湾飓风引发了市场对原油供应中断的担忧，油价也因此提振上涨。

  气候问题对能源价格的风险冲击引起了市场的广泛关注，多数学者预测未来将会出现更多的气候气象灾害，油价的不可预测性也随之上升。因此考虑气候风险对资产定价的影响尤为重要（Phan，2021），但目前气候风险问题研究也面临着重重挑战。一是关于气候风险特征的研究缺乏，数据不充足。在关于气候风险特征方面，气候变化具有长期性，气候风险更易被低估；气候灾害事件之间具有关联性，更易形成复合型风险；气候物理风险和气候转型风险之间具有相关性，相互影响；气候风险在行业或地区具有集中性，通过反馈机制和违约相关性放大风险影响。在关于气候风险数据方面，用于描述气候风险影响和度量气候风险敞口的数据缺乏。二是气候情景的合理设计和应用。三是气候压力测试中的机制设计和参数估计。因此，如何提高我们对气候变化的认识，气候风险如何作用于资产定价，值得进一步深入探究。

2.3.3 金融化定价

  2000 年后，新兴市场、国家高速发展带动大宗商品走强，石油与金融逐渐融合。当全球经济的强劲增长造成需求与供给的平衡比较紧张的时候，来自金融投资者的需求将快速推高相关的商品价格，并从中牟取暴利。随着经济与金融市场的全球化，资源价格的波动也受到全球范围内流动性过剩的影响。全球金融市场上资本的流动性过剩，金融市场上的投资者将这些过剩流动性中的一部分资本转移到了石油市场并积极交易。随着石油市场与金融市场的相互渗透与融合，石油的"准金融产品"特征日益彰显。进入 2000 年以来，石油衍生品市场的交易量逐年放大，共同基金、对冲基金乃至养老基金都积极投资石油衍生品市场以谋取利润，其中投资银行和商业银行既可以作为经纪商也可以作为自营商参与衍生品市场，多方共同发力，提高了石油衍生品市场的交易量和流动性。

  随着石油期货市场的日渐成熟以及大量金融衍生品的广泛利用，石油的金融属性被放大。大量投机者与非商业资金进入期货市场进行投机交易，游资对原油期货市场的炒作持续助力油价走高，同时也使得油价的波动更为剧烈。石油衍生品市场参与者日益增加、交易日趋活跃，推动了石油期货、石油互换、石油期权等一系列相关衍生工具的迅猛发展。石油期货交易市场、石油现货交易市场、石油其他衍生品市场、"石油美元"市场之间的互动，让石油经济系统具有高复杂性、高风险性、非线性运行等金融属性，石油金融化出现萌芽。

期货市场的发展给现货市场带来了巨大的改变，石油价格在保持市场化定价的同时，开始向金融化定价转变。一方面，期货价格的确定提高了石油市场交易效率。受到当时运输水平的影响，油轮运输需要将近一个月的时间，有时会造成石油需求不能够及时得到满足，而通过期货市场交易商可以提前买入长期合约，满足其在日后的石油需求。另一方面，期货市场的套期保值与价格发现两大功能，使得石油不只是一种大宗商品，更是一种像股票和债券一样的金融资产，石油期货市场与股票市场、债券市场、外汇市场的互动性明显增强，即石油期货价格已不再单纯地受现货市场供求关系变化的影响，还受到其他金融市场的影响，这也进一步强化了石油期货对现货价格的影响。

美国"次贷危机"在 2006 年春季逐步显现，其是由次级抵押贷款机构破产、投资基金被迫关闭、股市剧烈震荡引起的金融风暴，它致使全球主要金融市场出现了流动性不足的危机。2007 年 8 月，危机开始席卷美国、欧盟和日本等世界主要金融市场，并最终于 2008 年扩散到全球引发了一场全球金融危机。在该阶段，有大量金融机构参与石油的投资，受到危机的影响，大批资金撤离石油期货市场。2008~2012 年，全球金融危机让油价急转直下。虽然新兴发展中国家对石油的需求依然强劲，但北美地区石油需求的大幅滑落使得全球石油需求大幅减少，油价从 2008 年 7 月的 147 美元/桶的历史高点跌至 2009 年 1 月的 34 美元/桶。

冲击过后，全球经济于 2009 年开始复苏。2009 年，亚太地区国家经济最先从金融危机中恢复，成为全球经济的亮点。此外，在各国为应对危机所采取的量化货币宽松政策和积极财政政策的刺激下，对石油的需求反弹，经济复苏。2010~2012 年，"阿拉伯之春"、叙利亚内战、对伊朗制裁等地缘政治事件冲击着石油的供给。在需求旺盛但供给紧缩的形势下，油价水平重新回到高位，最高达到 114 美元/桶。进入 2018 年以来，原油市场供需格局逐渐向好，美国石油产量进一步提升，全面赶超沙特阿拉伯和俄罗斯，升至全球第一名。至此，国际石油市场的格局彻底发生了改变，出现了 OPEC、美国、俄罗斯三足鼎立的局面。

随着石油市场的金融化，石油市场逐渐变成一个类似于金融资产的投资市场。资本在石油相关市场的流入流出和各类投机因素对石油价格的影响日益增加，只要有大量资金流入石油期货市场，石油期货的价格就会不断攀升，远离其成本价格和由其市场供需所决定的理论价格。当市场参与者大多出于投资甚至投机目的时，金融市场的杠杆效应、买空卖空机制以及资金高度流动性等特征就会影响石油价格，使得具有金融属性的石油定价权逐步被大的金融机构和投资基金控制，石油主要的生产者和需求者对石油价格的决定作用有所下降。

1. 市场投机

随着石油现货市场和各类衍生品市场的发展，市场流动性的提高使得投机交易在大量市场上盛行，因此，石油所具有的金融产品属性使得投机行为不可避免地成为影响石油价格的因素之一。石油衍生品市场价格发现和风险规避功能的实现本身也依赖于大量的投机活动。投机活动能够把市场预期的变化转化为市场价格的变化，最终实现衍生品市场的价格发现功能。基于市场投机的价格决定理论能够从市场预期的角度解释市场供需、美元贬值和地缘政治等因素都无法解释的过高或过低的石油价格水平。

金融市场投机主要通过两种传导机制影响石油价格。一是投机资金通过大量买进开仓、做多，使得石油期货市场上买方力量增强，直接拉高石油期货价格。更高的预期价格又会导致消费者在现货市场上需求增加，生产者在现货市场上减少供应，供给减少，最终推高石油价格。二是投机资金大量卖出开仓、做空，使得期货市场上卖方力量增强，直接拉低石油期货价格，未来更低的预期价格必然导致人们在现货市场上需求降低，生产者在现货市场上扩大供应，供给增加，石油价格下降。

投资者将石油期货看作传统股票和债券组合多样化的替代资产，他们的投机行为可以导致对石油的超额需求，推动了石油期货未来价格攀升，从而带动了现货价格上涨。例如，在 2002 年至金融危机前，在全球经济增长势力旺盛背景和全球各国央行的低利率政策下，流动性过剩导致了大量投机基金涌入石油期货市场，石油的金融化属性不断增强，投机炒作行为不断推动油价上涨，直到 2008 年石油市场泡沫达到峰值，引发油价剧烈波动。但在 2008 年全球金融危机爆发后，包括石油期货市场在内的金融体系受到重创，投机因素对石油价格变动的影响减弱。石油价格高涨是导致全球通货膨胀的主要推手，而该时期的市场过度投机行为是导致国际原油期货价格剧烈波动的重要因素。

投机者通常不关心商品的实际用途，而是利用价格波动来赚取差价。一方面，投机会放大石油价格的波动。投机者在石油市场中的频繁进出，会根据自己的预期和心理，推动或抑制石油价格的变动，从而加剧了石油价格的波动幅度和频率。另一方面，投机能够影响石油市场的有效性和稳定性。投机者往往不是基于真实的信息和需求来进行交易，而是基于自己的主观判断和情绪。这可能导致市场价格偏离其真实价值，造成市场失灵或泡沫。由于投机者对石油价格的影响力较大，他们可能会在某些时候引发或加剧石油市场的恐慌或过度乐观。这可能导致石油价格出现剧烈的上涨或下跌，甚至出现负值，给石油生产国、消费国和相关产业带来严重的后果。

2. 其他金融资产市场

1）石油市场与股票市场

石油市场与股票市场之间存在一定的不可忽视的关系，并且两者关系的变化取决于不同的经济状况和市场因素。一般来说，当作为石油期货替代品的股市低迷时，投机基金会大量涌入石油市场，增加石油的虚拟需求，不断推高油价。而根据套利定价理论，宏观因素对资产价格会产生潜在影响。因此，当宏观经济因素对石油市场的冲击较大时，作为宏观经济晴雨表的股票市场对石油价格产生显著的作用。因此，石油市场与股票市场的关系会随着经济发展状况而改变，股票市场会推动或抑制油价上涨。

2）石油市场与汇率市场

由于国际石油价格是以美元结算的，其中最为广泛使用的就是 WTI 期货和 Brent 原油期货，因此美元汇率变化也会对油价变化产生重要影响，其影响远远高于欧元、日元等其他货币。一般而言，美元贬值会导致国际原油价格走高；相反，如果美元升值，国际原油价格则会下跌。这里从三个方面来解释美元贬值导致原油价格走高的原因：一是美元贬值使得原油生产国和输出国的购买力下降。原油价格以美元标价，原油生产国和输出国通过出售石油来获得美元，再用美元兑换成其他货币来购买其他国家的商品。美元贬值使得原油生产国和输出国购买力下降，因此他们会因弥补购买力的损失来提高原油价格。二是美元贬值使得石油购买国家的购买力上升。以其他货币（欧元、日元）来计价的原油价格相对便宜，从而增加全球原油需求，拉动油价上涨。三是美元贬值一般在经济利好时期，经济发展势头良好，也使得原油需求增加，推动原油价格上涨。

3）石油市场与黄金市场

一般来说，石油和黄金互为投资替代品，当经济不景气时，石油市场风险增加，因而投资资金会从石油市场转向黄金市场，以实现保值目的，此时石油需求下降，油价下跌。相反，当经济处于繁荣状态时，石油需求增加，油价上涨，黄金价格下跌。但是，在美元贬值和通货膨胀时期，也会出现石油价格与黄金价格同涨同落的现象。一方面是因为石油和黄金都与美元挂钩，因此美元汇率波动会引发两者同向波动；另一方面是因为高位油价加剧通货膨胀，通货膨胀又带来黄金价格上涨。此外，油价波动影响石油生产国和输出国对黄金的运作，在油价上涨时期，石油美元膨胀，这些国家相应增加黄金的国际储备，推动黄金价格上涨。

2.4　中国石油市场

2.4.1　中国石油市场体制改革

新中国成立之后，伴随着经济体制从计划经济到市场经济，我国石油市场发展经历了五个阶段。

第一阶段是从新中国成立到 1977 年，这是我国油气产业的建立和初步发展阶段。1956 年石油工业部召开"第一届全国石油勘探会议"，为我国石油工业的发展指出了方向。会议提出了"将全国含油地区做出全面规划，从解决根本问题着手，有步骤地进行勘探"。1959 年大庆油田的发现和量产彻底摘掉了我国贫油的帽子，中国石油工业真正迎来了第一轮高速发展的时期。1966~1978 年的 13 年，中国原油产量以每年 18.6%的速度增长，年产量突破了 1 亿吨，并在 1973 年实现了中国原油首次对外出口。

第二阶段是改革开放初期，即从 1978 年到 20 世纪 80 年代末。这个阶段也是我国油气经济体制改革的开始，其核心是"放权让利"。改革的内容主要包括以下三个方面。一是推行承包经营责任制，调动石油企业的生产积极性。1983~1984 年，国家对企业实行"利改税"改革，实现了从税利并存向完全的以税代利的过渡，逐步完善了企业承包经营责任制。二是实施"引进来"方针，开启油气资源的对外合作。1982 年我国颁布《中华人民共和国对外合作开采海洋石油资源条例》及相关法规，1983 年我国同 9 个国家的27 家石油公司签订了 18 个合同。三是改革油气行政管理体制，相继组建三大国家石油公司。1982 年成立中国海洋石油总公司，1983 年成立中国石油化工总公司，1988 年撤销石油工业部，成立中国石油天然气总公司，统一管理和经营陆上石油、天然气资源的勘探、开发和生产建设。

第三阶段是20世纪90年代初到2000年，即市场经济管理和运行体系建立阶段。在价格方面，确定国内原油价格按与进口原油到厂成本价相当的原则，由购销双方商定。对成品油采用政府指导定价，由政府参照国际市场价格水平公布零售中准价，允许企业在一定范围内浮动。在公司方面，建立现代企业制度。从1999年开始，三大石油公司相继开展内部重大重组，将油气主营业务资产剥离，独立发起设立股份有限公司，并分别在境内外上市，现代企业制度基本建立。在合作方面，国内油气企业开始开展国际合作。1997年，中国石油天然气总公司先后中标苏丹、委内瑞拉、哈萨克斯坦等海外项目。1994年，中国海洋石油总公司在印度尼西亚购买了美国阿科公司马六甲油田32.85%的股份，成为该油田最大的股东。

第四阶段是2001～2012年，主要特征是建立多元主体的市场结构，继续推动市场化改革。2001年，随着我国加入WTO（World Trade Organization，世界贸易组织），民营、外资等各类企业主体进入，油气行业开放和市场化改革进入新阶段。在市场化改革方面，取消了石油贸易专营权，由一家石油进出口公司变成五家国营贸易公司和二十多家非国营贸易公司。石油、天然气重大项目投资从审核制改为备案制，除对油气矿业权、对外合作、大型管道建设和石油贸易等保留管制性规定外，投资准入的限制已取消。在行政管理体制改革方面，2003年成立国务院国有资产监督管理委员会，同年又成立国家发展和改革委员会能源局，2008年又在此基础上成立国家能源局，行使能源行业的管理职能，指导行业发展。

第五阶段是2013年至今，新常态下的油气产业发展阶段。随着党的十八大的召开，逐步确定了中国经济发展进入新常态。2014年，习近平总书记提出"四个革命、一个合作"能源安全新战略。"四个革命"具体包括：推动能源消费革命，抑制不合理能源消费；推动能源供给革命，建立多元供应体系；推动能源技术革命，带动产业升级；推动能源体制革命，打通能源发展快车道。"一个合作"即全方位加强国际合作，实现开放条件下能源安全。[①]

2.4.2 中国石油金融发展阶段

纵观中国石油金融的发展，可以根据石油期货产品的更新迭代划分为三个阶段，分别是早期原油期货（1993～1995年）、燃料油期货（2004～2014年）、上海原油期货（2018年至今）。

1. 早期原油期货（1993～1995年）

中国原油期货的推出最早要追溯到20世纪90年代初。1993年，上海石油交易所（现

---

① 《习近平主持召开中央财经领导小组会议》，https://www.nea.gov.cn/2014-06/17/c_133413362.htm，2024年2月24日。

上海期货交易所）上市了四种石油标准合约，分别为大庆原油、90#汽油、0#柴油和250#燃料油。同一时期，国内其他几家交易所（南京石油交易所、华南商品期货交易所、北京石油交易所、北京商品交易所）也都推出了原油期货合约。其中，上海石油交易所运作相对规范，地理优势明显，成交量一度占据中国原油期货市场份额的70%左右，到1994年初日平均成交量更是超越了当时新加坡国际金融交易所的迪拜原油期货，仅次于纽约商品交易所和伦敦国际石油交易所，跻身世界前三。

然而，我国早期原油期货不久便画上了句号。1995年1月，中国证券监督管理委员会下发《关于暂停原油、成品油期货交易的通知》（证监发字〔1995〕7号），原油期货停止上市交易。我国早期原油期货终止交易的原因主要有以下两点。

第一，期货市场发展的法律制度建设滞后。中国自20世纪80年代末开展期货交易后，一些地方和部门竞相开办期货交易所，盲目成立期货经纪公司，甚至一些执法部门也参与交易活动，出现了期货经纪公司蓄意欺骗客户等行为。1993年11月，国务院发布《关于坚决制止期货市场盲目发展的通知》（国发〔1993〕77号），对期货市场进行整顿。当时有原油期货上市交易的交易所包括上海石油交易所、华南商品期货交易所、北京石油交易所、北京商品交易所等，期货合约标准化程度低，且由其所在地承担监管职责，监管差异较大，缺乏国家层面的统一监管和期货市场法律制度安排，期货市场较为混乱。

第二，不完全的市场化体系。1994年4月，《国务院批转国家计委、国家经贸委关于改革原油、成品油流通体制意见的通知》（国发〔1994〕21号）明确规定，"原油、成品油一律实行国家定价"。在这一变革下，国内原油基本由国家计划安排分配，产品价格完全垄断。实行国家定价之后，原油期货市场的价格发现功能无从发挥，这使得当时国内原油期货交易所相继关停，正蓄势待发的原油期货直接夭折，由此结束了较为短暂的早期实践。

2. 燃料油期货（2004~2014年）

在之后的将近九年里，我国的石油期货市场一直处于空白阶段。2004年8月25日，中国石油期货市场又一次苏醒，燃料油期货品种终于在上海期货交易所重新挂牌上市。

当时，燃料油是我国石油及石油产品中市场化程度较高的一个品种，其流通和价格完全由市场调节，国内价格与国际市场完全接轨，产品的国际化程度高。在国际油价剧烈波动中，国内相关企业对其存在着现实而迫切的避险需求。燃料油期货是我国期货市场在石油领域的第一个标志性品种，也是我国期货市场清理整顿结束后批准上海期货交易所上市的第一个期货品种。

起初，我国燃料油期货运行状况良好。2008年，燃料油期货迎来鼎盛时期，日成交突破百万手。2009年上半年成交量在全球能源类期货中排名第三，全年排名第五。然而在2010年，燃料油期货交易规模大幅降低，全年累计成交合约2136.44万手，同比降低76.65%，仅占全国期货市场总成交量的0.68%。2011年1月14日，上海期货交易所将合约交割品级由工业用燃料油调整为180CST内贸船用燃料油。同时，合约标准由每手10吨调整为每手50吨。2012年5月24日，燃料油期货首次出现零成交。2014年6月起，燃料油期货经常出现零成交，该品种逐渐名存实亡。

燃料油期货由盛转衰的原因主要有以下两点。一是燃料油消费税调整。2009年，国家将燃料油消费税由0.1元/升提高至0.8元/升，导致燃料油价格中消费税的占比过大。受燃料油加征消费税影响，现货市场消费结构发生巨大的变化，因此市场规模逐步萎缩。燃料油市场基本面因素被弱化，其本身供需关系对价格的影响力下降，期货市场价格发现功能受限；二是修订合约与市场需求不匹配。修订后的燃料油期货合约进入了大合约行列，阻碍了一些小型投资者的参与。同时，随着2010年前后环保政策接连出台，180CST燃料油市场活跃度大幅下降。

尽管燃料油期货的黄金时期不长，但其发展历程为我国石油类产品的合约设计、品质管理、检验检疫管理、仓储计量、出入库管理、交割结算价处理、交割油库管理、违规违约处理等方面提供了宝贵的经验。

3. 上海原油期货（2018年至今）

随着我国经济迅速发展，石油对外依存度逐年增加，目前国内石油价格不得不被动、单向依赖境外市场价格，地缘政治风险和油价波动对我国国民经济的影响巨大。2013年11月22日，上海期货交易所全资子公司上海国际能源交易中心在中国（上海）自由贸易试验区正式揭牌成立，具体承担国际原油期货平台的筹建工作。2014年12月12日，中国证券监督管理委员会正式批准上海期货交易所在上海国际能源交易中心开展原油期货交易，原油期货上市进入了实质性推进阶段。2017年5月11日，上海国际能源交易中心正式发布了《上海国际能源交易中心章程》《上海国际能源交易中心交易规则》等原油期货相关业务细则。2018年3月26日，上海原油期货在上海国际能源交易中心正式上市交易。

我国推出原油期货是必然趋势，其重要意义体现在以下四点。一是争夺原油定价话语权。据推算，按照现行国际原油定价机制，"亚洲溢价"对我国经济造成了不小的损失，建立原油期货市场有利于推动形成公正公平的国际原油贸易秩序（Zhang et al., 2018）。二是保障原油资源供应安全。我国原油对外依存度超70%，较高的对外依存度是我国经济发展和能源安全的一个重大隐患。建立原油期货市场可以吸引国际原油贸易商在中国建立油库仓储，有助于增加我国原油资源储备，保障我国原油供应安全。三是规避国际油价波动风险。在原油价格剧烈波动的情况下，石油石化企业进行套期保值，可以使得生产成本和利润相对稳定。四是推动成品油价格市场化进程。目前国内原油价格与国际原油价格接轨具有简单机械性，没有考虑到国内市场与国际市场在消费结构、消费习惯及消费季节等方面的差异，因此难以反映国内成品油市场的真实供求状况。建立原油期货市场，能够形成直接反映市场供求关系的原油价格，体现价格的市场配置资源功能，推动国内成品油定价机制的改革。

这是我国第一个允许境外投资者直接参与的期货品种。上海原油期货在交易机制、交割机制和结算机制三个方面的制度设计均遵循国际市场的规律，符合国际化期货品种的特征。但同时，其在平台建设、市场参与主体、计价方式等诸多方面与国内现行期货品种有所不同。原油期货合约设计方案最大的亮点和创新可以用17个字概括，即"国际平台、净价交易、保税交割、人民币计价"。

"国际平台"即交易国际化、结算国际化和交割国际化,以方便境内外交易者自由、高效、便捷地参与,并依托国际原油现货市场,引入境内外交易者参与,包括跨国石油公司、原油贸易商、投资银行等,推动形成反映中国和亚太地区原油市场供求关系的基准价格。"净价交易"就是计价为不含关税、增值税的净价,区别于国内目前期货交易价格均为含税价格的现状,方便与国际市场的不含税价格直接对比,同时避免税收政策的变化对交易价格的影响。"保税交割"就是依托保税油库进行实物交割,主要是考虑保税现货贸易的计价为不含税的净价,保税贸易对参与主体的限制少,保税油库又可以作为联系国内外原油市场的纽带,有利于国际原油现货、期货交易者参与交易和交割。"人民币计价"就是采用人民币计价和结算,接受美元等外汇资金作为保证金使用。

自上市以来,上海原油期货正逐步成长为具有区域价格影响力的原油期货。在上海原油期货上市一年后,截至 2019 年 3 月,累计成交额达 17.12 万亿元,仅次于 WTI 期货和 Brent 原油期货,稳居全球成交规模第三位。在美国期货业协会(Futures Industry Association,FIA)公布的 2022 年全球能源类商品期货期权交易量排名中,上海原油期货上升至第九位,市场规模仅次于伦敦国际石油交易所的 Brent 原油期货和纽约商品交易所的 WTI 期货。截至 2023 年 2 月,自上市以来,上海原油期货累计成交 1.80 亿手,累计成交金额 84.81 万亿元;日均成交 15.08 万手,最高单日成交量达 51.59 万手;日均持仓 6.23 万手,最高单日持仓量达 18.84 万手;日均沉淀资金 26.65 亿元,最高单日沉淀资金达 63.91 亿元。

在价格影响力方面,上海原油期货已充分融入全球原油价格体系,又基于我国市场情况而保有走势的相对独立性。亚太地区作为全球原油消费重要区域,在原油进出口贸易中长期依赖 Brent 原油期货价格,未能形成自身基准定价以反映区域基本面。上海原油期货的上市有效改变了这一情况。基于合约的期货原油交割出库后转运到了韩国、缅甸、马来西亚等国家,相关国家在贸易中更加关注中国价格,辐射亚太地区的价格基准已初现雏形。2023 年,自然资源部已将上海原油期货价格作为油气矿产矿业权出让收益市场基准价。

在风险对冲方面,上海原油期货逐渐成为在中国及周边地区开展原油生产经营活动的企业对冲价格风险的有效工具。例如,从中东采购的原油运抵中国大约需要 20 天,采购和销售环节之间的时间差对企业而言存在较大价格风险,其间油价下跌会影响销售利润。基于上海原油期货对国内及亚太地区供需的有效、及时的反应,境内外相关石油企业积极运用上海原油期货对冲价格风险。近年来,中美贸易争端、新冠疫情、WTI 负油价、俄乌冲突升级等事件导致原油价格出现剧烈波动。在全球变局挑战下,上海原油期货根据市场情况及时调整,保证了国内原油市场的平稳运行,充分体现出中国原油期货的制度优势和承压能力,为能源化工产业链龙头品种行稳致远树立了标杆。

2021 年 6 月 21 日,我国原油期权在上海期货交易所子公司上海国际能源交易中心正式上市交易。随着中国涉油企业在风险管理上的认识不断深入,加之原油价格走势错综复杂,仅仅利用原油期货管理风险已经不能满足涉油企业的风险管理需求,市场对于推出原油期权的呼声日益增强。原油期权是上海国际能源交易中心首个期权品种,也是中国首批以人民币计价并向境外投资者全面开放的期权品种。推动上市原油期权，有利于期货市场功能的发挥，形成更加合理的定价机制，为产业链上下游企业提供灵活、有效的风险管理工具。

2.4.3 上海原油期货产品介绍

1. 交易机制

上海原油期货合约于2018年3月26日在上海期货交易所全资子公司上海国际能源交易中心挂牌上市。上海原油期货的交易单位为1000桶/手。选用"桶"而不是"吨"，是为了遵循国际惯例，我国原油期货面向的是全球投资者，所以没有采用国内常用的"吨"为单位。1000桶/手与国际上主流的原油期货的合约大小保持一致，便于境内外投资者参与。

上海原油期货的最小涨跌停板幅度是4%，上海国际能源交易中心会根据市场波动情况对涨跌停板进行调整，在市场价格波动剧烈时，会相应调高涨跌停板，同时提高保证金的比例。设置涨跌停板主要是基于全市场安全的考虑，与中国现有的期货市场制度保持一致。

上海原油期货的交易时间是上午9:00到11:30，下午1:30到3:00，这是合约上规定的日盘交易时间。同时，考虑到与境外市场接轨，原油期货也开展连续交易，时间为晚上9:00到第二天2:30。正因如此，上海原油期货在交易时区上能够与纽约、伦敦组成全球范围内24小时不间断交易网络。

上海原油期货的合约交割月份是36个月，最近12个月为连续合约，12个月后是连续八个季月合约，即3月、6月、9月、12月，跨度是3年。当前面合约到期后，后续会自动生成相应的新合约。最后交易日为交割月份前一个月的最后一个交易日，上海国际能源交易中心有权根据国家法定节假日调整最后交易日。同时，未到期合约允许客户申请期货转现货。期货转现货必须是历史持仓且必须在最后两个交易日结束之前提出申请。

2. 交割机制

上海原油期货合约的交割方式是合约到期进行标准的实物交割，上海原油期货以中国东南沿海的指定保税油库作为交割地点，入库误差不超过2%，最小入库量20万桶；最小出库量20万桶，不足20万桶的，可通过现货等方式凑足。货物凭证为符合上海国际能源交易中心规定的保税油库的标准仓单，不能交付或接收规定发票的客户不得参与。交割日期为最后交易日后连续五个工作日。

上海原油期货指定交割仓库的选择主要是出于三方面因素的考虑：一是海运条件优越。考虑到六种中东可交割油种均为进口原油，主要运输方式为海运，上市初期交割仓库的布局以我国沿海进口原油的主要港口为宜。二是属于进口原油集散地，运输条件优越、辐射范围广。对原油期货而言，指定交割仓库应当为我国进口原油的集散地，具备油轮靠泊设施，库区具有管道、铁路、汽车或海路转运等外输条件，且地理位置优越，靠近炼厂，能够覆盖我国石油消费较为集中的区域，同时具备辐射日本、韩国等亚太地区其他国家的条件。三是原油仓储管理专业，安全生产状况良好，仓库的设备、设施应能够满足原油期货仓储业务需求，并制定科学的维护、保养制度，从而保证期货仓储业务安全有序开展。

与 WTI 期货和 Brent 原油期货不同的是，上海原油期货合约所规定的交割品种为基准品质为 API 度[①]32、硫含量为 1.5%的中质含硫原油。经过几轮调整，目前上海原油交易油种不仅包括阿曼原油、迪拜原油、上扎库姆原油、穆尔班原油、卡塔尔海洋油、巴士拉轻油、巴士拉中质原油、图皮原油，还加入了我国本土的国产胜利原油。之所以选择了占据世界原油产量一半左右的中质含硫原油作为交割标的，一是因为中质含硫原油资源相对丰富，其产量份额约占全球产量的 44%；二是为了避开与以轻质低硫原油为标的的 WTI 期货和 Brent 原油期货的直接竞争，目前国际市场还缺乏一个权威的中质含硫原油的价格基准；三是为了打造一个更具权威、更能反映亚太中质原油需求市场的交易平台。中质含硫原油是我国及周边国家进口原油的主要品种，形成中质含硫原油的基准价格有利于促进国际原油贸易的发展。

3. 结算机制

上海原油期货的交割结算价为交割合约最后五个有成交交易日的结算价的算术平均值。在结算时要满足交易保证金、结算准备金的最低余额要求。作为保证金使用的资产可以是境内人民币、境外人民币、外汇资金（初期为美元）、标准仓单等。同时，外汇核算以中国外汇交易中心发布的当日外汇对人民币汇率中间价为基准价。当日所有合约盈亏、交易保证金、手续费、税款、交割货款等实行净额一次性划转。

以人民币定价、可用美元作为保证金的计价结算模式是上海原油期货合约最具中国特色的创新。使用人民币计价、结算有诸多优势。对人民币本身来说，这种结算模式能够提升国际社会对人民币的信任度，推动人民币国际化，同时尽可能摆脱以美元为主的国际标准合约的价格控制。对于境内企业和投资者来说，汇率变动的风险在套期保值中被大大降低，能够更好地应对油价波动，同时免受外汇兑换手续费的影响，从而更好地服务我国实体经济。对原油出口国和境外参与者而言，一方面有利于其规避汇率风险，继而节约汇率费用；另一方面也为其在原油期货市场交易中及时追缴保证金提供了便利。此外，有利于形成反映中国和亚太地区石油市场供需关系的价格体系，有效服务国家"一带一路"倡议，助力我国金融对外开放以及上海国际金融中心建设。

2.5 原油宝负油价事件案例

2.5.1 事件描述

2020 年初，新冠疫情的暴发导致航空等行业的石油需求大头的需求锐减，带来了全

---

① API 度是美国石油学会（American Petroleum Institute，API）制定的用以表示石油及石油产品密度的一种量度。

球股价暴跌，原油合约收盘价在 2 月的最后一周下跌了 11.8%。2020 年 3 月 6 日，OPEC+ 组织谈判破裂是直接引发原油市场大幅震荡的导火索。次日，沙特阿拉伯宣布降价增产，大幅低价倾销石油，引发了全球原油价格战。同时在 3 月 9 日，全球股市遭遇"黑色星期一"，触发熔断机制，并在短短 10 天内，美股遭遇四次熔断。3 月 18 日，美股的第五次熔断进一步恶化了金融基本面。金融市场的恐慌情绪蔓延，使得原油价格持续走低。截止到负油价事件产生前，原油价格一直处于低位运行的状态。面对原油价格的大幅下跌，芝加哥商品交易所在 4 月 15 日修改规则：原油价格可以为负。

2020 年 4 月 20 日，国际原油市场首次出现负油价。根据芝加哥商品交易所的报价，当日收盘价为–13.10 美元/桶；结算价为–37.63 美元/桶，跌幅高达 305.97%。中国银行发布公告称原油宝产品美国原油合约暂停交易，并在次日称原油宝美国原油 5 月合约参考芝加哥商品交易所官方结算价进行结算或转移。因此，原油宝美国原油产品的多头（多头是指看好未来油价上涨的投机者，因此在早期会以低价大量购入原有产品）持仓客户穿仓（穿仓是指投资者保证金账户余额不足以覆盖所持有头寸由价格变动导致的损失，进而导致账户资金出现负值的情况）损失巨大，损失估计达 90 亿元人民币以上（部慧等，2020）。持有中国银行原油宝多头仓位的投资者在原油宝中的投资不仅保证金赔光，还倒欠银行数倍于本金的资金。

2.5.2 原因分析

在中国银行官方介绍中，原油宝即个人账户原油业务，是指中国银行面向个人客户发行的挂钩境内外原油期货合约的交易产品，按照报价参考对象不同（包括美国原油产品 WTI 和英国原油产品 Brent），中国银行作为做市商提供报价并进行风险管理，个人客户在中国银行开立相应综合保证金账户，签订协议，并存入足额保证金后，实现做多与做空双向选择的原油交易工具。

在正常市场机制的假设下，不合理的过高或过低的油价均可以通过套利来消除，那么此时的油价仅仅表现为围绕价值上下波动。因此原油宝负油价事件的出现就违背了正常市场的假设条件，具体而言，是由市场套利机制失灵和投资者非理性两大原因产生的。

一方面，市场套利机制失灵。在原油期货市场，当卖方为有储油仓库的石油公司时，买方为真正有石油需求的人或投资人（又称投机者），而往往后者占多数。预期未来油价上涨的投机者低价买入，再高价卖出，赚取差价，成为卖家。当然这些卖家并不具备实物交割能力，即无法提供储油仓库，因此他们会在交割日的至少三个交易日内平仓或移仓。通常来说，强制平仓是指一旦保证金跌至某一水平（20%或者更低），交易程序会自动开始按顺序逐一平掉客户的未平仓，以保护客户免遭进一步可能导致账面出现负余额的亏损情况。在期货交易中，保证金制度产生之初主要是针对空头投资者可能面临的穿仓风险，因为市场价格不为负值时，多头投资者不会面临穿仓问题。在原油宝产品设计之初，可能确实不曾想到负价格的存在，所以交易协议中关于强制平仓、保证金等的设置其实更多的是从空头投资者的角度来考虑的。而当芝加哥商品交易所修改交易规则，允许负价格存在之后，就使得多头投资者也会面临穿仓风险。然而，中国银行对于规则修改之后可能产生的风险显然重视不足。没有做好实物交割能力的中国银行直到交割日也没有进行平仓或移仓操作，使得市场套利机制失灵。

另一方面，投资者非理性。根据《商业银行理财产品销售管理办法》《中国银监会关于规范商业银行代理销售业务的通知》等相关规定，将商业银行财富产品的风险评级划为六个等级。原油宝的产品风险属于R3级，适销客群为平衡型，低于进取型、激进型，属中等水平。然而，很多投资者抱着抄底原油的想法购买原油宝产品，将其认为是一种低风险的银行理财产品。一方面，这些投资者没有原油期货投资专业知识。从市场公开消息来看，存量的很多原油宝客户，并没有足够期货知识、风险意识、投资经验、投资实力，并不符合合格投资者身份。另一方面，中国银行没有进行投资者教育。涉及境外原油期货合约这种复杂衍生品，投资者在开户之前，中国银行必须对投资者进行充分的风险揭示。以最高人民法院在《全国法院民商事审判工作会议纪要》的标准来看，中国银行的告知说明义务必须达到"综合理性人能够理解的客观标准和金融消费者能够理解的主观标准来确定卖方机构是否已经履行了告知说明义务"。然而，中国银行对投资者的提示并不到位，没有提前设计模拟盘供投资者尝试体验。非专业投资者对风险的感知不足，不盯盘也不在乎是否交割，以为到期银行会代为移仓，从未有过穿仓的预期。非理性投资者较难判断市场运行状况，采取的风险控制措施不足。

综上，油价下跌至负值是由市场套利机制失灵和投资者非理性导致的。

2.5.3 结论和启示

2020年12月5日，中国银行保险监督管理委员会（简称银保监会）对中国银行原油宝产品风险事件依法开展调查工作后，对所涉违法违规行为作出行政处罚决定。银保监会以事实为依据，法律为准绳，对中国银行及其分支机构合计罚款5050万元；对中国银行全球市场部两任总经理均给予警告并处罚款50万元，对中国银行全球市场部相关副总经理及资深交易员等两人均给予警告并处罚款40万元。

各省高院陆续发布公告，对分散在各地的原油宝事件民事诉讼案件实行集中管辖。2020年12月31日，中国银行原油宝"第一案"一锤定音。南京市鼓楼区人民法院对两起涉中国银行原油宝事件的民事诉讼案件一审公开宣判，判决由中国银行承担原告全部穿仓损失和20%的本金损失，返还扣划的原告账户中保证金余额，并支付相应资金占用费。这一审判结果意味着，中国银行原油宝的投资者将自负八成的本金损失。

原油宝穿仓事件无论是对投资者，还是对中国银行，乃至是监管部门，都是宝贵的一课。

对于投资者而言，需要增强风险意识，避免盲目投机。原油宝本质属于期货交易，具有波动大、风险高的特点，不适合风险承受能力不高的普通投资者。在原油宝负油价事件出现后，澎湃新闻向原油宝投资者发放了问卷。在120份问卷调查中，真正接触过期货的投资者只有6人，占5%。只有8%的投资者在2019年或更早之前就已购买原油宝，92%的投资者在2020年才开始接触。在2020年3月原油价格暴跌之际，一些境内投资者以抄底原油和赌博的心态，未认真理解产品协议中的交易规则，便入手这类产品。投资者盲目抄底原油的行为是极其不理性的。国际油价容易受宏观经济、市场供需、储油能力等各种因素的影响动荡不定，对于缺乏交易经验的投资者来说，盲目跟风抄底，风险极高。因此，投资者应避免盲目投机行为，做到理性选择投资产品。

对于中国银行等商业银行，产品管理要更加严谨，产品营销要更加合规，同时更加敬畏市场、敬畏风险。商业银行在运营产品时，应及时、准确地把关键信息传达给投资者，引起投资者重视。对于各种潜在的风险应提前做好应对措施。原油宝产品设计成在交割日前一天移仓，存在潜在的流动性风险，中国银行对此考虑并不到位。当负油价较严重时，中国银行并没有采取提前平仓或对冲风险等方式减少损失。后疫情时代，全球的经济波动更加剧烈，风险挑战只会增加不会减少。因此商业银行要深刻吸取这次教训，进行补牢和加强，避免再度发生这样的风险事件。

对于监管部门，应重视审核、督导机构加强投资者适当性管理与跨境监管协调。对涉及客户面广、风险波动大的金融产品，应把好审核关，特别是对于小概率事件必须要相关商业银行拿出完善的压力测试方案和应急预案。在鼓励商业银行创新的同时，也要督导各行加强投资者适当性管理和风险提示。尽管中国金融市场这些年发展很快，但蕴含的风险还没有充分暴露，而且由于原油宝的投资标的在海外，信息不对称程度更大，中国监管层很难纳入有效监管，部分产品实质上处于监管空白，因此需要加强跨境的监管协调。

课后习题

1. "石油七姐妹"分别是哪些公司？
2. 世界上最重要的两种原油期货分别是什么？
3. 石油价格受到哪些其他金融市场的影响？
4. 中国石油金融的发展可以分为哪几个阶段？
5. 原油宝负油价事件产生的主要原因是什么？

参考文献

部慧, 陆凤彬, 魏云捷. 2020. "原油宝"穿仓谁之过？我国商业银行产品创新的教训与反思. 管理评论, 32(9): 308-322.

李晓依, 许英明, 肖新艳. 2022. 俄乌冲突背景下国际石油贸易格局演变趋势及中国应对. 国际经济合作, (3): 10-18.

张大永, 姬强, 孙晓蕾, 等. 2023. 国际原油市场：热点与前沿. 成都：西南财经大学出版社.

Phan T. 2021. Pricing and mispricing of climate risks in U.S. financial markets. Economic Brief, 21(41): 21-24.

Zhang D Y, Shi M, Shi X P. 2018. Oil indexation, market fundamentals, and natural gas prices: an investigation of the Asian premium in natural gas trade. Energy Economics, 69: 33-41.

第 3 章 天然气金融

> **本章导读**
>
> 天然气在当前气候变化背景下扮演着重要的角色，是能源市场从化石能源向可再生能源转型的关键性过渡燃料。本章首先对天然气金融的基本概念与发展历程进行介绍，然后基于国际天然气市场贸易分布，对天然气期现货市场的现状以及天然气的交易方式进行说明，接下来对天然气市场的定价机制演变以及影响因素进行讨论，最后对中国天然气市场的改革历程以及价格进行分析，以期为未来中国天然气金融衍生品市场的发展提供参考意见。

3.1 基本概念与发展历程

天然气金融作为能源金融领域的重要组成部分，关乎着天然气资源的开发、交易，以及与金融市场相关的衍生产品和金融工具，其发展历程承载了天然气产业长期演进的轨迹，并在全球能源市场中发挥着至关重要的作用。本节将介绍天然气金融的基本概念与天然气产业的发展历程。

3.1.1 天然气金融的基本概念

天然气金融是指涉及天然气市场的各种金融产品和交易，旨在利用金融工具管理天然气价格波动风险、进行投资和套期保值，以及实现资金的最优配置。这些金融产品不仅包括股票、债券、基金等基础金融工具，还包括期货、期权、互换等金融衍生品交易，其交易主要发生在交易所和场外市场。

1. 天然气市场的基础金融工具

天然气项目的投资涵盖了从勘探、开发、生产到加工、运输、储存和销售等各个环节，国际能源公司、国有企业、金融机构等都是这些投资的主要参与者。天然气金融可以为天然气产业提供资金筹集的途径，例如，通过股权融资、债务融资、私募基金融资等方式，为天然气产业的发展提供资金支持。

股权融资指公司可以通过发行股票来筹集资金，股东通过购买股票成为公司的股东，分享项目的风险和回报。例如，切尼尔能源公司（Cheniere Energy）是一家美国的 LNG 公司，该公司在 2012 年通过发行新股筹集了大约 10 亿美元的资金，用于支持 Sabine Pass（萨宾帕斯）LNG 终端的建设，该项目成为美国首个大规模 LNG 出口终端。接下来的十年，切尼尔能源公司又进行了多次股权融资，筹集资金支持公司在 LNG 领域的发展。通过这些融资活动，切尼尔能源公司的 LNG 产能大大提升，在国际天然气市场中的竞争力也得到加强。

债务融资指公司可以发行债券或获得银行贷款来筹集资金，投资者提供借款并在一定期限内获得利息。例如，俄罗斯天然气工业股份公司（Gazprom）在 2019 年发行了多轮债券，以筹集资金来支持其天然气项目和业务。这些债券包括：①利率为 4.95%，总额为 7500 万美元的 10 年期美元债券；②利率为 2.625%，总额为 15 亿欧元的 8 年期欧元债券；③利率为 0.65%，总额为 5 亿瑞士法郎的 7 年期瑞士法郎债券；④在俄罗斯本土市场发行的卢布计价债券，该部分债券的利率和规模因发行时间和市场情况有所差异。Gazprom 是俄罗斯国有天然气公司，是全球最大的天然气生产商之一，这些债券的发行帮助 Gazprom 筹集了大量资金，用于支持公司的日常运营、项目开发、勘探和生产活动。与此同时，Gazprom 在国际市场上的债券发行显示了投资者对其稳定的天然气业务和未来前景的信心。

在天然气市场的私募基金融资中，投资者通常作为有限合伙人向私募基金公司提供资金。基金经理负责管理这些资金，并投资于与天然气相关的项目、企业或资产，以实现投资回报。此类私募基金融资方式通常适合与天然气行业相关的中小型企业或项目，一些专注于能源领域的私募股权投资公司或平台会开展此类业务，为天然气的生产开发、基础设施建设，以及加工配送等提供资金支持。

此外，政府投资与国际金融机构投资也是天然气产业发展的重要资金来源。世界银行、国际金融公司等国际金融机构不仅可以为天然气产业发展提供贷款支持，也可以通过股权投资、债券投资、项目融资等多种方式参与天然气项目。国家和地区政府则可以通过直接投资、提供补贴或担保等方式来支持天然气项目，促进本国或本地区能源项目的发展。例如，中国政府通过国有能源公司中石油和中国石油化工集团有限公司（简称中石化）等参与了众多国内外的天然气勘探、生产和基础设施建设项目。中石油与 Gazprom 合作的中俄西线天然气管道项目和中俄东线天然气管道项目，中石化参与的加拿大不列颠哥伦比亚省的 LNG Canada 项目，以及中石油、中石化与缅甸政府合作的缅甸天然气勘探和生产项目都是重要的投资案例。

2. 天然气市场的衍生金融工具与合约

（1）天然气期货：期货（future）是最常见的金融衍生产品之一，天然气期货则是天然气市场金融化的关键组成部分。天然气期货允许交易者在未来某个特定日期，在特定的交易场所，以预定价格买入或卖出一定数量的天然气标准化合约。对于市场参与者来说，天然气期货是一种用于对冲风险、投机或套利的工具。目前全球市场比较活跃的天然气期货产品包括纽约商品交易所的亨利中心（Henry Hub）天然气期货，伦敦洲际交易所的英国 NBP（National Balancing Point，国家平衡点）天然气期货、荷兰 TTF（Title Transfer Facility，产权转让设施）天然气期货、Platts JKM（日本/韩国/中国台湾 LNG 进口基准价格）期货。

基于市场参与者的交易性质和目的，天然气期货市场的参与者可划分为商业投资者和非商业投资者。商业投资者的主要目标是使用天然气期货来管理风险，确保他们能够维持业务的顺利运营，并在价格波动时获得利润或稳定成本，其主要参与者包括天然气的生产商、供应商、分销商以及终端用户等。非商业投资者的主要目标是借助市场分析、技术分析和其他策略来尝试预测价格走势，进而从市场价格波动中获利。非商业投资者并不直接从事天然气的生产或消费，主要由基金经理、交易商以及市场投机者构成。

期货市场的发展为各类市场参与主体提供了管理价格风险的平台。以区域分销商为例，在采购的天然气尚未售出的情况下，为了预防天然气价格下跌带来损失，可以通过期货市场进行空头套期保值，即卖出天然气期货合约，这样便可锁定销售价格，为库存的天然气进行保值。反之，在计划未来购买天然气，却又担心天然气价格上涨时，可以通过期货市场进行多头套期保值，即买入天然气期货合约，锁定未来的天然气购买价格。通过天然气期货进行套期保值可有效降低或消除天然气现货市场的价格波动风险，增加天然气市场经营的灵活性。非商业投资者在天然气期货市场的交易则多以套利为目的，即投资者可利用不同市场、不同合约或不同交易所之间的价格差异来获得利润。例如，不同交割月份的天然气期货合约之间可能存在价差，投资者可以在低价合约上建立多头头寸，同时在高价合约上建立空头头寸，从中获得差价利润。无论采取哪种套利策略，都需要较高的市场分析、风险管理和执行能力，以确保能够捕捉到价格差异并获得利润。

（2）天然气期权：期权（option）给予持有者在未来某个特定时间以特定价格买入或卖出一定数量的资产的权利，且并不具备必须买入或卖出的义务。天然气期权即持有者拥有在未来的特定时间内以特定价格买入或卖出与天然气相关的资产的权利。

1992年10月，纽约商品交易所推出的Henry Hub天然气期权合约属于全球市场最早的天然气期权合约。该合约以Henry Hub天然气期货合约为标的，交易者根据该天然气期货合约的价格决定是否在期权到期前买卖该期货合约，属于美式期权。之后，纽约商品交易所又推出了Henry Hub天然气的日历价差期权合约（calendar spread option），该期权合约的标的资产是Henry Hub天然气，行权价格是不同到期月份之间的价格差。交易者可以选择不同的到期月份来执行日历价差策略，以利用不同时间段内的价格波动进行风险管理、投资和获利。此外，2009年5月，芝加哥商品交易所在其电子交易平台上推出基于英国NBP和美国Henry Hub的天然气互换期货和期权合约。

（3）天然气场外交易：天然气场外交易是指在非交易所场所进行的一种直接交易，参与者可以通过私下协商达成交易协议，而不是通过公开的交易所市场。这种交易方式相对于在交易所中进行标准化合约交易具有更大的灵活性和定制性，因为交易双方可以根据自身需求和条件协商合同条款。天然气场外交易方式包括签订远期、互换、掉期（swap）合约，进行跨市场交易、跨品种交易等。具体来说：①天然气远期合约，即天然气买卖双方可以不通过交易所，自行约定在某个预定日期按事先约定的价格交割一定数量的天然气或与天然气相关的资产；②天然气互换，即交易双方可以通过协议，在未来某段时间内交换一定数量的有关天然气资产的现金流，以满足各自的需求和风险管理目标；③天然气掉期合同，即交易双方基于天然气相关资产，在未来某个时间段内根据事先约定的价格差异进行支付，通常用于锁定天然气资产价格，从而进行套期保值或风险管理；④跨市场、品种交易，即根据不同交易场所，以及不同商品市场间的价格差异，参与者可以在不同交易所的天然气合约之间进行跨市场套利交易，也可以在石油和天然气之间进行跨品种套利交易。这些衍生产品允许市场参与者根据自身的需求和风险管理策略进行定制化的交易，从而更好地管理天然气价格波动和市场风险。

3.1.2 天然气产业的发展历程

在古希腊、古印度、古波斯和中国的文献资料中，都有过天然气的记录。早期人类发现，在旷野和湖泊中会出现一种气体，能被闪电击中而自燃产生火焰。随着人类活动的扩展和对自然现象的认识加深，天然气逐渐被人类为生活所用。18 世纪末 19 世纪初，英国和美国陆续出现了使用天然气照明等商业行为。但由于缺乏一些必要的技术手段，这些使用活动一直无法得到大规模的商业化应用，对天然气产业发展几乎毫无影响。20 世纪初，天然气矿井资源被陆续发现，天然气的勘探、开采及使用逐渐商业化、规模化，天然气产业由此诞生。20 世纪后期，随着天然气管道网络运输以及 LNG 技术的成熟，全球天然气贸易网络逐渐形成。进入 21 世纪后，美国页岩气革命改变了全球天然气市场格局，且随着全球能源需求和环境问题的演变，天然气在能源转型过程中的地位逐渐凸显。

整体来看，世界天然气产业发展历史可分为六个阶段：早期的天然气使用（1821 年以前）、天然气的商业化使用（1821～1915 年）、现代天然气产业的兴起（1916～1949 年）、现代天然气产业的成熟（1950～1970 年）、现代天然气产业的发展（1971 年至 21 世纪初）、现代天然气产业的变革（21 世纪初至今）。

1. 早期的天然气使用（1821 年以前）

中国是最早发现和使用天然气的国家之一，关于天然气的早期文字记载可追溯至西周时期[①]。到公元 13 世纪约宋末元初时期，四川已经出现了大规模自流井，以开采浅层天然气。到明朝中期（16 世纪中叶），自流井开发规模已十分强大，并且出现了用竹筒和木头制作的输气管线。

欧洲直到 1659 年才开始对天然气有所了解，但并未对其进行应用。1732 年，英国的卡立舍·斯帕丁提出利用煤矿中排出的甲烷给怀特黑文街道提供照明。1813 年，英国伦敦和威士敏斯特燃气照明和焦炭公司取得了有史以来第一个市政煤气照明合同。美国的天然气照明工业则始于 1816 年，马里兰州的巴尔的摩开始将天然气用以街灯照明。此时欧洲与美国使用的天然气大都是从煤矿中提炼而来，即煤层气，相比自然的天然气而言，煤层气使用效率低下且对环境极为不利。由于没有引起世人的注意以及对其缺乏相应的了解，此时人们对于天然气的商业化使用非常有限。

2. 天然气的商业化使用（1821～1915 年）

19 世纪，欧洲经济和城镇化继续提速，此时，新的天然气井被发现，天然气的开

---

① 西周时期的《易经》中记有"泽中有火"。先秦时期的《山海经·山经·南山经》也记有："又东四百里，曰令丘之山，无草木，多火"。

采及管道运输技术也得到了突破,天然气的商业化进程开始加速。1821 年,威廉·哈特创办了美国第一家天然气公司——弗雷多尼亚天然气照明公司,并邀请当地的企业家和商人一起投资天然气灯光系统的建设。这些投资者购买了公司的股票,为项目提供了资金支持,成功地为弗雷多尼亚的街道和建筑提供了照明,威廉·哈特也被认为是美国的"天然气之父"。该案例标志着天然气首次被用于商业用途,并且涉及了投资者的资金支持。

1859 年,德雷克上校在泰特斯维尔挖出第一口天然气井,被很多产业界学者认为是美国天然气产业开始的标志。据不完全统计,至 1890 年,美国天然气公司共计达 400 余家,匹兹堡成为当时美国的天然气产业中心。与此同时,一些公司开始发行天然气股票或者债券,为建设天然气供应系统,以及将天然气用于工业和市区的供暖与照明进行融资。

19 世纪中后期,世界各地,尤其是欧美国家陆续出现了多家燃气公司。随着天然气需求的增加,天然气贸易也随之出现。1886 年,约翰·洛克菲勒创办了美孚燃气托拉斯。1891 年,加拿大和美国间铺设了一条从安大略省到纽约州布法罗市的输气管线,这标志着天然气国际贸易的出现。随后,世界各国在不断普及使用城市燃气的同时,也陆续发现了天然气气田资源。

3. 现代天然气产业的兴起(1916~1949 年)

在该阶段,美国的天然气产业在世界范围内处于垄断地位。天然气气田的发现与天然气运输管道的建设是美国天然气产业体系的形成基础。1916 年,美国发现门罗气田,使得天然气产业进入了现代化的开采使用阶段。输送天然气的管道建设也相应地迅速开展起来。据统计,1927~1931 年,美国共建设了 12 条主要输气干线,其中于 1931 年建成的得克萨斯州潘汉德至芝加哥输气管道全长超 1600 公里,是世界上第一条千公里以上跨州天然气管线,该管线的建成标志着美国天然气跨州贸易的开始。

与此同时,天然气发电技术的诞生,以及天然气化工产业的兴起也为天然气产业注入了新的发展动力。1940 年,瑞士的一家发电站出现了世界上第一个以天然气为动力的发电涡轮,这标志着天然气发电技术的诞生,也为天然气产业的发展开辟了新的空间。在德国,天然气化工研究工作兴起,人们开始使用天然气分离生产甲醛、乙酸、合成橡胶等化工产品。

4. 现代天然气产业的成熟(1950~1970 年)

该阶段世界天然气产业的发展得益于二战后经济复苏的资源需求,以及全球范围内天然气资源的勘探、开发和天然气运输技术的成熟。二战结束后,世界各国的战后经济复苏与城镇建设需要能源的支持,石油与天然气的勘探、开发以及使用在全球范围内迅速兴起。由于天然气通常伴生于石油油田,基于石油产业的能源巨头,如当时的"石油七姐妹"——新泽西标准石油、加利福尼亚标准石油、纽约标准石油、英国波斯石油公司、荷兰皇家壳牌石油公司、德士古、海湾石油也开始投身于天然气产业,为天然气资源的勘探以及开发做出了重要贡献。

在该阶段，美国建成了连接产气区和东西岸天然气消费市场的横跨美国大陆的天然气管道，以及连接加拿大和墨西哥天然气产区的跨境输气管道，北美天然气区域市场由此形成。随着基础设施的不断完善，天然气的消费结构也发生了巨大变化，天然气发电和城市燃气在美国天然气消费中的比例不断提高，改变了以往天然气使用以工业为主的局面。尤其是电力部门，其是这一阶段推动美国天然气市场发展的主要力量，到1970年，美国天然气发电量已占据全美总发电量的24.7%。

与此同时，在战后的二十年内，全球范围内越来越多的大型气田被发现，天然气产业不再为美国所垄断。例如，在欧洲市场上，荷兰于1959年发现格罗宁根特大气田，意大利在1960年发现贝朗特气田，英国于1965年在北海海域发现西索尔气田等。越来越多的国家，尤其是苏联开始对天然气这种新兴能源不断加大投入。到1970年，苏联的天然气储量增长到29.49万亿立方米，比1951年增长了169倍，超过美国成为天然气储量最大的国家。20世纪60年代，中东与北非地区也相继发现了一大批特大油气田。但由于中东和北非国家经济环境落后，缺乏对天然气的认识以及相应的开发技术，尤其是中东的油气资源背后是欧美公司控股，导致其对巨大的天然气资源并没有很好地利用。

5. 现代天然气产业的发展（1971年至21世纪初）

20世纪70年代，石油危机的爆发以及石油煤炭对环境造成的影响越发严重，作为相对清洁的化石燃料，天然气产业迎来了新一轮的发展期。如果说1950～1970年是现代天然气产业的成熟阶段，1971年至21世纪初，全球天然气产业可以说是迎来了大规模发展时代。

一方面，随着大量气田的发现、开采，以及管道、储运等基础设施的完善，天然气跨国贸易迅速增长。从20世纪70年代开始，天然气的大容量长距离输送有了长足进步。1975年，苏联建成第一条"联盟"输气管道，全长3641公里。接着又陆续建成从乌连戈伊气田和扬堡气田东气西输的巨型管廊，年输气能力都达到2000亿立方米。1988年，美国的天然气高、中压管线全长达15.6万英里[①]，地方配气公司所有的天然气输气管线全长达46.8万英里，基本上形成了覆盖全国的完善的输气管网。在输气管道建设以及配套储气设施逐步完善的背景下，天然气的跨国贸易越来越频繁，主要由俄罗斯、加拿大、北非、中东流向欧洲、美国和东亚。除此之外，天然气液化技术的成熟使天然气贸易不再受输配管网的限制。自此，各国之间的LNG贸易，以及LNG运输船订货不断增长。到1980年为止，全球LNG贸易量达到313.4亿立方米，与1970年贸易量26.9亿立方米相比，增长了近11倍。

另一方面，天然气市场的价格管制被逐渐放开，趋于合理化的天然气价格催生出天然气期货市场，使得天然气产业体系更加完善。1978～1989年，具有代表性的美国天然气市场完成了基于贸易枢纽的天然气市场化定价机制改革，实现了天然气价格完全由市场供需决定。自此，市场化、竞争性的天然气市场贸易促进了美国天然气贸易枢纽的形

---

① 1英里=1.609 344千米。

成以及天然气定价机制的标准化和透明化，Henry Hub 逐渐发展壮大，成为影响整个北美地区市场的定价中心。与此同时，由于天然气现货市场价格的偶尔不稳定性，美国天然气市场参与者开始在金融市场寻求方法消除其价格风险。1990 年，纽约商品交易所推出了第一个标准化金融天然气合约，该合约以 Henry Hub 天然气现货价为基准价，交割地点位于路易斯安那州 Henry Hub 集输中心。除了天然气期货以外，纽约商品交易所还在 1992 年 10 月上市了天然气期权合约，2003 年上市了天然气的日历价差期权合约。

欧洲天然气管网管理体制和政策主要执行欧盟的指令，而欧盟相关规则的制定大部分借鉴了英国的经验。1972 年，英国颁布了新修订的《天然气法案》，并基于此法案成立了英国天然气公司（British Gas，BG），授权该公司独家建设经营全国天然气管网和配售业务基础设施。1982 年英国政府通过《石油和天然气企业法》，允许第三方进入 BG 天然气输送网络，随后依次在 1986 年、1995 年修订《天然气法案》，并制定《天然气管网准则》，逐步确立了天然气市场的进入准则，规定了管网使用者的权利与义务。1996 年，英国建立了天然气交易中心——NBP，次年伦敦国际石油交易所发布了首份天然气期货合约。经过近 30 年的发展，NBP 已成为欧洲大部分国家天然气交易的中心。

值得注意的是欧洲天然气市场的供给极其依赖从俄罗斯进口，而俄罗斯天然气基础设施建设早期主要依赖苏联政府的支持。1970 年，苏联成为全球最大的天然气生产国之一，主要以西伯利亚天然气田为主。苏联开始大规模向欧洲国家出口天然气，建设了多条重要的天然气管道，如"东方—西方"天然气管道（又称"西伯利亚—欧洲"天然气管道）。苏联解体后，俄罗斯天然气产业引入了竞争机制和私有化以提高天然气市场的运行效率与市场化。与此同时，俄罗斯在这段时间内也加强了与亚洲国家的合作，探索向亚洲市场出口天然气的可能性。

6. 现代天然气产业的变革（21 世纪初至今）

21 世纪初以来，全球天然气市场供需格局发生了显著的变化，这种变化源于能源需求结构的演变、技术创新、地缘政治因素影响以及环境意识的提升。首先，经济发展与气候问题关注下的能源转型刺激着全球市场的天然气需求增长。一些新兴市场，尤其是亚洲市场的经济增长导致全球市场的能源需求迅速增加。同时，在 21 世纪初，传统的高碳燃料（如煤炭和石油）仍然占据主导地位，然而随着全球范围内对气候变化以及环境问题的关注度提升，许多国家制定了减排目标和可持续发展政策。天然气作为相对较为清洁的能源被视为替代高碳燃料的一种选择，这对天然气市场的需求产生了积极影响。

其次，技术创新与水力压裂技术突破下的美国页岩气革命改变了全球天然气市场的供给局面。2005 年，水力压裂和水平钻探技术的突破使得从页岩层中开采天然气成为可能。这些技术允许在地下水平钻探和压裂岩石，释放嵌藏在岩石中的气体。美国通过该技术在页岩气开发方面取得了巨大进展，使其天然气产量急剧增加，成为全球最大的天然气生产国之一，并在 2017 年实现了天然气净出口，为世界范围内的天然气贸易带来了新的竞争格局。另外，地缘政治因素也在重塑天然气市场的供需格局。为减少地缘政治风险对天然气供应稳定性的威胁，天然气需求国一直在多元化供应渠道，如通过 LNG 进口等方式降低供应风险。这种变化导致了供应源和需求地的变化，进而影响全球天然气市场的格局。

伴随着能源供需结构的调整，全球天然气市场的交易方式也越来越灵活。一方面，市场自由化和多元化是天然气交易灵活性增强的重要原因之一。在过去，天然气交易主要由长期合同主导，而现在，短期合同、LNG 短期市场和市场定价等多种交易方式逐渐兴起。市场自由化鼓励了多个供应商和买家参与市场，市场参与者能够根据市场需求和价格灵活地进行交易。短期合同使得供应商和买家能够更好地适应季节性需求和市场波动，同时也降低了长期合同的风险。

另一方面，天然气液化技术的进步和成本下降使得 LNG 行业迅速发展。天然气可以通过船运在不同国家之间进行交割，不再受制于地理距离。这使得供应商可以更灵活地选择目标市场，而买家也能更方便地从全球范围内购买天然气。这为市场参与者提供了更多的选择和交易机会，增强了全球天然气贸易的灵活性。在此基础上的天然气定价机制也更加市场化，使得天然气交易能够更加贴近市场实际情况。技术创新和数字化也为天然气交易方式的灵活性提升提供了支持。随着数字技术的发展，交易变得更加高效和透明。交易所、数字平台和智能合同等工具使得市场参与者能够更快速地找到合适的交易伙伴，进行短期或长期的天然气交易。

天然气作为关键能源资源的地位逐渐凸显，天然气衍生金融产品的兴起成为全球能源市场中的一大亮点。作为天然气市场的领先者，北美和欧洲在期货交易领域迅速推出了活跃的天然气期货产品，如美国的 Henry Hub 天然气期货和欧洲的 NBP 天然气期货及 TTF 天然气期货等，已成为全球天然气市场参照的重要指标。在亚洲，如印度、日本和新加坡等国也开始积极推动天然气衍生金融产品的发展。这种趋势是为了给投资者提供更全面的风险管理工具，同时也旨在应对市场的不断变化和能源需求的增长。

在中国，天然气市场的快速发展正在推动着更完善的金融产品和市场结构的建设。天然气交易中心的建立将有望为中国的天然气市场提供更广泛的交易平台和更多样化的金融产品。这不仅会提高市场的流动性和透明度，还将吸引更多国内外投资者的参与，为中国天然气市场的国际化发展注入新的活力。同时，中国发布天然气价格指数的举措也将为市场参与者提供更为准确和全面的市场信息，有助于投资者更好地规划和决策。

总体而言，全球天然气市场面临巨大变革。技术创新推动了市场交易多样化，LNG 技术发展提升了供需的灵活性，促进了市场的全球化。天然气衍生金融产品的不断创新，为投资者提供了更有效的风险管理工具，同时为各国能源市场注入活力，推动市场的健康和可持续发展。

3.2 国际天然气市场现状

资源分布的地域不均衡性催生出不同地区间的天然气输送与天然气贸易。目前世界上大规模天然气输送主要采用两种形式，即管道天然气运输与 LNG 运输。管道天然气运输即通过建立连接天然气产地与天然气消费区的天然气运输管线，实现天然气的跨地区输送。LNG 是天然气经液化处理后，通过低温冷却（常压，-162℃以下）形成的液态产物。液化后的天然气体积仅为原气态体积的 1/625，可通过运输船实现跨洋运输。目前，全球天然气市场已发展成为管道天然气与 LNG 贸易齐头并进的格局。本节围绕天然气的两种贸易形式，对全球天然气市场的期现货分布格局以及天然气交易形式进行详细介绍。

3.2.1 国际天然气市场格局

1. 天然气现货市场

从贸易分布看，全球天然气贸易主要集中在北美、欧洲与亚太地区三大区域。北美地区（主要为美国、加拿大与墨西哥）的天然气贸易主要通过管道实现。近些年来，随着美国页岩气产量的提升，美国实现了天然气的自给自足，并开始向欧洲和亚太地区出口 LNG。欧洲地区的管道天然气主要来自挪威与俄罗斯，还有一部分来自北非和中东地区，以上国家和地区也是欧洲 LNG 进口的主要来源。亚太地区的天然气贸易以 LNG 为主，产自卡塔尔、印度尼西亚、马来西亚和澳大利亚的 LNG 主要通过远洋航运出口到日本、韩国、中国台湾等东亚国家和地区。另外，亚太地区的管道天然气贸易主要存在于中国市场，来自土库曼斯坦、乌兹别克斯坦、哈萨克斯坦以及俄罗斯和缅甸的天然气会经过中亚、中俄、中缅天然气管线进入中国。接下来我们将会对北美、欧洲以及亚太地区的天然气贸易进行详细介绍。

1）北美市场

北美市场的天然气贸易主要围绕美国与加拿大之间的天然气管网展开。二战后，工程技术的进步允许建造长距离管道，这对于加拿大境内及其对美国的天然气分配至关重要。到了 20 世纪 50 年代末，大多数加拿大城市已经通过管道网络接入天然气。这一时期，加拿大开始建立向美国出口天然气的基础设施，为两国之间的能源贸易奠定了基础。20 世纪 80 年代，由于经济发展的放缓以及天然气产量的增多，加拿大天然气出口价格不再保持高位且出口量下降。这个时期正值美国解除价格管制之际，随着天然气价格管制的解除，天然气生产商、管道公司、区域分销商、独立交易商、大型终端用户等为了各自不同的目的参与到美国天然气市场自由化的进程中来，催生出了一大批天然气交易中心。其中，Henry Hub 建立时间最早，交易规模最大，是目前北美地区最具代表性的天然气交易中心。

2007 年起，得益于水力压裂技术的突破，即页岩气开采技术的成熟，美国天然气总产量迅速提升。页岩气的开发使得美国实现了天然气的自给自足，并在 2017 年实现了天然气的净出口。如图 3-1 所示，美国天然气出口量在 2022 年已达到 1870 亿立方米。在实现净出口前，美国市场的天然气进出口主要以管道天然气贸易为主，且主要来自加拿大。美国 LNG 出口量自 2016 年起快速提升，且 LNG 出口量快速增长，在 2022 年达到 1043 亿立方米，约占全球 LNG 总贸易量的 1/4。中国、日本、韩国以及印度等亚太地区国家是其主要的 LNG 买家。

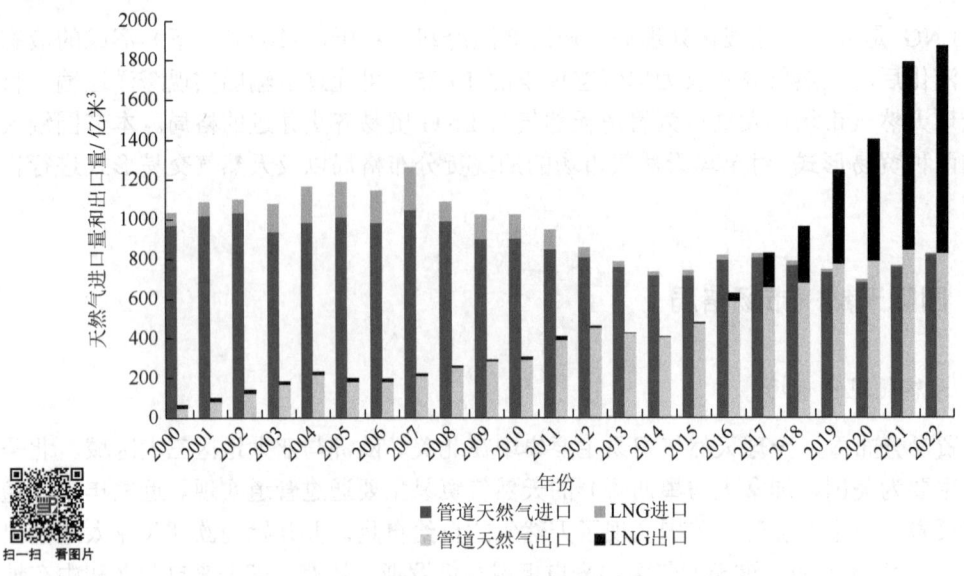

图 3-1　2000～2022 年美国天然气进出口情况

资料来源：根据美国能源信息署（Energy Information Administration，EIA）发布信息整理

2）欧洲市场

欧洲市场是以天然气管道贸易为主。其天然气管网体制改革始于 1998 年，主要内容均围绕如何全面放开天然气市场进行展开。经过二十多年的改革与发展，欧洲已具备英国 NBP 虚拟交易中心，以及荷兰的 TTF、比利时的泽布吕赫（Zeebrugge，简称 ZEE）交易中心、奥地利的 CEGH（Central European Gas Hub）、意大利的 PSV（Punto di Scambio Virtuale）、德国的 BE（Brenner Export）等多个天然气短期现货交易中心，在天然气生产、管道输送和配送层面基本上形成了若干厂商相互竞争的局面。

欧洲地区约 65%的天然气消费需依赖进口，且主要来源于俄罗斯。多年来，欧洲一直致力于摆脱其对俄罗斯气源的依赖性，寻找能源供应多样化的途径。所采取的措施首先就是减少从 Gazprom 购买天然气。如图 3-2 所示，除了在 2008 年经济危机前后有较大波动外，欧洲从俄罗斯进口的管道天然气占其天然气总进口量的比例呈现逐渐下降趋势。其次是增加从中亚以及北非地区的管道天然气进口。近些年来，北非的阿尔及利亚、利比亚、埃及，中亚的土库曼斯坦、哈萨克斯坦等国的天然气产业发展极为迅速，铺设通往欧洲的天然气管道正是这些新兴天然气出口国的优先发展策略，这对欧洲市场实现天然气供应多元化极其有利。最后是寻找新气源，增加从挪威国家石油公司（Statoil ASA）和卡塔尔能源液化天然气公司（QatarEnergy LNG）的 LNG 购气量，充分发挥 LNG 的调峰能力。如图 3-2 所示，欧洲市场的 LNG 进口量在 2022 年达到 1702 亿立方米，相较于 2018 年之前有明显的提升。

3）亚太地区市场

受地理环境以及资源禀赋条件限制，亚太地区的天然气贸易以 LNG 为主，且尚未形成具有代表性的天然气交易中心。根据《bp 世界能源统计年鉴（2023 年版）》，亚太地区

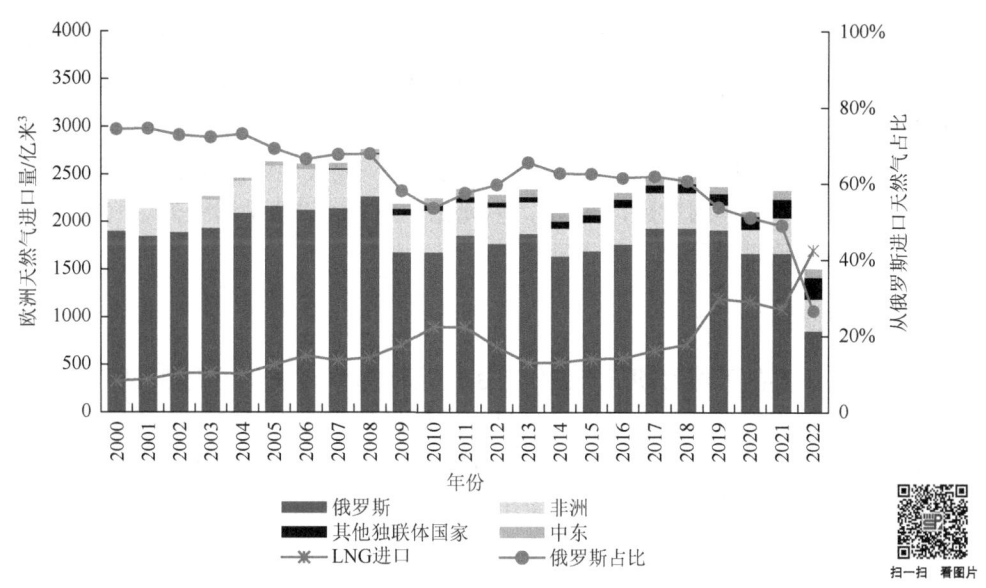

图 3-2　2000～2022 年欧洲天然气进口来源情况

资料来源：根据《bp 世界能源统计年鉴》整理

俄罗斯占比衡量欧洲从俄罗斯管道天然气进口占欧洲天然气总进口量的比例

的 LNG 贸易规模在 2022 年约占全球 LNG 总贸易量的 2/3，主要的进口国家和地区有中国、日本、韩国、印度等 [图 3-3（a）]。伴随着经济的快速增长和改善能源结构的要求，中国、印度对天然气资源的需求在 2012 年后均出现较大幅度的增长。2021 年，中国超过日本成为全球进口 LNG 最多的国家，此前中国在 2018 年已成为全球进口天然气（包含管道天然气与 LNG）最多的国家。

（a）2000～2022年亚太地区LNG进口量

（b）2022年亚太地区LNG进口来源

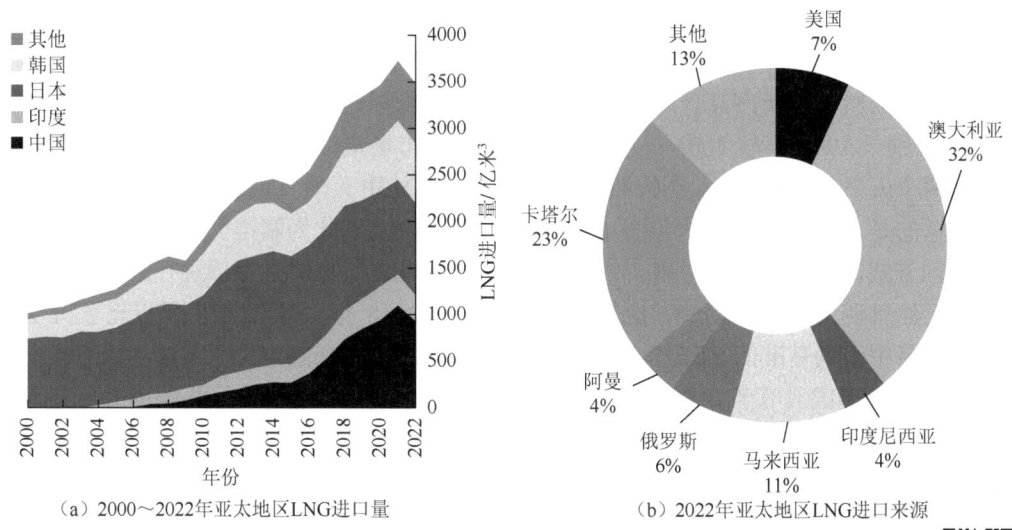

图 3-3　亚太地区 2000～2022 年 LNG 进口量与 2022 年 LNG 进口来源

资料来源：根据《bp 世界能源统计年鉴》整理

亚太地区 LNG 的主要供应国是澳大利亚、卡塔尔、马来西亚和美国，如图 3-3（b）所示。澳大利亚与卡塔尔是亚太地区主要的 LNG 供应方，中国和日本是澳大利亚与马来西亚主要的 LNG 买家。卡塔尔与美国是目前全球重要的 LNG 出口供应国家，中国、日本、韩国和印度都是其重要的 LNG 买家。除此之外，亚太地区国家还会从俄罗斯、阿曼、几内亚、沙特阿拉伯等国家进口 LNG，多元化 LNG 进口源是增强天然气需求方议价能力与能源安全的重要手段。

2. 天然气期货市场

全球市场主要的天然气期货产品如表 3-1 所示。基于市场化的天然气贸易以及发达的金融市场，北美天然气期货市场起步最早，发展最为成熟。美国纽约商品交易所的天然气期货合约是全球市场第一个天然气期货合约，其标的物是美国的 Henry Hub 天然气。基于贸易需求与发达的金融市场，北美在 20 世纪 80 年代已形成以 Henry Hub 为中心的天然气交易网络。1990 年，以 Henry Hub 天然气价格为基准的纽约商品交易所天然气期货合约的推出为天然气市场参与者提供了风险管理、投机和对冲的机会。经过 30 多年的发展，纽约商品交易所天然气期货已具备较好的价格发现功能，成为天然气市场价格风险管理的重要工具。

表 3-1 全球主要天然气期货产品

天然气期货种类	合约标的	交割方式	交易场所
纽约商品交易所天然气期货	Henry Hub 天然气	实物交割、现金交割	纽约商品交易所
伦敦洲际交易所 NBP 天然气期货	NBP 天然气	现金交割	伦敦洲际交易所
伦敦洲际交易所 TTF 天然气期货	TTF 天然气	现金交割	伦敦洲际交易所
伦敦洲际交易所 ZEE 天然气期货	ZEE 天然气	现金交割	伦敦洲际交易所
伦敦洲际交易所 Platts JKM 期货	Platts JKM 指数	现金交割	伦敦洲际交易所

欧洲的天然气期货产品伴随着天然气贸易中心的建设进行开发。英国的 NBP 与荷兰的 TTF 分别于 1996 年与 2003 年建立，是目前欧洲市场最活跃的两个天然气交易中心。基于这两个天然气交易中心，伦敦洲际交易所开发了 NBP 天然气期货与 TTF 天然气期货。值得注意的是，NBP 与 TTF 均属于虚拟交易中心，所以以此为基准的天然气期货均采用现金交割方式，即在合约到期时，买卖双方按照合约约定的价格差额进行现金结算，并不存在天然气现货交割。此外，伦敦洲际交易所于 2018 年 4 月又推出了以比利时 ZEE 天然气交易中心为基准的 ZEE 天然气期货合约，也是现金交割。

亚洲尚未形成具有代表性的天然气交易中心，其天然气期货产品开发尚处于起步阶段。但是伦敦洲际交易所推出的以 Platts JKM 指数为基准的 Platts JKM 天然气期货合约被认为是反映亚洲 LNG 市场情况的代表性期货合约之一。该期货于 2012 年 5 月首次上线交易，是一种以现金交割的指数期货，并没有实际的物理交割地点。此外，新加坡交易所在 2015 年推出了 Platts JKM 亚洲 LNG 期货合约；东京工业品交易所于 2016 年 12 月推出了日本 LNG 期货合约；印度多种商品交易所（Multi Commodity Exchange of India，

MCX）于 2017 年 5 月推出了基于印度国内和进口 LNG 的天然气期货合约；芝加哥商品交易所于 2019 年和 2021 年推出了以亚洲 Platts JKM 为基准的亚洲 LNG 期货合约与日本 LNG 期货合约。这些举措为投资者提供了参与亚洲 LNG 市场的机会。中国目前还没有上市天然气期货，但 LNG 期货项目已正式获准立项，上海期货交易所的 LNG 期货上市工作正在稳步推进中。

3.2.2 天然气交易方式

天然气产业链包括上游勘探与开发、中游运输与储存、下游配送与销售等环节，各环节相互依存、相互协调，将天然气从生产地点输送到消费地点。管道天然气产业和 LNG 产业是天然气供应的两种主要模式，它们在运输、储存和市场流通等方面存在一些区别。

首先在运输方式上，管道天然气主要通过管道输送，将气态的天然气从生产地点输送到消费地点；LNG 则通过 LNG 船舶在液态状态进行远距离运输。在储存方式上，管道天然气不需要额外的储存设施，在管道输送过程中保持在气态状态；LNG 需要在液态状态下储存，需要特制的 LNG 储罐和 LNG 接收站来进行存储和再气化。由于管道天然气的输送和交付受限于管道网络，而 LNG 可以通过 LNG 船舶在全球范围内进行交付，LNG 产业相较于管道天然气产业更具有市场灵活性。

在交易方式上，管道天然气交易通常以长期合同为主，涉及长期的供应和购买承诺，价格相对稳定；LNG 市场更趋向于短期和中期交易，以及期货和期权交易，价格受市场供需和国际市场因素影响较大。

1. 管道天然气交易方式

管道天然气的交易方式因市场需求、供需状况和交易参与者的策略不同而有所不同，主要包括合同交易、现货市场交易以及期货市场交易等。这些交易方式都有助于实现天然气的有效供应和分配，以满足不同行业和地区的能源需求。由于管道天然气的输送和交付受限于管道网络，整个产业链的项目投资主要集中在上游的勘探开发与中游的天然气管网建设。

（1）长期合同：在管道天然气交易中，长期合同是一种常见的交易方式，通常用于长期稳定的天然气供应和需求。这种合同中，供应商（天然气生产公司、天然气管道公司或天然气出口国）同意向购买者（能源公司、工业企业等）长期供应固定数量的天然气，而购买者同意在合同期内以合同价格购买。例如，中石油和 Gazprom 于 2014 年签订中俄东线天然气管道合同，合同约定，俄方将通过东线管道向中方累计供气 30 年，每年供气量达百亿立方米。合同价格采用混合定价机制，即一部分是固定价格，另一部分是市场相关性定价。固定价格部分是在合同签署时确定的，通常是根据长期供应的基础成本和一些预期的因素来确定的。市场相关性定价与国际油价（通常是 Brent 原油价格）和/或其他天然气相关市场的价格指数挂钩。这种混合定价机制旨在平衡长期合同的稳定性和灵活性，既满足了供应国的稳定收益需求，又能在市场变动时进行适当的调整，属于国际天然气贸易合同中的常见定价模式。

（2）短期/即期合同：短期合同通常涵盖较短的时间段，如数天到数月，这些合同允许买卖双方在短时间内购买或销售天然气，以满足临时的能源需求。即期合同是短期合同的一种形式，指的是即时或非常近期的交付和结算。此类合同的交易方包括天然气生产商、供应商、电力公司、工业用户等，这些交易方可能在季节性需求高峰期或紧急情况下需要短期内的天然气供应，或者希望在市场价格波动时对天然气的使用进行更灵活的调整。合同的定价可以根据某个市场交易所的现货价格或者实际成交价格来确定，也可以参照某个天然气价格指数，如 Henry Hub 价格指数、NBP 价格指数等，以这些指数价格作为基准价格，再加上一定的点数或溢价进行确定。相对于长期合同来说，短期合同交易更加灵活，适用于满足天然气的季节性需求，以及应急情况或市场价格波动较大情况下的天然气需求。

（3）现货交易：天然气现货市场是指供应商和购买方在短期内直接进行天然气交易的市场。在现货市场中，交易通常是即时完成的，买卖双方协商好价格和交货地点后，可以迅速进行交付和结算。现货市场的交易价格和交易量通常是公开透明的，交易信息也对参与者开放，所以天然气现货市场具有更高的灵活性与价格敏感性。现货市场对于天然气生产商、供应商、贸易商和终端用户都具有重要意义。生产商和供应商可以在现货市场上将过剩的产能出售，贸易商可以通过市场交易赚取差价，终端用户则可以满足短期和即时的能源需求。这种市场模式为天然气市场的有效运作提供了基础，促进了天然气市场的供需平衡和价格发现。

（4）期货交易：天然气期货市场是指交易天然气期货合约的金融市场。投资者参与天然气期货交易主要是为了对未来天然气市场的价格波动进行风险管理，或套利投机。目前全球市场交易的主要天然气期货合约有纽约商品交易所的 Henry Hub 天然气期货、伦敦洲际交易所的 NBP 天然气期货和 TTF 天然气期货。在交易所，天然气期货价格是由交易者在市场上报价、交易和竞争而形成的。交易所会根据买卖双方的报价和成交情况，计算出期货合约的最新交易价格，并在交易所的平台上公布。因此，天然气期货价格与其标的资产价格（如贸易中心现货价、天然气价格指数的价格）息息相关，同时也会受到金融市场投资者情绪的影响。

2. LNG 交易方式

LNG 的交易方式主要包括长期合同交易和短期/现货交易。在 LNG 国际贸易中，买方通常对基本需求量采用长期合同以"照付不议"形式进行交易，对于 LNG 的额外需求或季节调峰等需求则通过中、短期贸易合同，以及现货市场交易来满足。

（1）合同交易：根据合同时限，LNG 贸易合同包括长期、中期以及短期贸易合同。传统的 LNG 长期贸易合同是指供应商和购买方之间签订的较长期限的合同，通常涉及几年甚至几十年的时间。在 20 世纪 70 年代，此类合同往往带有"照付不议"、固定交货地等条款，交易风险大部分由买方承担。进入 20 世纪八九十年代后，LNG 市场出现供大于求的趋势，LNG 贸易逐步由卖方市场变成买方市场，LNG 贸易出现小于 10 年期的中期合同，合同的条款也开始变得更为灵活。在 20 世纪 90 年代中期，LNG 市场开始出现了用于应对买方短期需求过剩和卖方短期供应过剩的短期贸易。这类合同的期限可缩短至一年以内，交易条款也更具灵活性，逐渐成为 LNG 市场交易的主流方式。签订 LNG 贸易合同的目的在于确保稳定的 LNG 供应，以满足购买方的基本能源需求，同时也为供应商提供可预测的销售市场。

（2）现货交易：LNG 市场的现货交易是指按需交付 LNG，没有长期合同或长期承诺的交易方式。这种交易方式通常基于市场价格或市场指数进行定价，供应商和购买方根据实际需求进行交易。在交易方式上，供应商和购买方可直接协商，商定供应量、价格、交付地点和时间等交易细节，也可以通过天然气交易平台发布供求信息，获取报价执行交易。

值得注意的是期货市场目前也存在以 LNG 为基准的天然气期货合同，如伦敦洲际交易所的 Platts JKM 天然气期货，然而此类天然气期货均以现金进行结算，只具备 LNG 市场的价格发现功能，并不存在 LNG 实物的交割。

3.3　天然气定价机制

天然气的定价方式多样，长期以来一直在不断演变和调整。这些方式涵盖了油价指数化（oil price escalation，OPE）、不同气源间竞争（gas-on-gas competition，GOG）、双边垄断（bilateral monopoly，BIM）等多种形式，其背后各自承载着不同的定价原理和市场机制。这些不同的定价方式直接影响着国际天然气市场的交易形式、价格波动以及参与者之间的利益关系。了解和分析天然气的定价方式，能够帮助我们深入了解能源市场的运作规律，把握全球能源格局的变化，以及预测未来天然气市场的发展趋势。本节对国际市场天然气定价机制的演变以及天然气价格的影响因素进行介绍。

3.3.1　天然气定价机制演变

1. 天然气定价方式

国际天然气联盟（International Gas Union，IGU）将国际天然气价格的形成以及国内天然气定价机制分为 OPE、GOG、BIM、最终产品净回值（netback from final product，NET）、服务成本管制（regulation：cost of service，RCS）、社会与政治管制（regulation：social and political，RSP）、成本下管制（regulation：below cost，RBC）、无定价（no price，NP）和未知定价九种方式，具体定价原理如表 3-2 所示。前两类定价方式（即 OPE 与 GOG）是当前国际天然气市场定价的两种主要方式。采用 OPE 进行定价的主要代表是亚洲市场天然气进口价格，如日本 LNG 进口价格、中国 LNG 进口价格都与原油价格挂钩。GOG 指的就是交易中心定价，主要代表为北美天然气市场与英国 NBP 交易中心，其天然气价格的形成主要由市场决定。

表 3-2　IGU 天然气定价机制的种类

种类	内容
OPE	以某一可替代能源基准价作为参照，通过逐步加价条款，将天然气价格与竞争性燃料的价格挂钩，如原油、柴油、汽油或燃料油，某些情况下还可以使用煤炭价格。最普遍的是我们通常所说的与石油价格挂钩的 OPE 定价
GOG	天然气价格由市场供求双方的相互影响以及不同气源之间的相互竞争决定。天然气贸易可以在实际的枢纽（美国 Henry Hub）或概念上的枢纽（英国 NBP）进行。在此基础上，短期贸易开始取代长期合同成为天然气交易的主要形式，交易中心的天然气价格指数因而能够直接影响天然气的现货价格
BIM	天然气价格由双边垄断的大型买家与大型卖家讨论决定。其价格在一定时期内固定在一定水平上（通常是一年）。双方可能会有书面合约，但通常需要经过政府或国有企业层面的安排
NET	天然气供应商接受的价格取决于买方从最终产品销售中获得的价格。这种定价方式通常用于天然气作为化工原料（如氨和甲醇）时。在这种情况下，天然气价格的制定往往成为影响产品成本的重要因素
RCS	价格由负责管制的政府机构或相关部门制定。其价格水平足以支付包括投资以及合理的回报率在内的"服务成本"
RSP	价格很可能由相关政府单位基于政治或社会原因进行制定。为应对成本上涨的现实因素或提高收入的政治目标，该价格的制定并无规律可循
RBC	以公认的低于天然气生产和运输的平均成本进行定价，通常是国家对国民有意进行补贴的一种定价方式
NP	天然气被排放或向公众及企业（通常是作为化工原料）免费提供。在这种情况下，天然气的生产往往与石油或其他液体燃料相关，并被认为是一种附属产品
未知定价	其他未收录的定价方式

　　BIM 是不同国家之间进行天然气贸易时经常使用的天然气交易价格制定方式，主要目的是获得有利于本国发展的最优天然气价格。中国的管道天然气进口价格就是由我国政府与天然气进口国家谈判决定的，但是在谈判过程中也会将国际原油价格作为参考依据。

　　其他不同种类的天然气定价方式主要是各个国家针对不同国情、不同政策目标而实行的国内天然气定价方式。例如，我国当前国产天然气定价主要实行的就是 NET，天然气井口价格是由城市门站天然气价格减去管道运输价格之后得到的。在实行 NET 之前，中国国产天然气价格制定采用的是由政府管制气源价格的成本加成定价法，也就是表 3-2 里的 RCS。RSP 机制下的天然气价格是由相关政府单位基于政治、社会原因制定的，RBC 机制下的天然气价格低于天然气生产和运输的平均成本，通常是国家对国民有意进行补贴的一种定价方式。

2. "管制"向"市场"转变

　　IGU《2022 年全球天然气批发价格调查报告》统计了 2005～2021 年不同定价机制下的天然气贸易情况，如表 3-3 所示。天然气定价结构的变化一方面可能源于价格形成机制的实际变化，另一方面可能是由于具有特定类型价格形成机制的国家的消费增长更快。

第3章 天然气金融

表3-3 2005~2021年全球天然气定价机制结构变化

年份	OPE	GOG	BIM	NET	RCS	RSP	RBC	NP	总计
2005	24.3%	31.3%	5.8%	0.6%	0.8%	11.3%	25.1%	0.8%	100%
2007	22.2%	33.3%	5.2%	0.6%	0.7%	11.9%	25.4%	0.7%	100%
2009	23.1%	37.4%	3.0%	0.6%	14.1%	9.8%	11.3%	0.7%	100%
2010	22.1%	40.3%	3.1%	0.7%	12.6%	8.9%	11.7%	0.7%	100%
2012	19.7%	41.1%	3.6%	0.7%	13.8%	13.9%	6.6%	0.6%	100%
2013	18.6%	43.4%	4.1%	0.6%	12.0%	14.2%	6.5%	0.6%	100%
2014	17.6%	43.2%	4.1%	0.6%	11.0%	16.7%	6.1%	0.7%	100%
2015	18.1%	45.4%	4.2%	0.5%	10.2%	15.6%	5.4%	0.6%	100%
2016	19.9%	45.5%	3.9%	0.5%	9.7%	14.9%	5.2%	0.5%	100%
2017	19.7%	46.5%	3.4%	0.3%	10.3%	13.8%	5.5%	0.4%	100%
2018	19.1%	47.6%	3.4%	0.3%	10.4%	13.4%	5.4%	0.4%	100%
2019	18.7%	48.4%	3.4%	0.3%	10.4%	13.2%	5.5%	0.2%	100%
2020	18.6%	49.3%	3.3%	0.3%	9.2%	13.6%	5.5%	0.2%	100%
2021	19.2%	49.0%	3.3%	0.3%	8.8%	13.6%	5.6%	0.2%	100%

资料来源：IGU《2022年全球天然气批发价格调查报告》

注：定价方式的缩写含义见表3-2；未知定价占比极小，可忽略不计。2006年、2008年、2011年数据未发布。表中数据进行了四舍五入，存在运算不等的情况

例如，2005~2007年，GOG的份额增加了2个百分点，而OPE的份额下降了2.1个百分点，这反映出北美的消费增长速度快于其他大多数地区，如欧洲从OPE转向GOG、俄罗斯和拉丁美洲从RSP转向GOG的幅度均很小。2007~2009年，世界总消费量几乎没有变化，但GOG的份额增加了4.1个百分点，OPE份额增加了0.9个百分点，RBC份额下降了14.1个百分点。该部分定价结构转变一部分来自俄罗斯从RBC转变为GOG的尝试，另一部分来自欧洲市场从OPE转向GOG的继续，同时欧洲市场OPE份额的损失被从BIM（损失2.2个百分点）转换为产业内部贸易中的OPE所抵消。RCS份额增加了13.4个百分点，一部分来自俄罗斯RSP损失，另一部分来自中国国内天然气生产价格管制的改变。

2009~2016年，随着欧洲定价机制的持续转变，以及亚太地区以OPE主导的天然气消费增长，全球天然气消费总量中OPE份额达到较高水平（19.9%），GOG的份额持续增加至45.5%，BIM占比高点在2015年（4.2%）。政府管制下的RCS与RBC定价份额的下降与RSP份额的波动则来源于中东、独联体以及亚太地区部分国家的定价形式改变。2016~2020年，GOG份额持续上涨至49.3%，增加了3.8个百分点，而OPE份额则持续下跌至18.6%，下跌了1.3个百分点，主要反映了以GOG定价的欧洲天然气进口份额增加和美国消费量的快速增长，远远抵消了由欧洲管道天然气进口减少和中国管道天然气进口增加而导致的OPE天然气进口份额的下降。受管制的RSP类天然气贸易在2017年处于下跌状态，因其在罗马尼亚、波兰等市场中不再存在。2021年的OPE份额略有上升，该上升则源自中国从中亚与俄罗斯进口的管道天然气增加。

如上所述，在调查期间，不同定价机制下的天然气贸易占比发生了一些重大变化，但直到近年，这些变化几乎都是在较大的类别组内发生的。如果将OPE、GOG、BIM和NET的类别广义地描述为"市场"定价，而RCS、RSP、RBC和NP的类别广义地描述为"管制"定价，则"市场"定价下的天然气贸易占比由2005年的62%增加至2021年的71.8%。相对

地，"管制"定价下的天然气贸易量占比由 2005 年的 38%下降至 2021 年的 28.2%。

3. GOG 与 OPE

（1）GOG 定价下的天然气贸易。近些年来，基于贸易枢纽形成的 GOG 定价方式被认为可有效反映天然气市场信息，是天然气定价机制改革的主要方向。现实情况中，北美天然气市场完全采用 GOG 定价方式，欧洲市场天然气定价机制已经逐渐向中心定价的模式转变，亚洲也在积极地借鉴欧美市场经验，将天然气贸易价格向 GOG 市场性定价靠拢。

如果将天然气贸易划分为国产天然气贸易、管道天然气贸易与 LNG 贸易三种类型，则增加的 GOG 天然气贸易量大部分来自管道天然气贸易。IGU《2022 年全球天然气批发价格调查报告》显示，在管道天然气进口贸易中，采用 GOG 定价的贸易占比在 2021 年达到 63%，相较于 2005 年增加了约 40 个百分点，且大部分来自欧洲市场 OPE 定价的管道天然气贸易的减少[①]。LNG 贸易目前只存在 GOG 与 OPE 两种定价形式，2005~2021 年，基于 GOG 的 LNG 进口贸易占比从 13%增加到了 46%。另外，GOG 定价下的国产天然气贸易占比也从 2005 年的 35%上升至 2021 年的 46%。

（2）OPE 定价下的天然气贸易。如前所述，2005~2021 年，采用 OPE 的天然气贸易占比已由 24.3%下降至 19.2%，但就贸易量而言，OPE 定价下的天然气贸易量由 2005 年的 6967 亿立方米增加至 2021 年的 8044 亿立方米，增加了约 1077 亿立方米。图 3-4 提供了 2007~2021 年 OPE 定价的地域分布变化。可见 OPE 定价下的天然气贸易量下跌来自欧洲地区，而所增加的 OPE 贸易规模则来自亚洲和亚太地区。

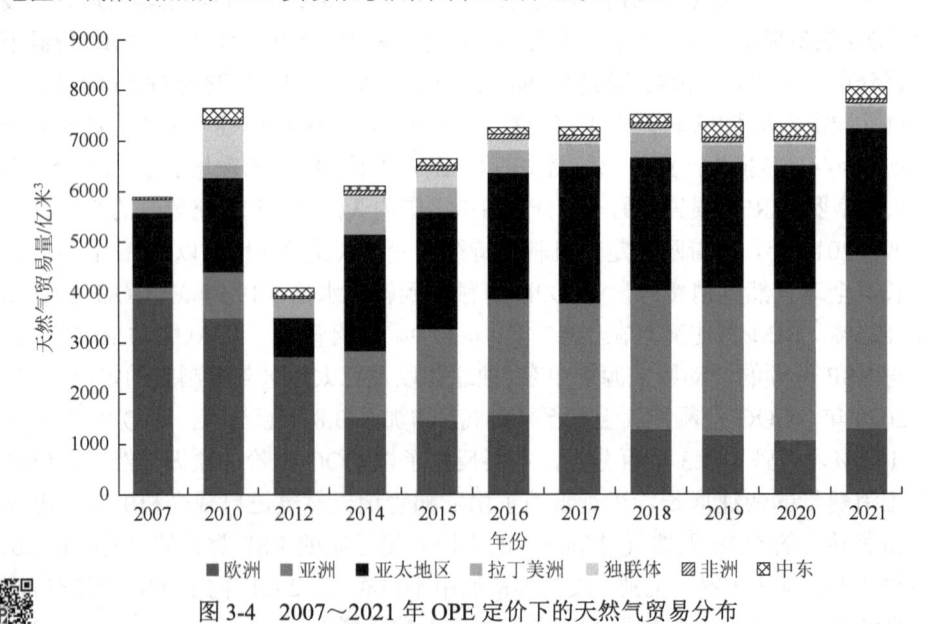

图 3-4　2007~2021 年 OPE 定价下的天然气贸易分布

资料来源：根据 IGU《2022 年全球天然气批发价格调查报告》整理

本图中亚洲指的是中国和印度次大陆，而亚太地区指的是通常所说的亚洲其他地区

---

① 在欧洲的管道进口方面，2021 年基于 GOG 与 OPE 进行定价的份额分别为 76%、25%，2020 年则分别为 81%、19%，这与 2005 年 7%的 GOG 和 91%的 OPE 形成了鲜明对比。

从交易方式看，OPE 定价下的天然气贸易量变化主要来自管道天然气进口与 LNG 进口。根据 IGU《2022 年全球天然气批发价格调查报告》，以 OPE 定价的国产天然气贸易自 2005 年以来在数量上有所增长，但其贸易量所占份额增加并不明显。在管道天然气进口方面，欧洲是价格形成机制发生变化最大的地区之一。2021 年欧洲的管道天然气进口中，基于 OPE 定价的份额为 25%，2020 年为 19%，这与 2005 年的 91% 形成了鲜明对比。与此同时，采用 OPE 定价的 LNG 贸易占比基本上是 GOG 的镜像反映，从 2005 年的 87% 下降至 2021 年的 54%。

整体来看，以 GOG 定价的天然气贸易占比相对于 OPE 定价贸易提升得更快，其中很大一部分来自欧洲市场由 OPE 定价向 GOG 定价的转变，在此过程中，英国的 NBP 天然气价格以及荷兰的 TTF 天然气价格在欧洲天然气市场结构变化中起着至关重要的作用，GOG 目前已经在欧洲天然气定价机制中占据主导地位。与此同时，亚洲市场也正在学习欧美市场的发展经验，建立亚洲市场天然气贸易中心的呼声也越来越高。

4. 市场化与天然气价格

不同定价方式下的天然气价格表现也有所差异。IGU《2022 年全球天然气批发价格调查报告》对 2005 年以来不同定价方式下的天然气价格进行了调查，指出"管制"定价下的天然气价格水平由于政府监管要比"市场"定价下的天然气价格水平低，且整体表现出与 OPE 相似的变动趋势。与此同时，以 OPE 定价的天然气价格相较于 GOG 定价机制下的天然气价格表现出交割水平较高的特征。

从贸易区域看，目前北美地区天然气贸易全部采用 GOG 定价，欧洲地区约 77% 的天然气贸易采用 GOG 定价，剩余 23% 的天然气贸易主要采用 OPE 定价，而亚太地区天然气市场最主要的定价方式是 OPE（65%），其次是 GOG（22%）。这也导致亚太地区的天然气使用价格相比北美与欧洲更高，也就是存在亚洲天然气溢价。因此，与原油价格挂钩的 OPE 定价机制也被认为是造成亚洲天然气使用价格较高的原因之一。

图 3-5 选取美国 Henry Hub 天然气价格、加拿大阿尔伯塔天然气现货价代表北美市场，选取英国 NBP 天然气价格、德国港口天然气现货价、荷兰 TTF 天然气价格代表欧洲市场，选取日本 LNG 进口价格以及日韩天然气现货到岸基准价格 JKM 代表亚洲市场，比较 2000～2022 年不同地区的天然气价格变化。2005 年之前，全球各地区不同国家的天然气价格整体变动趋势大致相同，其价格差距也没有很大。2005 年之后，随着北美页岩气的大量开发，美国天然气市场实现了完全的竞争性市场定价，北美、欧洲与亚洲的天然气价格差距逐渐扩大，尤其是亚洲地区各国的天然气价格确实存在明显的溢价特征。2020 年以来，随着新冠疫情暴发以及全球地缘政治冲突的不断加剧，亚洲与欧洲市场天然气价格均出现了暴涨。

伴随着北美页岩气的开发与天然气定价市场化的推进，国际市场原油与天然气之间的价格关系也发生了很大的变化，具体表现在：完全市场化的北美天然气价格与国际原油价格逐渐脱钩，而仍然存在 OPE 的欧洲与亚洲市场的天然气价格依然会受到国际油价波动的影响。如图 3-5 所示，当国际油价发生较大波动时，与原油价格挂钩的亚洲市场（日本、JKM）天然气价格伴随其变动的幅度最为明显，其次为欧洲天然气市场（德国、英国、荷兰），而采用市场化定价方式的北美市场天然气价格在 2009 年之后似乎已经不再受国际原油价格的影响。

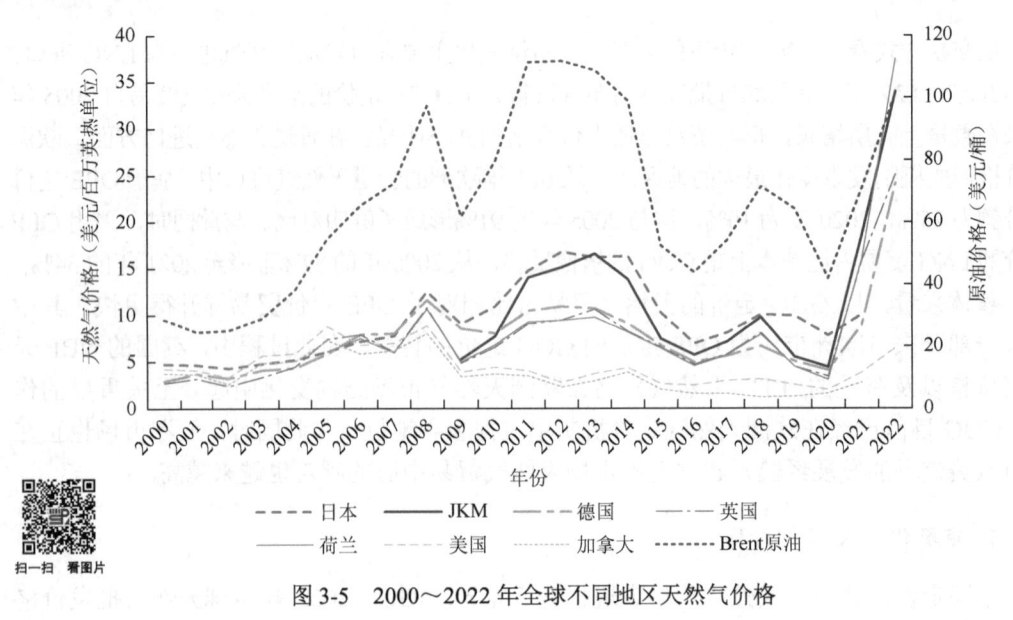

图 3-5　2000～2022 年全球不同地区天然气价格

资料来源：根据 EI（Energy Institute，英国能源研究所）等发布的《世界能源统计年鉴 2023》数据进行整理

3.3.2　天然气价格的影响因素

1. 基本供需因素

（1）天然气资源条件：一个国家或地区所拥有的天然气资源的数量、质量以及开采难易程度等是影响天然气价格的重要因素。例如，俄罗斯、美国拥有丰富的天然气储量，天然气的供应能力相对较高，不仅可以满足内部需求并出口到其他国家，而且在天然气市场上拥有更大的话语权，从而可能在一定程度上影响天然气的定价。与此同时，天然气的开采难易程度涉及地质条件、技术水平等因素。开采难度大的地区可能需要更高的成本投入，从而影响供应端的成本和供应量。这可能导致开采难度大的地区的天然气价格相对较高。

（2）地缘政治冲突：地缘政治冲突通常涉及国家之间的紧张关系、领土争端、资源争夺、政治利益等问题，这些问题可能直接或间接地影响到天然气供应链的各个环节，从而对其价格产生影响。例如，2022 年俄罗斯与乌克兰之间的政治冲突对全球天然气市场价格造成了很大的影响。乌克兰是重要的天然气运输国，大量的俄罗斯天然气通过乌克兰输送到欧洲国家。冲突导致欧洲由俄罗斯进口的管道天然气受到限制，欧洲市场天然气价格暴涨，TTF 天然气期货合约价格在 2022 年 8 月飙升至近 350 欧元/兆瓦时，这一数值超过了此前数年平均价格的 20 倍。在欧洲天然气危机的带动下，全球气价出现同步上涨，刷新数年来的新高。

（3）经济增长与社会发展：经济增长经常伴随着能源的消耗使用，在经济增长期间，商业和工业部门对商品与服务的需求增加可能会导致天然气消费增加。社会发展通常伴随着人口增加、城市化加速以及产业结构的变化，这些因素会导致能源需求的增加。此外，随着经济增长和社会发展，国家可能会逐渐转向更多地使用清洁能源，如天然气，以满足环境保护和可持续发展的需求。这种能源结构的变化可能会增加天然气的需求，从而对价格产生影响。

（4）气候变化：气候的变化会通过供暖燃料需求或电力需求间接地影响天然气价格。在寒冷的月份，居民和商业消费者对天然气供暖的需求通常会使总体天然气的需求增加。夏季炎热的天气下家庭和建筑物对空调的需求往往会增加，直接影响居民的用电量，天然气作为发电过程中煤炭的重要替代燃料，其价格也会受到一定的影响。另外，气候变化可能会引发更频繁和更严重的气象极端事件，如暴雨、洪水、干旱和风暴等，洪水和风暴可能损坏天然气生产和输送设施，导致供应中断；干旱可能影响 LNG 装载港口的水位，影响 LNG 出口。这些事件会导致天然气供需不稳定，进而影响价格。

2. 可替代能源市场

（1）煤炭市场：煤炭市场对天然气市场的影响主要表现在两种能源在某些产业，尤其是在工业和电力生产领域的可替代性。在寒冷季节，暖气需求的增加可能导致煤炭和天然气之间的竞争。如果煤炭价格上涨，消费者可能会寻求替代的取暖能源，从而增加天然气的需求。当煤炭价格上涨时，一些企业和电力生产商可能会转向使用更经济高效的天然气，以降低成本，这可能导致天然气需求增加，从而推高价格。

（2）石油市场：石油市场对天然气价格的影响一方面表现在燃料的可替代性，另一方面表现在部分地区与原油价格挂钩的天然气定价形式。石油和天然气在某些应用中具有可替代性，如在工业、电力以及交通领域。如果石油价格上涨，企业和消费者可能会寻求替代能源，天然气是一个常见的选择。此外，虽然石油和天然气市场是分开的，但欧洲与亚洲很多国家和地区的天然气价格采用的是与国际油价挂钩的定价形式，这意味着石油价格的波动可能会传导到天然气市场。

（3）可再生能源市场：可再生能源，如风能、太阳能和水电等作为清洁能源逐渐成熟和普及，它们与传统的化石燃料如天然气之间形成了竞争关系。随着可再生能源技术的进步和成本的降低，它们可能在一些应用领域（如电力行业）取代天然气，从而影响天然气需求，进而影响天然气价格。

3. 金融市场

（1）投资和资金流动：资本的流入或流出能够影响天然气市场的供需平衡和价格。例如，大规模的资本流入可能意味着对天然气需求的增长，也可以促进天然气市场的技术研发，如对非常规天然气产业的勘探与开发，对天然气液化、运输产业的资本投入等，进而影响天然气市场价格。另外，投资者情绪、市场预期以及媒体报道都可以直接影响投资者对天然气市场未来走势的判断，进而影响人们对天然气市场的投资决策。

（2）金融衍生品市场：金融衍生品，如期货、期权和互换合约可以用来对冲天然气价格波动的风险。投资者可以利用这些金融工具来管理天然气价格风险，也可以通过投机性交易试图从这些衍生品的价格波动中获利，这些行为可能导致天然气价格短期内的剧烈波动。尤其天然气期货具有重要的价格发现功能，金融市场情绪、宏观经济数据和供需变化等因素均会影响到期货市场的交易活动，进而影响短期和中期的天然气价格走势。

（3）宏观经济因素：宏观经济指标，如经济发展预期、就业与收入水平、通货膨胀、货币汇率等因素都可以影响能源市场的供求平衡，从而影响天然气价格。经济增长、就业和收入水平的增加均可以促使消费者和企业增加能源消费；通货膨胀会导致货币贬值，引起天然气价格上升，因为购买同样数量的天然气需要更多的货币单位；货币汇率的变化则影响着天然气市场的国际贸易，如果国家的货币贬值，可能导致进口天然气的成本上升，影响国内天然气价格。

3.4 中国天然气市场

中国天然气市场一直处于快速发展与变革之中，经历了深刻的改革历程，同时价格体系也经历了多次调整和演变。随着中国经济的持续增长和能源结构优化的迫切需求，天然气在中国能源体系中的地位越发重要。中国天然气市场改革历程展现了政策层面不断推进市场化、开放化的决心，以及在能源供需结构中逐步提升天然气比重的战略意图。这种独特的市场格局与价格机制，凸显了中国天然气市场的特质与挑战，也为未来的发展提供了丰富的经验和启示。本节对中国天然气市场的发展历程以及定价形式进行介绍。

3.4.1 中国天然气市场改革历程

我国天然气定价机制的形成过程可划分为四个阶段。首先是1956～1981年的第一阶段，我国对天然气实行单一井口价，由政府直接设定天然气的配额和价格。其次为1982～1993年的第二阶段，我国政府提高了天然气的出厂价，并采取了"价格双轨制"，其主要目的是想扭转天然气生产负增长的局面，并为天然气的勘探与开发筹集资金。另外，在这段时间，政府允许公司生产配额外的天然气（尽管配额内生产的天然气价格更高）。再次是1993～2005年的第三阶段，我国对天然气价格制定实行政府定价和政府指导定价相结合的模式。由政府设定井口基准价，并允许生产商在此基础上进行最高10%的范围内的波动，最终天然气出厂价由井口价与净化费加总形成。最后是从2005年底开始的改革阶段，表3-4对我国天然气定价机制的改革过程进行了梳理。

表3-4 中国天然气定价机制改革过程

时间	政策	主要内容
2005年12月	《关于改革天然气出厂价格形成机制及近期适当提高天然气出厂价格的通知》（发改价格〔2005〕2756号）	①简化价格分类，将天然气价格归并为两档，将天然气出厂价格改为统一实行政府指导价；②建立挂钩机制，天然气出厂基准价格每年调整一次，调整系数根据原油、LPG（liquefied petroleum gas，液化石油气）和煤炭价格五年移动平均变化情况，分别按40%、20%和40%加权平均确定
2010年5月	《国家发展改革委关于提高国产陆上天然气出厂基准价格的通知》（发改电〔2010〕211号）	①适当提高国产陆上天然气出厂基准价格，取消价格"双轨制"；②扩大价格浮动幅度

续表

时间	政策	主要内容
2011年12月	《国家发展改革委关于在广东省、广西自治区开展天然气价格形成机制改革试点的通知》（发改价格〔2011〕3033号）	在广东省、广西壮族自治区开展天然气价格形成机制改革试点，按"市场净回值"方法定价，建立天然气与可替代能源价格挂钩机制，确定各省（区、市）天然气门站价格，放开页岩气、煤层气、煤制气等非常规天然气出厂价格
2014年8月	《国家发展改革委关于调整非居民用存量天然气价格的通知》（发改价格〔2014〕1835号）	①非居民用存量气最高门站价格每立方米提高400元；②进一步落实放开进口LNG气源价格和页岩气、煤层气、煤制气出厂价格政策
2015年2月	《国家发展改革委关于理顺非居民用天然气价格的通知》（发改价格〔2015〕351号）	①增量气最高门站价格每千立方米降低440元，存量气最高门站价格每千立方米提高40元，实现存量气与增量气价格并轨；②放开天然气直供用户（化肥企业除外）用气门站价格，由供需双方协商定价，进行市场化改革试点
2015年11月	《国家发展改革委关于降低非居民用天然气门站价格并进一步推进价格市场化改革的通知》（发改价格〔2015〕2688号）	①非居民用最高门站价格每千立方米降低700元；②非居民用气由最高门站价格管理改为基准门站价格管理，供需双方可以基准门站价格为基础，在上浮20%、下浮不限的范围内协商确定具体门站价格
2016年10月	《国家发展改革委关于明确储气设施相关价格政策的通知》（发改价格规〔2016〕2176号）	①储气服务价格由供需双方协商确定；②储气设施天然气购销价格由市场竞争形成
2016年11月	《国家发展改革委关于推进化肥用气价格市场化改革的通知》（发改价格〔2016〕2350号）	放开化肥用气价格，由供需双方协商确定
2016年11月	《国家发展改革委关于福建省天然气门站价格政策有关事项的通知》（发改价格〔2016〕2387号）	在福建省开展天然气门站价格市场化改革试点，西气东输供福建天然气门站价格由供需双方协商确定
2017年8月	《国家发展改革委关于降低非居民用天然气基准门站价格的通知》（发改价格规〔2017〕1582号）	非居民用气基准门站价格每千立方米降低100元
2018年5月	《国家发展改革委关于理顺居民用气门价格的通知》（发改价格规〔2018〕794号）	供需双方可以基准门站价格为基础，在上浮20%、下浮不限的范围内协商确定具体门站价格，实现与非居民用气价格机制衔接
2019年3月	《国家发展改革委关于调整天然气基准门站价格的通知》（发改价格〔2019〕562号）	根据天然气增值税率调整情况，决定相应调整天然气基准门站价格
2020年3月	《中央定价目录》（国家发展改革委令第31号）	①将天然气门站价格从目录中移出，跨省（自治区、直辖市）管道运输价格予以保留；②海上气、页岩气、煤层气、煤制气、液化天然气、直供用户用气、储气设施购销气、交易平台公开交易气，2015年以后投产的进口管道天然气，以及具备竞争条件省份天然气的门站价格，由市场形成；③其他国产陆上管道天然气和2014年底前投产的进口管道天然气门站价格，暂按现行价格机制管理，视天然气市场化改革进程适时放开由市场形成

资料来源：国家发展改革委

2005年12月23日国家发展改革委发布《关于改革天然气出厂价格形成机制及近期适当提高天然气出厂价格的通知》，决定实施指导型的天然气定价机制，天然气出厂基准价格每年调整一次，调整系数根据原油、LPG和煤炭价格五年移动平均变化情况，分别按40%、20%和40%加权平均确定，相邻年度的价格调整幅度最大不超过8%。然而，实际的价格增长是不可预知的，天然气出厂价只被提高了两次（2007年11月和2010年6月）。2010年6月，我国正式废除"价格双轨制"，将陆上天然气井口价格提高了25%，并扩大了天然气出厂价格的可浮动范围。尽管如此，我国天然气价格并没有明确与国际天然气市场价格挂钩，其定价方式仍由政府进行调节并遵循基本的成本加成定价。

2011年12月，国家发展改革委决定在广东省、广西壮族自治区开展天然气价格形成机制改革试点，开始推广实行 NET 定价法。这种方法有效地将城市门站价、井口价与其替代燃料的价格进行挂钩，与成本加成定价法的主要区别在于政府管制的是城市门站天然气价格而不是天然气出厂价。另外，天然气出厂价和管道运输单价由国家发展改革委制定，城市配气费由省级地方政府制定。每个省份的城市门站天然气价格由基准价减去不同气流的管输价得到。

从 2013 年 7 月开始，天然气价格新机制开始在全国进行推广，政府出台了一系列政策来完善天然气城市门店价格机制，并尝试将改革推广到居民部门。新的价格制定机制最大的进步就在于参照工业燃油和民用液态石油气的价格对天然气进行定价，由成本加成定价向 NET 定价方向转变。2014 年，国家发展改革委宣布，对于非常规天然气以及 LNG 的出厂价格不再进行管制，并要求在 2015 年之前在所有城市居民部门实行递增的分块定价方式。自 2015 年 4 月 1 日起，对于非居民燃气用户，存量气和增量天然气的价格已经统一，直接供气价格已经放开。

2015 年 11 月，国家发展改革委将非居民用气由最高门站价格管理改为基准门站价格管理。降低后的最高门站价格水平作为基准门站价格，供需双方可以基准门站价格为基础，在上浮 20%、下浮不限的范围内协商确定具体门站价格。同时，门站价格暂不上浮，自 2016 年 11 月 20 日起允许上浮。此次允许供需双方对天然气交易价格在一定的浮动区间内进行商议，比直接降价的意义要重大得多。这意味着上下游企业可以根据市场现状及自身供需情况来对价格进行调整，这在市场化方向上迈进一大步。此外，按上浮 20% 的天然气价格水平测算，大致相当于国际油价每桶 70~80 美元的水平。这就意味着，当国际油价在不超过每桶 70~80 美元时，不需要再对基准门站价格进行调整，而是让市场机制发挥作用[1]。2017 年 8 月，《国家发展改革委关于降低非居民用天然气基准门站价格的通知》提出，自 2017 年 9 月 1 日起将每立方米非居民用气基准门站价格降低 0.1 元。此次基准门站价调整后，各省市门站价格被要求同步等额降低，预计每年将直接减轻下游用气行业企业负担约 70 亿元。

2018 年 6 月 10 日，对"双轨运行"的居民用天然气和非居民用气价格实施"衔接"，这是我国居民用气门站价格自 2010 年以来的首次调整。居民用气定价机制与非居民用气价格机制衔接，居民用气方同样可以在基准门站价格下浮不限、上浮 20%的范围内与供气方进行协商，从而确定具体门站价格。业内认为，作为天然气定价机制改革的最后一环，此次居民用气价格改革将打通中国天然气市场上游、中游、下游的价格链，有助于中国天然气价格实现真正意义上市场化。

2020 年 3 月，国家发展改革委发布的《中央定价目录》将天然气门站价格从目录中移出，指出非常规天然气、LNG、2015 年以后投产的进口管道天然气，以及具备竞

---

[1] 《2017 年我国天然气行业定价政策演变历程及目标分析（图）》，http://zhengce.chinabaogao.com/nengyuan/2017/101Ha5J2017.html，2024 年 2 月 24 日。

争条件省份天然气的门站价格由市场决定,可视天然气市场化改革进程适时放开由市场形成。

美国、欧洲等国家建设天然气交易中心的经验和教训可以成为天然气定价市场化的有益借鉴与参考。中国于 2015 年、2017 年、2020 年相继建立上海石油天然气交易中心、重庆石油天然气交易中心和深圳天然气交易中心。其中,上海石油天然气交易中心发布的全国 LNG 出厂价格指数已具备一定国际影响力。

建立天然气交易中心,实行一系列天然气定价机制改革的目的就在于建立更加有效的、市场化的天然气市场。由国产常规天然气、进口 LNG,以及进口管道天然气构成的多气源供气格局,为中国开展天然气价格改革提供了良好的发展机会与市场环境。然而,只要存在价格管制,中国的天然气价格就仍处在一个非完全竞争的状态下。天然气市场价格能否通过供需驱动向合理化方向发展,还有待进一步研究。

3.4.2 中国天然气市场价格

就市场定价而言,通常情况下,人们自然地认为价格是由商品供给方与需求方之间的相互作用决定的。但是天然气市场的定价机制却与平常的商品不同,其价格是由进口国与出口国或国内生产商与国家使用方(受政府监督)的谈判决定的。面对国际市场,天然气出口企业及其国家政府的目标是一致的,他们都希望尽可能获得最有利的价格,因此常常合作。同理,天然气进口国的企业和政府也希望为其人民争取到最佳价格。然而当面对国内市场时,政府和天然气供给方的目标出现差异。一方面,天然气供给方希望得到最大化的利润,但是其获得最高利润的能力会受到国内市场结构以及国内市场竞争性程度的限制;另一方面,政府可能会通过国有企业或相关机构对天然气市场的定价方式或发展规模进行干预,以达到提升经济效益、优化能源效率等政治目的。因此,除了极度依赖进口的国家之外,一些国家国内天然气定价方式与国际贸易中的天然气定价方式大不相同是很正常的。如表 3-5 所示,在上游市场,不同气源的天然气定价方式也不相同。

表 3-5 当前中国不同气源的天然气定价机制

气源	定价机制	气源定价	管输价	门站价	配气价	终端定价
国产陆上常规气	NET	NET 法倒推(出站价=门站价−管输价)	政府定价	与可替代能源价格挂钩	政府指导定价	零售价=门站价+配气价
进口管道气	BIM	政府双边谈判				
海产海气	市场定价	市场定价				市场定价
国产非常规气						
进口 LNG	油价挂钩或长协议定价	与国际油价挂钩				

资料来源:http://zhengce.chinabaogao.com/nengyuan/2017/101Ha5J2017.html

在上游气源市场，当前我国自主生产的陆上常规天然气采用 NET 定价方式，国产的非常规天然气与海洋天然气则根据市场竞争性进行定价。在 NET 定价过程中，天然气上游供气价由天然气城市门站价减去管输费用获得。其中城市门站价选取上海市天然气门站价格作为价格基准点，该基准采取与可替代能源价格挂钩的定价形式，可反映天然气市场真实价格，并将价格信息传递至上游市场。

面对国际市场，我国进口管道气通过与天然气进口国政府间的谈判进行定价，进口 LNG 则直接采用与原油价格挂钩的 OPE 定价机制。天然气管道运输需要高昂的前期建设成本，再加上地理环境、地缘政治等诸多因素，使得跨境间天然气贸易更多为政府性行为。由于进口量相对确定，国际管道气贸易多为"照付不议"的长期合同，多与原油或石油产品价格联动。例如，我国中亚管道进口气主要挂钩新加坡燃料油等成品油价，中缅管道进口气与国际原油挂钩，中俄管道进口气参照俄罗斯出口西欧公式联动俄罗斯原油综合价。

在中游管道运输与配气市场，我国天然气管道运输价格主要参考 2016 年提出的"准许成本加合理收益"定价机制，以及 2021 年新增的"一区一价"等新调整策略。"准许成本加合理收益"即通过核定管道运输企业的准许成本，监管准许收益，考虑税收等因素确定年度准许总收入，核定管道运输价格。"一区一价"指根据我国天然气市场结构和管道分布情况，把国家管网集团经营管道分为西北、西南、东北、中东部四个价区，分区核定运价。

天然气由各气站到终端用户需要经过正规途径的输送，配气公司通过建立天然气配送的基础设施，如中等压力和低压力的管线以及天然气净化厂等来实现天然气的配送。配气公司对居民用户和商业用户使用不同的定价方法，但是所有的价格制定计划都需要上报当地物价局，经审查、调整和批准之后才能有效。2017 年，国家发展改革委印发《关于加强配气价格监管的指导意见》，按照"管住中间、放开两头"的总体思路，加强城镇燃气配送环节价格监管，要求各地发展改革委参照指导意见，按照"准许成本加合理收益"的原则制定配气价格管理和定价成本监审规则。

在天然气消费终端，下游售价中批发气、直销气以及 LNG、非常规气等均为市场化定价，仅剩管道燃气输送部分，仍具有一定自然垄断特性，多由当地政府物价部门定价管制。天然气管道燃气的终端用户可以分成两种：直接用户和分散化用户。直接用户是指不从当地天然气分销商那里购买天然气的用户，主要包括大部分工业用户、化肥生产商和发电厂等。对于直接用户来说，终端用户价格实际上就是城市门站价。当前我国天然气城市门站价由政府进行管制，以和可替代燃料价格挂钩的天然气基准价为基础，天然气供给方可以与买者在基准价格 –100%~20% 的范围内进行谈判定价。分散化的天然气终端用户使用天然气需要经过配气公司的配送，接受的是天然气零售价格。目前我国的天然气零售价格由省级和地方物价局进行管制，包含了城市门站价格和根据不同消费者而确定的不同的配气费（天然气终端用户零售价 = 天然气城市门站价+天然气配气费）。省政府根据城市门站价确定零售价格或地方分销商的销售价格，该价格同样根据天然气使用部门的不同而不同。

3.5 北溪天然气管道事件案例

2022年9月26日，由俄罗斯输送能源至德国的北溪一号与北溪二号天然气管道在波罗的海发生了爆炸，导致大量天然气泄漏至周边海域。此次爆炸发生于俄乌冲突期间。早在2022年2月21日，普京宣布承认乌克兰东部亲俄武装占领区独立后，德国停止审批北溪二号管道的营运认证。尽管北溪二号未启用，北溪一号供气却出现不稳定，导致供气量在6月14日两天内骤减60%。随后在7~8月，北溪一号多次中断供气，并于9月2日无限期停止供气，最终于9月26日发生爆炸。

这次冲突导致欧洲天然气价格出现剧烈波动，国际市场上的天然气期货价格也表现出极大的不稳定性。在北溪天然气管道发生爆炸的前后，欧洲NBP和TTF天然气期货价格分别激增至每百万英热单位[①]50美元和70美元以上，与2022年2月23日的29美元/百万英热单位相比，价格显著上涨。此外，国际原油价格也经历了一段时间的不断上涨。受与原油价格挂钩的定价机制影响，亚洲市场以日韩天然气价格指数为代表的天然气价格也随之上涨，而自由化的美国天然气市场价格所受影响却不大。

在此背景下，欧盟委员会制定了《欧洲廉价、安全、可持续能源联合行动》以预防能源短缺，加大天然气储备并持续拓宽欧洲进口天然气渠道。其行动迅速见效，通过与多国签署天然气进口备忘录，在2022年新增了600亿立方米LNG进口。欧洲市场也开始接纳美国页岩油气，但美国天然气价格较高，引发欧洲政府与企业的担忧。

此次事件使得全球天然气市场供给结构受到了影响，推动了美国天然气出口增加，并促进了全球天然气市场更多元化、自由化的发展。

课 后 习 题

1. 国际市场目前存在哪些天然气期货合约？
2. 国际天然气市场的贸易分布具有哪些特征？
3. 天然气定价机制有哪些？有哪些演变特征？
4. 管道天然气运输与LNG运输有何区别？
5. 天然气价格的影响因素有哪些？

[①] 1英热单位 = 1.055 06×10^{3}焦

第4章 煤炭金融

> **本章导读**
>
> 煤炭作为早期被广泛使用的化石能源之一,在能源市场和工业领域扮演着关键角色。本章将全面介绍煤炭市场在金融化进程中的发展、现状和变化,深入探讨国际和中国煤炭市场的格局、价格形成机制,以期为读者提供一个全面且系统的关于煤炭金融领域的介绍。

4.1 基本概念与发展历程

煤炭金融涵盖了金融工具在煤炭产业多个层面的应用,包括采矿、运输、市场交易等。其基本概念和发展历程凸显了煤炭在能源金融领域中的重要性与影响。从最初作为传统能源的主要来源到如今在能源转型过程中的过渡性地位,煤炭金融的发展逐步跟随全球能源市场变化,反映了煤炭资源在供给链、价格形成和交易方式等方面的不断创新和优化。本节主要介绍煤炭金融的基本概念与煤炭工业的发展历程。

4.1.1 煤炭金融的基本概念

煤炭金融是指在煤炭产业中运用金融工具和金融市场进行融资、投资、风险管理和资产配置的过程。它包括在煤炭产业中应用的各种金融产品和服务,目的是满足资金需求、优化资金运用,并管理相关风险。

1. 煤炭市场的投融资

煤炭市场的投融资活动涵盖了煤炭产业中的资金流动、投资和融资。这些活动跨越煤炭的采掘、生产、加工、运输、销售等各个环节,同时也延伸至与煤炭相关的发电、煤化工等其他能源产业。煤炭产业的融资涉及多种金融手段,如贷款、股票、债券、基金等。从资金需求方面来看,不同领域的煤炭公司可以通过向银行申请贷款或通过证券市场发行股票、债券等方式来筹集资金。对于个体投资者而言,参与煤炭行业的途径包括购买煤炭公司的股票或购买其债券以获取一定期限内的利息和本金回报。投资机构,如交易所交易基金(exchange traded fund,ETF)和投资基金,可能会设立专门针对煤炭行业的投资计划,涵盖相关公司的股票、债券等资产。此外,市场上还存在着专注于煤炭行业的指数基金,其投资策略跟踪煤炭市场指数,为投资者提供间接参与整个煤炭行业的机会。部分投资者还可能寻求投资于清洁煤技术、煤炭气化等环保项目,推动煤炭行业向可持续与清洁方向转变。

2. 煤炭市场的衍生金融工具

煤炭市场的衍生金融工具是一类基于煤炭价格或市场的金融合约，用于投资、交易或对冲风险。这些衍生品的价格与煤炭价格相关，投资者可以利用这些工具在未来从价格波动中获利或进行风险管理。

（1）煤炭期货。煤炭期货合约是一种约定，在将来的某个特定日期以预定价格交割一定数量的煤炭，这有助于煤炭生产商和使用商进行价格风险管理。投资者也可以通过买入或卖出这些合约来赚取价格波动的差价。全球煤炭期货的发展历史并不长。2001年，纽约商品交易所推出以阿巴拉契亚中部（Central Appalachia，CAPP）煤炭为标的的期货合约，但是上市初期的交易情况并不理想，交易极不活跃，在全球范围的流动性更差。2006年7月，伦敦洲际交易所推出了两种煤炭期货合约，分别以荷兰鹿特丹（Rotterdam）和南非理查德湾（Richards Bay）两地动力煤为标的物。2008年，伦敦洲际交易所和全球煤炭市场公司（Global Coal Management，GCM）合作开发了新的煤炭期货合约，分别是以澳大利亚新南威尔士州纽卡斯尔港（Newcastle）动力煤为标的物、针对亚太地区的煤炭期货合约，以及以阿姆斯特丹（Amsterdam）、鹿特丹和安特卫普（Antwerp）三个港口（简称ARA）的动力煤为标的物、针对西北欧的煤炭期货合约。中国市场比较重要的煤炭期货合约有郑州商品交易所的动力煤期货和大连商品交易所的焦煤期货、焦炭期货。

（2）煤炭期权。煤炭期权是一种权利，允许投资者在未来的某个时间以预定价格买入或卖出一定数量的煤炭。相比期货，期权给投资者更大的灵活性，一方面可以满足煤炭企业在生产经营中个性化和精细化的风险管理需求，另一方面可以与动力煤期货一起为企业提供多元化、立体化的避险工具体系。2020年6月30日，中国市场的动力煤期权在郑州商品交易所正式挂牌交易，该合约以郑州商品交易所动力煤期货为标的，成为继焦煤期货、动力煤期货之后，在国内上市的第三个煤炭金融品种。

（3）煤炭场外交易合约。不存在合约规模以及交易场所限制的煤炭场外衍生金融工具有煤炭远期合约与煤炭互换合约。煤炭远期合约允许买方和卖方在未来的某个日期按照事先约定的价格交割一定数量的煤炭。这种合约允许参与者自行锁定未来的煤炭价格，从而规避价格波动的风险。煤炭互换合约则允许双方在未来某个时间内基于煤炭资产交换一定的现金流。由于不存在标准合约规模与交易场所，这些场外衍生金融工具在适用于煤炭生产商和使用者的煤炭价格风险管理时，也存在一定的信用违约风险。

整体来看，这些衍生金融工具可以在交易所进行交易，也可以由金融机构提供。它们为投资者提供了一种参与煤炭市场的方式，同时也带来了一定的风险和回报。需要注意的是，衍生金融工具的价格波动可能受到煤炭供求、全球经济状况、能源政策等多种因素的影响。投资者在使用这些工具时应谨慎了解市场风险并充分考虑自身的投资目标。

4.1.2 煤炭工业的发展历程

人类利用煤炭的历史可追溯到古代。中国、古希腊、古罗马等地都有使用煤炭的记录。古人在地表收集露天煤炭，将其用作取火的燃料，然而由于生产力的限制，煤炭的使用规模很小，薪柴是当时最主要的能源。在中世纪时期，由于木柴供应有限，尤其是城市附近的森林逐渐减少，煤炭发展成为欧洲城镇居民取暖、烹饪的可替代燃料，也被用于冶炼和工业。煤炭的开采也在英国和德国等地兴起，但此时的煤炭开采仅供应局部地区的煤炭需求，且矿井相对浅小，开采规模有限。直到进入17世纪，随着手工业的蓬勃发展，木柴作为燃料越来越满足不了人类日益增长的需求，煤炭才真正得到广泛利用，取代木柴成为世界的主要能源。18世纪开始，煤炭成为西方国家的主要工业和运输能源。蒸汽机的推广、冶金工业的勃兴及交通运输的发展，都需要大量的煤炭。因此，各国几乎都在进行产业革命的同时，迅速发展近代煤炭工业。

整体来看，世界近代的煤炭产业发展史可分为六个阶段：早期的煤炭产业（1760～1859年）、世界煤炭生产大发展时期（1860～1913年）、稳定发展时期（1914～1950年）、萧条时期（1951～1973年）、缓慢恢复时期（1974～1990年）、转型时期（1990年至今）。

1. 早期的煤炭产业（1760～1859年）

世界近代煤炭工业是从18世纪60年代英国的产业革命开始的，煤炭是欧美各国工业化的动力基础。尤其是18世纪末和19世纪，工业革命极大地促进了煤炭工业的发展，煤炭成为推动机械制造、蒸汽动力和工业化的重要能源。1760年，英国开始第一次产业革命，蒸汽机的改进促使传统手工业和农业经济向机械化工业转变，煤炭成为推动工业化的重要能源，蒸汽机、纺织机、钢铁冶炼等都需要使用大量的煤炭。煤炭的大规模使用推动了城市化和工业化的进程。工业城市如曼彻斯特、伯明翰等迅速兴起，成为煤炭工业和其他工业的中心。与此同时，铁路的兴起使得商品的运输和人的流动更加便捷。因此，各国几乎都在进行产业革命的同时，迅速发展近代煤炭工业。

2. 世界煤炭生产大发展时期（1860～1913年）

1860～1913年可被称为世界煤炭生产大发展时期，也被称为煤钢时代。在这段时间内，煤炭和钢铁成为支撑工业生产与基础设施建设的重要资源，是工业化加速发展的核心和关键。19世纪末至20世纪初，工业革命在全球范围内加速推进，工业化和城市化的进程导致了能源需求的急剧增加。煤炭作为主要的能源来源，被广泛用于工业生产、交通、供暖等领域。在这一时期，煤炭开采和利用的技术不断创新，蒸汽机、电弧炉等新技术的应用使得煤炭的开采、运输与利用更加高效和便捷。铁路的迅速扩张促进了煤炭的运输，使得煤炭能够更快速地从产地运往消费地。伦敦港、纽约港、鹿特丹港等港口的建设和改进也加速了煤炭的国际贸易，煤炭成为国际贸易的重要商品之一。

1886年，英国威尔士首府加的夫建立了煤炭交易所，为当地煤炭生产商、矿主和出口商提供了一个集中的交易平台，使他们能够更方便地进行买卖和价格谈判。交易所提供了煤炭的现货交易和期货合约交易，以及煤炭价格的公开发布和监测，不仅促进了当地煤炭产业的发展，提高了煤炭交易的透明度和效率，同时也为国际煤炭贸易提供了更稳定和可靠的交易环境，吸引了更多的买家和出口商。到1913年，世界煤炭产量达13.20亿吨，占世界一次能源总产量的 92.2%，比 1860 年增加了 7 倍，能源市场进入了"煤炭时代"。此时的英国是世界煤炭第一大国，其煤炭生产量在 1913 年也达到历史最高水平 2.92 亿吨，其中有 1/3 用来出口以满足其他国家的能源需求。

3. 稳定发展时期（1914~1950 年）

在 1914~1950 年，世界煤炭工业经历了一系列重要的变化和发展。首先两次世界大战以及由战争带来的经济萧条和战后恢复对煤炭的需求、开采以及运输都造成了一定的影响。尽管有一些波动，但煤炭作为主要能源在工业化、城市化和战争需求中发挥着重要作用。到 1950 年，世界煤炭产量比 1913 年增长 37.7%，达 18.18 亿吨，占世界能源消费的 62.3%。

4. 萧条时期（1951~1973 年）

20 世纪 50 年代开始，新兴的美国石油工业逐渐发展成为世界的主导能源力量，天然气与核能也在总的能源利用中占据越来越重要的地位，煤炭在工业文明中的重要地位不断被削弱。由于世界能源结构逐渐由煤炭转向石油和天然气，加上煤炭开发历时久，开采条件恶化，投资大，效益低，世界煤炭工业发展走入困境。石油在全球一次能源生产和消费的比重分别在 1964 年与 1966 年超过煤炭，取而代之成为世界最主要的能源。这一时期，煤炭产量增长缓慢，20 多年间煤炭产量只增加 12.2%，煤炭生产消费和煤炭贸易都进入萧条期，西欧大部分的煤炭工业也随之消失，而世界煤炭生产的重心也转向了美国和苏联。

5. 缓慢恢复时期（1974~1990 年）

1973 年第一次石油危机导致石油价格飙升，一些国家开始重新考虑煤炭作为能源的重要性，煤炭工业重现生机。在这个时期，煤炭的开采、加工技术均取得重要突破，连续矿山开采和长壁采煤等技术提高了煤炭的采掘效率，煤炭气化技术的改进使得将煤炭转化为合成气或液体燃料变得更加可行，数字化、自动化控制等技术的引入大大提高了煤炭的生产效率与安全性。1989 年世界煤炭产量达 48.8 亿吨，比 1976 年增加 50%，达到此阶段煤炭生产的历史最高水平。美国、德国、苏联均是该段时间重要的煤炭生产国。

6. 转型时期（1990 年至今）

20 世纪 90 年代，随着环境和能源问题的凸显，人们开始关注煤炭的环境影响。与此同时石油产业的发展使得各国发展对煤炭的依赖减少，世界能源结构面临新的变革，发达国家煤炭消费量在能源结构中的比重不断下降。世界煤炭产量也出现缓慢下降，总产量从 1990 年的 47.6 亿吨下降到 1994 年的 45.1 亿吨。中国、印度、澳大利亚和南非等国的煤炭行业发展迅速，逐渐取代美国、英国、德国和苏联，成为世界主要煤炭生产国。这一时期，国际煤炭贸易市场开始形成大西洋和太平洋两大区域市场。太平洋地区以澳大利亚和印度尼西亚为主要煤炭出口国，其煤炭需求刺激主要来自日本、韩国等国家、中国、俄罗斯、印度等也是亚太地区煤炭贸易的重要参与者。大西洋地区的煤炭贸易主要从北美去往欧洲地区，此外，南美、南非以及澳大利亚的煤炭也会出口至欧洲。

进入21世纪后，全球经济持续增长，中国等新兴市场国家能源消费增长较快，石油及天然气价格持续上涨，各国纷纷调整能源政策，再次将煤炭行业的健康稳定发展纳入本国的能源发展战略。2013年，全球煤炭总产量达82.5亿吨，相比2000年增加了7.5%，其中，中国、印度以及印度尼西亚的煤炭产量快速增长，煤炭生产增长量占据了该段时间全球煤炭总增长量的50%。印度尼西亚在2011年与2012年还超越澳大利亚成为全球出口煤炭最多的国家。同时，现代煤炭工业趋向多样化和可持续发展，环保意识的增强促使人们寻求更清洁的煤炭技术，如煤气化和煤炭液化等。煤炭工业面临来自可再生能源、清洁技术和环保法规的压力，英国、德国等欧洲国家致力于"去煤化"能源转型，逐渐关闭井工煤矿，退出燃煤发电市场，然而对于中国、印度等发展中国家，煤炭仍然是重要的能源来源。

与此同时，随着市场化改革和金融工具的兴起，煤炭市场开始走向金融化。煤炭期货市场逐渐崭露头角，成为煤炭价格发现和风险管理的重要工具。例如，纽约商品交易所、伦敦洲际交易所等推出了以煤炭为标的的期货合约，允许投资者和生产者通过交易期货合约来对冲风险或进行投机交易。煤炭期货品种也逐渐多样化，包括不同类型的煤炭（如热值煤、动力煤等），以满足市场多样化的需求。例如，中国就具有以焦煤、焦炭以及动力煤为标的的煤炭期货品种。这些变革和多样化的发展趋势促进了煤炭市场的开放性和全球化，也为市场参与者提供了更多的投资和交易工具，同时也提高了市场的灵活性和效率。

4.2　国际煤炭市场现状

煤炭市场作为全球能源贸易的关键组成部分，呈现出长期协议、现货市场、期货市场和场外交易并存的多层次市场格局。长期协议作为稳定供应和需求的方式，与企业间的中长期合同以及政府间的协议密切相关。现货市场主要集中在各大港口，同时电子交易平台的兴起为现货交易提供了更多便利。由于煤炭品种繁多，煤炭期货市场发展相对较晚，主要存在于美国、英国和澳大利亚的交易所，中国也开发了自己的煤炭期货品种。煤炭场外交易市场也在全球范围内活跃，涵盖了隔月合约、远期合约和价差合约等衍生金融产品。本节对国际煤炭市场格局以及煤炭交易方式进行详细介绍。

4.2.1　国际煤炭市场格局

1. 煤炭现货市场

国际煤炭市场的进出口贸易是全球能源市场的重要组成部分。煤炭是固体物质，通常以块状或粉末状存在，可以在露天堆场、储煤仓库等地方进行长期存储，也可通过铁路、海运、公路、内河运输和集装箱运输等方式进行长距离运输。

中国、印度、日本、韩国是全球最主要的煤炭进口国，且亚太地区的煤炭进口一直在持续增加。2010～2020年，中国、印度的煤炭进口贸易量占比分别由18.1%、8.6%上升到20.3%、14.7%（图4-1），而在2000年，中国、印度都不是主要的煤炭进口国，此时欧洲、日本、韩国的煤炭进口贸易量分别占据全球煤炭贸易总量的29.1%、25.7%、10.9%。步入21世纪后，欧美国家加速能源转型，减少了对煤炭的需求，导致煤炭贸易量持续降低，而中国、印度等发展中国家的经济发展仍需要煤炭的支持。

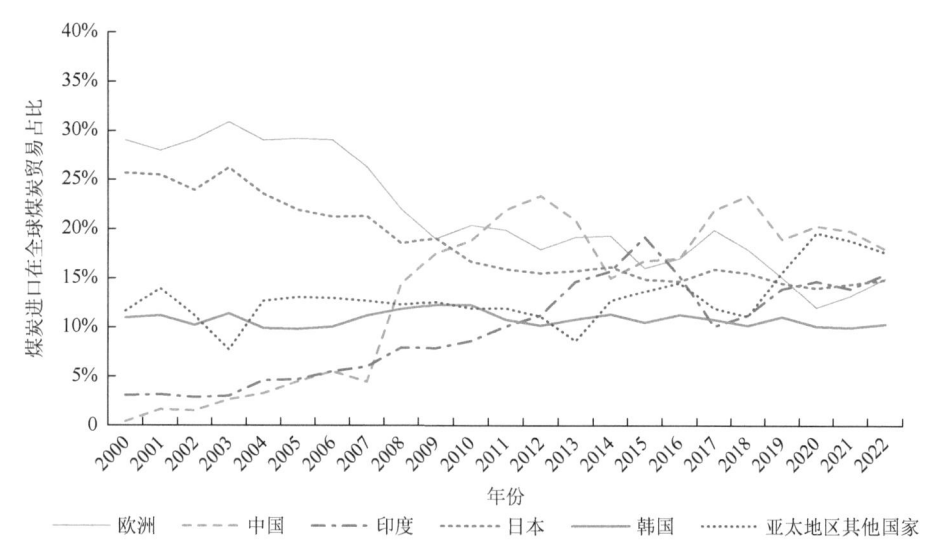

图4-1 2000～2022年主要煤炭进口国家和地区在全球煤炭贸易中的比重
资料来源：根据《bp世界能源统计年鉴》整理

澳大利亚、印度尼西亚、俄罗斯、美国、哥伦比亚是目前全球市场主要的煤炭出口国。其中，澳大利亚的煤炭出口主要去往日本与韩国；印度尼西亚的煤炭出口主要去往中国与印度；俄罗斯的煤炭出口主要去往中国与欧洲；北美地区的煤炭出口则主要去往欧洲，其次为亚太地区国家。此外，南非也是重要的煤炭出口国，其煤炭出口主要去往欧洲。

图4-2展示了2000年以来的煤炭出口贸易情况。从2000年到2010年再到2020年，除了个别年份，澳大利亚一直是全球最大的煤炭出口国，印度尼西亚的煤炭出口占比呈上升趋势，分别在2011年、2012年、2017年、2022年超越澳大利亚成为全球最大的煤炭出口国。俄罗斯的煤炭出口也在增加，其出口占全球煤炭贸易的比例从2000年的6.9%增长到了2020年的17.4%。与之相反，美国的煤炭出口贸易占比有所减少。

2. 煤炭期货市场

相对于其他能源品种而言，煤炭开展期货交易的时间较晚，原因是多方面的。首先，一直到20世纪末，煤炭在世界主要工业化国家能源结构中的地位没有原油和天然气重要，国际贸易量有限。产煤国煤炭生产主要为了满足本国需求，煤炭期货开发也因此落后于

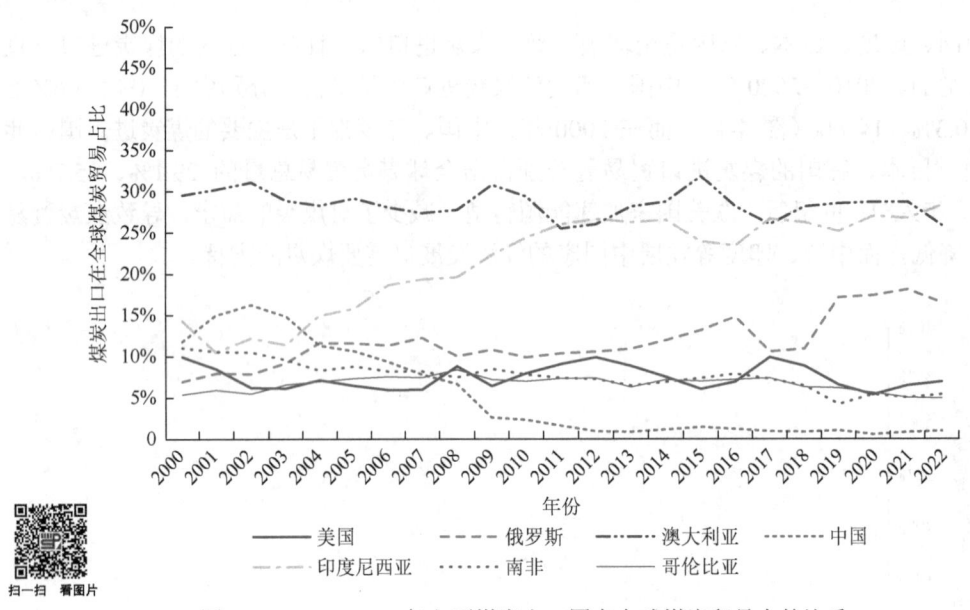

图 4-2　2000～2022 年主要煤炭出口国在全球煤炭贸易中的比重

资料来源：根据《bp 世界能源统计年鉴》整理

原油、天然气等能源品种。其次，煤炭自身存在一些开展期货交易的困难，阻碍了煤炭期货品种的开发。煤炭属于大宗散装货物，种类与等级繁多，对于电煤这样的大类而言，质量等级划分存在一定的模糊性。即便一些更细分的子类明确划分不存在问题，但由于产量小，国外开展的期货交易的需求不是特别大。再次，煤炭是发电的主要原料，需求量大，运输需要庞大的运力支持，这在很多国家都是个瓶颈。最后，煤炭若保存期限过长，则存在自燃风险。这些因素给期货品种设计带来一定困难，推迟了煤炭期货的开发。

目前，国际市场上开展煤炭期货交易的交易所有三家，分别为芝加哥商品交易所、伦敦洲际交易所以及澳大利亚证券交易所（Australian Securities Exchange，ASX）。2001 年，纽约商品交易所推出以 CAPP 煤炭为标的的期货合约，属于全球市场上最早的煤炭期货产品，但上市后，该合约交易并不活跃，与美国煤炭市场规模并不相称，并不能为全球煤炭市场提供价格发现和风险规避的手段。2006 年 7 月，伦敦洲际交易所推出了两种煤炭期货合约，分别以荷兰鹿特丹和南非理查德湾两地动力煤为标的物。2008 年，伦敦洲际交易所和全球煤炭市场公司合作开发了新的煤炭期货合约，分别是以澳大利亚新南威尔士州纽卡斯尔港动力煤为标的物、针对亚太地区的煤炭期货合约，以及以 ARA 的动力煤为标的物、针对西北欧的煤炭期货合约。2009 年，澳大利亚证券交易所推出了以纽卡斯尔港煤炭为标的的煤炭期货，该合约以现货交割方式进行结算，交易也不是很活跃。

中国市场和煤炭有关的期货合约有郑州商品交易所的动力煤期货和大连商品交易所的焦炭、焦煤期货。焦炭期货与焦煤期货分别于 2011 年 4 月、2013 年 3 月推出。焦煤与焦炭是钢铁冶炼中的重要原材料，作为全球最大的钢铁生产国之一，这两个期货合约有助于中国冶金企业管理价格风险和优化采购计划。2013 年 9 月，郑州商品交易所推出动力煤期货合约，为投资者参与动力煤价格风险管理提供了工具。这些合约对于煤炭生产商、贸易商和投资者来说都具有重要意义，因为动力煤是用于发电和加热的关键能源，其价格波动会对能源市场和经济产生广泛影响。

4.2.2 煤炭交易方式

目前，国际煤炭贸易已经形成了包括长期协议、现货交易、期货交易和场外交易在内的多层次市场体系。亚太地区、欧洲和北美三个区域市场都有各自的煤炭交易中心以及煤炭价格指数体系以体现市场影响力，具有实际影响力的煤炭期货市场有美国纽约商品交易所、英国伦敦洲际交易所。

（1）煤炭中长期合同。煤炭中长期合同是煤炭供需双方以市场化机制自主协商为基础、运输企业和信用服务机构等多方参与签订、合同期限较长、数量和履约进度明晰、价格和运输方式明确的煤炭购销合同。这种协议通常用于稳定供应和需求，减少价格波动对供应链造成的影响，并接受政府指导和监管。例如，2010 年中俄两国以"贷款换能源"的合作模式，签署了一份有关煤炭市场的能源合作协议。协议约定，在未来 25 年合作中的前 5 年，中国每年将从俄罗斯进口至少 1500 万吨煤炭。之后 20 年，进口煤炭量将增至 2000 万吨。与此同时，中国将为俄罗斯提供总共 60 亿美元的贷款，帮助俄罗斯发展远东地区矿产资源开采项目，修建铁路、公路等煤炭运输通道，购买矿产挖掘设备等。

除了政府间长期协议外，企业间也会通过中长期合同建立长期、稳定的贸易关系，尤其是在发电、钢铁等用煤大户和煤炭企业之间的中长期协议，对于保障用煤大户的稳定生产，以及煤炭企业避免短期价格波动，实现投资收益的长期稳定都具有非常重要的意义。2021 年 12 月，国家发展改革委下发了《关于定期报送 2022 年煤炭中长期合同签订进展情况的通知》，要求对 2022 年度煤炭中长期合同履约情况实行月度统计、季度通报、半年度考核，供需企业要向全国煤炭交易中心交易平台及时如实在线报送履约数据。这样可有效促进煤炭市场供需平衡，持续推动上下游行业健康发展，全力保障煤炭稳定可靠供应和能源安全。

（2）现货交易。目前国际上的煤炭现货市场分布与全球煤炭生产消费格局一致，主要集中在欧洲、亚太地区、北美等地区的煤炭消费国和澳大利亚、南非等煤炭出口国的港口，以及国际航运中心（新加坡等）或国际金融中心（伦敦等）。例如，澳大利亚纽卡斯尔港市场、印度尼西亚加里曼丹市场、南非的理查德湾、欧洲的鹿特丹港和阿姆斯特丹港，以及中国的秦皇岛港等都属于世界上比较活跃的煤炭现货交易枢纽。

此外，信息技术的发展允许煤炭现货市场在公开撮合报价的电子交易平台上进行现货议价和交易。于 2001 年运行的环球煤炭电子交易平台（Global Coal）是一家全球领先的煤炭电子交易平台。该平台由伦敦的全球煤炭市场公司推出，为煤炭生产商、贸易商、电力公司、工业企业等提供即时市场数据、价格指数、煤炭市场新闻、交易工具以及市场分析等服务，为国际煤炭市场的参与者提供了丰富的信息和交易工具。中国市场专注于煤炭市场在线信息的现货交易平台有煤炭网（中煤远大煤炭现货交易平台），该平台由中煤远大（北京）电子商务股份有限公司（现北京真石数字科技股份有限公司）于 2003 年设立，允许注册用户进行不同种类煤炭的现货电子交易。

（3）期货与场外交易。煤炭期货合约通常包括不同种类，如热量煤、动力煤等，根据不同的煤种和质量特点，期货合约的规格会有所不同。交易所提供的煤炭期货合约规定了交易的标的物、交割时间、交割地点、交割数量、交割质量标准、报价单位等重要细节。投机者、对冲基金、金融机构和煤炭企业等参与者均可通过期货市场来进行风险管理或投机交易。

煤炭市场的场外交易是指煤炭买卖双方通过私下协商达成交易，而非在交易所公开交易的方式。全球范围内的煤炭场外交易市场也有相当规模，包括隔月合约、远期合约、价差合约等在内的煤炭场外衍生金融产品的交易也很活跃。目前，国际煤炭市场已经形成了以中长期合同为主导，招标采购为辅，现货和期货等其他交易形式为补充，场内、场外多种交易方式并存的局面。但是由于现有交易体系仍存在较大的局限性，目前还未能形成一体化的全球煤炭价格形成机制。

4.3 煤炭价格

国际煤炭价格的形成机制在全球市场涉及多种交易方式和地区性差异。供需变化、贸易活动以及供应链中的运输和生产成本等因素均会对煤炭价格造成影响。各国主要煤炭交易中心，如澳大利亚纽卡斯尔港市场、印度尼西亚加里曼丹市场、南非的理查德湾、欧洲的鹿特丹港和阿姆斯特丹港等，在成为现货交易主要枢纽的同时，均已形成各自的煤炭价格体系以及具有代表性的煤炭价格指数。本节将介绍国际煤炭价格的形成机制以及煤炭价格的影响因素。

4.3.1 国际煤炭价格形成机制

1. 国际煤炭价格指数的构建

与国际石油市场不同，国际煤炭市场的价格形成机制并未形成一个较为权威有效的价格体系，这主要是由于市场上进行贸易的煤炭在质量、品种上都具有一定差异，并未形成统一的标准。因此，从 20 世纪 90 年代开始许多国际机构，如专业的煤炭信息、咨询和服务公司，从事煤炭贸易的贸易商，以及政府部门等开始设计编制国际煤炭价格指数，以反映国际煤炭贸易的价格水平和变化趋势。煤炭价格指数在编制过程中涉及数据收集、权重分配以及价格指数计算等多个步骤。

首先，要进行数据收集与标准化。该步骤需要收集各个地区和类型的煤炭价格数据。这些数据可以来自交易所、煤炭生产商、经销商、煤矿以及其他市场参与者。价格数据通常包括不同类型和质量的煤炭，如动力煤、焦煤、煤炭粉末等。收集的数据需要标准化，以确保不同来源的煤炭价格可进行比较。由于煤炭的品种多样、品质复杂，不同矿井甚至同一矿井不同煤层产出的煤炭品质都不同或不稳定，煤炭的主要品种，如动力煤、炼焦煤等的划分也只是根据用途进行分类和初步筛选，谈不上深加工转换，也无法通过生产过程的质量控制达到品质统一。因此，煤炭价格指数的制定需要将所收集的价格数据转换为相同的货币单位、煤炭品种和质量等标准。

其次，进行权重分配与价格指数计算。权重是确定不同煤炭类型在指数中的影响程度的关键因素。一般来说，煤炭价格指数会给予市场中较大交易量的煤种更高的权重，这是因为高交易量的煤种在市场上更具代表性，对市场价格产生更大影响。不同种类的煤炭（如热电煤、焦煤、动力煤等）、不同地理位置的煤炭，以及不同质量标准的煤炭在指数分配中也具备不同的权重，以反映其在市场中的重要性差异。各个煤炭种类的价格根据其权重进行加权平均，然后这些加权平均价格组成了总指数。指数的基期价格通常被设定为 100，然后根据每个时间点的价格变动来计算指数的相对变化。

最后，价格指数的定期更新与监督维护。价格指数需要定期更新，通常以每日、每周或每月为周期，这样可以及时反映市场价格的波动。构建国际煤炭价格指数的方法学应具有透明度，以使市场参与者了解指数的构建方法和数据来源，这样有助于确保指数的可信度和广泛接受度。一些国际煤炭价格指数由独立的机构或监管机构进行审计，以验证其数据来源和计算方法的准确性，并通过不断调整样本、权重和计算方法来持续监督市场并维护指数的准确性，以确保指数仍然代表市场的真实情况。

总之，国际煤炭价格指数的构建是一个复杂的过程，需要合理的数据收集、标准化、权重分配和计算方法。这些指数对于市场参与者、投资者和政策制定者来说都具有重要意义，因为它们提供了关于全球煤炭市场价格走势的重要信息。

2. 代表性的国际煤炭价格指数

目前国际市场具有代表性的煤炭价格指数多存在于交易活跃的煤炭贸易区域。由于各类指数的基础构建机制不同，不同的价格指数可为不同的煤炭贸易方式提供定价依据。目前国际市场具有代表性的煤炭价格指数有阿格斯与麦克洛斯基（Argus/McCloskey）发布的煤炭价格指数、普氏（Platts）煤炭价格指数、Global Coal 价格指数、澳大利亚巴洛金克（Barlow Jonker，BJ）价格指数以及纽约商品交易所煤炭期货价格指数。除此之外，作为重要的煤炭贸易参与国，印度尼西亚、中国等国家也设计了自己的煤炭价格指数作为煤炭贸易的价格参考，纽约商品交易所还推出了基于煤炭期货市场交易的煤炭价格指数。

（1）阿格斯与麦克洛斯基煤炭价格指数。《阿格斯/麦氏 API 动力煤指数报告》是由英国阿格斯能源咨询公司（Argus Media）和麦克洛斯基集团（McCloskey Group）合作出版的一份重要煤炭市场报告。这份报告专注于动力煤市场，以日报、月报、年报的形式，提供较为全面、权威的关于动力煤价格、市场趋势和相关新闻的信息，主要包括：API 2 西北欧到岸价指数（CIF[①] ARA，6000 大卡[②]/千克）、API 4 南非离岸价指数（FOB Richards Bay，6000 大卡/千克）、API 5 高灰煤澳大利亚离岸价指数（FOB Newcastle，5500 大卡/

---

① 即 cost，insurance and freight，到岸价。
② 1 大卡 = 4186.8 焦。

千克)、API 6 澳大利亚离岸价指数（FOB Newcastle，6000 大卡/千克)、API 8 中国华南到岸价指数（CIF South China，5500 大卡/千克）以及 API 12 印度到岸价指数（CFR[①] East India，5500 大卡/千克)。这些指数受到全球煤炭市场专业人士的信赖和使用，全球 85%以上的煤炭衍生品使用了 API 2 和 API 4 指数作为价格基准。

此外，印度尼西亚煤炭价格指数（Indonesia coal price index，ICI）由阿格斯每周发布，是针对印度尼西亚煤炭市场非常重要的指数，被煤炭交易的买卖方广泛用作合同基准价格。印度尼西亚政府指导价格的计算、印度尼西亚国内煤炭价格定价、印度尼西亚税收计算公式、印度尼西亚地方政府财政分析与生产计划等均广泛使用 ICI 作为基准。《阿格斯煤炭市场日报》提供有关美洲煤炭市场的交易完成表、运费和点火差价表，每周煤炭市场的远期场外交易评估，以及免费的每周价格简报，是美洲煤炭价格评估、指数化、新闻和市场数据的可靠来源。《阿格斯煤炭国际市场日报》覆盖了全球范围内的各种类型煤炭的市场动态，包括主要产煤地区（如澳大利亚、南非、俄罗斯等）和主要煤炭进口地区（如亚太地区）的煤炭价格、运费分析等。

（2）普氏煤炭价格指数。普氏能源资讯公司公布的国际煤炭价格指数包括 CIF ARA 指数、FOB 南非指数、FOB 纽卡斯尔指数和 FOB 加里曼丹指数。CIF ARA 指数代表的是煤炭以"成本加保险费加运费"方式交付到位于 ARA 地区港口，即阿姆斯特丹港、鹿特丹港和安特卫普港的价格。FOB 南非指数代表的是南非港口出口的煤炭离岸价，即将煤炭装载到船上并在南非港口出口的价格。FOB 纽卡斯尔指数和 FOB 加里曼丹指数则分别代表了澳大利亚纽卡斯尔港和印度尼西亚加里曼丹地区港口的煤炭离岸价格。

这些指数由普氏能源资讯公司每周五根据当周煤炭的实际成交或报价询价情况评估而得，在《国际煤炭市场报告 ICR》中发布，计价单位为美元/吨。此外普氏能源资讯公司定期出版的《煤炭展望》《煤炭贸易商》《国际煤炭贸易商》均是有关煤炭市场信息分析的重要报告。

（3）Global Coal 价格指数。2008 年，由几十家世界主要煤炭生产商和贸易商参与建立的煤炭电子交易市场——Global Coal，根据澳大利亚纽卡斯尔港、南非理查德湾和欧洲 ARA 三港的发热量 6000 大卡/千克的动力煤每周成交价，分别编制了 NEWC（Newcastle）指数、RB（Richards Bay）指数和 DES[②] ARA 价格指数。NEWC 指数特别关注澳大利亚新南威尔士州纽卡斯尔港出口的动力煤，以离岸价、标准煤炭合同为计算基础，将指数价格计算为实际成交价和期望价格的加权平均值。NEWC 指数是亚太地区海运动力煤的基准价，影响着大量从澳大利亚和印度尼西亚出口到日本和印度的采用指数方法定价的煤炭合约价格。RB 指数特别关注南非理查德湾码头高热量动力煤的离岸价，是南非动力煤定价的基准。该指数以离岸价、标准煤炭合同为计算基础，以煤炭在 3 个月内发运为成交条件，指数价格为实际成交价和期望价格的加权平均值。DES ARA 价格指数特别关注荷兰阿姆斯特丹港、荷兰鹿特丹港、比利时安特卫普港交付的高热量动力煤价格，其设计原理同 RB 指数，是欧洲煤价的重要参考。

---

① 即 cost and freight，成本加运费。
② 即 delivered ex ship，目的港船上交货。

2017年7月，Global Coal 又推出了 INDO 3800 指数，代表 Phys INDO 3800 在印度尼西亚南加里曼丹锚地离岸交货条件下的月现货价格指数。Global Coal 指数的所有数据都来自 Global Coal 在线交易平台的实际交易和已确定买卖，煤炭市场利益相关者通过平台上的竞价、发售和交易，直接参与指数的形成，成为煤炭价格指数的制定者，而不是价格接受者。

（4）澳大利亚巴洛金克价格指数。巴洛金克公司是澳大利亚一家专门从事煤炭研究咨询的公司，所发布的主要煤炭价格指数有 ACR 亚洲指数与澳大利亚巴洛金克价格指数。ACR 亚洲指数反映的是澳大利亚动力煤 3 个月加权平均出口价格，1978 年由巴洛金克公司根据澳大利亚统计局记录的实际装船价格数据设计而来。发货地为新南威尔士州和昆士兰州，目的地为日本、韩国、中国香港和中国台湾，当月指数由现货和长协煤装船价格决定，不分煤种，数据滞后 3 个月。澳大利亚巴洛金克价格指数由巴洛金克公司于 1986 年编制，于每周四发布，反映了亚太市场的动力煤价格走势，现已成为指导日本、澳大利亚煤炭价格谈判和现货谈判的重要参考价格依据。该指数选取的煤炭指标为发热量 6700 大卡/千克，灰分最高 15%，硫分 0.8%，最低挥发分 30%，指数根据澳大利亚发货港纽卡斯尔港每周的实际成交情况计算得到，计算基准为离岸价，若当周没有实际成交量，则会与贸易商和出口企业进行访谈磋商，最终决定一个平均价格。

（5）其他煤炭价格指数。印度尼西亚是目前全球市场最重要的煤炭出口国之一。印度尼西亚动力煤参考价（Indonesian coal price reference，HBA）是印度尼西亚能源与矿产资源部于 2007 年开始每月发布的指数，用于反映印度尼西亚生产的热值约 6322 大卡/千克的动力煤价格。该指数是基于阿格斯发布的 ICI、普氏 59 指数（index Platts 59）、Global Coal 发布的全球煤炭指数（global coal index）和纽卡斯尔港出口指数（Newcastle export index）进行计算得出。自发布以来，HBA 指数已经成为印度尼西亚煤炭市场的重要参考指数，并在全球范围内获得了认可。具体表现在该指数已发展成为印度尼西亚 75 个煤炭产品定价的基础，也是计算印度尼西亚煤炭生产商本地销售或出口海外吨煤税费的依据。

作为全球最大的煤炭生产国与消费国，中国已围绕生产地、中转地以及消费地形成了全方位的煤炭价格体系，具体包括以山西、陕西、内蒙古为主要产地的多种类煤炭生产地价格指数，由各大煤炭交易港以及交易公司推出的环渤海动力煤综合价格指数（Bohai-rim steam-coal price index，BSPI）、秦皇岛动力煤价格指数、汾渭 CCI（China coal index）煤炭价格指数等中转地价格指数，以及衡量煤炭消费端价格水平的全国电煤价格指数（China thermal coal index，CTCI）和中国电煤采购价格指数（China electricity coal price index，CECI）等。

在煤炭期货市场，纽约商品交易所于 2001 年在世界上率先推出煤炭期货交易，根据期货交易情况形成煤炭价格指数。

4.3.2 煤炭价格的影响因素

1. 国际煤炭价格的波动特征

20 世纪 90 年代，石油产业的发展使得世界能源结构面临新的变革，一些发达国家煤炭消费量在能源结构中的比重出现下降，如欧盟国家的煤炭消费量在 1990~2000 年下降了 40%，独联体国家的煤炭消费量下降了约 27%。即便中国、印度等国家的工业化和城市化进程推动着煤炭需求的增长，但是作为全球重要的煤炭生产国，美国此时的煤炭产量依然处于上升阶段，澳大利亚、印度尼西亚、南非等国家的煤炭产量快速增长，足以满足该阶段的全球煤炭需求。该段时间的全球煤炭价格整体呈现轻微下降趋势。

21 世纪初期，全球工业化和城市化的快速发展，尤其是中国和印度等新兴经济体的需求大幅增加，导致国际煤炭价格上涨，并在 2008 年金融危机前后经历了巨大的波动。随后在 2010 年初，全球煤炭价格受到了金融危机后的经济复苏和新兴市场的需求增加的推动，又出现了上升趋势。整体来看，2000~2011 年，按对数增长率计算西北欧基准价（ARA 地区 FOB）年均增长率达 11.06%，美国 CAPP 煤炭现货价年均增长率达 9.47%，日本动力煤现货价年均增长率达 12.08%。

2012~2015 年，随着各国对气候、环境问题的关注，减少对煤炭的依赖成为能源转型的重要方向，再加上天然气产业的迅速发展以及亚太地区国家经济增长势头的放缓，全球煤炭市场需求以及煤炭价格开始普遍下跌。随后，2016~2019 年的煤炭价格波动来自天然气市场竞争以及气候政策下煤炭供需变化的影响。无论如何变化，日本市场的煤炭价格相对于欧洲与北美市场更高，且具有更高质量要求的日本炼焦煤进口到岸价最高。

2020~2022 年，全球煤炭价格再次出现巨幅上涨。2020 年新冠疫情暴发，全球经济活动受到抑制，能源需求急速下滑，煤炭市场供需失衡，价格一度跌落到从未有过的谷底——"地板价"，但随着之后的经济逐渐复苏，就在短短的一年时间之内，2021 年煤炭价格连涨翻番。2022 年，在持续偏紧的煤炭供需基本面上，由于疫情绵延、俄乌冲突、极端高温干旱天气等众多"灰犀牛"和"黑天鹅"事件的影响，全球煤炭市场紧上加紧，价格继续高涨并大幅震荡，创出了历史"天价"（图 4-3）。

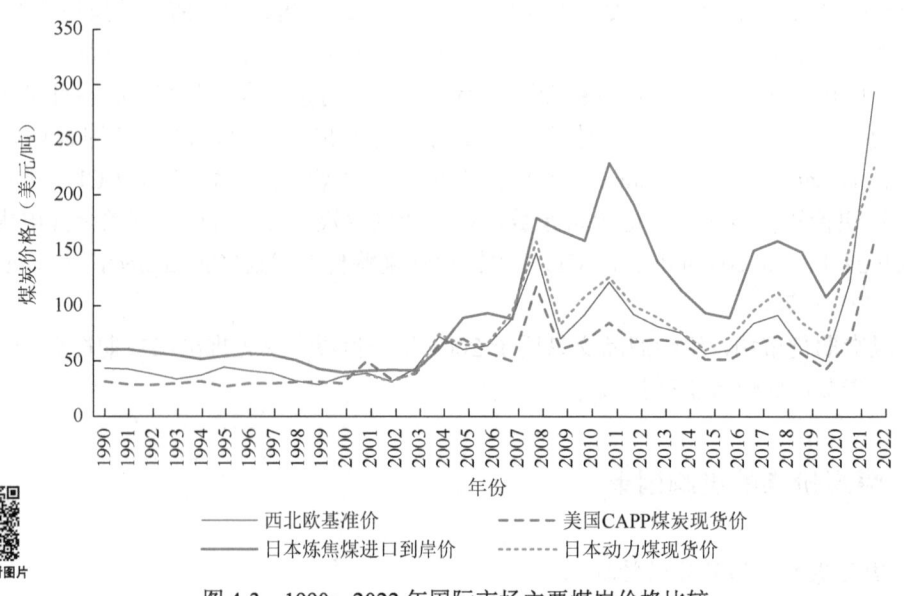

图 4-3　1990~2022 年国际市场主要煤炭价格比较

资料来源：《bp 世界能源统计年鉴（2022 年版）》

根据国际煤炭市场近些年的价格波动情况，可以发现经济周期、环境政策、地缘政治冲突等都是影响国际煤炭价格的重要因素，具体表现见下文。

2. 煤炭价格的长期影响因素

（1）煤炭产能。煤炭产能是指在一定时间内，一个国家、地区或煤矿可以生产的煤炭数量，通常受到矿床储量、开采设备和技术的影响，是影响煤炭价格的主要因素之一。如果某个地区或国家通过新矿井投产等方式增加了煤炭产能，市场上便会有更多的煤炭供应，在该供应增加超过了市场需求增长的情况下，煤炭价格有可能下跌。反之，在由矿井事故、政府政策、自然灾害等原因引起煤炭产能下跌的情况下，煤炭供应不足有可能导致煤炭价格上涨。例如，日本的大部分煤炭需求依赖进口，几乎没有国内煤炭产能，其煤炭进口价格与欧洲、北美以及亚太地区其他国家的煤炭使用价格相比相对较高。作为全球煤炭生产与消费最高的国家，中国的煤炭产能在 2016 年煤炭去产能政策实施之前一直处于过剩状态，其煤炭市场价格在该段时间相对处于低位，直到去产能政策开始执行，落后的矿井和小煤矿被逐渐淘汰，煤炭市场价格才开始逐渐回升。

（2）经济周期。经济体系长期内不断重复的涨落和波动的周期性变化过程会直接影响煤炭的需求，进而影响煤炭价格。由于煤炭价格较石油、天然气低廉，并且开发利用的技术已经非常成熟，电力、供暖等部门对煤炭仍有一定的依赖。即便在一系列气候目标下能源转型需要减少对煤炭的消费，但煤炭在全球能源消费结构中依然占有一席之地，特别是一些不发达的国家或地区依然采用煤炭作为其最主要的能源资源。因此，经济周期对全球煤炭的长期需求具有非常大的影响。在经济增长期，工业生产、城市化和基础设施建设通常蓬勃发展，这会导致电力需求的增加，因此也增加了煤炭需求。相反，在经济衰退期，工业产出减少，电力需求下降的情况下，煤炭需求也相应减少。

（3）环境政策。环境政策下的减少碳排放与能源转型可以限制煤炭的生产与消费，从而对煤炭价格产生显著影响。为应对气候变化，许多国家和地区实施了碳定价政策，要求企业支付碳排放的费用，或者设定碳排放减少目标。这些政策使得煤炭等高碳能源的生产和使用变得更加昂贵，可能导致电力生产成本上升，从而推高电力价格，反过来影响到煤炭的需求和价格。与此同时，逐渐去煤化，转向更清洁的可再生燃料是各国实现碳排放减少目标的重要路径，一些国家计划关闭老化的煤炭电厂，或逐步淘汰高污染的燃煤发电，这种政策会减少对煤炭的需求，尤其是低效和高污染的煤炭类型，可能导致煤炭价格下降。

（4）能源替代。虽然煤炭的市场结构、供求关系等方面与石油有许多不同，但历史数据表明两者的价格具有高度正相关性。根据能源替代理论，各类能源之间都具有一定的可替代性，而化石燃料之间由于等热值比价关系，这种替代性就会转化成各种化石燃料价格之间的关联性。当然，现实的化石燃料间的替代情况还取决于替代成本、比价高低、替代弹性等客观条件。考虑到煤炭技术的成熟性和资源分布的均衡性，未来煤炭仍是重要的能源之一，而清洁能源和可再生能源对包括煤炭在内的化石燃料的替代仍将是一个充满未知变数的过程。

3. 煤炭价格的短期影响因素

（1）其他能源价格。作为竞争性的替代燃料，石油、天然气的价格波动均会对煤炭市场价格造成一定的影响。特别是在电力生产和供暖中，石油与天然气均是煤炭的强劲竞争对手，石油与天然气价格的上涨可能使煤炭成为更具吸引力的选择。同时，石油价格上涨会导致燃料和运输成本上升，这会影响煤炭的生产和运输成本，进而影响煤炭的需求与价格。另外，相对于煤炭市场，石油与天然气具有更加发达的衍生产品市场，交易方式也更加灵活，其价格波动相对于煤炭市场更加剧烈。

（2）地缘政治冲突。地缘政治冲突可能干扰煤炭的货运和运输网络，从而导致煤炭供应链中断与价格上涨。由于煤炭资源和消费区域的分布不平衡，除了少数陆陆相连的国家和地区需要铁路与公路进行煤炭运输外，大部分国家或地区的煤炭贸易需要通过海运来实现。如果地缘政治冲突发生在主要的煤炭生产地区，如俄罗斯、澳大利亚、印度尼西亚等，冲突可能会导致煤炭生产、运输中断。一些国家还可能会在地缘政治紧张时限制煤炭出口，以确保国内供应，这可能导致国际市场上供应不足，从而推高煤炭价格。

（3）季节变化。作为取暖和发电的重要能源，煤炭的需求具有季节性特征。例如，在寒冷的冬季，很多地方需要更多的暖气和供暖设备，这通常会导致煤炭，特别是用于发电和供热的动力煤需求的增加，这种季节性需求上升可能会推高煤炭的使用价格。相反，在炎热的夏季，一些地区可能会增加对电力的需求，用于空调和冷却设备，如若煤炭是该市场发电的主要能源，煤炭的需求与价格也会受到更多的间接性影响。另外，煤炭的生产也可能受季节性因素的影响。一些煤炭矿山可能会因天气条件或季节性维护而停工，雨季、雪融期均可能导致采煤作业受到阻碍，极端天气事件如风暴、洪水或大雪可能导致矿山关闭或交通中断，进而影响煤炭的供应。

（4）金融因素。短期内的金融市场变动，如货币政策调整、汇率波动等会影响金融市场的投资情绪与投机行为，进而对煤炭价格产生影响。例如，中央银行的货币政策和利率决策可以直接影响投资者的决策。如果中央银行提高利率，通常会导致金融市场上的资本回报率上升，这可能会使一些投资者更愿意将资金投入金融市场，而不是实物商品市场，可能会影响煤炭等大宗商品的需求。部分投机者可能会在大宗商品市场上进行高频交易，这有可能会对煤炭价格产生短期影响。同时，考虑到国际煤炭价格指数多以美元作为计价单位，美元汇率的波动会带来通胀预期的变化，进而影响煤炭价格。

4.4　中国煤炭市场

中国的煤炭市场定价机制经历了多个阶段的演变，其演变目的在于使煤炭定价方式更加灵活，为中国煤炭市场的健康发展提供支持。中国煤炭价格指数涵盖了煤炭生产地、中转地、消费地等各个环节和地区，多角度反映了煤炭市场的价格走势，为中国煤炭市场交易提供了全面的参考。本节对中国煤炭市场的定价改革过程以及中国煤炭价格指数进行介绍。

4.4.1 中国煤炭市场定价改革过程

从历史来看，我国煤炭定价机制主要有两种：一是由市场供求关系而确定的价格，二是经由国家相关部门干预而形成的价格。根据煤炭价格发展历史，可以将改革开放后的中国煤炭价格形成机制划分为四个阶段，即1978~1984年的计划经济定价阶段、1985~2012年的价格双轨制阶段、2013~2015年的市场化定价阶段、2016年至今的"基准价+浮动价"的长协价与市场价并行的新双轨制阶段。

（1）计划经济定价阶段（1978~1984年）。在这个时期，国家采用了煤炭低价政策，并制定了全国统一的计划价格指数。该价格指数的设定通常是根据政府的宏观经济计划和需求来设定，其定价机制依赖于与其他主要生产资料的比价，并未与煤炭市场供需有直接联系。采用价格单轨制的好处在于它有助于维持煤炭价格的稳定性，从而有利于协调煤炭的生产、运输和需求，确保国家的煤炭分配计划顺利执行，同时满足煤炭用户的基本需求。

然而，这种定价机制的长期效果却存在一些问题。首先，煤炭价格长期低于其实际价值，导致煤炭企业的利润被压缩，而这些资金流向了其他部门，影响了国民经济各个领域的协调发展。其次，由于长期低价政策的影响，高能耗企业缺乏足够的激励来进行节能管理，这对于资源的有效利用不利。此外，长期亏损或微利状态使得煤炭企业难以进行长期规划和发展，损害了它们的可持续性。

（2）价格双轨制阶段（1985~2012年）。在2000年以前，中国的煤矿业主要有三种类型：国有重点煤矿、地方国有煤矿和乡镇煤矿。根据产能不同，这些煤矿又被划分为大煤矿和小煤矿，其中，国有重点煤矿和地方国有煤矿属于大煤矿范畴，小煤矿则包括乡镇煤矿和各类小煤窑。从1985年开始，为鼓励煤矿增加产量，并保护低效率下游煤炭产业，国家开始支持小煤矿发展。具体表现在小型煤矿价格可随行就市（市场价），即允许小煤矿的价格能够根据市场需求自由浮动；同时对国有煤矿实行总承包制度，即国有大矿要完成煤炭产量定额并按国家统一低价（计划价）出售给电力、钢铁、冶金、化工、交通等重要下游行业，超定额煤炭可在限定范围加价（加价部分有指导价）。该阶段我国的煤炭价格是计划价、指导价和市场价并存的"价格双轨制"体系。

煤炭价格双轨制是计划经济向市场经济过渡的阶段性产物，在一定程度上缓解了煤炭企业的经营难题，特别是超产外的加价鼓励了煤炭行业的生产积极性，弥补了煤炭企业的部分亏损。然而价格双轨制下出现的煤炭同质不同价问题也加剧了煤炭企业间的矛盾和冲突。例如，在电力行业，计划内的电煤低价有利于降低电厂的生产成本，却也容易引起下游产业的不公平竞争。此外，随着双轨价格差距的扩大，价格与价值背离的程度加剧，供需矛盾也越发显著。最终，计划内煤炭逐渐减少，越来越多的煤炭流向计划外市场，导致计划内煤炭难以维持，迫使煤炭行业逐渐实行市场定价，加大了市场化改革的压力。

基于以上情况，自1993年起，国家逐步放开煤价，但对电煤依然实行政府指导价，以确保市场电力有效供应。然而，由于双轨制下的政府指导电煤价低于市场价，煤炭企业普遍以各种借口不完全履行合同或通过降低煤炭质量使电煤变相涨价，炒卖合同利益输送行为也频繁发生。2002年起，国家停止发布电煤政府指导价格，煤炭定价机制步入市场化改革的探索阶段，然而在市场化改革初期，国家发展改革委仍会对电煤市场价格和运输进行干预，电煤价格仍然受到政府指导价格的影响。

（3）市场化定价阶段（2013～2015年）。2012年12月，国务院办公厅印发了《关于深化电煤市场化改革的指导意见》，旨在"加快完善社会主义市场经济体制，更大程度更广范围发挥市场在资源配置中的基础性作用"。这一指导意见强调了"形成科学合理的电煤运行和调节机制，保障电煤稳定供应，促进经济持续健康发展"。根据该指导意见，"自2013年起，取消重点合同，取消电煤价格双轨制，发展改革委不再下达年度跨省区煤炭铁路运力配置意向框架。煤炭企业和电力企业自主衔接签订合同，自主协商确定价格""地方各级人民政府对煤电企业正常经营活动不得干预。委托煤炭工业协会对合同的签订和执行情况进行汇总"。然而，2013～2015年，由于煤炭价格下行，长协合同无法按年初价格执行。由于对价格和发电量的考虑，大型火电企业有时会放弃长期合同，转而在市场上寻找更低价的煤炭。因此，在2016年之前，双方商定的长期煤炭合同价格往往没有得到严格执行。

（4）新双轨制阶段（2016年至今）：2016年11月，《国家发展改革委 国务院国资委印发〈关于加强市场监管和公共服务保障煤炭中长期合同履行的意见〉的通知》（发改运行〔2016〕2502号）发布，我国煤炭定价机制进入新双轨制阶段，即长协价与市场价并行的双轨制。与20世纪90年代的旧双轨制不同，新双轨制下国有大矿对下游发电供热用煤企业执行长协价，而不是计划价，同时非电热企业在购煤时可以采用市场价格。长协煤所涵盖的煤炭数量约占全国供应总量的80%，因此长协机制可以有效地抑制煤价的大幅波动，被认为是稳定煤炭市场的关键因素。自2017年起，煤炭长协价采用了"基准价+浮动价"的定价机制。在此机制下，2017～2021年的下游煤炭基准价为每吨535元，而煤炭价格浮动范围则在470～600元/吨。

2021年经历了煤炭市场价格暴涨暴跌后，国家相关部门开始重新考量长协价的定价模式，并在11月发布《2022年煤炭中长期合同签订履约工作方案（征求意见稿）》，将下水煤合同基准价上调为700元/吨，较2017年以来执行的535元/吨基准价上调近31%。浮动价采用全国煤炭交易中心综合价格指数、环渤海动力煤综合价格指数、秦皇岛动力煤价格指数、中国沿海电煤采购价格综合指数四个指数，选取每月最后一期价格，各按25%的权重确定指数综合价格，指数综合价格比基准价每升降1元/吨，下月中长期合同价格相应同向上下浮动0.5元/吨；煤炭价格区间为550～850元/吨。

2022年2月24日，国家发展改革委印发《关于进一步完善煤炭市场价格形成机制的通知》，同月28日国家发展改革委发布《关于做好2022年煤炭中长期合同监管工作的通知》，进一步完善煤炭长协定价机制，相比2021年11月的意见稿，核心变动有三：基准价调至675元/吨，合理区间为570～770元/吨；浮动价参考指数剔除发电侧中国沿海电煤采购价格综合指数；首次明确晋陕蒙坑口煤长协价合理区间。本次正式文件中的基准价下调3.6%，浮动区间下限调高了3.6%，上限调低了9.4%，波动区间收窄。

4.4.2 中国煤炭价格指数

1. 煤炭价格种类

中国的煤炭资源非常丰富,却在地区分布上具有西多东少、北富南贫的不均衡分布特征。这一状况促使中国建设了庞大而复杂的煤炭运输网络,包括跨越数千公里的铁路、高速公路和内河运输系统。同时,为了保障能源供应的稳定性,中国还积极发展了煤炭进口港口,以便从国际市场引入煤炭资源。

在实际的交易过程中,根据买卖双方的交割地不同,煤炭市场会提供三种类型的报价,即坑口价、车板价、平仓价。煤炭坑口价也称出厂价,指的是煤炭从矿井采集到坑道口后,直接在坑口进行的交易价格。车板价是指当煤炭已经被装载上火车,从火车站出发前发生的一切费用,不包括火车运费。平仓价指的是煤炭运输到中转港口并完成装船后的价格。这一价格反映了卖方在陆地运输和装船等前期阶段承担的费用,同时包括了在港口处理、操作和存放煤炭所需的成本。在煤炭价格指数构建过程中,根据交易地区的不同,中国煤炭价格指数可分为产地、中转地及消费地三类。

2. 产地交易价格指数

产地交易价格指数主要是"三西"地区(陕西、山西与内蒙古)各自的煤炭交易中心发布的价格指数,分别反映了这三个全国主要煤炭产地的煤炭价格水平(表 4-1)。然而,2021~2022 年,由于煤炭市场价格持续上涨,多家煤炭价格机构选择停止发布煤炭现货价格指数,以期稳定市场,其中就包括这三个产地煤炭价格指数,且目前仍未开始继续发布。

表 4-1 中国具有代表性的产地煤炭价格指标

编制单位	指标名称	指标体系与指标说明
中国太原煤炭交易中心	中国太原煤炭交易价格指数	包括中国太原煤炭交易综合价格指数,以及动力煤、炼焦煤、喷吹煤、化工煤等不同煤种的交易价格指数,反映以山西为代表的主产地煤炭价格水平
陕西煤炭交易中心	陕西煤炭价格指数	分品种有动力煤、配焦精煤、喷吹煤、块煤,分区域有榆林、延安、咸阳、关中,反映陕西煤炭产地的各类煤炭价格水平
内蒙古煤炭交易中心	鄂尔多斯煤炭价格指数	鄂尔多斯动力煤价格指数:综合反映鄂尔多斯地区动力煤价格水平以及波动情况的指数体系的总称
		内蒙古东部褐煤价格指数:综合反映内蒙古东部地区以铁路运输为节点的发运站(物流园区)和坑口直接装火车发运的褐煤供求关系与价格水平变化趋势的价格及其指数体系的总称
		内蒙古西部焦煤价格指数:综合反映内蒙古西部地区以洗煤厂为节点的洗煤供求关系与价格水平变化趋势的价格及其指数体系的总称

3. 中转地交易价格指数

中转地价格指数即港口价格指数，代表性指数为环渤海动力煤综合价格指数、秦皇岛动力煤价格指数、汾渭 CCI 煤炭价格指数、国煤下水动力煤价格指数，该类价格指数使用最为普遍（表 4-2）。

表 4-2　中国具有代表性的中转地煤炭价格指标

指标名称	指标体系	指标说明	编制单位
环渤海动力煤综合价格指数	环渤海 5500 大卡动力煤代表规格品综合平均价格	反映环渤海地区 5500 大卡动力煤价格总体水平的数量指标，由各代表港口 5500 大卡动力煤平均价格按港口煤炭吞吐量权重进行加权平均得到	秦皇岛海运煤炭交易市场有限公司
	代表港口代表规格品价格区间	反映代表港口各代表规格品动力煤实际交易价格水平，通过该港口各代表规格品实际成交的离岸平仓价格以特定的规则计算得到	
秦皇岛动力煤价格指数	综合交易价	反映报告期秦皇岛港及周边港口主流动力煤平仓交货综合价格水平（以中长协价格为主，含市场煤交易）	中国煤炭运销协会（China Coal Transportation and Distribution Association, CCTDA）
	现货交易价	反映报告期秦皇岛港及周边港口主流动力煤（市场现货）平仓交货价格水平（不含中长协等有特殊约定条件的贸易形式）	
	年度长协价	反映报告期秦皇岛港及周边港口主流动力煤（年度长协）平仓交货价格水平	
汾渭 CCI 煤炭价格指数	CCI5500 长协价格指数	反映长协用户的固定价格水平	山西汾盛信息技术有限公司
	CCI5500 大宗现货指数	反映长协用户的现货价格水平	
国煤下水动力煤价格指数	国煤下水动力煤价格指数	反映市场动力煤下水的实际价格走势与市场结构，追踪已成交且进入实际物流环节的煤炭下水价格	全国煤炭交易中心

（1）环渤海动力煤综合价格指数。环渤海动力煤综合价格指数由秦皇岛海运煤炭交易市场有限公司编制，是反映环渤海港口动力煤离岸平仓价格水平以及波动情况的指数体系的总称。环渤海地区是山西、内蒙古、陕西、宁夏和东北三省与东南沿海地区煤炭流通的枢纽，是全国重要的煤炭集散地。该指标选择 4500 大卡、5000 大卡、5500 大卡和 5800 大卡四个交易最活跃的规格品作为代表规格品，统计环渤海地区秦皇岛港、黄骅港、天津港、曹妃甸港、京唐港、国投京唐港六个港口的动力煤离岸平仓价格，经数据采集、审核以及指数编制、发布后形成环渤海动力煤综合价格指数。环渤海动力煤综合价格指数于每周三 15:00 在授权发布单位网站准时发布，具体发布渠道有秦皇岛煤炭网、国家发展改革委价格监测中心、中国价格协会以及信用中国网站。

除此之外，海运煤炭交易市场在环渤海动力煤综合价格指数的基础上，研究开发了海运煤炭运价指数（ocean coal freight index，OCFI），以反映沿海煤炭运输市场的运价走势。该指数是反映航运市场在不同时期的运力、运量等因素综合变动对于运价影响的相对数,可以实时、准确、客观地反映市场运价波动,是航运市场的风向标。指数发布单位是秦皇岛海运煤炭交易市场有限公司,发布时间为每周二和每周五 14:30(遇节假日停发或顺延)。

(2)秦皇岛动力煤价格指数。秦皇岛动力煤价格指数由中国煤炭运销协会编制,曾连续多年被国家发展改革委指定为煤电中长期合同浮动价调整参考依据之一。该指标体系包括综合交易价、现货交易价与年度长协价三种。综合交易价反映报告期秦皇岛港及周边港口主流动力煤平仓交货综合价格水平(以中长协价格为主,含市场煤交易);现货交易价反映报告期秦皇岛港及周边港口主流动力煤(市场现货)平仓交货价格水平(不含中长协等有特殊约定条件的贸易形式);年度长协价反映报告期秦皇岛港及周边港口主流动力煤(年度长协)平仓交货价格水平。该指标的代表规格品为 4500 大卡、5000 大卡与 5500 大卡动力煤,采价区域为秦皇岛港、曹妃甸港、京唐港、黄骅港、天津港。在发布周期上,综合交易价与现货交易价(周)每周五 17:00 发布,年度长协价每月末发布下月价格。所有价格指标如遇法定节假日均暂停发布。

(3)汾渭 CCI 煤炭价格指数。汾渭 CCI 系列指数由山西汾盛信息技术有限公司编制,经其旗下的中国煤炭资源网指数频道及网站配套的日刊、周刊等电子刊物发布。该平台下的汾渭 CCI5500 综合价格指数是该平台具有代表性的煤炭价格指数,该指数旨在及时准确地反映每日环渤海地区 5500 大卡动力煤主流企业的平均价格及综合水平,由 CCI5500 长协价格指数(60%)与 CCI5500 大宗现货指数(40%)加权平均生成。CCI5500 长协价格指数可反映长协用户的固定价格水平,这里的长协市场指的是重点煤企与采购方在双方签订年度长协合同的基础上,约定在一个时间周期内以固定价格交货的贸易方式。CCI5500 大宗现货指数可反映长协用户的现货价格水平,这里的大宗现货市场是指重点煤企针对没有签订长协合同的采购量,或者超出长协合同所规定部分的交易量,约定在一个时间周期内以固定价格交货的贸易方式。

除此之外,山西汾盛信息技术有限公司曾与美国普氏能源资讯公司进行了多年的指数合作,确定了严格的方法论和标准的指数生成流程。目前已对国内所有重点地区的代表性煤种进行了指数化处理,对每一个相关品种均制定了质量和运距升贴水标准,具体包括环渤海港口动力煤指数、生产地动力煤指数、沿海进口动力煤指数、长江口指数、终端进口动力煤中标指数,以及汾渭 CCI 冶金煤现货指数等,具体的指数编制方法在中国煤炭资源网[①]进行了详细说明。

(4)国煤下水动力煤价格指数(NCEI)。国煤下水动力煤价格指数由全国煤炭交易中心编制,自 2021 年 12 月 31 日起每周五下午(遇节假日暂停)向市场公开发布,用于综合反映市场动力煤下水的实际价格走势与市场结构。该指数追踪已成交且进入实际物流环节的煤炭下水价格,以"量价匹配"方式同步还原沿海下水煤市场的价格走势和市场结构。这里的下水动力煤是指由山西、陕西、内蒙古等煤炭主产地经国内沿海港口装船发运往华东、华南等地的动力煤。

---

① 参见 https://www.sxcoal.com/data/detail/FW1001I。

4. 消费地交易价格指数

消费地交易价格指数主要包括 CTCI 与 CECI（表 4-3）。

表 4-3 中国具有代表性的消费地煤炭价格指标

指标名称	指标体系	指标说明	编制单位
CTCI	全国电煤价格综合指数与 30 个省区市（不包括西藏）的电煤价格指数	反映全国及各省区市电煤的到厂价格情况	国家发展改革委
CECI	CECI 沿海指数	反映北方港交货的成交价、离岸价和综合价三类平仓价指数	中国电力企业联合会
	CECI 曹妃甸指数	反映每日在曹妃甸港区电煤现货成交平仓价格水平	
	CECI 进口指数	反映到岸中国的进口电煤到岸标准煤（7000 大卡/千克）单价总体水平	
	CECI 采购经理人指数	反映市场活跃程度，以及采购经理人对电煤市场需求变化趋势的判断	

（1）CTCI。CTCI 由国家发展改革委编制，其主要目的是反映全国及各省区市电煤的到厂价格情况。这一指数以热值为 5000 大卡代表规格品的电煤价格为基准，覆盖了全国 30 个区市（不包括西藏）的监测区域。采集的样本来自各省区市主要的燃煤发电企业、煤炭生产企业、煤炭转运港口以及煤炭贸易商，总计超过 1600 家企业。中国电煤价格指数的基准期为 2014 年 1 月，最初于 2015 年底前进行试行发布，自 2016 年 1 月起正式按月发布。这一指数有助于监测电煤价格的变动趋势，并为相关政策制定提供参考数据。

（2）CECI。CECI 是由第三方权威机构——中国电力企业联合会与国内主要发电企业联合倾力打造的我国唯一的发电侧电煤价格指数体系。CECI 系列指数按照一次规划、分步实施的原则，编制了指数体系设计方案和建设规划，目前已公开发布的指数包括 CECI 沿海指数、CECI 曹妃甸指数、CECI 进口指数和 CECI 采购经理人指数。该系列指数编制具有数据来源真实、可追溯易核验、样本覆盖面广、行业代表性强的特征，具体的编制过程公开透明，且全程留痕备查。例如，最具代表性的 CECI 沿海指数采样单位以中国电力企业联合会会员单位为基础，逐步将沿海电煤采购量超过 100 万吨的电力集团（企业）真实电煤采购情况纳入样本采集范围。目前已建立了涵盖 14 个发电集团、100 余家沿海发电厂的三级采样体系，样本量覆盖 80% 以上的海运电煤采购份额。

4.5　2021 年煤炭期货"过山车"行情案例

2021 年 9 月下旬，中国煤炭期货"三兄弟"（动力煤期货、焦炭期货、焦煤期货）携手大涨，临近 10 月下旬集体高位回落，随后上演"跌停潮"行情（图 4-4）。在此期间，国家发展改革委短短数天内发布多份文件，整顿违规存煤场所，研究干预煤价措施，开展现货市场价格专项督查。数据显示,截至 2021 年 12 月 27 日收盘,动力煤期货、焦炭期货、焦煤期货分别自 10 月高点跌去 49.7%、24.2%、32.7%。不只是煤炭期货,国内外煤炭现货价格指数在该阶段也经历了大幅度的波动。该阶段煤炭价格大涨源于新冠疫情、政府政策变化、全球经济形势等多方面因素。

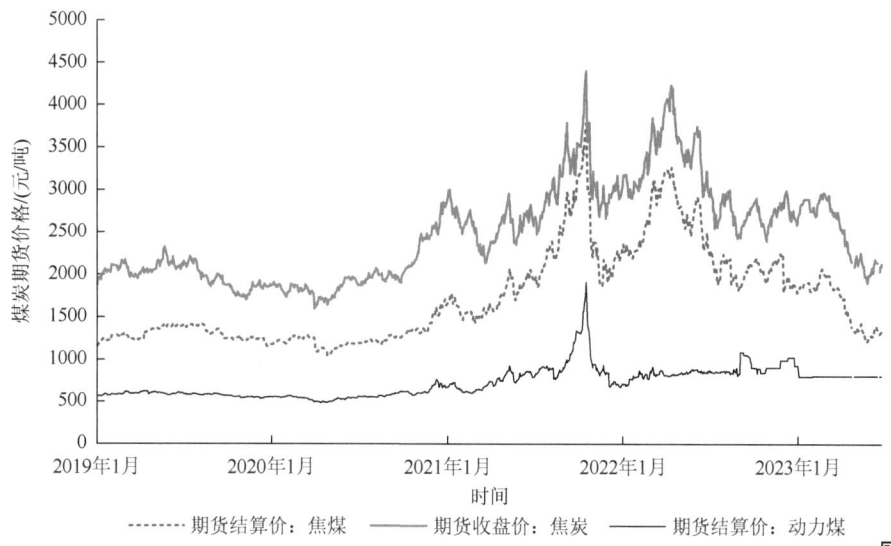

图 4-4　2019 年 1 月至 2023 年 6 月中国煤炭期货价格变动

资料来源：根据 Wind 数据库数据进行整理

2021 年是中国"十四五"规划的开局之年和碳中和元年。为实现碳减排目标,降低煤炭在一次能源消费中的比例是必不可少的能源转型措施。在此之前,中国自 2016 年起逐步推进了煤炭产能削减,其中包括淘汰老旧、低效的煤矿和禁止在某些地区新建燃煤电厂等措施。这些努力使得中国煤炭市场的产能利用率从 2016 年的 59.55% 上升至 2021 年的 74.05%。同时,对应的煤炭产量增速也放缓,煤炭产量占一次能源消耗总量的比例也由 2016 年的 69.8% 下降至 2021 年的 66.7%。

然而,尽管在产能方面取得了进展,但在需求方面,煤炭的使用并未减少。2021 年夏季,极端天气条件（干旱）导致水力发电减少,中国经历了严重的电力短缺,燃煤电厂面临着严重的挑战。国内煤炭产量下降、煤炭价格上涨以及煤炭进口量减少等因素使得许多地区不得不实施限电措施,以维护电力供应的稳定性。此外,新冠大流行导致的全球供应链中断,以及疫情后经济的复苏均进一步增加了能源行业的压力。

国际市场方面,来自澳大利亚的煤炭进口限制又进一步增加了中国的煤炭供应压力。此前,澳大利亚政府采取了一系列措施,包括要求对新冠病毒起源进行独立调查、加强对外国投资的审查等,这引发了中澳关系的紧张。2020 年底和 2021 年初,中国政府暂停了从澳大利亚进口煤炭。此前,澳大利亚是中国煤炭进口的主要供应国之一,该举措使得中国煤炭进口资源减少,进一步促进了中国煤炭价格的上涨。

进入 2022 年之后,俄乌冲突的爆发导致从俄罗斯至欧洲地区的能源供应链受到严重干扰，进一步导致全球能源价格上涨，而全球能源价格飙升直接影响着中国的能源成本，中国煤炭使用价格较 2021 年之前依然保持在相对较高的水平。

课后习题

1. 国际市场具有代表性的煤炭价格指数有哪些？
2. 中国煤炭价格指数有何特征？
3. 国际市场存在的煤炭期货产品有哪些？
4. 简述煤炭交易方式。
5. 煤炭价格的影响因素有哪些？

第5章 电力金融

> **本章导读**
>
> 电力作为一种清洁、高效的能源形式，其普及和使用已经成为现代社会生活和生产的重要基础，电力市场也是能源系统的重要组成部分。本章介绍了电力现货市场、电力金融市场的基本概念和发展历程，分析了国际电力市场的核心特征，系统描述了电力现货市场、期货市场的定价机制和影响因素，最后聚焦于中国的电力现货市场建设和电力金融的发展，展望了中国电力市场的未来发展前景。为了便于从案例分析的角度理解电力金融的实践，5.5 节提供了澳大利亚电力现货市场暂停和川渝限电事件两个典型案例，希望能进一步加深读者对电力金融的理解。本章的学习重点在于：了解电力金融的基础知识和相关概念，掌握代表性电力衍生品的特点，理解市场运作机制和定价机制，熟悉中国电力金融发展概况。

5.1 基本概念与发展历程

电力是一国经济社会发展的重要动力，是支撑现代生产和生活的重要基础。与其他能源相比，电力具有不可存储性、输送网络的自然垄断性、需求的随机性、规模经济性等特点。广义的电力系统包括电力的生产、输送、销售、交易、使用等一系列环节的运作，电力市场有利于促进电力资源的有效配置，下面将介绍电力市场的基本概念和发展历程。

5.1.1 基本概念

电力市场是以电力这种特殊商品为交换对象的行业市场，其运行规律一方面符合经济学中的市场供需原理，另一方面也与电力系统的特殊性相关。狭义的电力市场是指交易主体按照一定的市场交易规则，在电力系统安全稳定运行的条件下，进行各类买卖交易的总和。与其他大宗商品市场一样，电力市场也包括电力现货市场和衍生的电力金融市场两部分。电力现货交易对象为电力，交易标的也是实物交付电力。电力金融作为电力系统的重要组成部分，是在电力供需和现货市场交易之上衍生而出的相关产品、市场和一系列保障机制的总和。相比现货市场，电力市场的各类参与主体在电力金融市场上进行频繁交易，使得其发挥了积极有效的价格发现作用，通过电力衍生品价格、交易量等各种市场指标传递市场信息，为电力供需匹配、区域输电调电等决策提供参考。

与其他大宗商品市场类似，无论是电力现货市场，还是电力金融市场，均是由市场主体、客体、交易场所、价格等基本要素组成，电力市场由于电力资源的特殊性，相关要素也呈现出一些独有的特征。

（1）市场主体。电力现货市场参与者一般包括各类发电企业、电网企业、配售电企业、电力交易机构、电力调度机构、电力用户、储能企业等。值得指出的是，由于电力现货市场的特殊性，售电公司必须要在电力交易中心申办交易资质并交纳保证金，方能开展售电业务；个人通常无法直接从事大宗电力交易，但可以从事售电渠道业务，即与售电公司签订渠道协议，将售电公司批发的电力通过零售的方式卖给签约的电力用户，按照签约用户的用电情况获取佣金。电力金融市场交易主体为投资者、电力自营机构、做市商、电力经纪人、电力兼营机构等。电力经纪人，是为电力买卖双方进行交易撮合或代其他市场成员进行电力买卖交易的市场中介机构；电力兼营机构，指自己参与电力金融交易，而不能代理其他市场参与者进行交易的机构；普通电力用户、个人投资者也有机会参与市场，但他们必须通过电力经纪人参与市场交易。

（2）市场客体。在电力现货市场上，市场客体就是在特定的电力交易时间内，通过议价方式购买或出售的电量。电力现货交易市场主要围绕中长期、日前、实时电量的交易和备用、调频等辅助服务交易展开。电力金融衍生品市场上的市场客体则为电力金融衍生品，目前常见的电力衍生品合约主要有电力期货合约、电力期权合约、电力差价合约、电力远期合约等。

（3）市场交易场所。通常情况下，电力交易中心主要负责市场交易平台的建设、运营和管理，提供结算依据和相关服务，也包括市场主体注册、管理，披露和发布市场信息等。以中国为例，截至2021年12月31日，全国共建立了2个区域电力交易中心（即北京电力交易中心和广州电力交易中心）和32个省级电力交易中心。电力金融交易可以在政府批准的电力市场或证券交易所进行，也可以进行场外交易。例如，新加坡商品交易所作为ICE为亚洲市场定制的全球生态系统，为本地市场参与者提供了大量场外电力衍生金融产品。电力衍生品发展至今，已成为继石油、天然气之后第三大能源类衍生金融产品，代表性的电力期货市场包括北欧电力市场、纽约商品交易所、新加坡商品交易所、欧洲能源交易所（European Energy Exchange，EEX）等。

（4）市场价格。目前电力现货交易价格机制有两种：一种是按照各市场主体的报价结算的机制；另一种是按照边际出清价格结算的统一价格机制。期货等电力衍生品则需要在金融市场进一步定价，该定价过程以电力现货价格为基础，需要对标的物（电力价格和其他因素）建立价格变动模型，基本框架类似其他大宗商品衍生品定价机制。交易所中的实时价格是通过公开、公正、高效、竞争的市场交易运行机制，基于众多信息拍卖形成的，有利于发现电力的真实价格，是现货市场的指示性价格，可以引导电力开发商做出合理的电力投资决策。

5.1.2 电力市场的发展

1. 电力市场的发展阶段

1882年9月，美国纽约出现了第一座提供公共电力服务的发电厂，此后电力市场的发展经历了三个明显的阶段。

第一阶段是从19世纪末到20世纪30年代，电力市场按城市或地区分割为一个个小的子市场，各发电商在子市场里进行垄断经营，政府逐渐引入竞争进行规制。

第二阶段是从20世纪40年代到20世纪80年代末，世界各国大多对电力行业实行价格和市场准入等方面的规制、垂直一体化垄断经营，并由政府维持其垄断地位。早期的垂直一体化垄断经营是指由垂直一体化的电力企业垄断发电、输电、配电和售电等电力生产、消费各个环节的市场结构。但垄断的市场格局往往会带来活力缺失、电价过高、能源利用效率低、劳动生产率低、新出现的独立发电公司难以进入市场等问题。因此，部分国家开始逐渐放松管制和开放市场，电力市场化改革也是出自调整这一市场状况的需要。

第三阶段是20世纪90年代至今，电力市场化改革正式从西欧开始，在短时间内美国、大洋洲的部分电力公司也开始响应，纷纷实行市场化改革，通过纵向、横向切割以引入市场竞争。电力市场化改革，是指无歧视开放电力行业的一个或多个环节，引入竞争机制，实现电力资源优化配置。通过建立有序的电力市场，可以还原电力的商品属性，通过市场价格信号提高市场运行效率，也有利于推动各国能源结构转型，推动能源生产和消费革命。

2. 多样化的电力市场化改革模式

各国电力市场的建设，均按照自身发展特点和所处发展阶段有所区别，主要有两种发展模式：一是起源进化模式，指个人或一群人自发地支持、组织相关行为，最终达到更改或替换现有的制度安排，或者创建新的制度安排的目的；二是强制推行演进模式，指由政府和立法机构制定并强制推行电力市场相关的制度规则、市场设置等，通过在不同利益相关者群体之间重新分配现有收入来实现。发达国家市场倾向于起源进化模式，而新兴经济体更倾向于强制推行演进模式。

英国、美国等国家是起源进化模式的代表，其市场力量在这一改革期间起着关键作用，政府在电力市场化改革中顺应了现实需要，让市场指引了自身政策的制定。以美国为例，其起源进化模式源于早期的电力市场制度下无法获得各种利润机会。市场化改革推动者最典型的动机往往是追求更多的经济利益，具有浓厚的市场自发性特色。美国电力体制在20世纪90年代为垂直一体化管理的模式，而不断上涨的燃料价格，加之通货膨胀的影响，让美国大部分州的电价均出现大规模上涨的情况，很多用户认为导致电价上涨的主要原因就是电力公司的垄断经营，于是人们纷纷呼吁公平竞争和无歧视开放输电网络。1992年，美国电力市场化改革之路正式开启，其总体思路是将输电领域作为自然垄断的环节独立出来进行管制，开放发电和配供电零售领域，让购售双方享受平等的输电服务，同时建立电力批发市场，促进发电侧和销售侧的竞争。美国电力体制改革可分为联邦电力体制改革和各州电力体制改革。联邦政府制定了统一的监管法规，对市场竞争做出强制性要求，各州再遵循市场化原则组建电力市场。纵观美国电力市场化改革进程，主要分为五个方面：①积极限制垄断企业的市场力量，将输电、发电及销售等予以有效分离；②实施网厂分离，建立相对独立的输电代理组织，并构建电力交易市场；③积极开放销售市场，对于批发价格不得予以限制，消费者可自行选择电力供应商，在发电侧引入竞争，建立发电侧电力市场；④确保区域配电公司具有垄断经营的权利；⑤颁布相关法律法规，建立电力监管机构。这些改革措施不仅有效降低了美国电价，而且对电力市场的良性发展起到了积极的促进作用。经过二十多年的探索，美国电力市场已形成了比较成熟的市场运行机制。

日本的电力市场改革方案则是强制推行演进模式的代表。日本在改革前由垂直一体化的私有电力公司实行区域垄断经营。1995年，日本拉开了电力改革的大幕，在保留原有电力公司分区垄断发、输、配电体制的基础上，在发电侧引入独立发电厂（independent power producer，IPP）参与发电竞争。只经营发电业务的发电厂称为独立发电厂，经营电力产业包括发电、输电、配电、售电等其中两个或两个以上业务的则属于综合电业公司。2000年起，日本逐步开放电力零售竞争，依据用电量等级分批允许用户自由选择供电商，在售电侧确定了零售供电参与条件，开启售电侧的市场化改革。2014年2月，日本提出改革方案第二阶段"全面放开零售市场"具体方案。为了使电力的供应保持长期稳定，日本将谨慎原则坚持落实到了改革过程中，并保留发、输、配、售一体化的结构方式。整体而言，日本电力市场化改革举措比较保守，并未对纵向业务予以拆分改革，也未实施全面解除管制制度。

3. 电力金融市场的产生

电力的供需不确定性和存储不便性决定了电力市场现货价格具有很高的不确定性和难预测性。传统电力供应设备往往24小时运转，但电网上的负荷在时间和空间上不断变化，同时大规模储电往往难以实现且并不经济。初期的电力市场设计几乎没有涉及电力金融产品，是纯粹的电力实物市场；随着缺陷不断显现，电力实物市场越来越难以满足市场参与者的交易需求。得益于较为成熟的金融体系和较为宽松的金融衍生品政策环境，欧洲、美国等国家和地区在电力市场化改革启动后，尤其是在现货市场建成后，纷纷推出了电力期货等较为成熟的电力金融衍生品。

最早的电力金融产品诞生于1993年的挪威，为场外交易的电力远期合约，采取实物交割方式，后逐步发展为现金交割。1995年，北欧电力交易所出现了世界上第一份场内交易的标准化电力期货合约，其收益结构与其他金融期货合约一样，在合约规格、交易地点、交易要求、结算程序等方面都高度标准化。1996年，纽约商品交易所推出电力期权，2000年推出了目前交易最活跃的PJM（Pennsylvania-New Jersey-Maryland，宾夕法尼亚州-新泽西州-马里兰州）电力期货合约。亚洲地区的新加坡、日本等国家也在电力市场发展的基础上，引入电力期货等金融产品。电力金融衍生品从初期的自由发展逐步纳入各国政府监管体系，并建立起相对应的市场交易平台，在加强监管的同时也对电力金融衍生品市场发展起到了促进作用，使其不断发展壮大。电力金融衍生品的发展也是电力市场化改革的一部分。如今，全球已形成品种多样、规模庞大、标准体系完善的电力金融产品与市场。

5.2 国际电力市场概述

本节将以一些典型地区为例从现货市场、金融市场两方面概述电力市场运行模式，并介绍重要电力金融衍生品的规模、分布和主要特征。

5.2.1　市场分布

受电网约束与距离的影响，电力供应有较强的地域性特征，因此电力市场也往往是区域性的。区域性市场再借助协议合同、专门机构等进行跨区域的联通和调配。

北美有四大交流电（alternating current，AC）互联系统，即东部互联（Eastern Interconnect，EI）、西部电力协调委员会（Western Electricity Coordinating Council，WECC）、得克萨斯州电力可靠性委员会（Electric Reliability Council of Texas，ERCOT）和魁北克调水工程（Quebec Water Transfer Project），其中魁北克调水工程的目的是水力发电，以便在满足魁北克省电力需求的同时，也可将剩余电力出售到美国东北部地区。美国并没有建立全国统一的电力市场，而是由各州依法自由搭建。

澳大利亚有两个电力系统：横跨澳大利亚东部和东南部沿海地区的国家电力市场（National Electricity Market，NEM）及位于西澳大利亚州的电力批发市场（Wholesale Electricity Market，WEM）。NEM 或是正在运行的世界上最长的互联电力系统之一，横跨约 5000 公里，由五个相互连接的州组成：昆士兰州、新南威尔士州、南澳大利亚州、维多利亚州和塔斯马尼亚州，其传输网络承载着从发电机到大型工业的电力合约。

区域电网的划分并不是随意的，往往是综合考虑了行政区划和经济效应，既不是越大越好，也不是越小越好。一般来说，分区越大，市场流动性越大、市场力越小、社会福利的优化越大；但大的分区也带来电网等基础设施成本的增加、遇到阻塞时的再调度成本，也会增加区域间的电价差异，因此要平衡好分区的大小，找到最优解。以欧洲地区电力市场为例，目前欧洲的电价分区主要与国界相同，但也有特例，如北欧和意大利就被划分成多个竞价区，而德国、奥地利、卢森堡却合成了一个大区，北美的西部电力协调委员会也不仅局限于国界，其管辖的电力系统包括美国西部 14 个州、加拿大的 2 个省及墨西哥的 1 个州的一部分。

5.2.2　市场模式

1. 现货市场模式

根据电力价格的形成方式，电力市场模式又可分为集中式电力库模式和双边合同模式。电力库（power pool）是一个由国家电网公司经营的市场交易场所，发电商将电卖给电力库，供电商从电力库买电，所有的发电商都必须加入电力库，即形成全国统一的电力交易市场。集中式电力库模式是指按照发电机组的报价，提前一天确定次日的发电计划，使发电的报价与预测的需求相匹配。在这个生产计划中，该库导出了一个提前一天的"库购买价格"。供电商支付的是"集中采购价格"，外加一笔额外费用，用于支付产出短期变动的成本和系统运行的其他成本，供电商购得电力后再将其配送给最终用户。在该模式下，持有许可证的发电商和供电商必须把电力直接卖给电力库，发电商和供电商也必须从电力库直接购电，不能抛开电力库进行交易。总需求预报由电力库在一日前做出，且不会根据实际成交价进行事后修正，因此该模式又被称为强制性电力库模式，典型代表是20世纪90年代的英格兰-威尔士的电力市场。该模式的优点为交易双方可不必自行寻找买主或卖主，只需投标至电力交易所即可满足双方所需，往往是在私有化基础上推进电力工业拆分重组的国家或地区在电力市场改革初期的选择，有利于改变先前私有化导致的产业组织分散、产权结构复杂、市场主体明显增多的局面，对有效约束市场主体、防范分散竞争等具有一定作用。但该模式的缺点也很明显，强制性单边交易模式下，市场运营商与系统运营商角色尚未分化，买卖双方的匹配需经过电力交易所，因此双方自由选择权较少；而且电力库模式交易机制存在缺陷，实际上是一个卖方市场，系统边际价格主要取决于发电商的报价，电力需求方很少参与市场报价，负荷预测与市场上的实际电价毫无关系，在发布电价后也不对负荷进行相应调整，没有考虑负荷的价格弹性，最终出现了价格垄断，在部分年份，供电价格甚至高于市场化前的供电价格。

鉴于上述电力库模式的缺点，1999年，英国放弃了该模式，建立了新的尼塔（Neta）模式，这一安排于2001年3月27日生效。英格兰和威尔士的中央市场现在就像一个"净电力库"，即只处理发电厂、零售商、客户和其他贸易商之间达成的双边合同之外的交易，因此该模式也被称为双边合同模式，即：电力交易供需双方本着自愿互利原则，在电力市场中通过协商，达成双边合同的交易方式。与集中式电力库模式相比，双边合同模式存在以下变化：①市场需求者加入市场定价，不必通过电力库的集中式管理，只需将交易数量和价格告知独立系统运营商；②双边合同成为市场的主要部分，期货交易均是双边合同，短期的现货交易在平衡市场中进行；③平衡市场用于调整额外的供求发电变化；④在平衡市场供给中，竞标价不等于边际价；⑤市场规则由一个工作小组制定，然后提交给监管部门进行审批；⑥双边交易模式下，市场运营商与系统运营商角色分化比较彻底，系统运营商独立性较强，报价格式简单灵活，定价过程相对透明。一般双边交易模式都有现货和期货两种市场与两种价格参照体系，这有利于需求方参与定价和控制市场价格风险，因此该模式成了欧洲电力市场的普遍模式。但是，与集中式电力库模式相比，纯粹双边合同模式无法保证合同交易的同质性，无法产生统一的市场出清价格，需要花费较大成本用于价格发现。

根据交易主体在电力市场交易中的参与方式、交易地位与交易自由度的不同，电力市场的交易模式又可以分为三种：过网模式、分散模式和一体化模式。过网模式下一体化的电力公司拥有自己的发电厂，并负责输电和系统运行。过网模式市场交易规则都是关于垂直一体化电力公司输电接入的，当地的垂直一体化公司优先满足自己的负荷，剩余的可以作为过网使用，按照交易商的请求，按计划执行合同，提供输电开放接入；电力公司用自己的发电资源提供不平衡量、阻塞管理和辅助服务；大负荷用户为了满足自己的用电需求，往往从独立发电厂商购电，而非从当地电力公司购电，或者电力公司安排两者之间大笔的电力交易，但这样可能会使第三方的输电系统赚取区域性发电成本的差价。许多区域都将过网模式作为引入竞争的第一步，但发电侧没有引入完全竞争，该模式下的调度机构属于垂直一体化电力公司，没有做到独立于所有的电力市场参与者；此外系统调度机构必须拥有发电厂，但不是强迫所有的电厂都加入竞争；过网模式的交易规则不能延伸拓展，不能支持完全竞争。因此在过网模式下，电力市场是不完全竞争市场。

分散模式是由过网模式发展而来的，是处于过网模式和一体化模式之间的一种模式。分散模式要求有单独的阻塞市场、不平衡电量市场、常规电量市场和备用市场。在这种模式下，系统调度机构独立于所有竞争性发电厂商。系统调度机构管理不平衡电量的计划、安排交易商的合同。这样做的目的是不使系统调度机构成为现货市场中的参与者。该模式只有在市场机制下才能正常运作，但较为复杂、效率偏低。

一体化模式是一种优先序列调度方式，系统调度机构按照交易主体的要求编制远期合同计划，而且通过交易商竞价来修改合同，提供不平衡量、阻塞管理和辅助服务；且交易商之间的合同是金融性质的，提供价格风险管理，但不干涉系统运行。在这种模式下，交易商提供的信息对系统调度机构的决策至关重要，这些信息包括：交易商持有的合同信息、用户要求、预期投标价格等。在电力传输过程中，系统调度机构按优先序列调度电厂发电，计算现货价格，通过现货价格将系统运行和市场运作相结合，解决了其他模式中遇到的问题。因为一体化模式的运行依赖市场信息，将电量、不平衡电量、阻塞管理和备用市场结合在一起，所以其对电力市场的流动性和竞争性提出了要求。总而言之，电力市场的不同交易模式都各有利弊，电力市场以何种形式为主，应该根据具体情况设定，选择适合本国家或地区的模式。

2. 金融市场模式

电力金融市场有两种市场模式：纯粹金融合约的市场模式与电力现货、期货一体化市场模式。在纯粹金融合约的市场模式下，电力期货只是金融市场交易，无电力现货市场交易，期货交易所在某些地区的电力市场推出的电力期货合约同时管理电力期货的交割结算，如美国的电力衍生品交易主要在纽约商品交易所和芝加哥商品交易所两大期货交易所进行。一体化的市场模式则是根据市场发展的需求在原有电力现货市场上设置电力金融衍生品交易，如阿姆斯特丹电力交易所和英国电力交易所、北欧电力市场等。在这种市场交易模式中，不仅包括真实的电力现货交易，还包括电力期货等电力金融衍生品交易，期现交易可在同一个市场进行。此外，交易所还负责管理实际的电力交易过程，这包括为所有运营商安排输电服务，确保他们能够完成电力交易，这有利于利用电力一体化市场价格来消除电网阻塞，保证电网稳定安全。

5.2.3 电力金融衍生品市场

全球电力金融衍生品市场具有价格发现和规避风险的功能，可以在引导电力市场投资、控制系统风险等方面提供帮助。特别是电力金融衍生品作为能源金融衍生品市场的重要组成部分，已成为仅次于石油类、天然气类的第三大能源衍生品，包括美国、欧洲、澳大利亚等许多国家和地区的电力市场已引入电力期货交易。电力传输受电网限制和距离影响，在交割和结算方式上与其他商品存在较大差异，所以目前全球电力金融衍生品市场以区域性合约为主。下面将简要概述美国、欧洲、澳大利亚三个典型区域电力金融衍生品市场，并介绍代表性的电力金融衍生品。

1. 美国电力金融衍生品市场

美国搭建了多个区域电网，由不同的运营商负责运营，采用电网调度与电力交易中心一体化、全电量集中竞价的市场模式。与之相对应，美国电力期货合约按区域可分为 PJM、MISO（Midcontinent Independent System Operator，中大陆独立系统运营商）、ISO-NE（ISO New England，新英格兰独立系统运营商）、NYISO（New York Independent System Operator，纽约独立系统运营商）、ERCOT（Electric Reliability Council of Texas，得克萨斯电力可靠性委员会）和西部六个区域。根据全球已上市的电力期货合约交易情况，最活跃的合约也主要集中在北美。2017 年，纽约商品交易所、纳斯达克期货交易所（NASDAQ Futures，Inc.，NFX）和 ICE 美国期货交易所（ICE Futures U.S.）的交易规模占全球电力期货交易所交易量的 98%，纽约商品交易所已上市了 300 多份电力合约；NFX 上市的 200 多份电力合约，规则设计主要参考 ICE。美国第一份电力期货合约由纽约商品交易所在 1996 年推出，同年 4 月又推出电力期权合约，在合约上市交易之初，市场就对其表现出了极大的兴趣，交易量快速增长。从纽约商品交易所引入电力期货交易的 20 个月之内，交易量增长到每日 2500 张合约，1997 年 1 月到 8 月成交了 113 000 张合约，这比 1996 年全年交易的 45 000 张合约还要多。2000 年，纽约商品交易所又推出了交易高度活跃的 PJM 电力期货合约。PJM 电力市场按照交易对象可以分为电力现货市场、金融输电权市场、辅助服务市场以及容量市场，PJM 合约设计的着眼点和思路主要是针对不同的交易模式；相比之下，芝加哥商品交易所则根据电力交易自然形成的区域设计合约，基于芝加哥联邦爱迪生公司管辖区域电力合约和田纳西流域管理局管辖区域建立电力期货合约。

2. 欧洲电力金融衍生品市场

欧洲是全球起步最早的电力金融衍生品市场，但由于电网调度独立于电力交易中心之外，电力市场采用中长期实物合同为主、偏差电量通过日前和实时平衡交易进行调节的分散式市场模式，因此相比场内交易的标准化电力金融衍生品而言，现货市场和场外市场更为活跃。欧洲电力市场由场内市场、柜台交易（over the counter，OTC）市场、双边市场、输电网运营商（transmission system operator，TSO）运营的欧洲实时电力市场四部分组成。其电力金融衍生品市场包括场内市场、场外市场与双边市场，场内市场包括期货、期权与差价合约，场外市场包括标准化后的远期合约，双边市场则主要为定制性标准合约。早期欧洲电力市场以中长期实物合约为主，挪威在 1993 年率先创建了电力远期市场，1995 年，挪威的北欧期货交易所推出了电力期货合约，继而又陆续引入期权和差价合约。目前欧洲的电力合约类型覆盖基荷合约、峰荷合约和价差合约，活跃合约集中在纳斯达克大宗商品平台、ICE 欧洲期货市场（ICE Futures Europe）、欧洲能源交易所、土耳其伊斯坦布尔证券交易所和意大利证券交易所等。随着电力系统的发展，市场参与者也对电力衍生品提出了新的要求，产生了新的、更多元的、更有针对性的产品，2023 年欧洲能源交易所宣布新推出的电力产品包括克罗地亚电力期货、瑞士高峰时段的电力期货和日本电力市场的短期期货，为不同地区的交易者扩大了其交易的选择范围。

3. 澳大利亚电力金融衍生品市场

澳大利亚第一个电力期货在 2002 年由悉尼期货交易所（Sydney Futures Exchange，SFE）和新西兰输电公司联合推出，持牌经纪人可以代表客户购买和出售这一电力期货合约。同年 10 月，澳大利亚证券交易所（National Stock Exchange of Australia，NSX）也推出了电力期货。2006 年，NSX 收购 SFE 之后，电力期货合约仍在各自交易所进行交易，2022 年，NSX 提供了 7 种不同的电力期货和期权。在电力期货市场初步运行过程中，为了保证市场稳定以及给市场参与者适应的时间，澳大利亚政府最初签订了差价合约，后续发展成自由双向差价合约来规避发电方与用电各方的风险。

澳大利亚期货合约涉及新南威尔士、维多利亚、南澳大利亚和昆士兰四个地区，其交易电量规模约为现货市场的 2 倍。2017 年澳大利亚和新西兰交易所的电力合约交易量约 39 万手。2022 年，澳大利亚 80% 的电量均已被电力金融衍生品覆盖，上市的合约包括月度基荷合约、季度基荷合约、季度峰荷合约和以 300 澳元/千瓦时为下限的下限期货等。澳大利亚电力金融市场采取现金结算方式，以投资银行、基金公司、期货公司等为代表的传统金融市场主体也能够参与电力市场，部分金融投资机构为了自身的投资需求甚至可能介入现货市场，比较典型的例子是麦考瑞银行为了完备电力金融领域的资产组合而购置了实体发电资产。

澳大利亚电力金融市场的场外交易也占有相当比重，大部分市场参与者会主动寻找场外双边协议，但总体上来说，澳大利亚的电力金融市场交易以场内交易为主，在 OTC 和 NSX 交易的电力金融产品能覆盖 80% 以上的电量。在场外市场上既有发电商和零售商共同商议签订合约的，也有在电力经纪人的协助和代理下进行交易的。大多数场外交易都记录在国际互换与衍生品协会的主协议下，该协议提供标准条款和一些合约条件的模板，包括信用条款、违约条款和结算安排，市场参与者往往会在该协议的框架下修改部分合约条款，体现出标准化和灵活性的统一。

4. 主要电力金融衍生品介绍

按照金融衍生品种类，电力金融衍生品可分为电力远期合约、期货合约、电力期权合约及电力差价合约等。

1) 电力远期合约、期货合约

电力远期合约和一般大宗商品远期合约类似，都是一种场外交易合约。北欧电力金融衍生品市场引入标准化的远期合约，以履行场外交易功能，包括基本负荷合约、峰值负荷合约、月交割合约、季交割合约与年度交割合约。

电力期货是指在未来某一日期或时间以固定价格销售一定数量电力的合同，是一种标准化的远期合约产品。电力期货的交易方式可分为以电力金融合约为主的场内交易和期货现货结合的场外交易。在期货交易所中，电力期货可以通过集中竞价或计算机自动匹配交易，合约由结算公司集中结算，绝大多数期货在到期前结清，不进行实物交割，但可以通过对冲交易进行履行或者解除。电力期货可以按照如下标准进行划分。①按照交割方式，可以分为实物交割合约、现金结算合约和合同分解合约。在实物交割中，电能被输送到某个特定的地点或区域，根据交易产品的不同，输送的地点也不同。实物交割通常在日内或者日前交易这类现货市场中执行，同时，在期货交易和远期交易中也提供具有实物属性的电力交易合同。由于电力不能存储，实物交割涉及电力系统的调度，相对较为复杂，因此大多数合约采用现金结算。现金结算是一种金融性质的合同交割。买卖双方结算期货合同价格和相应的现货合同的平均价格之差，其通常应用在交易所交易的月期货产品中。合同分解则是将一个供应周期长的期货合同分解成多个供应周期短的期货合同执行，通常应用在季度或者年度期货交易中，例如：一个季度期货合同分解为三个月度的期货合同分别执行。②按照电力消费时间段的不同，也可将电力衍生产品分为电力峰荷合约和电力基荷（非峰荷）合约。所谓的峰荷期货，指期货规定的交割时间为负荷较高时段的期货，而基荷期货是指交割时段为全天的期货。电力市场中每天负荷高峰时段和负荷低谷时段的电价是完全不同的，两者往往有很大差异。欧洲、澳大利亚按照基荷（base load）、峰荷（peak）分类，美国按照峰荷、非峰荷（off-peak）分类。

2）电力期权合约

电力期权买受人向出卖人支付权利金后获得在一定期间或者将来一定期间内按照约定的价格向出卖人出售或者购买标的物的权利，与一般期权类似，多方也可以选择不行权。电力期权包括其他如中断用户负荷选择权、金融输电权（financial transmission rights，FTR）、发电权和部分辅助性服务。

金融输电权是关于电网上电力传输的权利，可用于期权持有者规避输电网络阻塞时额外缴纳高额阻塞费用的风险。在输电网络中，由于各个节点之间的电力供需不平衡，因此价格会有所不同。特别是在两个特定节点间，如果存在网络阻塞，这种不平衡可能会导致电力价格的差异。在供需双方签订的双边协议中，发生阻塞时如果需求节点的电力价格高于供给节点的价格，则购电方将向供电方支付阻塞费用（该费用由电力价格之差与送电量共同决定）。如果购电方在签订双边交易合同的同时购买了金融输电权，那么当双边实际交易中发生损失时可行使金融输电权获得补偿。金融输电权到期时的支付正好是两个节点的电力价格差与输电权中约定的数量之积，期权合约中所规定的交割节点与双边交易中的节点保持一致，只有当需求节点的电力价格高于供电节点的电力价格时，期权才会被执行并结算。

发电权可以分为现货期权与期货期权，若电力现货（期货）下跌，发电商选择在期权合约到期日行使期权，以高于电力现货（期货）的价格出售发电；若电力现货（期货）上升，发电商可以搁置期权的行使，直接将电力投入电力金融市场进行交易，因此电力生产商可以通过以固定价格出售电力来行使发电权，这也是电力生产商通过市场竞争获得发电许可证的一部分。

3）电力差价合约

电力差价合约（contract for difference，CFD）的本质是互换，即双方虽然签订了电力的中长期合同，但在现货市场仍然可以参与竞价，若出清价格低于合约价，则买方需要按照差价和合约电量向卖方支付一定的金额；若出清价格高于合约价，则卖方需要按照差价和合约电量向买方支付一定的金额。电力差价合约又分为单向电力差价合约和双向电力差价合约。单向电力差价合约，指当电力现货价格高于（低于）差价合约价格时，买方（卖方）合约到期进行交割，卖方（买方）支付现货市场价格与电力买受人约定的价格之间的差额。双向电力差价合约在执行过程中较单向电力差价合约有第三方（或中心对手方）的参与。差价合约是由场外双方达成的协议，他们可以根据市场需求调整合同条款，基本是以年度为期限的合约。在英国电力市场建设初期，超过 80%的电力交易是采用远期差价合同来实现的。电力差价合约能够锁定电力价格、规避市场价格波动风险，能够为电力用户提供稳定的电力供应，为发电商带来长期稳定的需求。

5.3 电力市场的定价机制

5.3.1 电力现货市场定价机制

竞争性电力市场中的实时价格与市场交易方式、报价机制息息相关，现阶段电力现货交易主要有两种交易方式：持续交易和竞价交易。在持续交易中，所有买方和卖方的订单将被收集到公开的订单簿中，所有交易参与者能在公开订单簿看到所有未成交的订单。当一个买单报价高于或等于一个卖单报价时，意味着一笔交易成交，已成交的订单会从订单簿中删除，通常不同交易会有不同的成交价格；订单簿可以通过计算机电子交易或者在电话交易时由交易员人工填写，交易所和交易员会给出持续交易的时间期限。通常日内交易和期货交易都是持续交易。在竞价交易中，所有买方和卖方的订单将被收集到封闭的订单簿中，在黑箱竞价中所有的交易参与者不能看到订单情况，在提交报价时间内不会有交易达成，而在提交报价时间截止后，交易参与者不能再修改或提交订单。之后所有已提交的买卖订单将通过一定的排序整合，并根据最后一个可成交的买卖价格对形成统一的市场出清价格。通常日前市场采用的是竞价交易。

无论是持续交易还是竞价交易，某一时刻价格都是由供需双方共同形成的，目前电力现货交易价格形成机制有两种：一种是按照各市场主体的报价结算的机制；另一种是按照边际出清价格结算的统一价格机制，即边际成本定价机制，它是当前电力系统的核心。在竞争充分、监管严格的理想市场中，两种价格机制的结果会合流，发电机组的最优竞价策略就是按照机组的边际成本报价。对于每个交易间隔，所有发电厂的报价都堆叠在一条供给曲线中，需求曲线与供给曲线在某一点上交叉，该交叉点对应的电量和价格即为市场出清的结果；根据市场规则，每个时刻的电价都是边际价格，所有被选定出力的发电机将获得相同的批发价格，从而最大限度地降低系统整体成本。在边际成本定价机制中，发电厂投标价反映的是业务成本和机会成本的组合，如果某发电厂参与供电但其边际成本较低，则市场出清的批发价格与其边际成本之间的差额可以被视为该发电厂的超额收益，用以回收固定成本和投资成本；如果该发电厂以市场的边际成本生产，那么它将不会有收益或损失，其固定成本和投资成本将在资源紧张时，通过价格上涨来调节供需关系，并允许生产者回收其在正常情况下可能无法回收的成本。

作为基本能源产业和国计民生基础，电力系统的稳定性和安全性备受重视，为此各地区往往会推出不同的电价政策进行需求引导、电量调配等，由此会产生不同的销售电价，下面我们将分别介绍如下几种特殊电价的形成机制。

分时电价，是指按系统运行状况，将一天 24 小时划分为若干个时段，每个时段按系统运行的平均边际成本收取电费，如在平价时间段按照相关部门规定的价格出售，在高峰时间段提高电价，在低谷时间段降低电价。这种分时电价反映的其实是不同时段发电成本差异的一种电价机制，可以用需求响应模型解释。需求响应分为：激励型需求响应（incentive demand response，IDR）、价格型需求响应（price demand response，PDR）。IDR 给予用户经济激励如电价折扣、经济补偿，从而引导用户的消费行为选择；在 PDR 机制下，用户在面对差异的价格信号时，会自主地调整用电结构，改变负荷的用电功率、用电时间及用电方式，以响应价格变化。随着电力市场化改革逐渐深入，需求侧资源得以发挥自己的优势，用户根据收到的价格信号、经济激励机制做出响应，改变已有的电力消费结构的市场参与行为，从而达到移峰填谷，充分发挥分时电价信号作用，优化负荷需求，降低系统的运行成本，以及提高系统的安全性、稳定性与经济性等效果。

阶梯电价，指的是电价的定价规律呈现出递增的阶梯类型，即按照用户平均用电的情况将用电价格设置成多个阶梯和档次展开电价定价的计费方法。居民用电的阶梯定价为了提升能源利用效率，可以使用分段电量的方法对市场进行分解，进而制定出差别定价的模式，提升居民的电能使用效率。按照阶梯价格结构形态，阶梯定价的模式分成了线性和非线性两种类型。线性定价模式又可以分成定额的定价模式和同一从量定价模式两种。定额的定价模式是选择一种既定的价格作为参考，忽视用电消耗量的问题，采取均一的定价方法，无论消费了多少电量均按照等额进行支付，这种方法的优势在于定价简单，但电能浪费问题比较突出。同一从量的定价模式，则是以同一个单位作为样本制定的电价定价模式，这种模式下将用电量也纳入考虑，按照总量和单位价格的乘积定价。对于非线性定价模式来说，因为有些投资规模较大，尤其是垄断性产业的投资等，大小用户在经营成本的分摊问题上存在明显差异，运用同一从量定价的模式并不能体现出大小经营主体的成本差异，因此在这一模式的定价中需要根据用户的用电总量和用电时间等因素进行综合分析定价。到目前为止，非线性定价中典型的模式是阶梯定价，此类定价方法在居民水电应用方面比较常见。具体来说，居民阶梯电价的应用机制按照不同的形式可以分成递增型、递减型等不同的定价模式。市场环境不同，选择的定价方法也有差异，比如美国得克萨斯州很多零售商的用电采用递减定价的制度，这样的制度可以提高市场的占有份额；日本、韩国在 20 世纪石油危机后采用递增的阶梯定价模式，电能使用越多，用电的电价越高，这一选择则属于节约能源的政策引导。

5.3.2　电力金融市场定价机制

电力金融市场价格是以现货市场上的电力或相关的合约等为标的产生的。电力金融衍生产品定价有两步：一是建立符合电力市场实际情况的准确现货电价模型，二是对电力市场中各类衍生产品的风险溢价的形成和分布规律进行进一步的建模。

电力衍生品价格与当时市场条件下形成的与现货电价风险的大小及市场参与者承担风险意愿有关的风险溢价密切相关，最典型的衍生品定价机制就是无套利定价模型，该机制对于电力期货、电力期权等合约均适用。因为现实中的电力价格波动性较大，且不同区域、不同时刻的电价可能存在较大差别，因此电力衍生品的价格并不总是严格反映实时的现货价格。相反，可以构造一个代表性的"虚拟电价"，以此作为衍生品合约的标的。以北美最大的电力联营体 PJM 电力市场为例，为了克服电力网络及系统固有的复杂性，PJM 将所管辖的电网建立了若干所谓的中心节点（实际上为虚拟节点，但该虚拟节点对应相关的多个代表具体发电厂和用电消费区域的实际物理节点），由相关物理节点电价的加权平均得到中心节点的节点边际电价（locational marginal pricing，LMP），这些节点电价共同构成了电力市场的电价指数，基于此开发出各类电力金融衍生品。该价格形成机制实际上还是对竞争性市场理论和无套利定价模型的应用，即：在整个电力网络中，电力会从低价格节点向高价格节点流动，由于竞争和市场作用，在弥补了电网损耗和排除线路容量限制后，整个电力网络各个节点的电力价格应趋于"平衡"，即不存在套利的可能，因此，可以将每个节点视为一个小的完全竞争市场，由此得到的无套利的均衡价格能化解各个物理节点间的电力价格差异，最终形成统一的电力价格指数。

由于电力的独特性，电力价格运动模式极为复杂，与一般商品或金融资产价格运动（如几何布朗运动、均值回复过程等）的建模结果偏差较大，电力价格的风险中性概率难以测算，电力衍生品的多样性再次加剧了定价的困难，实践中不一定能构造出完全对冲风险的投资组合。在这种情况下，传统衍生产品定价的无套利定价原理对电力衍生产品不再成立，基于无套利条件的持有成本和便利收益理论也会产生一定的偏差。为此，也有研究考虑采用期望值定价方法，即通过建立随机模型描述现货电价分布规律，利用解析或数值方法求解电力衍生产品未来期望回报的贴现值。具体而言，第一步，需要分析选定与电力现货价格有关的主要不确定性因素，建立电力价格随机运动模型，且加入季节性和尖峰等特征，这一步可采用蒙特卡罗方法、机器学习方法等；第二步，通过大量重复计算交易期内各种可能的现货电价变化路径，求取电力衍生产品回报的收益和累计概率；第三步，对各种路径下的电力金融衍生品收益求期望并进行贴现计算，得到电力金融衍生品的价值。该方法的优点是可计算任意回报的电力金融衍生品价格，如果现货电价模型足够精确，则可以得到准确的定价结果。缺点是需要大量重复的计算，耗时较长；另外，如果模型不够准确，可能会导致一定的定价误差。

5.3.3 电力价格的影响因素

影响电力需求的因素主要有宏观经济形势、电力价格需求弹性、人口、气候和天气、产业发展结构等经济行为、电力政策规范以及不同客户群体（居民用户、商业用户和工业用户）行为等。根据用电量的时间性，电力需求可分为基本负载和峰值负载，因此，电力价格表现出明显的周度效应和季节效应，如通常在夏季和冬季的制冷和供暖需求增加，电力供应紧张时表现为价格上升。

有别于直接取自自然界没有经过加工转换的各种一次能源，电能需要由其他能源转换而来，目前世界上的发电方式主要有天然气发电和燃煤发电的火力发电、水力发电、风力发电、核能发电、生物质能发电、潮汐能发电、太阳能热发电。首先，不同的发电方式自身会受到相应因素的影响，呈现出不同的上网电价，火力发电受原材料价格影响，水力、风力等可再生发电方式受天气、气候等因素的制约，具有很大的波动性和间歇性，核电需要地区工业体系作为支撑。其次，系统等效电价会受系统中电力结构变化、装机规模变化的影响，对电力结构转型的讨论往往基于优序效应（merit order effect）理论，指将所有活跃的发电机组按照发电的边际成本进行排序，从而形成电力市场的供给曲线。在竞争性电力市场下，电力的供给则是对发电机组运营成本、边际容量等多方面进行综合性考虑。除各类发电方式基础成本影响因素外，"退煤退火"、碳税等政策引导了电力结构系统转型，调整了不同电源的边际成本。然而新能源的发展本身需要技术支持，即使已经实现了新能源平价上网，但是平价上网并不等于平价利用，目前新能源仍需要火电、电网、储能发挥调节和支撑作用，从而增加电源调峰、电网建设、储能建设等成本，即新能源的系统成本。国际可再生能源署的数据表明，2010~2020年集中式光伏、陆上风电的平准化度电成本分别降低了85%和56%，但新能源发展较快的德国、英国等国家终端电价不降反升，其重要原因是，新能源占比提高大幅增加了新能源的系统成本，持续抬高终端电价。

考虑到区域电力市场间的电网连接和市场耦合法规，某地区的电力市场与相邻电力市场间的相互依存关系不可忽视，这一相邻电力市场不仅仅局限于地理上的关系，只要有物理电网相连或事先签订的调配合约皆可视为建立起了价格网络。以瑞士市场为例，该国电力市场是典型的小型电力市场，越来越受到大型邻国发展的影响，其电价在夏季与德国电价密切相关，但在冬季往往跟随法国电价，他国电力负荷、供需情况会影响该国电价甚至是天然气等能源的价格。

5.4 中国的电力市场

中国电力消费在全球电力市场中所占的比重越来越高，国际能源署（International Energy Agency，IEA）在《2023年电力市场报告》（*Electricity Market Report 2023*）中预测，到2025年，中国在全球电力消费中的份额将从2015年的1/4上升到1/3，未来三年，全球电力需求增长的70%以上将来自中国、印度和东南亚地区。中国正处于电力市场改革进程中，多元竞争格局初步形成，电力的商品属性进一步显现，市场优化配置资源的作用增强，市场化交易电量大幅提升。中国电力现货市场可按照交易规模分为电力批发市场和电力零售市场：在电力批发市场中，一般进行的是双边协商交易，卖方是发电企业，买方是售电企业、电力大用户；而在电力零售市场中，卖方是售电商，买方则是中小型电力用户。目前，中国尚未启动电力金融市场的建设，因此下文所述均为中国电力现货市场的情况。

5.4.1 中国电力市场发展历程

我国电力市场自新中国成立以来主要经历了四次改革、五个阶段。电力体制由政企合一的垂直一体化运营过渡到厂网分开，再由发电侧多元化竞争逐步向售电侧市场化过渡。随着我国电力市场化持续向纵深推进，初步建立了"统一开放、竞争有序"的电力市场体系，有效促进了电力资源的优化配置和能源清洁低碳转型。

第一阶段（1949~1984 年）：垂直一体化的运营模式。我国电力行业自 1949 年新中国成立后采用高度集中的管理模式，政府严格统一管理电价，实行计划建设、计划发电、计划供电、计划用电体制，初步解决了电力供应的严重短缺问题。电价制度以满足社会公益事业的需要为原则。然而，在垂直一体化模式运营几十年之后，电力短缺和电价较高的双重困境逐步凸显。

第二阶段（1985~2001 年）：政企分开的运营模式。为应对全国性缺电局面日益严重的困境，我国于 1985 年鼓励集资办电并实行多种电价，允许外资、地方政府和社会投资者等投资发电项目，对集资新建的电力项目按还本付息的原则核定电价水平。"多种电价"包括一厂一价和还本付息电价，打破了原本单一的电价模式，培育了按照市场规律定价的机制。该举措激发了各方集资办电的热情，促使大量资金流向发电领域，较短时期内解决了严重缺电的问题。但是，由于缺乏对发电投资成本的有效约束机制，上网电价持续上涨。20 世纪初期，电价由还本付息电价向经营期电价过渡，更加注重控制电力企业成本，电价水平有所降低，但对发电企业工程造价依旧没有约束。

第三阶段（2002~2014 年）：厂网分开的电力市场萌芽阶段。2002 年 2 月，《国务院关于印发电力体制改革方案的通知》明确了厂网分开、输配分开、竞价上网的电力体制改革任务[1]。2004 年开始采用标杆电价，不再考虑各电厂自身投资和特殊成本，对同类电厂执行相同的标杆电价，在一定程度上引入了市场竞争机制。经过十余年的发展，逐步形成发电主体多元化竞争格局，为后续电力市场建设奠定了良好的基础。但与此同时，标杆电价调整显示出较为明显的滞后性，给电力企业的经营带来了较大压力。

第四阶段（2015~2021 年）：发售电双侧开展有效竞争的电力市场化发展阶段。以 2015 年 3 月 15 日《中共中央 国务院关于进一步深化电力体制改革的若干意见》[2]为标志，开启了新一轮电力体制改革，该文件明确了"三放开、一独立、三强化"[3]的改革路径以及"管住中间、放开两头"的体制架构，提出在发电侧和售电侧开展有效竞争，培育独立的市场主体。新一轮电力体制改革以来，我国市场化交易电量比重大幅提升，初步构建了主体多元、竞争有序的电力市场体系，有效促进了电力资源优化配置和可再生能源规模化发展。为解决"市场煤"和"计划电"的矛盾问题，自 2020 年起，取消煤炭和电力价格联动的机制，将标杆上网电价机制改为"基准价＋上下浮动"的市场化机制。风电、光伏等新能源也调整为竞价模式，并于 2021 年实现全部平价上网，市场化竞争已被证明是促进降本增效的有效方式。

---

[1] 《国务院关于印发电力体制改革方案的通知》，https://www.gov.cn/zhengce/content/2017-09/13/content_5223177.htm，2023 年 11 月 23 日。

[2] 《中共中央、国务院关于进一步深化电力体制改革的若干意见》，https://zcfg.cs.com.cn/chl/58f5139dbe0648a3bdfb.html?libraryCurrent=InnerParty，2023 年 11 月 23 日。

[3] "三放开"即有序放开输配以外的竞争性环节电价、有序向社会资本开放配售电业务、有序放开公益性和调节性以外的发用电计划，"一独立"即推进交易机构相对独立、规范运行，"三强化"即进一步强化政府监管、进一步强化电力统筹规划、进一步强化电力安全高效运行和可靠供应。

第五阶段（2022年至今）：全国统一电力市场建设阶段。以2022年1月18日《国家发展改革委 国家能源局关于加快建设全国统一电力市场体系的指导意见》为标志[①]，电力市场化改革新篇章开启，要求健全多层次统一电力市场体系，加快建设国家电力市场。该意见明确提出到2025年，全国统一电力市场体系初步建成；到2030年，全国统一电力市场体系基本建成，适应新型电力系统要求。当前，市场化交易已显著发挥降低电价的作用，未来预期将主要通过提高市场化交易比例实现"降价保量"效果。目前，全国统一电力市场体系正在加速构建，多个省份和区域的电力市场已经启动试运行。我国电力市场正在空间、时间、交易标的等覆盖面上进一步扩展，逐步向售电侧市场化过渡，以建立多层次统一的电力市场体系。但同时也要注意到，我国电力市场在向全国统一电力市场改革的过程中，除了面临电力市场正常发展中可能遇到的相关地区电力市场体系不完善、新型电力系统运行安全难以保障、气候变化对电网冲击的影响扩散等问题，更面临跨省跨区域市场衔接挑战、各方无序博弈风险加剧、电力定价机制亟待改革的多重问题与挑战。中国电力市场需要进一步采取推进市场化改革、加强监管和执法、提高市场竞争程度、完善电力市场价格形成机制等措施。

5.4.2　中国电力定价机制

不同类型的电力上网电价定价机制的差异，是电力价格不同的关键。火力发电上网电价经历了经营期上网电价、标杆上网电价、电力市场下竞价上网电价、基准价+上下浮动上网电价的发展历程。2021年10月，国家发展改革委宣布了燃煤发电上网电价的市场化改革，煤电必须通过电力市场实行市场化交易，使得煤炭价格能够进一步传导到电价上，工商业用户通过直接从市场购电或由电网公司代理购电的方式全部进入市场，极大地扩大了电力交易的覆盖面，带动了电力市场交易规模的迅速扩大。

水力发电上网电价经历了一厂一价、统一标杆、分类标杆、税率调减的发展，一厂一价缺乏市场竞争、成本约束、价格控制，统一标杆则未考虑不同发电站装机容量、投产时间、成本回收情况等差别，分类标杆针对不同类型的水电站提出有差异的调节系数，税率调减本质上是分类标杆机制的拓展，其主要是指降低符合条件的部分水力发电上网电量的增值税率。目前，对于省内消纳部分，实行标杆上网电价制度，定价基础为本省省级电网企业平均购电价格；跨省区交易电力，采用市场倒推电价，即根据受电省市电厂同期平均上网电价水平确定落地电价，再扣除现行输电价格和线损倒推确定上网电价；对于流域梯级水电站，鼓励推进流域统一电价模式。

核电发电上网电价定价方式经历了一厂一价、标杆上网电价、市场化改革三个阶段。目前，参与电力市场的核电站继续执行核准电价（计划电价），仍遵循一厂一价或标杆电价机制，标杆上网电价要求价格不高于燃煤机组基准价，重点示范项目可在不超过燃煤机组基准价的基础上适当提高；参与电力市场的部分执行市场定价，由供需双方协商或

---

① 《国家发展改革委 国家能源局关于加快建设全国统一电力市场体系的指导意见》，https://www.gov.cn/zhengce/zhengceku/2022-01/30/content_5671296.htm，2023年11月23日。

在市场竞争中确定。这一划分实际上形成了双轨制的定价格局。

早期风电上网电价方面，陆上风电、海上风电均采用指导价，陆上风电项目自 2021 年起实行平价上网，上网电价不高于燃煤机组基准价；海上风电项目因成本较高，政府指导价仍相对较高。

光伏上网电价，针对集中式光伏亦采用指导价模式，自 2021 年起实行平价上网。对于分布式光伏，上网电量按燃煤机组基准价执行，不再享受补贴。

截至 2022 年底，中国非化石能源装机规模已达 12.7 亿千瓦，占总装机容量的 49%，超过煤电装机规模（11.2 亿千瓦）。2022 年，非化石能源发电量达 3.1 万亿千瓦时，占总发电量的 36%。其中，风电、光伏发电装机规模 7.6 亿千瓦，占总装机容量的 30%；风电、光伏发电量 1.2 万亿千瓦时，占总发电量的 14%。随着电力结构转型发展、越来越多的省份进入长周期结算试运行，电力现货交易品种日趋丰富、交易频次日渐增多，不同发电方式间呈现出更加复杂的关系，为此，相关研究者开始探究新的联合电力定价机制，从省内就地消纳、跨区跨省交易等多维度进行设计。

5.4.3　中国电力市场交易情况

中国电力市场具有高度的国有化、政府监管、长期合同和新能源发展等特点，这些特点使其与其他国家的电力市场有所不同，需要特殊的市场工具和策略来满足市场需求。同时，中国电力市场也在不断发展和改革中，因此市场特色可能会随着时间的推移发生变化。

目前中国正处于全国统一电力市场体系建设中，且取得了重要进展，已基本建成了"统一市场、协同运作"的电力市场基本架构，形成了衔接省间、省内，覆盖全国范围、全类型周期、不同交易品种的市场体系，全国形成以东北、华北、西北、华东、华中、南方六大区域电网为主体、区域间有效互联的电网格局，电力市场化程度和电力资源优化配置能力稳步提升。根据交易品种的不同，中国的跨区、跨省电力交易可以划分为长期的电量输送交易、短期的电力余缺互济交易等。长期的电量输送交易具有资源优化配置特征，如西电东送工程；短期的电力余缺互济交易则往往出于对电力危机的应对，具有临时性和应急性。根据交易主体的不同，跨区、跨省电力交易可以划分为点对网交易和网对网交易，点对网交易包括点对省网和点对区域网，网对网交易包括省网之间和区域网之间的交易等。

2022 年，全国各电力交易中心累计组织完成市场交易电量 52 543 亿千瓦时，比上年增长 39.0%，占全社会用电量的 60.8%，比上年提高 15.4 个百分点，在电力交易中心注册的市场主体数量累计 61 万家，比上年增长 30.6%。2022 年，我国各类电源总装机规模为 25.6 亿千瓦，电力可靠性指标持续保持较高水平，城市电网用户平均供电可靠率约 99.9%，农村电网供电可靠率达 99.8%。

在区域电力现货市场方面，2022 年省内省间现货市场建设稳步推进，省间交易机制持续优化，各省中长期交易电量同比持续增长，占总交易电量的比重维持在 90% 以上，成交价格基本稳定在基准电价上浮 8%～20%。截至 2023 年 10 月，国家电网经营区已有

20个省级电网开展了现货市场试运行，以第一批、第二批为代表的现货试点省份顺利完成从日、周到月不同时间维度和多种复杂场景的结算试运行，最长连续运行时间已超过500天。首批8个电力现货试点地区中南方（以广东起步）、蒙西、山西、山东、甘肃5个地区已进入长周期不间断结算试运行阶段；第二批6个电力现货试点地区上海、江苏、安徽、辽宁、河南、湖北已全部启动模拟试运行，初步建立反映实时电力供需的价格机制。在未来几年，将持续推进现货交易试点的深化和进一步推广工作。同时，至少在2025年前，中长期交易仍将是主要的交易类型，现货市场预计将在2030年前实现全面扩展与提升，有效促进电力资源合理配置。

5.5 澳大利亚电力现货市场暂停案例

2022年6月15日，澳大利亚能源市场运营商（Australian Energy Market Operator，AEMO）宣布暂停运行辖区跨5个互联州的NEM现货市场，现货市场暂停后AEMO组织市场出清，但使用指导价格而非出清价格进行结算。在此次暂停运行事件发生前，NEM已数日频繁出现电力供应紧张的预警，AEMO也实施了多次市场干预，以保障电力供应，但仍无济于事。2022年6月12日，昆士兰区域过去7日累计电价超过了累计高电价阈值，自动触发管制价格机制，实施了300澳元/兆瓦时电价上限。根据管制价格机制，与昆士兰区域相连的新南威尔士、维多利亚和南澳大利亚区域陆续实施管制价格上限。但由于该管制价格上限相对当前发电成本过低，电力批发市场内的发电机组开始削减申报的最大可用发电容量，甚至退出市场运行，整个批发市场最大可用发电容量降低，加剧了电力的供需矛盾。为此，AEMO多次发送指令让机组增加出力，鼓励各机组响应预警，进入市场提供更多的发电容量，因此市场受到严重干预，AEMO认为已无法在保证电力供应安全和可靠性的同时继续运行现货市场，只能宣布市场暂停。

澳大利亚电力市场的价格上限机制是导致市场失控的直接原因。该机制是在1998年创建NEM时设计的，用于管理夏季热浪等短期事件，最高价格上限已经二十多年没有更新，不适用于持续发展的市场现状。这次电力供应不足还受到季节性因素的影响。正值南半球初冬，澳大利亚整体风力不足、日照时间变短，风力和光伏发电量处于低谷，可再生能源发电量的不足间接导致火电燃料库存被过早消耗；6月出现的猛烈的寒流使取暖需求和发电需求升高，澳大利亚用电负荷急剧上升，用电供需矛盾严重。此外，澳大利亚仍在运行的老旧燃煤机组已经超过了其设计的使用寿命，因此电站之间往往会轮流停机维护，大量发电机组按计划停运的同时，还有大批的火电站在近期进行计划外的停运检修，造成了产能的短缺，加大了电力供给缺口。而且，该国电力结构中煤电的高占比更加剧了电站停运的影响。2021年，澳大利亚所消耗的电力中大约71%仍来自化石燃料，其中煤电占比51%。在煤电产能不足的情况下，澳大利亚的电力供应更多地依赖天然气，而当时天然气、石油等原料的价格的大幅上涨传导至火力发电成本上，最终造成了澳大利亚整个电力供应链价格大涨。

由此可见，在长期电力规划中，有序安排煤电厂的停运及退役，并提前部署发电资源、保障煤电机组可靠运行尤为重要。澳大利亚电力市场中以营利为目的能源巨头居多，长期以来宏观的掌控及预测角色缺位，再加上澳大利亚电力企业的收入、电价波动性都较大，在构建新型电力系统的过程中，随着可再生能源占比逐渐增高，更应该有序、有计划地升级能源结构。

5.6　川渝限电事件案例

2022年夏天，发电量排名全国第六的四川被迫进入停电模式，从8月15日开始对工业用电暂停6天时间，从2022年8月15日零点到20日24点，停电措施推出之后，对当地人们的生活、经济活动产生了不利影响，很多工业企业生产停摆。为了摆脱这一困境，四川启动突发事件能源供应保障一级应急响应，国网四川省电力公司、各级政府机关、市政用电带头降负荷，尽最大可能让电于民；广大工商业用户积极响应，综合采取停产让电、提高空调温度、减少景观照明、优化用电时间等措施；水力发电厂采取拉库发电方法，减少晚上用电低谷期发电量，将上游来水存储至高峰期时发电，对中下游梯级电站群进行水量补偿，增加了下游梯级电站的发电能力；加大跨省调度电力力度，通过德宝直流、川渝联网等8条输电通道持续向四川送电，并调集各地应急发电车开展应急供电。

川渝限电事件给我们的电力网络、能源安全问题敲响了警钟，本教材分析导致川渝地区限电的原因有以下几点。

首先，川渝地区电力供需严重失衡。川渝地区遭遇近60年一遇的极端高温天气，四川用电需求最高负荷已跃升至6500万千瓦，同比增长25%。四川的电量生产结构中，水力发电占比高达82%，且因为电力难以存储，所以四川的电量受当期自然条件影响大。往年同期处于河流汛期，发电量极其充裕以至于2016~2020年四川年均弃水电量超100亿千瓦时。而2020年7月以来，长江流域降雨量较常年同期偏少，为1961年以来同期最少，四川降水量较常年同期更是偏少51%，多个水库逼近死水位，水电发电能力锐减，电力供需严重失衡。同时，当地煤炭已经外运，川渝地区自身需求无法得到满足，入川输电通道偏少，火电和新能源难以补足用电缺口。原有的电力系统平衡常规态势被打破，在线发电容量难以满足用电需求，进而出现持续近两个月的供电紧张状况。究其根本是电力能源储备规划未理顺，需求侧和供给侧没有完全匹配。

其次，输电方、受电方之间利益协调存在冲突。西电东送的中线是由四川等省份，向华中、华东电网输电。截至2022年，四川有245座水电站都在西电东送的体系内，由国家电网在全国范围内统筹开发和消纳，省内、省外也有着固定的分配比例，有类似"照付不议"的刚性外送原则。2020年1~7月，四川累计向外输出电量977亿千瓦时，占总发电量的38%，相比上年同期数据增长46.8%，加剧了川渝本地电量的不足。而且，客观上受电网架构的限制，外送水电留川的规模有限，即便是能将外送水电全部留川，当前的四川电网基础设施也无法全部接纳。同时，尽管高温干旱对水电造成了很大的影响，但为避免全国更大范围的缺电事故，即使是在自身缺电的情况下，四川水电依然要外送，留给本地的有效发电容量不到3000万千瓦。

解决这一问题的关键在于提高供给端的预测能力。电力的调度和交易需要一定时间，所以对于电力富余地区，需要首先考虑好，其供给能力是多少，能否和缺电省份进行匹配、做好规划，提前完成交易，以备不时之需。当前，跨区的电力交易还处于比较初级的阶段，电力交易机制还没有完全理顺，包括价格机制、交易机制还处于初步阶段，未来，随着电力交易机制进一步完善，全国统一电力市场进一步发展，可能会缓解两方之间的矛盾。

电力系统稳定性和电价平稳问题涉及大量影响因素，除了可再生能源较为敏感的自然因素外，一些经济社会因素也在发挥作用，预测因子数量倾向于增加。特别是近年来，一些区域经济增速放缓，用电需求下降，整体情况跟往年不同，基于往年的基础电量的浮动区间的误差有增大的倾向。此外，一些中小企业面临发展问题，它们可能是对电力扰动影响最大的一个因素，即会影响到用电峰谷，而这也将是能否保证供电能力的一个重要挑战。面对临时用电需求变化，除设法提高事前预测的准确度外，还可以着眼于提升新型储能规模。

课后习题

1. 电力现货市场模式有哪些？说明其区别和特征。
2. 简述电力金融衍生品的主要功能。
3. 基于供求分析和优序效应理论，简述可再生能源相关因素及其如何影响电力市场的价格波动。
4. 2023 年 5 月 1 日 20 时至 2 日 17 时，山东电力实时市场出现了连续 21 小时的负电价，据称"刷新了长周期现货试运行的负电价时长纪录"。结合本章所学，分析此次负电价出现的原因。

参考文献

陈启鑫，吕睿可，唐庆虎，等. 2022. 从澳大利亚现货市场暂停事件看电力市场紧急状态应对. 电力系统自动化, 46(16): 214-223.

郭丽岩. 2010. 竞争性电力市场交易模式的选择及发展趋势. 中国物价, (5): 24-27.

何苗，王军. 2017. 国外电力期货市场发展经验及其对我国的启示. 价格理论与实践, (12): 78-81.

黄会，唐捷，周海浪，等. 2019. 国外电力市场化改革发展以及对中国的启示. 中国市场, (5): 63-65.

冷媛，辜炜德. 2021. 澳大利亚电力金融市场运营机制及对中国电力市场建设的启示. 中国电力, 54(6): 36-43, 61.

Bell W P, Wild P, Foster J, et al. 2017. Revitalising the wind power induced merit order effect to reduce wholesale and retail electricity prices in Australia. Energy Economics, 67: 224-241.

IEA. 2020. Electricity Market Report-December 2020. https://www.iea.org/reports/electricity-market-report-december-2020[2023-11-23].

IRENA. 2020. Renewable Power Generation Costs in 2020. https://www.irena.org/-/media/Files/IRENA/Agency/Publication/2021/Jun/IRENA_Power_Generation_Costs_2020.pdf?rev=c9e8dfcd1b2048e2b4d30fef671a5b84[2023-11-23].

第6章 碳 金 融

> **本章导读**
>
> 随着气候变化问题的日益突显和全球对可持续发展的迫切需求,碳金融作为将金融机制与碳排放管理相结合的前沿领域,逐渐引起了学术界和产业界的广泛关注。本章将深入探讨碳金融的基本概念和发展历程,以及其在国际和中国的市场演变与现状。首先,本章将聚焦于碳金融的基本概念并追溯碳金融的发展历程,通过分析碳金融的历史轨迹,能够更好地理解其演进中的关键节点和对全球金融格局的深刻影响。随后,将深入研究碳的定价机制,包括碳定价的理论基础以及在实际操作中所采用的碳定价工具。最后,将深入研究碳价波动的影响因素,并关注中国碳金融市场的运行情况。对中国试点碳市场和全国碳市场的价格特征进行剖析,能够更好地理解中国在碳金融领域的探索与实践。此外,本章还将通过欧盟碳价案例的分析,解析碳价波动中的关键事件,为读者提供更深层次的认识。这一章的内容将为读者提供全面而深入的视角,使其能够更好地理解碳金融领域的理论框架和实际运行机制。

6.1 基本概念与发展历程

全球气候变化已成为当今经济社会可持续发展的核心挑战和新动力,兼有政策导向性、学科交融性、利益兼容性等特征的碳金融市场逐步成为促进碳减排、实现低碳发展的重要工具。深入了解碳金融市场现状,积极推动碳金融市场发展,对于实现经济社会绿色低碳循环发展具有重要意义。

6.1.1 碳金融的概念

碳金融的概念有狭义碳金融与广义碳金融之分,作为金融市场的一翼,碳金融市场由多个要素构成,包括交易对象、利益相关方以及碳金融产品等。

1. 狭义碳金融和广义碳金融

温室气体排放是典型的负外部性问题,无论生产者或是消费者均会产生温室气体,温室气体累积可能导致气候变化问题并导致社会福利损失,而这一损失在碳中和概念兴起前未能完全反映在各企业的生产成本中,并由此导致市场失灵,无法对企业的排放行为形成约束。20世纪90年代,为了降低日益恶化的环境问题对人类生存的负面影响,国外经济学者试图从经济理论的角度对环境问题进行思考。金融作为现代经济的中心，如何利用"金融"手段解决环境问题也就成为各界关注的热点。世界银行1999年成立首个碳基金，欧洲气候交易所2005年陆续推出碳配额（即碳排放权）的期货期权等，使得碳配额具有金融产品的属性，碳金融便应运而生。然而，当前国际上并未形成碳金融的统一定义。欧洲复兴开发银行将碳金融的概念界定为，用于碳市场体系中帮助温室气体减排项目融资的活动，主要涉及与清洁发展机制（clean development mechanism，CDM）和联合履约（joint implementation，JI）机制有关的金融活动。Labatt 和 White（2007）认为，碳金融本质上是一种涉及碳配额交易和相关减排活动的金融安排。

碳金融随着碳排放权交易市场（简称碳市场）的建立而诞生，其内涵也随碳市场的发展而不断扩容。最初，碳交易覆盖面相对较窄，主要围绕碳配额及核证减排量（certified emission reduction，CER）的交易展开；碳金融的概念也相对较窄，主要指一、二级碳市场中的碳配额及与 CER 交易的相关金融活动，即狭义碳金融。例如，2011年世界银行对碳金融的定义为"出售基于项目的温室气体减排量或者交易碳排放许可证所获得的一系列现金流的统称"。

随着全球碳交易的不断发展，碳交易市场参与主体不断增加，碳金融覆盖面不断扩大，其内涵得到扩展和完善。参与主体方面，除直接参与交易的控排企业及机构外，商业银行、资产管理公司等金融机构开始增加围绕碳交易的支持服务。碳金融的产品品种方面，也不再局限于排放权交易和低碳项目的投融资，任何旨在减少温室气体的排放制度和活动都被纳入其中。自此，碳成为有价格的商品，可以进行各种形式的金融买卖，比如碳现货、碳期货、碳债券、碳结构性存款等形式。碳交易参与主体的丰富及金融服务手段的繁荣，促进了碳金融概念的扩容。发展至今，碳金融泛指服务于限制碳排放的所有金融活动，既包括狭义碳金融，也包括在碳市场之外为减碳控排行为提供融资和支持服务的所有金融活动（即广义碳金融）。狭义碳金融指碳市场中的碳配额及与 CER 交易相关的金融活动；广义碳金融可视为服务于限制碳排放的所有金融活动，具体可分为针对碳市场本身的交易型碳金融、针对碳融资市场的融资型碳金融，以及针对支持服务市场的支持型碳金融。碳金融市场的一般结构见图6-1。

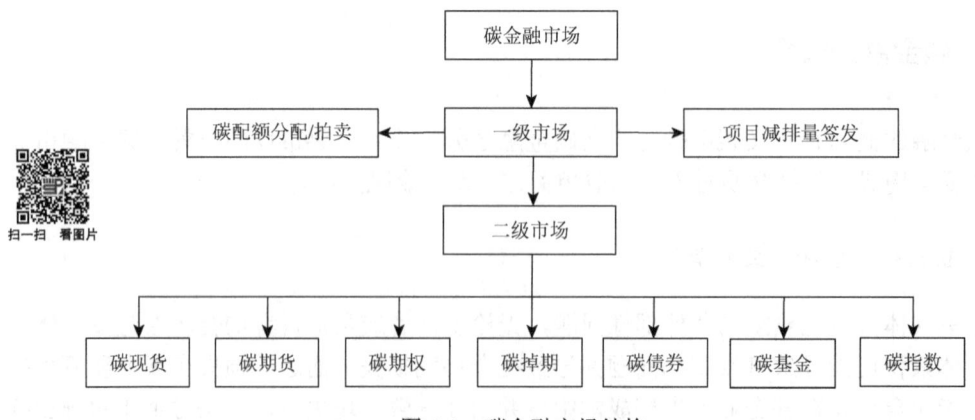

图 6-1　碳金融市场结构

2. 碳金融市场的构成要素

1）交易对象

碳交易的基础资产主要包括两类：一是碳排放交易体系（emissions trading system，ETS）下的碳排放权配额，比如欧盟排放交易体系（European Union emission trading system，EU ETS）下的欧盟碳排放配额（European Union carbon emission allowance，EUA）和欧盟航空配额（European Union aviation allowance，EUAA）、我国七省市碳交易试点框架下的碳排放权配额等；二是根据相应方法学开发的减排项目减排量，比如联合国清洁发展机制下的 CER、国家发展改革委认可的中国核证自愿减排量（Chinese certified emission reduction，CCER）等。

2）利益相关方

利益相关方包括交易双方、第三方中介、第四方平台以及监管部门。交易双方指直接参与碳金融市场交易活动的买卖双方，主要包括控排企业、减排项目业主、碳资产管理公司、碳基金及金融投资机构等市场主体。在现货交易阶段，市场主体往往以控排企业为主，以碳资产管理公司和金融投资机构为辅；在衍生品交易阶段，金融投资机构尤其是做市商和经纪商将成为市场流动性的主要提供方。第三方中介指为市场主体提供各类辅助服务的专业机构，包括监测与核查核证机构、咨询公司、评估公司、会计师及律师事务所，以及为交易双方提供融资服务的机构。第四方平台指为市场各方开展交易相关活动提供公共基础设施的服务机构，主要包括注册登记簿和交易所。其中，交易所除了提供交易场所、交易规则、交易系统、交易撮合、清算交付和信息服务等功能外，还承担着部分市场一线交易活动的日常监管职能。监管部门指对碳金融市场的合规稳定运行进行管理和监督的各类主管部门，主要包括行业主管部门、金融监管部门及财税部门。

3）碳金融产品

碳金融产品是碳金融市场各类主体进行交易的对象，根据不同角度可以有多种分类。根据传统金融产品分类标准，碳金融产品直接分为碳金融基础产品和碳金融衍生产品。根据中国证券监督管理委员会 2022 年 4 月发布的《碳金融产品》（JR/T 0244—2022）标准，碳金融产品可分为碳市场交易工具、碳市场融资工具和碳市场支持工具三大类，如图 6-2 所示。

第一，碳市场交易工具包含碳期货、碳期权等。碳期货是指以碳配额及项目减排量等碳现货产品为标的资产，在固定的交易场所，交易双方约定在将来某一确定时点交割的标准化合约。碳期权则是指以碳配额和 CER 现货或期货为标的资产，约定买方有权在将来某一确定时点以特定价格买入或者卖出一定数量标的资产的标准化或非标准化合约。

第二，碳市场融资工具包含碳债券、碳市场抵质押融资等。碳债券是指符合碳债券监管要求的融资主体为低碳经济项目筹集资金，向投资者发行，承诺在约定时间支付一定比例的利息，并在到期时偿还本金的一种有价证券。碳市场抵质押融资是指碳资产的持有者（即借方）将其拥有的碳资产估值后作为质押物或抵押物，向资金提供方（即贷方）进行抵质押以获得一定折价的贷款，到期再还本付息解押的融资合约。

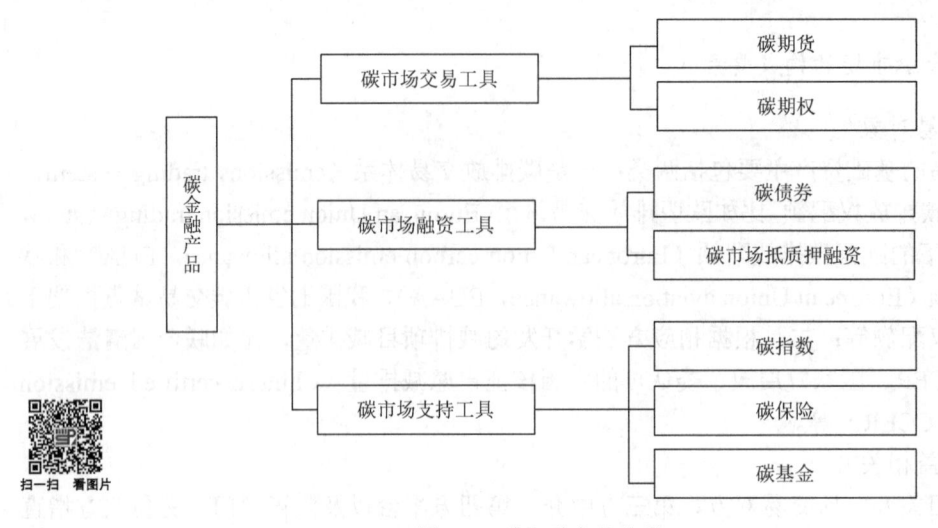

图 6-2　碳金融产品分类

第三，碳市场支持工具包括碳指数、碳保险和碳基金等。碳指数通常是指碳价格指数，也包括所有碳配额和碳市场交易相关经济指标的构建和测算，投资者可以借助碳指数分析碳排放市场的运行情况。碳保险是指为降低气候变化给经济社会带来的风险的保险业务或产品。碳基金则是由政府、企业、个人或金融机构投资设立，专门集合投资者资金用于全球范围内购买投资温室气体减排项目和交易，从而获取收益的投资工具，其收益通常与碳价变化或减排项目收益挂钩。

6.1.2　碳金融的发展历程

本小节主要介绍国际和中国碳金融市场的发展历程，通过对发展历史进行剖析，可以更好地理解碳金融的内涵。

1. 国际碳金融市场发展历程

1）碳金融的发展基础

1968 年，美国经济学家戴尔斯提出了"排放权交易"这一概念。它指的是对于污染物的排放可以设置一种权利，而该权利可以通过发放排放权许可证的形式实现可视化，然后这种可视化的权利可以像商品一样进行交易。此概念提出后，有很多学者对此进行了深入分析，并从排放权交易制度的构成要素、分配原则以及市场监管等各个不同的角度研究了如何将这一概念落实。1979 年，第一次世界气候大会呼吁建立保护气候系统。1987 年，世界环境与发展委员会主席布伦特兰的报告《我们共同的未来——从一个地球到一个世界》揭开了人们重新评价西方工业化革命，转向走可持续发展道路的序幕。1988 年，世界气象组织（World Meteorological Organization，WMO）和联合国环境署（United Nations Environment Programme，UNEP）共同建立了联合国政府间气候变化专门委员会。人们开始认识到气候变化无国界，对抗全球变暖需要各国共同行动，从根本上大幅度削减温室气体的排放。

1992 年，在巴西里约热内卢举行的地球峰会上通过了《联合国气候变化框架公约》，这是就气候变化问题达成的第一份基于"共同但有区别责任"原则的、第一份为全面控制温室气体排放所设立的全球公约。该公约承诺的关键性条款，对温室气体的排放控制作了限期和限量的原则性规定。人们对气候问题的态度从最初的呼吁各国共同行动，已经逐渐形成排放的原则性规定；第一份应对气候变化的国际框架协议也为碳金融的发展奠定了基础。

2) 碳金融市场逐渐形成

1997 年在日本京都举行的《联合国气候变化框架公约》第 3 次缔约方大会上，各方通过了《京都议定书》，它规定了发达国家和经济转型国家的量化减排指标[在第一承诺期间（2008~2012 年）其温室气体排放量在 1990 年的水平上平均削减 5.2%]，包括碳排放的总量目标和分解指标。另外，还规定了三个灵活机制来促进减排，即 JI 机制、CDM 和国际排放贸易（international emissions trading，IET）机制。《京都议定书》的历史意义重大，成功地把应对气候变化的环境问题，转化为人类必须面对的生存问题、可操作的工作机制问题和可比较的经济运行机制问题（张淼淼，2011）。1997 年《京都议定书》签署后，为工业化发达国家和经济转型国家设定了具有法律约束力的温室气体减排和限排目标，清晰界定了所有权，将温室气体排放权界定为私有产品，使得排放温室气体的权利成为一种稀缺资源、一种资产，因而也具有了商品的价值和交易的可能性，并催生出以二氧化碳排放权为主的碳信用交易市场。各缔约方逐渐开始进行减排项目的国际合作及减排量的国际贸易，碳金融市场逐渐形成。

3) 碳金融市场迅猛发展

2005 年，EU ETS 的执行开启了国际碳交易市场的迅猛发展，2023 年为世界上累计交易额最大的排放交易体系。2007 年，联合国气候变化大会在巴厘岛达成《巴厘岛路线图》，为后京都时期的碳市场发展奠定了基础。2015 年，《巴黎协定》（Paris Agreement）的达成为全球碳市场提供了新的动力和方向。截至 2023 年，全球已有超过 70 个国家和地区实施或计划实施碳定价机制，主要包括碳税和碳交易。根据 ICAP（International Carbon Action Partnership，国际碳行动伙伴关系）2023 年 3 月发布的《全球碳排放权交易：ICAP 2023 年进展报告》（简称《ICAP 2023 年度报告》），自 2014 年至 2022 年，全球实际运行的碳市场数量由 13 个增加到了 28 个，控排规模从 40 亿吨增加到 90 亿吨，占全球碳排放量比例从 8%增加到了 17%。可见碳市场数量和控排规模正在持续增长中。未来，随着越来越多的国家或地区提出自身减排目标，在世界银行"市场准备伙伴计划"的资金支持下，全球碳市场数量将越来越多，控排规模也将持续增加。

2. 中国碳金融市场发展历程

在全球碳金融市场发展的过程中，我国也建立了具有中国特色的碳市场。我国参与碳排放交易的历史大概可以分为三个阶段，从整体到部分逐步推进。

1) 第一阶段（2002~2010 年）：参与国际 CDM 项目

自 1992 年《联合国气候变化框架公约》首次提出"碳市场"概念以来，全球应对气候变化的议题开始引入市场机制，随着 1997 年《京都议定书》的签订，碳市场机制建设如火如荼。中国也积极响应联合国可持续发展议题，加入 CDM，早期合作项目以风能、水电为主。到 2012 年中国参与 CDM 的项目数量达到 1819 个，自此以后大幅下降。

2）第二阶段（2011~2020 年）：发展区域碳市场，试点 ETS 机制

2011 年 10 月，国家发展和改革委员会办公厅印发《关于开展碳排放权交易试点工作的通知》，在深圳、上海、北京、广东、天津、湖北、重庆等 7 个省市开展碳排放权交易试点，此后 2013 年 6 月至 2014 年 6 月，上述 7 地碳市场相继开市。2016 年福建和四川碳市场相继开市，福建成为第 8 家试点地区，四川成为非试点地区首家拥有国家备案碳交易机构的省份。

3）第三阶段（2021 年至今）：加速建立全国性碳市场

2021 年 3 月，生态环境部公开征求《碳排放权交易管理暂行条例（草案修改稿）》意见。2021 年 7 月 16 日，全国统一的碳排放权交易市场正式上线，企业在武汉注册登记、上海交易，以挂牌协议和大宗协议等形式交易，由此形成地方试点碳市场与全国碳市场并行的局面，首批纳入 2162 家电力企业。根据中华人民共和国国务院令第 775 号，《碳排放权交易管理暂行条例》已于 2024 年 1 月 5 日国务院第 23 次常务会议通过，并自 2024 年 5 月 1 日起施行。

6.2　碳的定价机制

基于公共物品、外部性、科斯定理等理论基础，碳交易市场等碳定价工具利用温室气体排放权所具有的稀缺性、商品性、排他性和交易性等市场特征，将温室气体排放权作为商品进行买卖，引导市场主体采取低碳经济模式。

6.2.1　碳定价的理论

碳定价理论涉及多个经济学理论，其中公共物品理论、外部性理论和科斯定理是其中的重要组成部分。这些理论为解决碳排放的市场失灵问题提供了理论基础。

1. 公共物品理论

一般的物品通常可以根据排他性和竞争性分为四种：私人物品、俱乐部物品、公共资源和公共物品，如表 6-1 所示。排他性是指只有对商品支付价格的人才能够使用该商品。竞争性是指如果某人已经使用了某个商品，则其他人就不能同时使用该商品。

表 6-1　一般物品的性质与分类

性质	竞争性	非竞争性
排他性	私人物品 （衣服、拥挤的收费道路等）	俱乐部物品 （消防、不拥挤的收费道路等）
非排他性	公共资源 （石油资源、拥挤的不收费道路等）	公共物品 （国防、不拥挤的不收费道路等）

对于公共物品而言，公共物品的最优供给数量必须具备以下条件：提供公共物品的社会边际收益等于社会边际成本。为此，需要了解每个人对增加单位产出的支付意愿，即个人的边际收益，在此基础上，通过加总该公共物品所有消费者的边际收益即可得到总的边际收益。如图 6-3 所示，D_1 和 D_2 分别是两个消费者对某公共产品的需求曲线，鉴于公共物品具有非竞争性，公共物品的市场需求曲线 $D_总$ 就是每个人需求曲线的垂直相加，即 $D_总 = D_1 + D_2$。$S_总$ 是与公共产品的边际成本相一致的供给曲线，它与 $D_总$ 的交点 E 决定该公共产品的均衡产量 Q_0。在 E 点，社会边际成本等于社会边际收益，实现了帕累托最优。但是，在实际生活中，任何一个消费者消费一单位公共物品的机会成本为零，因此，人们往往倾向于隐瞒自己从公共产品消费中所得到的实际边际效用从而逃避应支付的价格，导致市场提供的公共物品数量往往也低于最优数量，即市场难以实现资源的有效配置，即市场失灵现象。

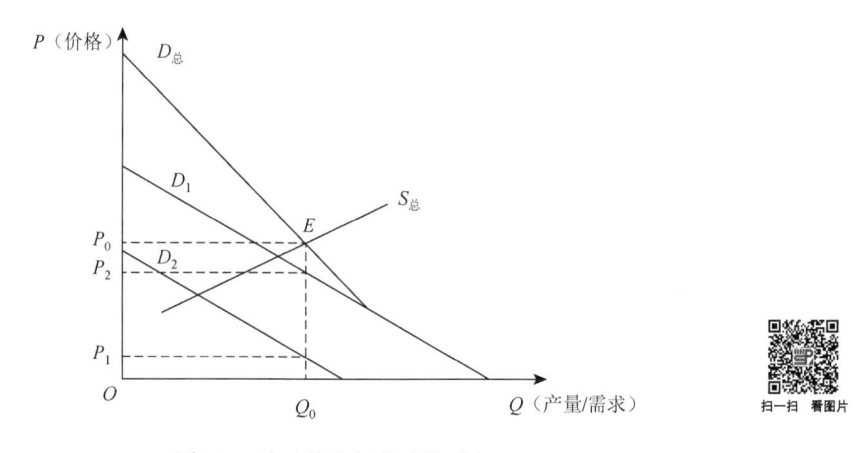

图 6-3 公共物品的供给和需求

全球碳排放的环境容量具备公共物品和公共资源的双重属性。一方面，全球碳排放的环境容量具有明显的非排他性，其不归任何个体或地区所有，也无法排除任何个体或地区使用碳排放空间。另一方面，全球碳排放的环境容量逐渐从非竞争性转变为竞争性。在工业革命以前，煤炭等化石燃料没有大规模应用，人类活动排放的二氧化碳并不会对碳排放容量空间造成影响，具有非竞争性特征，此时，其属于纯公共物品。伴随工业化进程的推进，碳排放的环境容量无法满足人类需求，碳排放容量空间公共资源属性逐渐显现。

2. 外部性理论

1920 年，庇古在《福利经济学》一书中首次提出"外部性"概念，指出外部性存在"负外部性"和"正外部性"。负外部性指某一经济主体的行为使他人受损，却无须承担代价。对于负外部性，经济主体行为的社会成本会大于其私人成本。以图 6-4（a）为例，假设某一高耗能企业存在过量碳排放，其社会成本包括企业自身成本与环境污染导致的外部成本。因此，社会成本曲线在供给曲线上方，二者之差就是受到污染物影响的其他人的外部成本。从社会福利视角出发，企业的最优生产水平为社会成本曲线和需求曲线的交点的生产水平Q_1，而当企业不考虑外部性时，此时，企业的最优生产水平为供给曲线和需求曲线的交点决定的生产水平Q_0。此时，企业忽视了其生产活动的负外部性，存在过度供给，使$Q_0 > Q_1$。

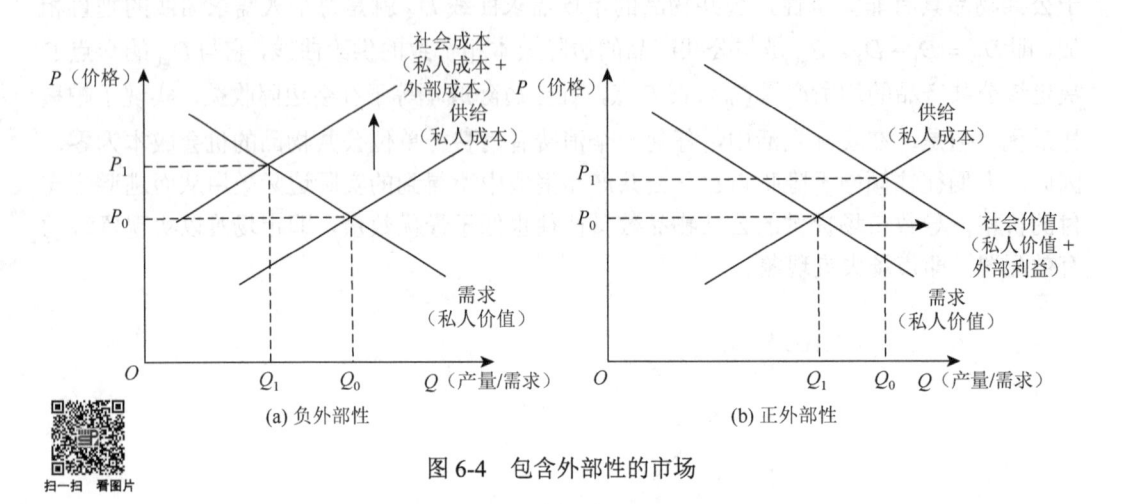

图 6-4　包含外部性的市场

同理，如果某个经济主体的行为使他人受益，受益者却无须承担成本，就产生了正外部性。对于正外部性的分析，经济主体行为的社会价值会大于其私人价值。图 6-4（b）显示了经济主体行为的社会价值。因为外部利益的存在，社会价值曲线在经济主体需求曲线之上，二者之差反映了经济主体的行为给他人带来的利益。当正外部性存在时，从整个社会的角度考虑，最适合的生产水平应该是社会价值曲线和供给曲线的交点，生产水平是Q_0。而当企业忽视了其正外部性，生产水平为Q_1，将造成企业供给不足，使$Q_0 > Q_1$。

温室气体排放具备典型的负外部性特征，即企业为追求自身利益的最大化，在生产和消费过程中并未考虑全社会由温室气体排放所带来的危害从而增加的成本。鉴于碳排放对气候变化的影响是长期的，其负外部性危害是深远的。单一国家解决全球负外部性的治理问题的能力和动机有限，即使有部分国家自觉进行负外部性治理，但只要还有其他当事国不参与治理，主动治理的国家的积极性就可能受挫，全球负外部性的治理效果会大打折扣。因此，碳排放引起的全球负外部性需要各国合作共同解决。

3. 科斯定理

科斯定理是一种产权理论，由斯蒂格勒根据罗纳德·哈里·科斯于 1960 年发表的《社会成本问题》提炼得来。科斯定理颠覆了此前依靠政府解决外部性的观点，提供了以市场机制来解决外部性问题的新思路：只要产权界定清晰，无须政府干预，仅仅依靠市场交易就能够有效解决污染的外部性问题。科斯定理由如下三大定理组成。

（1）科斯第一定理：在市场交易成本为零的情况下，不管初始产权如何配置，当事人之间的谈判都会导致资源配置实现帕累托最优。该定理只在交易成本为零且初始产权界定清晰的前提假设下才成立，而在现实情况下，交易成本往往大于零，由此引出下述定理。

（2）科斯第二定理：在市场交易成本大于零的情况下，初始产权界定的不同将带来不同的资源配置效率。因此，初始产权分配方案的选择对于优化资源配置效率至关重要。

（3）科斯第三定理：在市场交易成本大于零的情况下，产权的合理及清晰界定将有助于降低交易成本，改善经济效率。产权制度的设定是进行市场交易的基础，不同的产权制度下交易成本可能存在差异。此外，产权制度的设计也需要消耗资源，产生成本。因此，产权制度的确定要综合考虑各种产权制度下的交易成本与制度设计成本，选择最具成本效益的产权制度。

碳交易市场是在科斯定理的基础上设计形成的，其通过明确界定碳排放权、允许碳排放权在市场参与主体间进行交易，并通过碳交易市场对资源的优化配置实现社会成本最小化。碳排放权交易的原理在于只要交易带来的净收益高于交易成本，企业通过交易就会有利可图，交易就会进行，直至各企业的边际减排成本相同则停止交易，此时社会总减排成本最小。如图 6-5 所示，假设不考虑交易成本，以甲、乙两企业的碳排放权交易为例说明碳交易市场如何实现社会总减排成本最小化。其中，边际减排成本（marginal abatement cost，MAC）曲线反映企业增加单位减排量所需的成本随总减排量变化的情况。甲企业需完成减排量 O_1T，减排成本为 A；乙企业需完成减排量 O_2T，减排成本为 $B+C+D+E$。此时，减排的社会总成本为 $A+B+C+D+E$。由于此时乙企业的边际减排成本（P_Z）高于甲企业（$P_甲$），双方进行交易均有利可图，直到双方边际减排成本相同（均为 P^*）。通过碳排放权交易，乙企业支付 $B+D$ 给甲企业用于购买 TT^* 碳排放量，减排成本为 $B+C+D$；甲企业通过出售额外的减排量获取收入 $B+D$，减排成本为 $A+B-(B+D)=A-D$。通过碳排放权交易，减排的社会总成本降低至 $A+B+C$，此时 P^* 就是合理的碳价格。

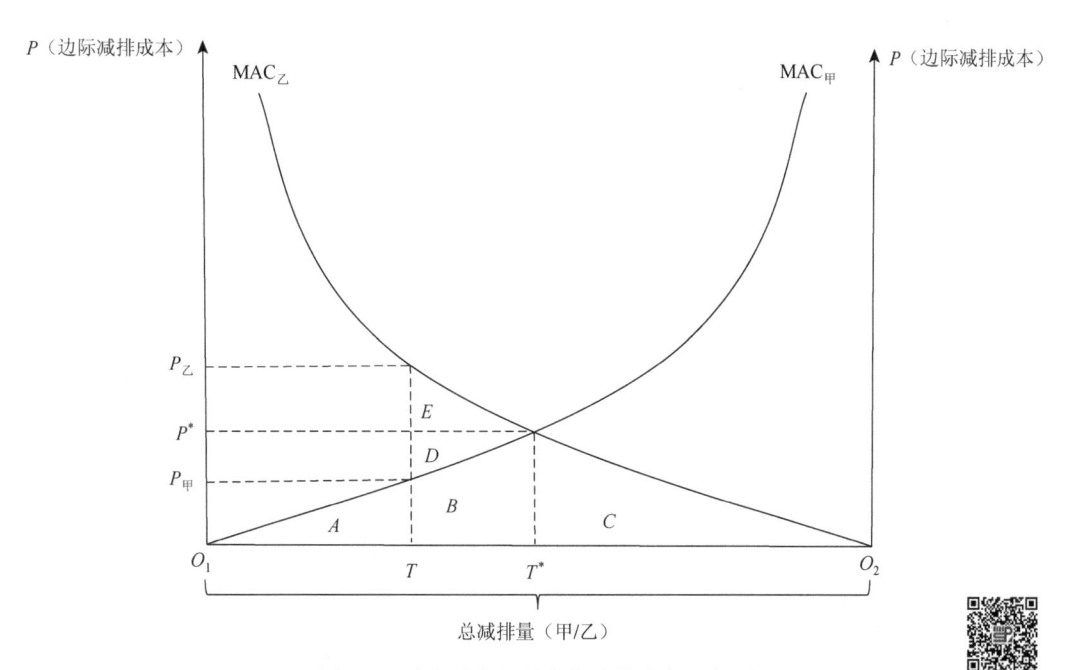

图 6-5　碳交易市场最小化减排成本示意图

6.2.2 碳定价工具

碳定价工具是指对温室气体排放以每吨二氧化碳当量（tCO_2e）为单位给出明确定价的机制。根据世界银行《2023年碳定价机制发展现状与未来趋势》，截至2023年4月，全球已投入运行的碳定价工具共计73种（2022年报告中为68种）。碳定价工具分为直接碳定价与间接碳定价。直接碳定价工具包括ETS、碳税、碳信用等，旨在通过给温室气体的排放赋予价格来激励减排。间接碳定价工具包括燃料税、商品税和能源消费补贴等，它们为碳价提供指示性信号。

1. ETS

ETS是指将碳排放权在碳市场作为商品进行交易的行为，其核心意义在于将外部环境成本化，即依托市场机制将无偿的环境成本有偿化为需要付出经济成本才可享有的生产要素，由此开展以碳排放权为资产性商品的市场交易（彭晓洁和钟永馨，2021）。

ETS围绕"总量控制与交易制度"（cap-and-trade）和"基线与信用机制"（baseline-and-credit）展开。在总量控制与交易制度原则下，各国政府通过拍卖或发放的形式将可交易的排放权配额分发给控排主体，每个配额通常代表排放一吨二氧化碳当量的权利，配额总量即为排放上限。在每个履约期内，控排主体需上缴和其期内排放相对应的配额，控排主体可以在市场中相互交易碳排放配额。在基线与信用机制中，没有通过排放配额来限制各个排放主体，各控排主体在期内产生的排放若少于基线，则可以赚取可交易的碳信用。以下内容将详细介绍总量控制与交易制度下的总量设定和配额分配环节，以及后续的交易机制。

1）碳市场的核心

碳市场的核心是设置适当的总减排量，形成有效碳价。在碳市场中，各企业获得碳配额后，将因边际减排成本不同开展交易，并形成最终碳价。边际减排成本低于碳价的企业，通过增加减排技术投入等手段支持生产，形成碳配额供给；而边际减排成本高于碳价的企业，则通过购买碳配额的方式支持生产，形成碳配额需求。在边际减排成本递增、碳配额总量给定的条件下，供需双方最终能够达成均衡，最终确定碳价。理想状态下的碳价，应能实现减排成本最小化与社会福利最大化（图6-6）。而在实践中，则表现为碳价的相对合理，既不因碳配额供给过少、碳价过高产生过大的负面效果，如大幅增加企业经营压力、损害经济发展等；又不因碳配额供给过多、碳价过低导致企业忽视减排，损害减排效果。

合理的减排量可以保障碳价的相对稳定，令企业能够据其调整生产经营决策，实现市场有效减排。碳市场作为负外部性内部化的数量手段，首先需要通过设置合理的减排量，保障周期内碳价合理。同时，保障碳价相对稳定，为企业调整生产经营决策提供基础，进而促进有效率的碳减排。因此，碳价的合理性和碳价的稳定性是碳市场通过碳定价服务减排的关键。

图 6-6 碳市场示意图

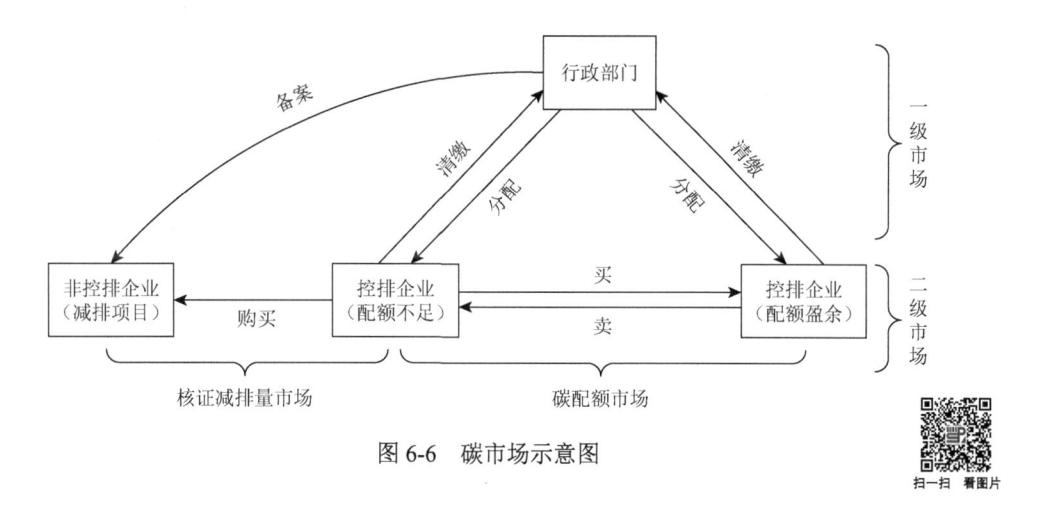

理论上，碳市场是通过碳价影响企业的生产及减排行为的。然而企业的生产经营决策调整，不仅取决于当前碳价，而且取决于对碳价的预期。如果碳价大幅波动，企业不具有稳定的碳价预期，则无法确定进行减排投入还是购买碳配额以支持生产，甚至无法确定应生产还是停工，碳市场通过定价推动减排的作用难以发挥。因此，需要完善的制度设计来保障碳价的合理性、碳价的稳定性，以实现通过碳定价服务减排的目的。

2) 碳市场的运行

碳市场运行可以分为总量设定、配额分配、交易及违约惩罚四个部分。总的来说，首先由行政部门或组织设定区域内一定周期的碳排放总量，并将其分配给控排企业；而后，企业可根据自身排放需求，对碳配额进行交易；在周期末，企业需上缴与自身排放等量的碳配额，否则将面临罚款等惩罚。此外，企业还可以购买 CER 以抵消部分上缴的需求，但可抵消比例通常不高。

根据流程的不同，碳市场的核心可分为一级市场与二级市场：一级市场主要完成总量的设定、碳配额的分配，二级市场主要进行碳配额和 CER 的交易，包括划定参与主体、设定交易品类、增加调节机制等。此外，碳市场通常还包括为企业提供各类减排服务（如咨询服务、交易服务）的服务市场，但非碳市场的核心组成。

前面提到，碳价的合理性、碳价的稳定性是碳市场通过碳定价服务减排的关键，需要完善的制度设计予以保障。而一级市场与二级市场作为碳市场的核心，其制度设计最为关键。以下将当前碳市场的可选制度设计路径分为一级、二级市场，并分别简要汇总。具体可见表 6-2。

表 6-2 碳市场一、二级机制设计的简要示意

市场	职能	路径	优势	劣势
一级市场	总量设定	碳强度	根据实际产出确定碳配额总量，兼顾减排与经济发展	减排确定性低，碳配额最终核定晚
		碳总量	减排确定性高，碳配额最终核定早	碳配额总量刚性，减排与发展无法兼顾

续表

市场	职能	路径		优势	劣势
一级市场	配额分配	无偿	历史法	数据要求低，配额核算简单，推行最为简单	"鞭打快牛"，公平性差，免费获得配额不利于激励企业减排
			基准线法	公平性好，推行相对简单	数据要求高，配额核算相对复杂，免费获得配额不利于激励企业减排
		有偿	拍卖	公平性好，有偿获得配额能进一步激励企业减排	市场建立初期难推行
二级市场	划定参与主体	仅包括履约机构		防止投机	流动性无法保证
		扩容至非履约机构及个人		流动性充裕	可能因投机导致市场波动
	设定交易品类	碳配额	仅现货	产品现成，交易简单	预期管理困难，不利于价格发现
			包含衍生品	利于价格发现，便于预期管理	产品研发专业性强，可能导致投机
		CER		扩大参与主体	项目审核困难，大量运用可能导致碳价波动
	增加调节机制	设定碳价区间（上限、下限）		直接维持碳价稳定	可能导致市场扭曲，具有一定碳税意味
		建立储备机制		调节市场供需，不会导致碳配额总量增加	储备存在上限导致调整幅度有限
		公开市场操作		调节市场供需，总量随时调整	可能导致配额总量波动

总量确定方面，当前主要有两种方式：基于总量（mass-based）的设定方式及基于强度（intensity-based）的设定方式，二者各有优劣。基于总量的设定方式指根据绝对减排目标设定配额总量。通常直接设定某一周期内碳市场覆盖行业排放量较基期排放量的下降目标，从而确定配额总量。该方式的优势在于能够保障减排效果，但劣势在于灵活性不足，无法较好地应对经济环境变化。基于强度的设定方式指根据相对减排目标设定配额总量。通常设定某一周期内碳市场覆盖行业的碳强度（单位产出排放量）基准，进而根据周期内实际产出量确定配额总量。该方式的优势在于总量与需求更加契合，但劣势在于减排的确定性相对较弱且数据要求高。

配额分配方面，当前同样主要有两种方式：免费分配及有偿分配，二者可以混合运用。免费分配是碳市场构建初期出于推行便利度考虑所采用的主要分配方式，主要包括历史法及基准线法。历史法也称祖父法，指根据控排企业的历史碳排放量确定其在总碳排放权分配中的份额。优势在于推行简单；劣势在于其实际造成了历史排放量越高则获取配额越多的问题，对已采取减排措施的企业及高成长性企业不利。基准线法指按照行业总体，或以一定比例的减排效率最高的企业的平均效率作为基准，乘以相应行业中各企业的历史产出及调整系数，来确定企业实际能分配到的免费配额。优势在于相较历史法更能激励企业提升减排效率，且对企业产能扩张限制较小；劣势在于对数据需求量较大，技术要求高，推行较为困难。同时，由于需要等待实际产出确定最终量，总量确定相对较晚。有偿分配会随着碳市场的成熟而逐渐成为主流，其能够进一步激励企业进行减排，而拍卖作为透明度好、效率高的分配方式，已经成为常见的有偿分配手段。

二级市场的交易机制由三个环节组成：划定参与主体，设定交易品类和增加调节机制。调节机制是调节市场价格的重要手段，呈现多样性，大致包括放宽/收紧 CER 的使用、设定拍卖底价、设置额外费用、公开市场操作、配额储备、设定价格走廊、权限下放等，其中设定碳价区间、建立储备机制、公开市场操作最为重要。

2. 碳税

碳税与碳市场有效结合，能有效克服碳市场机制的不足，覆盖更多行业的同时囊括中小企业，提升减碳机制的完整性和灵活度。碳税是以含碳燃料（如煤炭、汽油、柴油）为征税对象，向化石燃料生产者或使用者征收，或者直接对二氧化碳或其他温室气体排放量征收的一种环境税，其出发点是解决环境的负外部性问题。

与碳交易基于总量控制设计原则不同，碳税制度设计的核心是基于价格的制度（price-based regimes），由政府设定税率，碳税所覆盖的企业通过缴纳碳税支付碳排放成本。简单来说，碳交易的降碳逻辑是设置排放总量上限，通过逐年降低排放总量上限实现减排目标，而碳税机制则不设置排放总量上限，通过价格干预引导经济主体优化生产经营行为，从而实现碳减排目的。

因此，碳税具有"双重红利"性。第一重红利为环境红利，征收碳税将提高传统化石能源的使用成本，促使企业通过新能源替代化石能源利用或提高能效等方式，合理减少碳税支出，从而实现全社会减排；第二重红利为社会福利，为降低企业的税赋负担，政府开征碳税的同时将相应降低其他税种税率，或者增加对居民和企业的转移支付，碳税可被政府用于加强碳减排或应对气候变化等投入，创造社会福利。

碳税机制还能弥补碳市场在机制设计上的不足：首先，碳市场由于准入门槛设置，部分中小企业无法被纳入其中，碳市场机制也无法对其发挥减排促进作用，而碳税征收对象适用于所有市场主体，对所有纳税主体都将产生减排推动效应，具有普遍性与公平性；其次，碳市场下碳价具有一定的波动性，企业投资低碳技术的回报预期存在不确定性，而碳税价格确定，可以让企业尽量避免由碳价波动引起的减排成本风险，并促进绿色低碳技术进步；同时，碳交易成本明显高于碳税，建立 MRV[①]体系等花销会对部分企业造成一定的经营负担，而碳税征收可基于现有的征税系统开展，对企业而言，交易成本相对较少，不会造成过重的经营负担。

根据世界银行《2022年碳定价机制发展现状与未来趋势》的统计，2022年全球已有超过 46 个国家和 32 个地区实施或计划实施 61 项碳定价政策，其中 31 个为碳排放权交易市场，30 个为碳税机制，覆盖了 22% 的全球温室气体排放量。芬兰、瑞典等北欧国家将碳税作为消费税（excise tax）、能源税（energy tax）或燃料税（fuel tax）的一部分；在丹麦和斯洛文尼亚等国家，碳税作为环境税的一部分存在；大部分参与 EU ETS 的欧洲国家将碳税作为该体系的补充机制。

3. 碳信用

碳信用又称碳权。经过联合国认可的减排组织认证条件下，国家或企业用以增加能源效率、减少污染开发等形式减少碳排放的权利，因此得到可以进入碳交易市场的碳排

---

① MRV 是指碳排放的量化与数据质量保证的过程，包括监测（monitoring）、报告（reporting）、核查（verification）三个过程。

放计量单位。碳信用是一种碳排放的计量标准。一个碳信用相当于 1 吨二氧化碳。碳信用具有商品属性，其稀缺性决定了其交换价值。在国际碳交易市场中，发达国家通常作为碳信用的购买方，发展中国家作为碳信用的出售方。碳信用可以通过现货交易实现即期交付，又可以通过期货交易达成未来某天的交付约定。碳信用具有国家信用基础，若没有依托的政府信用认证和许可，碳信用将一文不值。这与以国家信用为基础的货币十分类似。碳信用是自愿进行减排的企业可交易的排放单位。它与 ETS 的区别在于，ETS 的减排是出于强制义务，而碳信用机制是自愿进行交易的。

全球碳信用市场由各种各样的供给源、需求源和贸易框架组成。供给来源于不同类型的信贷机制，包括国际信贷机制（international crediting mechanisms）、国内信贷机制（domestic crediting mechanisms）和独立信贷机制（independent crediting mechanisms）三类。国际信贷机制是根据《京都议定书》（包括 CDM 和《巴黎协定》等国际条约建立的信贷机制；国内信贷机制是指国家、地区或各级政府建立的信贷机制，如加利福尼亚州合规补偿计划和澳大利亚减排基金；独立信贷机制，包括由非政府实体管理的标准和信贷机制，如碳信用登记非营利组织 Verra 和黄金标准（gold standard）。

需求来源于国际协议和国家法律规定的一系列合规义务，以及公司、政府和其他组织做出的自愿承诺。大多数碳信用往往会吸引一系列不同类型的买家，这意味着很少有碳信用只与一个需求来源相匹配。大体可以确定四大类需求驱动因素。

一是国际合规市场（international compliance markets），主要响应根据国际协议做出的承诺。主要包括：①国家自愿购买/利用国际条约承认的信贷或"减排结果"（mitigation outcomes），以帮助履行其减排承诺；②购买符合《国际航空碳抵消和减排计划》规定义务的信用额度的航空公司。

二是国内合规市场（domestic compliance markets），主要用于企业购买符合国内法律（通常是 ETS 或碳税）规定义务的信贷。

三是自愿碳市场（voluntary carbon markets），包括实体（主要是私营实体）购买碳信用额度，以遵守自愿减排承诺。虽然一些实体购买的碳信用产品是根据国际或国内的信贷机制发行的，但大多数碳信用还是基于独立的标准发行。

四是基于成果的融资（results-based finance），是指在碳市场中，政府或国际组织购买碳信用额度，以鼓励缓解气候变化或实现国家目标。基于成果的融资还可以指以实现减排而进行的更广泛的支付行为，不需要任何信贷或其他所有权的转让。

6.3 国际碳金融发展概述

本节侧重研究国际碳金融市场的发展和趋势，首先梳理全球主要的碳金融市场，并总结当前碳定价工具的发展情况以及碳金融市场的发展特征。

6.3.1 全球主要碳金融市场

全球碳金融市场快速发展。自 2005 年欧盟建立 EU ETS 以来，美国加利福尼亚州、韩国、新西兰等多个国家和地区开始建立碳金融市场,并将其作为重要的减排手段。目前全球碳交易市场主要集中在欧盟和美国。

1. 欧盟碳金融市场

EU ETS 于 2005 年 1 月 1 日启动运行,是目前世界上最大的排放交易体系,也是发展最早、最为成熟的碳市场。表 6-3 展示了 EU ETS 的四个发展阶段,分别是:第一阶段为 2005～2007 年;第二阶段为 2008～2012 年,2012 年新增航空业;第三阶段为 2013～2020 年(扩张期,进入成熟阶段),新增化工和电解铝,涉及的行业包括电力、石化、钢铁、建材(如玻璃、水泥、石灰)和造纸等;第四阶段为 2021～2030 年(深化期)。

表 6-3 欧盟碳金融市场发展阶段

阶段	第一阶段 (2005～2007 年)	第二阶段 (2008～2012 年)	第三阶段 (2013～2020 年)	第四阶段 (2021～2030 年)
参与国家	28 个成员国	28 个成员国	欧盟 28 个成员国以及冰岛、列支敦士登、挪威	欧盟 27 个成员国与冰岛、列支敦士登、挪威
涉及的气体	CO_2	CO_2、选择性加入 NO_2	CO_2、NO_2、铝生产过程中的 PFC(perfluorocarbon,全氟化碳)	
减排目标(总)	完成《京都议定书》中承诺目标的 45%	国家减排量 6.5%,年均减排 20.98 亿吨	2020 年在 1990 年基础上减排 20%,年均减排量 18.46 亿吨,制定排放总量上限	2030 年在 1990 年基础上减排 55%
配额分配方法	成员国自下而上确立减排目标		欧盟委员会统一制订配额分配方案	
	主要为免费发放	增加拍卖机制,成员国最多拍卖 10%,约 90%的配额以免费形式发放	部分免费发放,配额按每年 1.74%的比例线性下降	部分免费发放,配额以每年 2.2%的比例线性下降
	新进入者预留 5%的配额			
碳金融基础产品	配额:EUA	配额:EUA。抵消信用:CER 和 ERU(emission reduction unit,减排单位)		
碳金融衍生品	远期、期货、期权、掉期等			
惩罚	每吨 40 欧元	每吨 100 欧元,第二年配额发放时扣除超标量		

资料来源:EU Commission(欧盟委员会),平安证券研究所

第一阶段(2005～2007 年)的目标是测试 EU ETS 的设计,实现更有效的温室气体排放控制,并建立一个空前规模的排放交易市场。然而,这一阶段面临的主要挑战是许可证的过度分配,导致许可证价格几乎为零。尽管如此,该阶段成功地创建了世界上最大的交易体系。

第二阶段(2008～2012 年)约有 90%的许可证免费分配,10%通过拍卖进行分配;与第一阶段不同,第二阶段允许储存配额(banking)以供第三阶段使用。这不仅防止配额在第二阶段期末时价格降至零,还增加了控制排放的公司使用或交易 EUA 的灵活性。

第三阶段(2013～2020 年)继续扩大行业范围。从 2013 年起,欧盟排放配额的上限每年减少 1.74%,以达到 2020 年欧盟温室气体排放水平比 2005 年低 21%的要求。从第三阶段开始,更多的许可证将通过拍卖分配,从第二阶段实际拍卖的 3%增加至至少 50%。

第四阶段(2021～2030 年)要求每年配额总量减少 2.2%,并停止使用碳信用抵消。对于碳泄露风险较小的行业,预计 2026 年后将逐步取消免费分配,同时,将为密集型工

业部门和电力部门建立低碳融资基金。

2. 北美碳金融市场

美国和加拿大都尚未建立全国性的 ETS，但设立了区域性的减排计划，主要有区域温室气体倡议、西部气候倡议等。

区域温室气体倡议（regional greenhouse gas initiative，RGGI），是美国第一个以法律为基础的强制市场机制，专门用于减少区域内的温室气体排放。2005 年 12 月，由美国康涅狄格州、特拉华州和缅因州等 12 个州联合成立的电力行业（装机容量大于或等于 25 兆瓦且化石燃料占 50%以上的发电企业）碳交易市场，主要涉及电力部门并覆盖区域排放量的 20%。截至 2022 年，共涉及美国 12 个成员州：康涅狄格州、特拉华州、缅因州、马里兰州、马萨诸塞州、新罕布什尔州、新泽西州、纽约州、罗得岛州、佛蒙特州、弗吉尼亚州和宾夕法尼亚州。2013 年起，RGGI 开始实施配额总量设置的动态调整，大幅缩减了配额总量。2014 年较上年配额数量削减 45%，并在 2020 年之前均保持每年 2.5 个百分点的递减速度。在这一政策带动下，RGGI 碳市场价格开始稳步上扬。RGGI 的具体运行流程与欧盟类似，每个州先根据自身在 RGGI 项目内的减排份额获取相应的配额，再以拍卖的形式将配额下放给州内的减排企业。不同之处在于，RGGI 覆盖下企业要按照规定安装二氧化碳排放跟踪系统，记录相关数据。

美加西部气候倡议（western climate initiative，WCI）碳交易市场是由美国加利福尼亚州等西部 7 个州和加拿大中西部 4 个省于 2007 年 2 月签订成立的。11 个行政区联合设立了 WCI 方案，并于 2010 年公开、2011 年设立非营利组织。WCI 的碳排放权限制和交易体系包括发电、工业和商业化石燃料燃烧、工业过程排放、运输天然气和柴油消耗以及住宅燃料使用所排放的二氧化碳（CO_2）、甲烷（CH_4）、氧化亚氮（N_2O）、氢氟烃（HFC）、全氟碳化物、六氟化硫（SF_6）和三氟化氮（NF_3）。在碳市场运行方面，加利福尼亚州、魁北克省和安大略省行动积极。美国加利福尼亚州总量和交易机制（California's cap-and-trade program，CCTP）与魁北克碳市场均成立于 2012 年，又于 2014 年相互联通。二者均覆盖了工业和大多数高耗能行业，可覆盖区域碳排放在 80%以上。其特点在于价格走廊政策的实施，执行最低和最高限价政策。加利福尼亚-魁北克碳市场的运行可分为三个阶段：第一阶段为 2013～2014 年，90%以上配额免费分配；第二阶段为 2015～2017 年，高泄漏类企业免费得到配额，中等泄漏类企业可免费得到 75%的配额，低泄漏类企业可免费得到 50%的配额；第三阶段，中等泄漏类企业免费得到的配额比例下降到 50%，低泄漏类企业下降到 30%，高泄露类企业不变。

3. 新西兰碳金融市场

新西兰碳排放交易体系（New Zealand carbon emissions trading system，NZ ETS）始于 2008 年，是世界上第二个国家 ETS（Diaz-Rainey and Tulloch，2018），也是部门覆盖最广的国家 ETS（ICAP，2018）。NZ ETS 分阶段纳入各个部门，包括林业、固定能源、工业过程、交通、废物、合成气体等领域。特别的是，农业温室气体被排除在外，并有机会发展自己的排放定价方案。最初的 NZ ETS 旨在包括所有部门和所有温室气体，所以在全球排放交易体系中具有迄今最广泛的部门覆盖面。截至 2019 年 12 月，超过 50% 的新西兰温室气体排放被 NZ ETS 覆盖（Liao et al.，2023）。

新西兰温室气体减排目标分为短期、中期和长期三个阶段。为改善碳市场运行，新西兰政府 2019 年施行第二轮改革方案，包括以下主要措施：逐步取消固定价格机制，并过渡到成本控制储备（cost containment reserve，CCR）；允许设置底价（floor price），根据市场需要以拍卖底价的方式形成最低价格限制。完善配额分配方法，引入拍卖机制并建立相应的风险管理制度。加强履约管理，针对未按时完成履约的控排企业，按照配额缺口数量以 3 倍于当前市场价格作为单价计算罚款金额。强化信息公开，公布更详细的碳排放数据，提高市场透明度。建立独立的市场管理工作方案，针对市场操纵等问题加强监管。

4. 韩国碳金融市场

由于韩国政府强调重化工、钢铁、电气电子设备等出口导向型产业的政策，这些产业因其较高的能源密集度而需要大量的能源消耗，因此该国的能源消耗总量远远高于 OECD 国家的平均水平，韩国经济总量 2021 年排名世界第 10 位。2015 年在巴黎举行的第 21 届联合国气候变化大会上，根据其在全球经济中的经济表现，韩国承诺到 2030 年，碳排放量减少 37%，这是韩国经济向绿色增长转型的一个里程碑（Choi et al.，2017）。韩国在应对气候变化方面走在发展中国家前列，李明博政府（2008~2013 年）于 2010 年推出了《低碳、绿色增长框架法》，这是韩国第一部应对气候变化的法律。该法提出了缓解气候变化的三项政策选择：温室气体排放管理计划、能源目标管理计划、碳税和 ETS。关于气候变化政策设计的激烈政治争议最终以 ETS 的采用而结束，但没有征收碳税。2012 年 5 月 2 日，韩国政府通过《温室气体排放许可证分配和交易法》建立了温室气体排放交易体系，该法案自 2015 年起生效，代表韩国排放交易体系正式启动（Kim，2016）。

表 6-4 为韩国 ETS 的三个发展阶段。韩国 ETS 于 2015 年启动，第一阶段和第二阶段各为期三年，之后以每五年为一个阶段，每个阶段分别制定相应的政策目标和规划。

表 6-4 韩国 ETS 发展阶段

阶段	第一阶段（2015~2017 年）	第二阶段（2018~2020 年）	第三阶段（2021~2025 年）
配额分配	100%免费分配	97%免费，3%拍卖	90%免费，10%拍卖
抵消机制	仅允许使用国内抵消信用，且比例不超过排放总量的 10%	允许使用国内和国际抵消信用，且比例不超过排放总量的 10%（其中国际抵消信用比例不超过 5%）	允许使用国内和国际抵消信用，但抵消比例降低为排放总量的 5%（其中国际抵消信用比例没有单独限制）
市场稳定储备	拍卖预留配额（不高于总量的 25%）；设定配额最低（70%）和最高（150%）持有量；限制配额跨期存储量；限制 CER 抵消比例；设定配额价格上涨上限或下跌下限

6.3.2 碳金融市场发展现状

碳金融市场的发展现状主要从碳定价机制发展现状、碳金融市场的发展特征以及碳金融产品的发展现状三方面展开。

1. 碳定价机制发展现状

能源价格和生活成本危机是推动 2022 年碳价格走势、影响碳税和 ETS 设计与实施的重要因素，但是碳税和 ETS 较好地应对了充满挑战的政治和经济环境，一些国家采取了直接干预手段以保持碳税或 ETS 价格稳定，而在一些地区，尤其是在欧洲，碳价还出现了上涨的趋势。

1）ETS 和碳税覆盖范围

2022 年温室气体排放中受碳税或排放交易系统覆盖的份额略有增加。截至 2023 年 4 月 1 日，正在运营的 ETS 和碳税覆盖了全球约 24% 的温室气体排放（图 6-7），较一年前增加了不到 1%。不同的碳定价工具的覆盖范围之间存在重叠，且国家之间碳定价工具的覆盖范围存在较大差异，如乌拉圭的碳税只覆盖汽油，而新加坡碳税涵盖了国家温室气体排放的约 80%。总的来说，尽管一些国家的政策覆盖的范围扩大，也有新的碳定价工具的实施，但是，全球温室气体排放中被碳税或 ETS 覆盖的比例增加幅度相对较小，主要原因是大多数实施碳税或 ETS 的司法管辖区的温室气体排放正在减少。

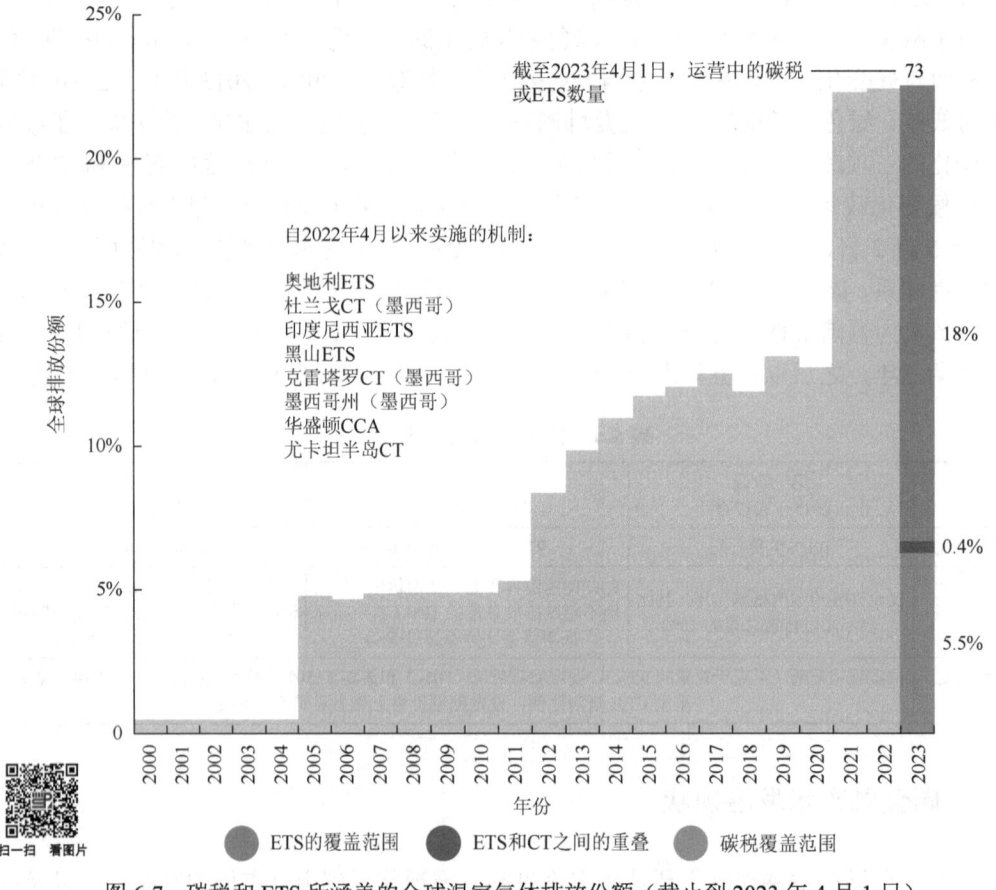

图 6-7 碳税和 ETS 所涵盖的全球温室气体排放份额（截止到 2023 年 4 月 1 日）

资料来源：世界银行《2023 年碳定价机制发展现状与未来趋势》
CT 表示碳税（carbon tax）

2）ETS 和碳税收入

由 ETS 产生的收入在 2021 年首次超过了碳税产生的收入。虽然从历史上看，碳税创造的收入比 ETS 多，但近年来，这一差距已经缩小。在 2021 年，ETS 创造的收入超过了总收入的 2/3。这在很大程度上反映了一个事实，即碳排放交易系统的价格比固定价格工具上涨得更快。越来越多的碳排放份额通过拍卖方式获得而不是免费分配。例如，新西兰在 2021 年加大了碳排放份额的拍卖力度，开始通过运营碳排放交易系统获得额外收入。

来自 ETS 和碳税的收入继续增长，并在 2022 年达到创纪录的新高（图 6-8）。延续之前的趋势，2022 年全球碳税和 ETS 收入增长超过 10%，达到近 950 亿美元。与上一年相比，全球碳税和 ETS 的收入增加了约 100 亿美元。按绝对值计算，EU ETS 在 2022 年产生的收入最多，为 420 亿美元，其中约 78 亿美元的收入增长占全球碳定价收入总增长的 76%以上。在人均的标准上，瑞典的道路运输碳税是产生最高收入的工具，人均收入略高于 200 美元。2022 年，ETS 占全球政府直接碳定价收入的 69%，其余 31%来自碳税。

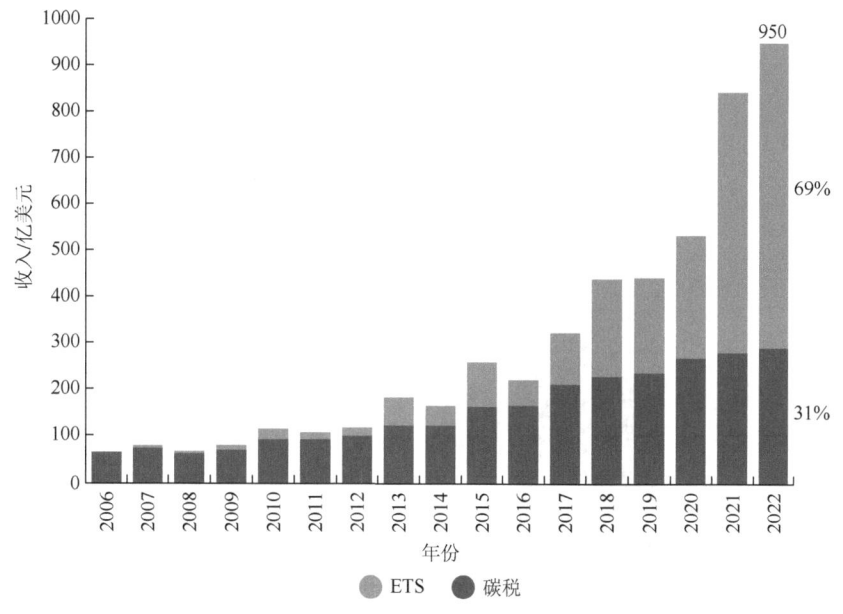

图 6-8　全球碳税和 ETS 收入随时间的演变

资料来源：世界银行《2023 年碳定价机制发展现状与未来趋势》

自 2017 年以来，EU ETS 的收入增长了 7 倍，主要原因是价格上涨，同时也与自由分配逐渐转向拍卖的交易机制有关。尽管如此，EU ETS 中仍有 35%的配额是免费分配的，这产生了相当大的机会成本——拍卖这些免费的配额每年可以产生大约 200 亿美元的额外收入。2022 年，中国的国家 ETS 覆盖的排放量是 EU ETS 的两倍多，但由于采取了 100%的免费分配，没有获得任何收入。

根据《2023 年碳定价机制发展现状与未来趋势》，碳税和 ETS 收入的 46%被指定为专门用途，特别是绿色支出，另外 10%被直接转移到脆弱的家庭和企业。其余部分用于一般预算（29%）、减税（9%）和其他目的（6%）（图 6-9）。与前几年相比，用于特定

图 6-9 2021 年碳收入的规模和用途

资料来源：世界银行《2023 年碳定价机制发展现状与未来趋势》

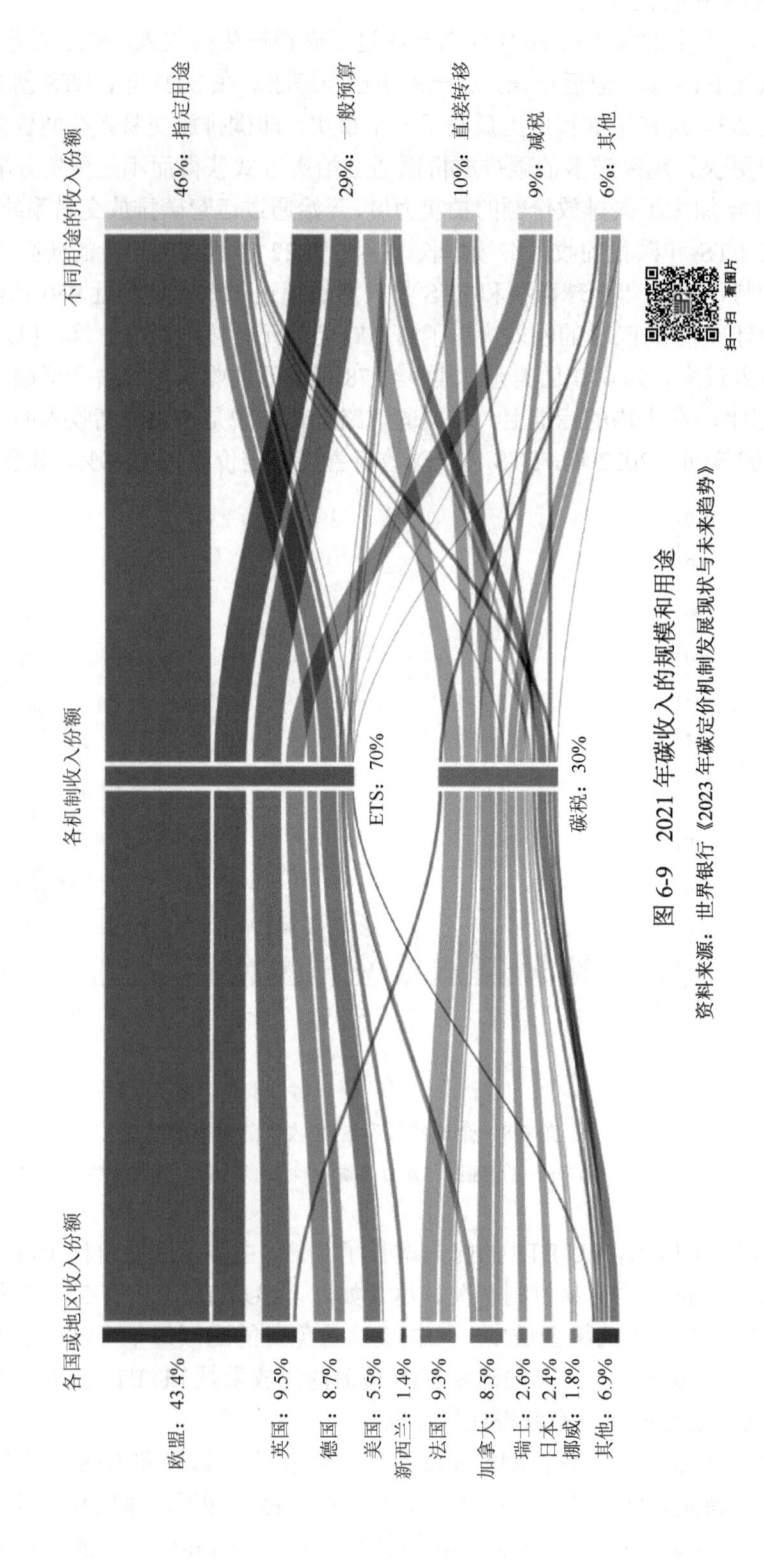

目的的碳收入比例有所增加。这一增长是由 EU ETS 下的收入增加所推动的,其中分配给成员国的大部分拍卖收入用于与气候和能源相关的活动(远高于此前欧盟立法要求的 50%)。相比之下,间接碳价(如燃料消费税)的大部分收入没有指定用于特定目的。OECD 的研究表明,如果收入用于资助绿色基础设施和低碳技术,或将其重新分配给低收入家庭以及受政策影响最大的人群,公众对气候政策(包括 ETS 和碳税)的支持会更大。

3)碳价格

碳税定价在 2021 年和 2022 年初有所提高,但涨幅低于 ETS 价格。2021 年,碳税税率平均增加了约 6 美元/吨二氧化碳,并在 2022 年 4 月 1 日之前进一步增加了 5 美元/吨二氧化碳。大多数碳税管辖区提高了碳税,一些司法管辖区的碳税创历史新高,包括不列颠哥伦比亚和加拿大、爱尔兰、拉脱维亚、新加坡、南非、瑞士(图 6-10)。

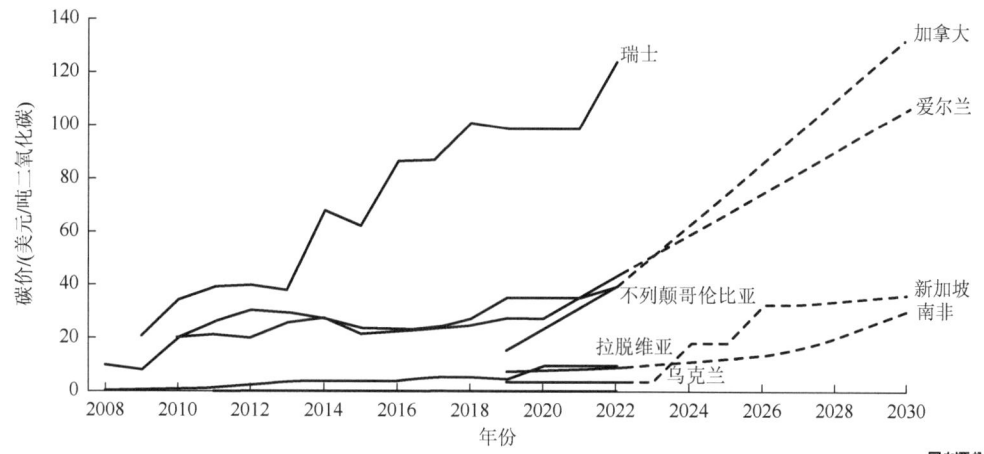

图 6-10 部分管辖区碳税创历史新高
资料来源:世界银行《2022 年碳定价机制发展现状与未来趋势》
虚线表示已传达未来价格走势的司法管辖区的计划价格上涨情况

2021 年,直接碳定价升至历史高点。碳排放交易系统的碳价增长尤其明显,EU ETS、CCTP、RGGI 和 NZ ETS 的碳价格都呈上升趋势(图 6-11)。自 2021 年年中推出以来,英国排放交易体系(UK ETS)的价格也大幅上涨。2022 年初,多个国家碳交易系统的价格出现了大幅下跌,但此后均出现了回升。其中,中国 ETS 的碳价在 2021 年底下降后,于 2022 年初回升。韩国碳交易价格也在 2022 年 2 月逐渐回升。俄乌冲突爆发后,欧盟、新西兰和韩国的 ETS 价格大幅下跌,但四个体系的碳价格都已回升。

尽管许多主要碳定价机制的价格都在上涨,但总体而言,目前的价格仍不足以推动实现《巴黎协定》目标所需的变革,或释放对基本脱碳途径的投资。为实现到 2030 年将全球升温控制在 2℃的目标,碳定价高级别委员会确定了一个 50 美元/吨二氧化碳至 100 美元/吨二氧化碳的碳价格波动范围,以此作为全面气候政策计划的一部分。实际上,在 2022 年,全球仅有不到 4%的温室气体排放在直接碳定价工具的覆盖范围内,且这些工具设定的价格超过了实现 2030 年气候目标所需碳价的预估范围。此外,联合国政府间气候变化专门委员会表示,要实现气温上涨不超过 1.5℃的目标,到 2050 年需要制定更高的

图 6-11　2008～2022 年碳排放交易系统价格演变趋势

资料来源：世界银行《2022 年碳定价机制发展现状与未来趋势》

价格才能将温室气体排放减少到净零排放。由 30 位气候经济学家在 2021 年进行的一项调查结果表明，要实现这一目标，碳价格须达到 50～250 美元/吨二氧化碳，最合适的值为 100 美元/吨二氧化碳。大多数管辖区域都需要提高价格，同时采取一套连贯的补充性政策措施，以实现短期缓解目标和长期净零战略。

2. 碳金融市场的发展特征

根据《ICAP 2023 年度报告》，全球碳市场在后疫情时代、俄乌冲突及能源危机等多重挑战下，展示了对外界冲击的韧性，并在这些波动中保持稳步发展，主要呈现以下特征。

1）城市到区域性国际组织碳市场在不同政府层级平稳运行，部分市场间建立初步连接

目前，全球碳市场的政府实施层级呈现出多样性和复杂性（图 6-12）。首先，从城市、省/州、国家到政府间区域性国际组织等不同政府层级均有碳市场运行。例如，中国现运

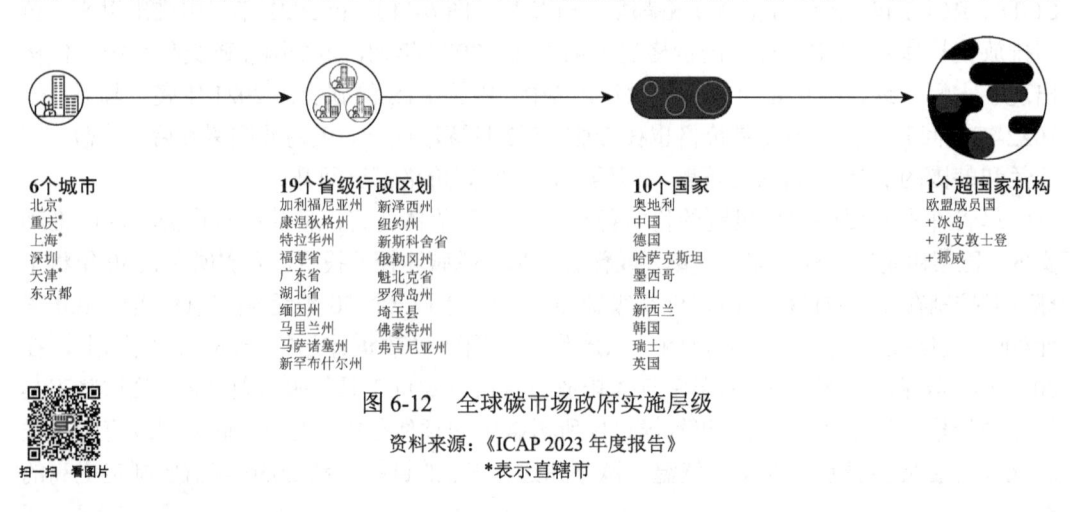

6个城市
北京*
重庆*
上海*
深圳
天津*
东京都

19个省级行政区划
加利福尼亚州　新泽西州
康涅狄格州　　纽约州
特拉华州　　　新斯科舍省
福建省　　　　俄勒冈州
广东省　　　　魁北克省
湖北省　　　　罗得岛州
缅因州　　　　埼玉县
马里兰州　　　佛蒙特州
马萨诸塞州　　弗吉尼亚州
新罕布什尔州

10个国家
奥地利
中国
德国
哈萨克斯坦
墨西哥
黑山
新西兰
韩国
瑞士
英国

1个超国家机构
欧盟成员国
＋冰岛
＋列支敦士登
＋挪威

图 6-12　全球碳市场政府实施层级

资料来源：《ICAP 2023 年度报告》

*表示直辖市

行的碳市场包括了北京、深圳等城市级试点碳市场，湖北、广东等省级试点碳市场，以及全国性碳市场。这些不同层级碳市场的覆盖范围也存在一定差异。欧盟碳市场是目前全球最大的跨国家碳市场，截至2022年涵盖30个欧洲国家。其次，不同层级的碳市场之间存在一定交叉关联。例如，在北美，许多省级或州级碳市场同时运行，其中一些碳市场已与其他国内碳市场或国际碳市场建立了相互连接机制。

2）管辖范围不断扩大

《ICAP 2023年度报告》显示，2023年与2022年相比，全球碳交易市场的数量以及覆盖洲际范围均有增加。截至2023年1月，全球共有28个碳市场正在运行，比2022年增加了3个（包括奥地利、黑山和美国华盛顿州碳市场），覆盖了全球17%的排放量、近1/3的人口和55%的全球国内生产总值。

此外，包括哥伦比亚、印度尼西亚和越南等在内的8个碳市场正在建设中，预计未来几年内投入运行。同时，还有12个司法管辖区也开始考虑建设碳市场，其中，尼日利亚是首个考虑建设碳市场以助力缓解气候变化问题的非洲国家，代表了非洲在碳市场建设方面实现了大跨步质变。这些行动表明越来越多的政府致力于使用碳定价工具在全球范围内应对气候变化。

3）覆盖范围不尽相同，电力工业成重点控排行业

电力和工业是全球各碳市场重点纳入减排的行业，其次是建筑和交通运输行业。其中，NZ ETS覆盖行业范围最为广泛，包含电力、工业、建筑、交通、国内航空、废弃物、林业。

从碳交易市场覆盖温室气体排放比例上看，《ICAP 2023年度报告》表明加拿大新斯科舍省碳市场、魁北克省碳市场及美国加利福尼亚州碳市场覆盖的当地温室气体排放比例较高，但实际覆盖排放量较小；从覆盖温室气体排放量大小上看，中国碳市场及其试点、欧盟碳市场、韩国碳市场覆盖的温室气体排放量较大。

4）交易规模再创新高，交易价格持续上涨

根据路孚特（Refinitiv）发布的《2022年全球碳市场年报》（*Carbon Market Year in Review 2022*），2022年全球大型碳市场再创新高[①]，碳排放权的交易额达到创纪录的8650亿欧元（约合9289亿美元），共交易125亿吨碳配额。尽管受到俄乌冲突和能源危机的影响，交易量较2021年减少了21%，但由于碳价持续上涨，全球碳市场交易额仍实现了可观增长。在众多碳市场中，欧盟碳市场2022年的交易规模位居全球首位，碳交易额达7514.59亿欧元，占全球总量的87%。截至2022年，中国碳市场已经成为全球累计配额交易量第二大的市场，交易额总计5.04亿欧元，但距离欧盟仍有较大差距。

交易价格方面（图6-13），EU ETS价格位居全球领先水平，UK ETS价格也在2022年继续上涨，甚至超过欧盟碳价。WCI和RGGI的平均碳价也超过历史最高水平。亚太地区，NZ ETS价格再创新高，继续领跑亚太地区其他碳市场，韩国ETS价格则出现下跌，中国ETS加权平均价格为55.3元/吨（约8欧元/吨），比2021年高出近30%，但仍处于较低水平。

---

① 包括欧盟、英国、中国、韩国、新西兰，以及美国的两大区域碳市场（WCI和RGGI）。

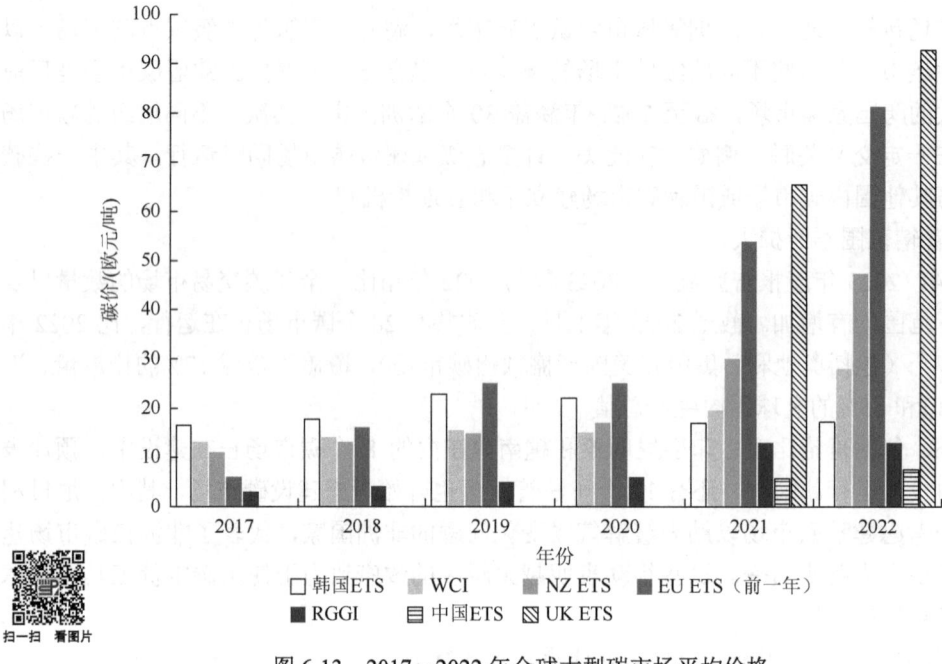

图 6-13　2017~2022 年全球大型碳市场平均价格

资料来源：路孚特《2022 年全球碳市场年报》

3. 碳金融产品的发展现状

碳金融产品是指建立在碳排放权交易的基础上，服务于减少温室气体排放或者增加碳汇能力的商业活动，以碳配额和碳信用等碳排放权益为媒介或标的的资金融通活动载体。丰富碳金融产品体系，有助于发挥其价格发现、规避风险、套期保值等功能，提高碳市场的流动性和市场化程度，促使碳交易机制更加透明。

国际碳市场较早开始探索创新碳市场交易工具。依托传统金融市场的优势，EU ETS 在建立伊始就引入了碳金融衍生品，是目前全球规模最大、覆盖面最广、最有代表性的碳金融市场。碳期货方面，2022 年，EU ETS 的碳期货的交易规模占 EU ETS 的 80% 以上，是目前世界上规模最大、运行时间最长的碳期货交易市场。同时，CCTP、RGGI、UK ETS 等碳市场均涵盖碳期货。

表 6-5 为国际主要碳市场交易工具的开发情况，碳期权作为在碳期货基础上产生的一种碳金融衍生品，在 EU ETS、区域温室气体减排行动中较为活跃，UK ETS 也已于 2022 年 10 月 10 日推出碳期权。正在运行的碳市场中，NZ ETS 虽启动较早，但因其体量较小、产品体系单一的问题难以提供丰富的碳市场交易工具；加拿大新斯科舍省总量控制与交易体系（2019 年）、墨西哥碳市场试点项目（2020 年）、德国全国碳市场（2022 年）以及美国俄勒冈州总量控制与交易体系（2022 年）等碳市场处于起步阶段，目前仅限于碳现货交易。

表 6-5 国际主要碳市场交易工具开发情况

交易工具	EU ETS	NZ ETS	RGGI	CCTP	UK ETS
碳远期	√	√			
碳期货	√		√	√	√
碳期权	√		√		√
碳掉期	√				

以欧盟和韩国为例,欧盟、韩国通过开发多元化的现货、期货产品,满足企业多样化的需求。EU ETS 在第一阶段就开发了 EUA、CER 和 ERU 等抵销类产品,在第二阶段纳入航空业后开发了 EUAA。在现货产品的基础上,欧盟在第一阶段就开发了基于 EUA 的期货和期权产品,基于 CER、ERU、EUAA 的期货、期权等产品。EU ETS 产品类型较丰富,满足了不同交易主体的需求。类似地,韩国碳市场也开发了排放配额、核证抵销排放权、核证抵销减排量,其中核证抵销排放权可用来抵销控排企业排放量,但不能超过总排放量的 10%;核证抵销减排量没有使用期限制,从第二阶段开始允许交易,但必须转换成对应年份的核证抵销排放权才能用于抵销。2019 年韩国碳市场允许国际减排项目进入,新增国际核证抵销排放权、国际核证抵销减排量产品。此外韩国积极发展碳金融衍生品,计划于 2023 年第四季度推出碳期货产品。

数据显示,EU ETS 实践中碳金融衍生品的交易量要明显高于碳配额的交易量。欧盟交易量最大的碳金融产品是碳期货(图 6-14)。根据欧洲能源交易所发布的数据,2020 年 1 月至 2022 年 12 月 EU ETS(包括一级配额拍卖市场和二级配额交易市场)交易规模仅 18.88 亿吨,其中二级配额交易市场仅 1.66 亿吨,同期碳衍生品市场交易量达 17.69 亿吨。欧盟碳期货的交割方式是实物交割,如果没有以碳期货为主的碳衍生品市场的发展,欧盟

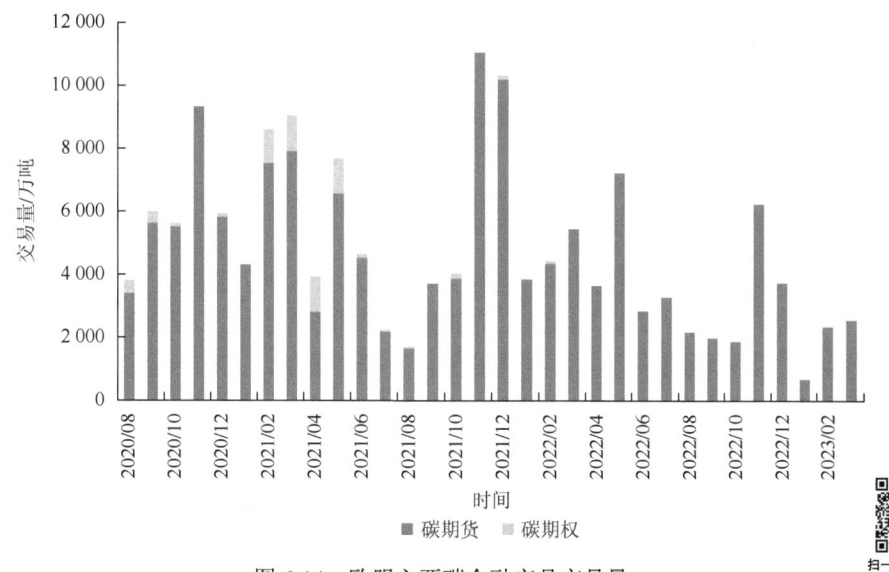

图 6-14 欧盟主要碳金融产品交易量

资料来源:欧洲能源交易所,国务院发展研究中心金融研究所和上海环境能源交易所发布的《碳市场金融属性的发展与完善》

碳配额交易的市场规模将显著缩水。2018 年至 2023 年 3 月欧盟参与碳期货市场交易的金融机构由 250 家增加至 494 家，控排企业在 2021 年之前为 60 家左右，2021 年 6 月后减少至 30 家左右，但金融机构数量占比稳定在 70%左右。

6.4 碳价影响因素

全球气候问题的严重性日益凸显，各国政府和组织机构将碳市场作为控制温室气体排放的有力抓手。碳市场交易价作为碳交易市场的晴雨表，最能直接有效地反映碳市场的运行情况。研究碳市场价格影响因素对于统一碳市场定价有一定的指导作用，本节将梳理归纳国内外学者对碳市场交易价格影响因素的相关研究。

6.4.1 国际碳价波动的影响因素

碳交易市场的碳价波动特征并不完全清晰，并且在不同国家之间也存在较大差异。通过梳理国外文献中对碳价波动特征的研究，可以更好地了解碳交易市场的运作规律，为市场参与者提供更为清晰的市场分析和决策依据。部分研究表明，EUA 期货的收益率呈现出显著的波动性、集聚性、长期性等特征（Chevallier et al.，2011），碳交易价格并非一种随机游走的过程，而是具有短期记忆和混沌特性。总的来说，根据研究结果，碳价波动受到宏观经济、政策环境、能源价格以及气候变化等因素的共同影响。

1. 宏观经济因素

根据经济学中的供给需求理论，一个国家的宏观经济状况必定会对企业的生产活动产生重大的影响，而企业的经营情况又会影响二氧化碳的排放量，因此宏观经济状况会对碳价的波动产生一定程度的影响（张英和苏建兰，2023）。各国推出的经济刺激政策会使碳价呈现缓慢上升的趋势。学者研究表明欧盟碳配额期货价格会受到经济的影响，二氧化碳排放量与经济增长呈倒"U"形关系（Wilkerson，2012）。部分学者发现经济下行会导致碳交易市场的活跃度大大降低（Heim et al.，2013）。

2. 政策环境因素

碳市场是一种政策导向型市场，碳价容易受到政府行为的影响，如总量的松紧程度、拍卖的价格设定、配额有效期、抵销比例的变化等因素都会对二级市场价格产生影响。清晰、明确的政策路径能够给企业提供强有力的可预见性，有助于企业在节能减排方面做好长期规划，从而加强企业参与碳市场交易的意愿。

如果无法保证政策的连续性，没有形成稳定的市场预期，企业往往只是消极被动地参与交易甚至持观望态度，容易出现市场活跃度只集中在履约期的情况。这样一来，履约期的配额需求集中增加，碳价随之上涨，造成企业履约成本增加，不利于碳市场实现低成本减排的目标；而在非履约期，因为市场流动性偏低，难以充分发挥价格发现功能，也无法形成连续有效的价格信号。

3. 能源价格因素

能源价格的波动通过多种渠道与碳市场相互关联，直接或间接地影响碳价的波动，很多学者都发现了能源价格会显著影响碳价（Chevallier，2009；Mansanet-Bataller et al.，2006；Koch et al.，2014）。能源价格的波动直接影响企业的生产成本，尤其是对于能源密集型产业。当能源价格上升时，企业的碳减排成本也相应增加，因为更高的能源成本使得低碳技术更为吸引人。此外，在能源价格上升时，对清洁能源的需求可能增加，从而推动与碳减排相关的项目和技术的发展。这可能导致碳排放配额市场的供需关系发生变化，进而影响碳价（Ji et al.，2018）。能源价格的波动还受到市场参与者的预期和投机行为的影响，投资者对未来能源供需的预期和对碳市场的投机行为都会导致碳价格的不稳定性。

4. 气候变化因素

气候变化对碳价的影响同样较大，部分学者研究发现气候环境是碳价波动的主要原因（Alberola et al.，2009；Bredin and Muckley，2011；Kautto et al.，2012）。气候变化主要通过三条途径对碳价产生影响。首先，气温的变化会影响居民对特定产品的消费需求。例如，供暖需求会随着温度的降低而增加，从而导致更多的排放和更高的碳价格。其次，天气作为影响企业生产的重要外部因素，对碳价格也有显著影响。极端的天气条件会影响企业的生产，从而减少排放，降低碳价。最后，极端天气会对风能和太阳能等新能源发电产生直接影响，从而影响能源价格，进而影响碳价格。有部分学者证实极端天气对碳价有显著影响，且碳市场对温度和季节较为敏感（Liu，2012）。碳价几次较大幅度的上涨都与气温上升有关，且上涨幅度较快，下跌速度较慢。

6.4.2 中国碳价波动的影响因素

我国的碳交易市场建设较晚，对我国碳交易市场的研究也相对不足。当前，相关研究主要集中在对我国碳价波动特征、碳价波动因素进行探讨。研究表明，中国碳交易市场的碳价波动呈现出一定的聚集性特征（吕勇斌和邵律博，2015）、记忆性（杜莉等，2015）、非对称性（郭文军，2015），碳价的影响因素可以归为政策环境、市场环境以及外部环境三类。

1. 政策环境

政府在碳市场监管方面采取的政策举措对碳价波动具有重要影响。例如，政府颁布了一系列限制碳排放的政策，加强了企业对碳配额的需求，从而导致碳价的波动。由于碳减排在某种程度上被视为政治任务，因此相对于一般的金融市场，碳市场更容易受到政府的干预和调控。政府可以规定碳配额的分配机制，通过参与、申请登记 CDM 项目等手段，推动企业的温室气体减排，因此，分配机制对碳排放权价格也有显著的影响（张硕，2020）。此外，政府还可通过内外部检查监督企业的环保合规情况，对不符合环保标准的企业进行惩罚。这在一定程度上促使企业自觉遵守环保法规，减少碳排放，进而对碳价产生影响。

2. 市场环境

市场因素通过调整供求关系、流动性和投资者预期等渠道，对碳价的波动起到至关重要的作用。供求关系的变化直接影响碳价，供给不足可能导致碳排放权价格上涨，而供给过剩则可能导致价格下跌。碳市场的流动性问题同样会引发碳价波动，包括二级市场的价格波动以及新投资者的出现等。投资者对碳市场的预期受宏观经济状况变化的影响。宏观经济的波动可能改变投资者对碳市场的信心和期望，从而影响碳价。例如，在经济繁荣期，企业更可能投资于低碳技术和清洁能源，而在经济衰退期，可能减少对这些项目的投资，进而影响碳市场的供求关系和碳价（马慧敏和赵静秋，2016）。

3. 外部环境

外部因素包括国际碳价及汇率的变动、气候变化、能源价格的波动等。

国际碳交易市场的波动对我国碳市场具有显著影响。鉴于我国碳市场相对较新且尚未成熟，国际碳价格和汇率的波动会间接影响国内碳交易的价格。此外，如果全球各个碳市场之间存在价格差异，可能会引发投机和套利行为，因此，全球范围内碳价格的波动也会传导到我国碳市场。同时，国际交易与汇率密切相关。即使国内碳排放权交易价格相对较低，但如果人民币汇率上升，可能会降低套利者参与国内外碳市场交易的积极性，进而对我国碳市场价格产生影响（王倩和路京京，2017）。这种国际碳市场与我国碳市场的相互关联，使得我国的碳价格受到了更广泛和复杂的影响。

气候变化对国内碳价的影响渠道主要有两种。首先，恶劣的气候条件直接导致清洁能源产量下降，迫使企业更多地采用传统能源。随着传统能源使用的增加，碳排放也会相应上升，从而推高碳排放交易价格（吕靖烨等，2019）。其次，在制造业密集化的背景下，各种设备的能耗也在上升。这进一步提高了企业对碳排放权的需求，对碳排放权交易的定价产生影响。气候变化对企业能源选择和碳排放权市场产生的直接和间接影响，使其成为应对气候变化的关键因素之一。

和国外碳价的影响因素一样，能源价格之所以会对碳价波动产生影响，是因为这些能源在利用的过程中会产生大量的二氧化碳，因此它的变动在一定程度上会引起碳价的波动。学者从供给、需求及市场因素三个角度研究碳价的影响因素，结果发现天然气和煤炭会驱动碳价的变动（陈晓红和王陟昀，2012）。

6.5 中国碳金融市场

碳排放权交易市场是助力中国实现高效减排的重要工具。目前，我国碳市场的发展取得了长足进步，全国碳市场已成为全球覆盖碳排放量最大的碳市场。但与国际先进碳市场相比，我国碳市场仍处于发展初期，市场建设与完善面临着不少挑战。

6.5.1 中国试点碳市场运行现状与特征

全国碳交易市场区域范围跨越中国东、中、西部,各试点经济结构、资源禀赋有所不同,各试点碳市场的机制设计与运行状况也存在一定的差异。总体而言,北京、天津、上海、重庆、广东、湖北与深圳七个试点碳市场自建立至今运行情况良好,为全国碳交易市场的建设提供了丰富的经验。

1. 试点碳市场运行现状

1)试点碳市场交易概况

2022 年内,七个试点碳市场累计完成线上配额交易总量约 3472.72 万吨,达成交易额约 20.20 亿元。表 6-6 展示了各个试点碳市场自开市以来累计线上配额成交情况。

表 6-6 自开市至 2022 年试点碳市场累计线上配额成交情况

试点	开市日期	成交总量/万吨	成交总额/亿元	2022 年成交均价/(元/吨)
北京	2013.11.28	1 815.31	12.29	87.57
天津	2013.12.26	2 380.79	5.88	32.40
上海	2013.11.26	1 943.39	6.39	56.58
深圳	2013.06.18	5 429.89	14.11	34.67
广东	2013.12.19	19 063.20	46.52	76.39
湖北	2014.04.02	8 211.21	20.25	47.37
重庆	2014.06.19	1 047.19	0.96	39.29

资料来源:《中国碳市场回顾与最优行业纳入顺序展望(2023)》

从成交总量和成交总额来看,广东碳市场的碳配额成交总量和成交总额最高,其次是湖北碳市场。重庆碳市场的成交总量和成交总额最低,北京和上海碳市场的成交总量相当,但北京碳市场成交总额将近上海碳市场的两倍,这主要是由于北京碳市场的配额价格平均水平相对更高。

从 2022 年成交均价来看,北京碳市场在各试点碳市场中居于首位(87.57 元/吨),紧随其后的是广东碳市场(76.39 元/吨),而天津碳市场均价最低(32.40 元/吨),其他碳市场均价则位于 30~60 元/吨。此外,与 2021 年成交均价相比,各试点碳市场 2022 年成交均价均有所上升。

2)交易活跃度"潮汐现象"明显,交易量差异较大

目前,我国试点碳市场日交易量呈现出明显的"潮汐现象",即临近履约截止日期前,各试点成交量显著放大;年度履约完成后,成交量明显缩小。这主要是由于当前我国碳市场交易主要来自强制履约的政策驱动。从各试点碳市场线上总交易量占比来看(图 6-15),广东碳市场交易量占比最高,2022 年达到 48.24%,重庆碳市场则占比最低,仅为 2.67%。

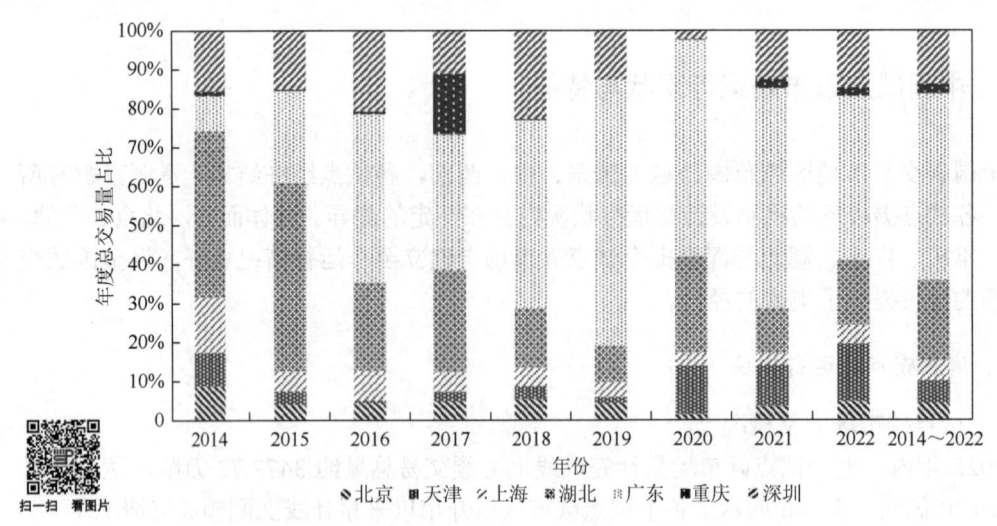

图 6-15 中国七个试点碳市场年度线上交易量占比情况（2014~2022 年）

资料来源：《中国碳市场回顾与最优行业纳入顺序展望（2023）》

2. 试点碳市场价格特征

1）全球横向比较：中国碳价总体水平偏低

理论上，碳价应等于边际减排成本，从而充分发挥碳市场的资源配置效率。从中国各试点碳市场年度配额成交均价来看（图 6-16），2022 年七个试点碳市场平均价格仅为 53.47 元/吨，最高的北京碳市场碳价也仅为 87.57 元/吨，虽然相对于 2021 年有所上涨，但仍远低于国际水平。根据路孚特发布的《2022 年全球碳市场年报》，欧盟碳市场 2022 年底的价格达到约 90 欧元/吨，在欧盟、英国、北美、新西兰、韩国等全球主要经济体的碳市场中，中国市场碳价最低。过低的碳价难以约束化石能源消费，对激励控排企业进行技术革新和低碳转型的作用有限。

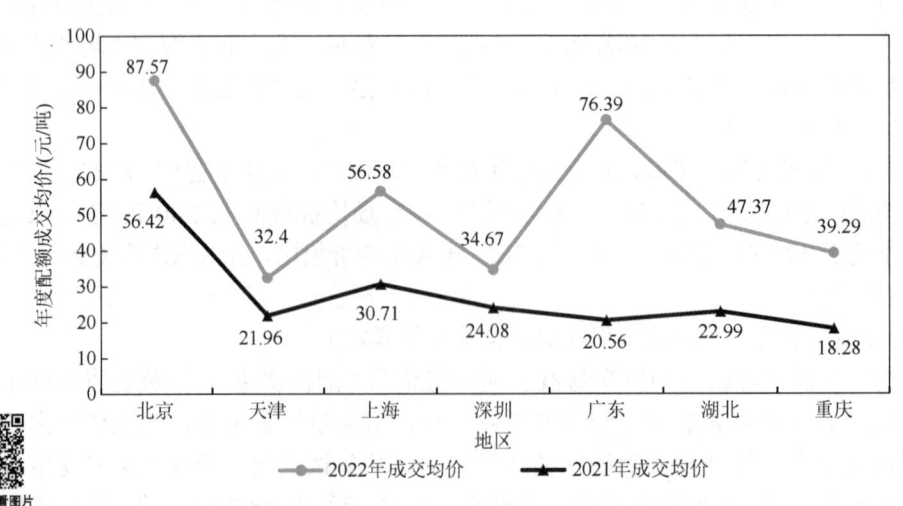

图 6-16 2021 年和 2022 年中国试点碳市场碳配额成交均价

资料来源：各地方试点碳市场交易所

2）国内横向比较：中国碳价空间均衡性较差

中国试点碳市场的交易价格还存在空间均衡性差的问题，即区域差异显著。从图6-17绘制的2013～2022年七大试点碳市场日均成交价格变动趋势可见，各试点碳价差异较大。其中，北京碳价总体上位居首位，价格稳中有升，最高时超过100元/吨；上海碳价则基本处于较高水平；近年来广东碳价也稳步上升，跻身前列；湖北碳价处于中等水平且较为平稳，但累计交易量最高，市场较为活跃；天津和重庆这两个试点市场的碳价处于较低水平，且由于交易量较低，碳市场缺乏活力，碳价变化较小；深圳碳价波动幅度较大，早期处于较高水平，但2020～2021年价格始终在低位震荡。

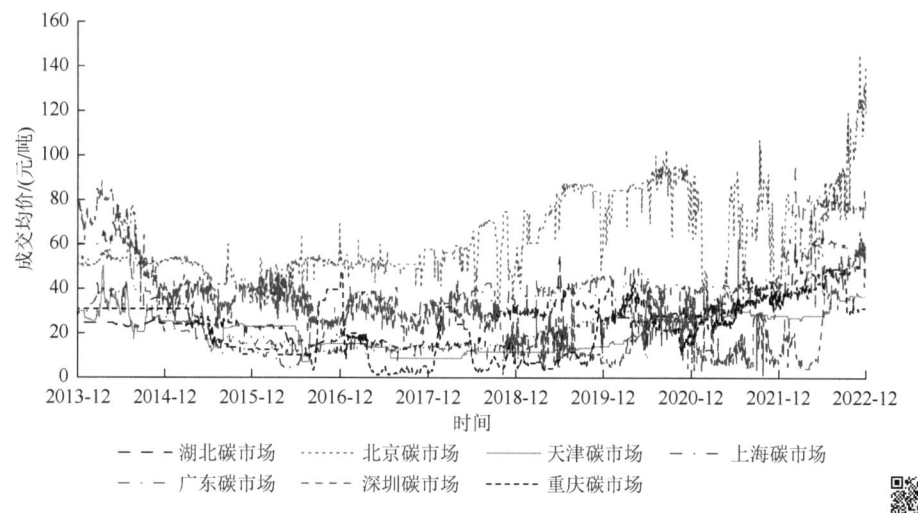

图 6-17　2013～2022年中国试点碳市场日均成交价格走势

资料来源：《中国碳市场回顾与最优行业纳入顺序展望（2023）》

3）纵向比较：中国碳价走势稳定性较弱

从理论上讲，合理的碳价格波动应该呈现收敛性，即指随着时间推移，碳价的波动由较为剧烈转为在一个较为稳定的值上下或在较小范围内波动。从图6-17可以看出，近年来，上海、湖北和广东的碳价波动相对较小，并逐渐实现收敛，在均值水平上下波动。天津的碳价则处于较为低迷的状态，变化较小。这些结果表明，中国部分碳试点市场的价格走势容易出现剧烈的波动，难以形成稳定的预期。

6.5.2　中国全国碳市场运行现状与特征

1. 全国碳市场运行现状与价格特征

截至2022年12月31日，中国碳市场2022年内碳配额累计成交量达到5085.88万吨，其中，大宗协议交易占比87.84%，挂牌协议交易占比12.16%；累计成交额为28.12亿元，挂牌协议交易成交均价为58.08元/吨，与2021年的46.60元/吨相比，增长了24.64%。

1）重点排放单位地理分布集中

从 2022 年纳入全国碳排放权交易配额管理的重点排放单位的省份分布（图 6-18）可以看出，重点排放单位主要分布在东北综合经济区、黄河中游综合经济区和东部沿海综合经济区。这种分布与各地区的资源禀赋、经济发展与产业结构是相互关联的。

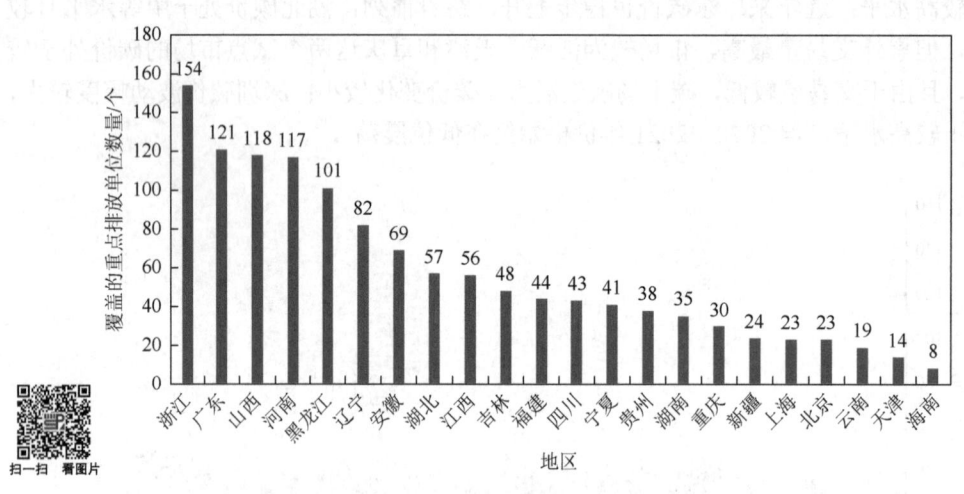

图 6-18　2022 年纳入全国碳排放权交易配额管理的重点排放单位分布情况（部分）

资料来源：《中国碳市场回顾与最优行业纳入顺序展望（2023）》

2）交易量呈现明显的"潮汐现象"

从 2022 年成交量来看，全国碳市场呈现明显的"潮汐现象"（图 6-19）。年初的 1 月，碳市场的成交量达到了高峰为 786.3 万吨。出现这一现象主要是由于第一个履约周期刚刚

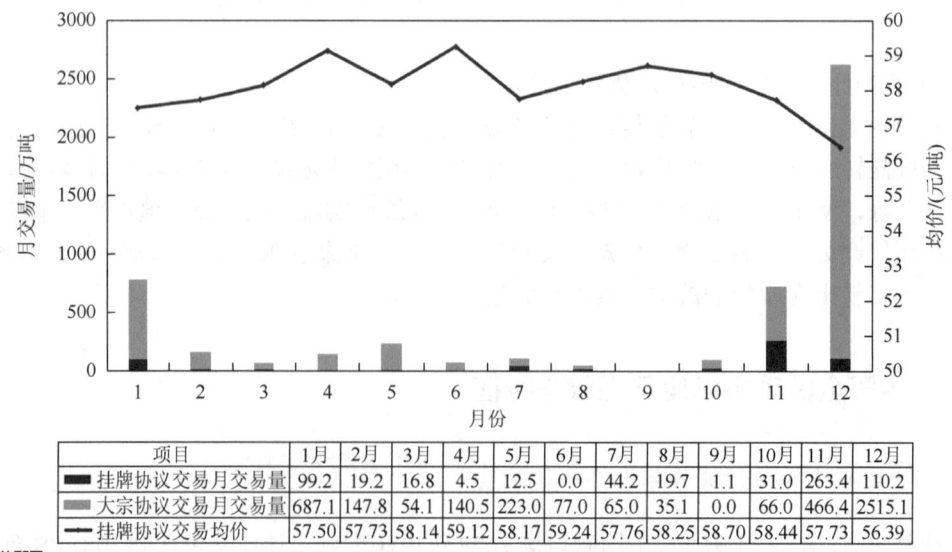

项目	1月	2月	3月	4月	5月	6月	7月	8月	9月	10月	11月	12月
挂牌协议交易月交易量	99.2	19.2	16.8	4.5	12.5	0.0	44.2	19.7	1.1	31.0	263.4	110.2
大宗协议交易月交易量	687.1	147.8	54.1	140.5	223.0	77.0	65.0	35.1	0.0	66.0	466.4	2515.1
挂牌协议交易均价	57.50	57.73	58.14	59.12	58.17	59.24	57.76	58.25	58.70	58.44	57.73	56.39

图 6-19　全国碳市场 2022 年月交易量与交易均价

资料来源：上海环境能源交易所

结束，此时交易量正处于波峰。2月至10月，交易量明显减少，绝大部分交易日的交易量低于50万吨。然而，到了11月和12月，交易量明显增加，分别达到729.8万吨和2625.3万吨，这两个月的交易量累计占据全年的66%。

3）交易价格稳中有升

如图6-19所示，2022年，全国碳市场的线上交易价格整体波动相对稳定，主要集中在58元/吨上下，相较于2021年的47元/吨稳中有升。全国碳市场价格波动性（年度最高成交价格与最低成交价格之差）为13.36元/吨，低于所有试点碳市场的价格波动性。但总体而言，全国碳市场价格水平仍然处于较低水平，且主要反映的是履约压力下短期的市场供需情况，尚未形成连续有效的碳定价。清华大学测算显示，我国全经济尺度的边际减排成本大概是7美元，这与碳配额均价大致相符。随着我国温室气体减排需求的持续增加，减排成本也可能逐渐提升，这意味着我国碳市场的配额价格仍有上升空间。

2. 全国碳市场建设成效

1）推动低碳转型与能源结构调整

全国碳市场通过市场机制手段，首次在全国范围内将减排责任压实到企业，初步实现了对燃气、超临界、热电联产等高效率、低排放机组的正向激励。经统计，2022年电力行业单位火力发电量碳排放强度较2005年下降36.9%。与此同时，也推动了即将纳入全国碳市场的钢铁、有色金属、建材等重点排放行业的低碳转型进程。此外，全国碳市场的第一个履约周期内，通过其抵消机制，为风电、光伏、林业碳汇等189个自愿减排项目的相关主体创造了约9.8亿元的收益，这对于推动我国能源结构调整和完善生态补偿机制起到了积极作用。

2）发挥碳定价功能，降低减排成本

全国碳市场通过免费配额分配以及市场交易，既降低了减排难度较大的重点排放单位的减排成本，也促使火力发电企业提高发电效率并优化机组结构，引导市场逐步淘汰减排成本高、技术落后的发电机组。

3）释放碳价信号，引导社会减排

全国碳市场的建成运行为我国经济社会低碳转型提供了清晰的碳价格引导信号。这给全社会树立了"排放有成本，减排有收益"的低碳发展理念，为低碳的生产方式和生活方式转变提供了有效的激励，引导资金流向具有较大减排潜力的行业企业。此外，全国碳市场进一步促进了绿色低碳技术创新，催生前沿技术创新突破和高排放行业的绿色低碳发展的转型，倡导在全社会形成绿色低碳的生产和消费方式。

6.5.3 中国碳金融产品发展现状

碳金融产品是主流金融产品在碳市场的映射，丰富的碳金融产品有助于推动碳金融市场体制的建立健全，拓宽市场的深度和广度。自碳交易试点市场建立以来，我国金融机构以碳配额为标的，开展了部分碳金融产品（或者项目）的服务和探索。但是我国碳金融的发展仍未形成规模，多数产品处于零星试点状态，开展力度偏低，可复制性不强。

当前我国区域碳市场已有相当丰富的碳金融工具实践，但由于各区域碳市场相对割裂、体量有限且规则不统一，仅有碳质押、碳远期等部分工具实现了常规应用，大部分工具仅少量尝试后便被束之高阁。全国碳市场启动后，碳金融发展环境优化，且随着全国碳市场纳入行业逐步增加，碳金融的发展基础将越发完善，预计碳金融工具的运用也将愈加频繁。表6-7展示了我国区域碳市场对于碳金融工具的运用情况。

表6-7 2022年我国区域碳市场对碳金融工具的运用情况

工具类别	具体工具		北京	上海	天津	深圳	广东	重庆	湖北	福建	四川
交易工具	碳期货										
	碳期权		√								
	碳远期			√			√		√		
	碳掉期			√							
	碳指数交易产品						√		√	√	
融资工具	碳质押		√	√		√	√		√		
	碳回购/逆回购		√	√			√		√	√	
	碳结构性存款						√		√		
	碳信托			√							
	碳资产证券化	碳债券					√		√		
		碳基金					√		√		
支持工具	碳托管					√	√		√	√	
	碳指数		√				√				
	碳保险								√		

碳期货产品的缺失，是导致我国碳市场有效性不足的主要原因之一。2021年4月，广州期货交易所举行揭牌仪式，标志着全国性碳期货交易市场成立。广州期货交易所是首家以碳排放权为首要品种的期货交易所，碳排放期货等绿色发展类产品是其核心战略板块。广州期货交易所正在积极筹备碳排放权期货产品研发上市工作，将为发展碳期货市场提供有力支撑。

CCER可用于抵销碳配额的清缴，《碳排放权交易管理办法（试行）》规定抵销比例不得超过应清缴碳排放配额的5%，CCER与碳排放权配额均属于碳资产，与企业其他资产如实物资产、金融资产等一样可以被交易。作为碳配额市场的重要补充，CCER交易始于2012年6月，企业或机构可在国家登记簿登记并在经备案的交易机构内交易，用于抵销碳排放。2017年3月，因温室气体自愿减排交易量小、个别项目不够规范等问题，CCER申请被暂缓受理，全国碳市场第一个履约期共约3400万吨CCER用于抵销碳排放配额。近年来，市场对于CCER重启的呼声较高，2021年10月，生态环境部办公厅印发《关于做好全国碳排放权交易市场第一个履约周期碳排放配额清缴工作的通知》，明确我国的国家碳信用机制可以用于全国碳市场的履约清缴，并明确了 5%的抵销上限比例。2023 年 3 月生态环境部办公厅印发《关于公开征集温室气体自愿减排项目方法学建议的函》，被视为 CCER 重启的重要一步。

此外，中国一些金融机构已经开始将碳汇作为抵押贷款的一种形式。碳汇项目是指通过森林、湿地等生态系统的恢复和保护来减少温室气体排放的项目。金融机构向参与碳汇项目的企业提供贷款，并以碳减排效益作为贷款的抵押。目前国内已经陆续开展了很多森林碳汇项目，包括伊春市汤旺河林业局森林经营增汇减排项目、北京市房山区碳汇造林项目、青海省碳汇造林项目、广东省龙川县碳汇造林项目等，其他类型的碳汇项目还有待发展。

6.6 欧盟零碳价案例

在 EU ETS 设计时，预计碳价格会在 2012 年攀升至 33 欧元/吨，但事实上，2012 年的碳价格仅在 7.30 欧元左右徘徊，而在英国举行关于是否退出欧盟的公投后，欧洲碳排放配额价格进一步下跌至约 4.6 欧元。在 EU ETS 的第一阶段，由于超额供给以及需求减少，EU ETS 的碳价格在运行的后半期大幅度下跌，碳市场崩溃，碳价格暴跌至接近零的水平（陈波，2014）。欧盟碳市场的碳价格远低于法国等一些欧盟国家的碳税水平。欧盟此种不合理的碳价格水平实际上意味着其碳定价机制是失灵的。价格信号持续的疲软未能有效地应对减少工业设施排放的成本，这不仅不利于低碳技术投资，还会影响欧盟长期减排目标的实现。近年来的低碳价格已促使巴克莱银行、德意志银行和 JP 摩根大通等金融机构关闭了它们的碳交易业务并裁员，这进一步加剧了欧盟碳金融市场的萎缩。

造成碳价下跌的原因有两个，原因之一：供需失衡，EU ETS 碳价格濒临崩溃，主要是配额过剩和需求减少造成了供需失衡问题，自 2008 年以来，配额的过剩已成为 EU ETS 面临的最重要的问题。一方面，早期发放的免费配额存储在第三阶段中；另一方面，经济衰退促使工业企业减少生产，可再生能源使用的增加和能源效率的提高也减少了碳排放，导致配额的需求显著减少。欧洲委员会估计，第三阶段的配额过剩将高达 15 亿~20 亿吨。原因之二：刚性决策机制。碳市场是一个基于政策的市场，配额通常是根据公司未来生产和运营活动的长期预测与经过复杂立法程序后发放的。这种刚性的决策机制没有足够的空间来应对极端情况，如繁荣转换和市场波动，并且由于形成政治共识的困难，难以及时响应市场变化。此外，缺乏碳配额储备和开放市场干预意味着欧盟无法及时纠正市场。

欧盟碳价的急剧下跌揭示了碳市场价格体系的失灵，市场失灵是批评市场经济运作效率低下时经常使用的概念。碳排放权交易的核心在于通过碳排放权价格影响企业的减排行为。碳排放价格根据碳市场的供需关系合理波动，通过释放价格信号，反映碳减排成本，最终形成碳排放总量、技术进步和减排成本降低之间的周期性良性循环。政府需要充分了解纳入 ETS 的企业的整体排放情况，以科学设定履约期间的配额总量。信息对称是碳排放权交易市场能够良性运转的重要前提。如果碳排放信息不足或不真实，配额总量的设定可能过于宽松或过于紧张，从而导致碳排放权市场因政府决策失误而出现供大于求或供不应求的情况，进而产生碳排放配额价格形成机制的失灵以及价格波动异常现象（刘明明，2019）。很多碳市场在建设初期普遍存在价格大幅波动的问题，一些研究者甚至发现，在美国推行酸雨计划时，二氧化硫配额的价格波动幅度比 1995 年至 2006 年的股票价格波动幅度还要严重。

从欧盟零碳价案例中，我们可以得出一些启示。为纠正碳排放权交易市场的信息不对称，除了建立健全的信息披露制度，建立科学合理的碳排放配额价格干预机制也是至关重要的。目前，政府采取的碳排放权价格干预措施主要包括固定碳价格机制、价格上下限机制、碳排放配额的存储和借贷机制以及碳排放配额的回购与投放。固定碳价格机制和价格上下限机制属于限价调整机制，而碳排放配额的存储和借贷机制以及碳排放配额的回购与投放则属于数量调整机制，两种机制各有优势，可以结合使用。总之，碳排放权价格的形成应尊重市场规律，不应由政府直接定价，而是应该交由供求关系决定。政府在价格上的干预程度应仅限于市场失灵的范围（如由垄断、信息不对称或政策失误引起的价格异常波动），以协助市场实现良性运转。

课 后 习 题

1. 基于狭义和广义的角度，简述碳金融市场的概念。
2. 思考分析中国碳金融市场的发展前景及可能存在的问题。
3. 碳价的影响因素有哪些？
4. 欧盟零碳价的案例为中国碳市场的发展提供了哪些启示？

参 考 文 献

陈波. 2014. 碳交易市场的机制失灵理论与结构性改革研究. 经济学家, (1): 32-39.

陈晓红, 王陟昀. 2012. 碳排放权交易价格影响因素实证研究：以欧盟排放交易体系(EUETS)为例. 系统工程, 30(2): 53-60.

杜莉, 孙兆东, 汪蓉. 2015. 中国区域碳金融交易价格及市场风险分析. 武汉大学学报(哲学社会科学版), 68(2): 86-93.

郭文军. 2015. 中国区域碳排放权价格影响因素的研究：基于自适应 Lasso 方法. 中国人口·资源与环境, 25(S1): 305-310.

刘明明. 2019. 论碳排放权交易市场失灵的国家干预机制. 法学论坛, 34(4): 62-70.

吕靖烨, 杨华, 郭泽. 2019. 基于 GA-RS 的中国碳排放权价格影响因素的分解研究. 生态经济, 35(11): 42-47, 130.

吕勇斌, 邵律博. 2015. 我国碳排放权价格波动特征研究：基于 GARCH 族模型的分析. 价格理论与实践, (12): 62-64.

马慧敏, 赵静秋. 2016. 碳排放权交易价格影响因素实证分析：基于北京市碳排放交易所数据. 财会月刊, (29): 22-26.

彭晓洁, 钟永馨. 2021. 碳排放权交易价格的影响因素及策略研究. 价格月刊, (12): 25-31.

王倩, 路京京. 2017. 人民币汇率冲击中国碳价的非对称效应：基于马尔科夫转换模型的实证研究. 吉林大学社会科学学报, 57(6): 95-105, 205-206.

张淼淼. 2011. 中国碳金融发展模式研究. 北京: 首都经济贸易大学.

张硕. 2020. 基于 Copula 模型的碳市场与能源期货市场相关性研究. 北京: 北京工业大学.

张英, 苏建兰. 2023. 碳交易市场碳价波动研究综述. 山东林业科技, 53(5): 120-125.

Alberola E, Chevallier J, Chèze B. 2009. Emissions compliances and carbon prices under the EU ETS: a country specific analysis of industrial sectors. Journal of Policy Modeling, 31(3): 446-462.

Bredin D, Muckley C. 2011. An emerging equilibrium in the EU emissions trading scheme. Energy Economics, 33(2): 353-362.

Chevallier J. 2009. Carbon futures and macroeconomic risk factors: a view from the EU ETS. Energy Economics, 31(4): 614-625.

Chevallier J, le Pen Y, Sévi B. 2011. Options introduction and volatility in the EU ETS. Resource and Energy Economics, 33(4): 855-880.

Choi Y, Liu Y, Lee H. 2017. The economy impacts of Korean ETS with an emphasis on sectoral coverage based on a CGE approach. Energy Policy, 109: 835-844.

Diaz-Rainey I, Tulloch D J. 2018. Carbon pricing and system linking: lessons from the New Zealand emissions trading scheme. Energy Economics, 73: 66-79.

Feng Z H, Zou L L, Wei Y M. 2011. Carbon price volatility: evidence from EU ETS. Applied Energy, 88(3): 590-598.

Heim C, Motsch B, Jalilova S, et al. 2013. Reduction of Obliterative Bronchiolitis (OB) by PHD (Prolyl-hydroxylase-inhibitors) activating Hypoxia-inducible transcription factors(HIFs) in an experimental mouse model. The Thoracic and Cardiovascular Surgeon, 61(S 01): 66-73.

ICAP. 2018. Emissions trading worldwide: ICAP status report 2018. Berlin: International Carbon Action Partnership.

Ji C J, Hu Y J, Tang B J. 2018. Research on carbon market price mechanism and influencing factors: a literature review. Natural Hazards, 92(2): 761-782.

Kautto N, Arasto A, Sijm J, et al. 2012. Interaction of the EU ETS and national climate policy instruments-impact on biomass use. Biomass and Bioenergy, 38: 117-127.

Kim E S. 2016. The politics of climate change policy design in Korea. Environmental Politics, 25(3): 454-474.

Koch N, Fuss S, Grosjean G, et al. 2014. Causes of the EU ETS price drop: recession, CDM, renewable policies or a bit of everything?—new evidence. Energy Policy, 73: 676-685.

Labatt S, White R R. 2007. Carbon Finance: the Financial Implications of Climate Change. Hoboken: Wiley.

Liao L, Diaz-Rainey I, Kuruppuarachchi D, et al. 2023. The role of fundamentals and policy in New Zealand's carbon prices. Energy Economics, 124: 106737.

Liu Y Z. 2012. Research on price mechanism of carbon emission trading market. Hangzhou: Zhejiang University.

Mansanet-Bataller M, Pardo A, Valor E. 2006. CO_2 prices, energy and weather. The Energy Journal，28(3)：73-92.

Wilkerson J. 2012. Holtz-Eakin latest to criticize MA star-rating bonus demonstration. Inside CMS, 15(16): 11.

第 7 章　可再生能源金融

> **本章导读**
>
> 　　随着化石能源的消耗和环境问题的日益加重，可再生能源在全世界的能源转型和应对气候变化中扮演着越来越关键的角色，而为可再生能源提供支持与发展的可再生能源金融也成了当下一大热门。可再生能源金融作为全球能源转型的重要支持，不仅关系到可再生能源产业的蓬勃发展，也直接影响全球气候变化应对的成效。本章将深入探讨可再生能源金融的基本概念及其发展历程，从可再生能源的定义、分类，到市场投资需求和金融工具的创新，为读者呈现一个全面的可再生能源金融画卷。本章首先介绍可再生能源金融的概念和内涵，初步介绍可再生能源以及相关的投资需求，并回顾可再生能源金融的发展历程。同时，本章细致剖析可再生能源金融工具，包括信贷市场、股权类市场、债券市场、国家核证自愿减排量、可再生能源证书等多元化的金融工具并分析欧盟、英国、美国、日本、澳大利亚和中国等经济体的可再生能源金融政策，突出各经济体在推动可再生能源金融方面所获得的成就和面临的挑战。最后，通过案例研究，揭示可再生能源融资的过程，使读者更好地理解可再生能源金融实践中的实际情况。本章内容有助于深入理解可再生能源金融的相关概念，全面了解可再生能源金融的发展现状。

7.1　基本概念与发展历程

　　随着全球对可持续发展和气候变化的关切不断升温，可再生能源正日益成为塑造未来能源格局的关键力量。本章将聚焦可再生能源的分类与特点，以及可再生能源金融的概念与发展历程。

7.1.1　可再生能源的分类与特点

　　可再生能源作为从自然资源中获取的能源，不仅具备高度的可再生性，而且其补充率远远高于消耗率。太阳光、风力和水力等可再生资源可以不断得到补充，为人类提供源源不断的清洁能量。相比之下，煤、石油和天然气等不可再生资源需要数亿年的演化过程，不仅加大了开采难度，也使其成为非可持续的能源种类。可再生能源的丰富性和易获取性为其在全球能源转型中的崛起提供了坚实基础。这些清洁能源形式的广泛利用有望减轻对有限资源的过度依赖，推动社会实现更为环保和可持续的发展目标。与此同时，将焦点从化石燃料转向可再生能源也是解决气候危机的必经之路。燃烧化石燃料不仅耗尽有限的资源，还释放大量温室气体，加剧全球气候变化。相比之下，可再生能源的利用在能量生产过程中产生的排放量远远低于传统能源，为减缓气候变化、降低温室气体排放量提供了可行的解决方案。

可再生能源多种多样，以下是几种常见的可再生能源。

太阳能技术的广泛利用包括提供热能、制冷、自然光照、电力和可再生燃料等多个方面。令人鼓舞的是，太阳能资源被地球捕获的速率远远超过人类目前的能源消耗速率。近年来，太阳能电池板的制造成本迅速下降，使得太阳能发电成为当前最经济的电力之一。这一趋势为全球能源转型注入了新的动力，推动了可再生能源的大规模应用。

利用风力涡轮机，可以将风能转化为动能，提供电力。尤其值得关注的是，海上风力发电在解决地面空间受限的问题上具有显著优势，且许多地方都能充分利用强劲的海上风速，风能的开发空间很大。

地热能是一种独特而可持续的能源形式，其利用地球内部蕴含的热能来满足人类对能源的需求。这一技术主要通过地热井或其他方法，从地下热储层中提取热量，为各种应用提供可再生的能量来源。在地热能的开发中，存在两种主要类型的储层，分别是热液储层和增强型地热系统。热液储层指的是地下自然温度足够高且渗透性较好的地层，其中的热液可以直接提供足够高温的热能。增强型地热系统则是指通过水力激发等手段改善取热效果的储层，使其能够更有效地提供热能。

水力发电是一种通过利用水流从高海拔流向低海拔的能量来产生电力的可再生能源形式。这种能量可以通过水库和河流两种方式来获取。目前，水力发电是电力部门最主要的可再生能源之一，在许多国家已经成为电力供应的主力军。其基础原理是通过水流的动能，利用涡轮机带动发电机转动，从而产生电力，水库型水电站可以调控水流，提供稳定的发电能力，而河流型水电站则更加依赖自然的水流情况。尽管水力发电是一种清洁且高效的能源形式，但其基础设施对生态系统可能产生不利影响，包括水库的生态变化、鱼类迁徙的受阻以及河流生态系统的改变等。因此，为了平衡能源需求和环境保护，有些人主张采用小规模水力发电。

生物能源是通过利用各种有机材料，来产生能源的一种方式。这包括从木材、木炭、粪便等生物质中获取热能和电力，以及从农业作物中提取液体生物燃料。现代的生物质系统涵盖了专用作物或树木、农业和林业残留物，以及各类有机废弃物。生物质能源的应用领域多种多样，涵盖了供热、发电和生物燃料等多个方面。其中，燃烧生物质所产生的能源，如通过生物质锅炉、生物质电厂等设备，可以提供热能和电力。尽管燃烧生物质会产生一定的温室气体排放，但相较于燃烧化石燃料，其排放量要低得多。

《联合国气候变化框架公约》的签署国已经认识到，为了实现公约中的目标，需要大规模减少全球温室气体排放，以确保全球平均温度升高幅度控制在工业化前水平以上 2℃ 以内。如果没有采取新的行动来应对气候变化，21 世纪末，全球平均温度可能升高 3.1~4.8℃，这将对地球的物理系统、生态系统和人类社会产生深远的影响（IPCC，2014）。为实现 2℃ 温升控制目标，到 2050 年，全球排放量需要比 2010 年的水平减少40%~70%，必须大规模扩大可再生能源等低排放能源的供应，推动清洁能源的广泛应用。

可再生能源的特点决定了其融资模式，可再生能源通常产生于特定的地理位置。一些形式的可再生能源，如太阳能、风能和生物能源相当普遍，可以在许多不同的地区进行开发；而其他形式的可再生能源，如水能、地热能和潮汐能，往往产生于特定的地点。此外，除生物质以外，其他可再生能源产品没有燃料成本，导致它们在边际成本驱动的市场中与化石燃料技术之间存在复杂的价格互动，且这些产品通常运输成本高昂或难以储存。另外，可再生能源涵盖广泛的技术，每项技术都有独特的价值链，而且往往彼此之间几乎没有相似之处。一些可再生能源依赖高度集中的能源网络来维持其生产能力，而另一些能源产业则会对它们构成威胁。每种可再生能源技术的商业准备程度和成本竞争力都不同。

为了在2050年使世界走上气候更加友好的轨道，我们将需要投入巨额资金来推动能源转型。能源效率的解决方案需要投入约37万亿美元，其中包括建筑、工业和交通等领域的能效改进。可再生能源项目需要投入27万亿美元，这包括太阳能、风能、水能等清洁能源的广泛利用等。最终用途部门的电气化需要13万亿美元，电气化是将最终用途部门转向电力供应的重要方向，包括新的电力基础设施、电动交通工具的研发，如电动汽车和电动铁路等。电网和能源灵活性措施需要13万亿美元，强化电网和增加能源灵活性是确保可再生能源平稳集成的关键。这包括智能电表、储能技术等设施的建设，以提高电力系统的可调度性和适应性（IRENA，2020a）。

发达经济体和发展中经济体都需要加大对可再生能源的投资，以实现与1.5℃路径兼容的能源结构（IRENA，2020a）。目前，发展中经济体涌现出许多引人注目的投资机会，以可再生能源项目为例，到2050年，每年需要向撒哈拉以南非洲的可再生能源项目投入400亿美元，相较2018年的100亿美元投资，增加了3倍（IRENA，2020a）。这标志着对清洁能源的投资规模迅速扩大，为可再生能源在该地区的发展打下了坚实基础。然而，这种扩大的可再生能源投资规模必须与化石燃料投资的大幅减少和调整相结合。值得注意的是，大部分的化石燃料基础设施投资并非流向电力部门，85%的石油应用在运输或其他高排放的用途上。考虑到化石燃料发电基础设施的投资，包括煤炭开采及相关基础设施、石油和天然气上下游基础设施，每年的化石燃料投资明显超过可再生能源投资。

7.1.2 可再生能源金融的概念与发展历程

可再生能源金融的含义是金融业如何促进可再生能源发展，从而保证环保和经济社会的可持续发展。可再生能源金融的作用主要是引导资金流向节约资源技术开发和生态环境保护产业，引导企业的生产注重绿色环保，引导消费者形成绿色消费理念。

与传统金融相比，可再生能源金融最突出的特点就是，它更强调人类社会的生存环境利益，它将环境保护和对资源的有效利用程度作为计量其活动成效的标准之一，通过自身活动引导各经济主体注重自然生态平衡。它讲求金融活动与环境保护、生态平衡的协调发展，最终实现经济社会的可持续发展。

可再生能源金融与传统金融中的政策性金融有共同点，即它的实施需要由政府政策推动。传统金融业在现行政策和"经济人"思想引导下，或者以经济效益为目标，或者以完成政策任务为职责，后者就是政策推动型金融。可再生能源、环境资源是公共物品，除非有政策规定，金融机构不可能主动考虑贷款方的生产或服务是否具有绿色效应。

全球可再生能源金融的发展大致可分为如下三个阶段。

第一阶段：20世纪90年代之前。在这一阶段，世界面临的环境压力越来越大。许多有社会责任感的欧美投资者开始关注环境和社会问题，并将其纳入投资决策。许多公司也开始认识到，公司的长期价值与环境质量和地球的健康密不可分。这一阶段，可再生能源金融的发展主要是由市场驱动的，社会责任投资迅速普及。

第二阶段：从20世纪90年代初至2014年。在这一阶段，气候变化成为一个重要的全球问题，其标志是1992年里约地球峰会通过的《联合国气候变化框架公约》。在此期间，各国政府积极推动绿色金融发展，建立了若干多边融资机制。在1992年里约地球峰会前夕成立的全球环境基金（Global Environment Facility，GEF）是第一个支持实现生物多样性、应对气候变化等国际环境公约和协定目标的重要多边融资机制。

1997年，《联合国气候变化框架公约》第3次缔约方大会通过了《京都议定书》，于2005年生效。根据《京都议定书》的CDM，发达国家可以投资于发展中国家的减排项目并获取碳信用额，以此完成其温室气体减排义务，这为发展中国家减缓气候变化提供了另一个资金来源。2005年，欧盟启动了碳排放交易，实施总排放量限额和排放权交易制度。2010年，《联合国气候变化框架公约》第16次缔约方大会设立了绿色气候基金（Green Climate Fund，GCF），其任务是帮助发展中国家限制或减少温室气体排放。绿色气候基金于2015年开始运作，是目前世界上最大的气候基金。

除了这些官方绿色金融举措外，还出现了市场化自发的绿色和可持续金融倡议。其中包括：1992年发起的联合国环境规划署金融倡议（United Nations Environment Programme Finance Initiative，UNEP FI）；2003年通过的赤道原则；2006年通过的负责任投资原则（Principles for Responsible Investment，PRI）；2009年成立的全球价值银行联盟（Global Alliance for Banking on Values，GABV）；2012年启动的可持续银行和金融网络（Sustainable Banking and Finance Network，SBFN）；2015年成立的气候相关财务信息披露工作组（Task Force on Climate-Related Financial Disclosures，TCFD）；2018年发布的《"一带一路"绿色投资原则》。

绿色金融的市场创新也是这一阶段的重要特征。2007年，欧洲投资银行在卢森堡证券交易所发行了世界上第一只"气候意识"债券。2008年，世界银行发行了第一批绿色债券。从此，绿色债券的发行激增，国际标准也日益规范。2013年，瑞典房地产公司Vasakronan发行了第一只绿色企业债券，同年，美国马萨诸塞州发行了第一只绿色市政债券（国际金融论坛，2021）。

第三阶段：2015年起至今。2015年，联合国可持续发展目标和《巴黎协定》的通过推动了绿色金融的全球发展。减缓气候变化，需大规模投资来减少碳排放，亟须气候融资。2015 年在巴黎召开的第 21 次缔约方大会上，商定《联合国气候变化框架公约》资金机制的运作主体[即绿色气候基金、全球环境基金、气候变化特别基金（Special Climate Change Fund，SCCF）、最不发达国家基金（Least Developed Countries Fund，LDCF）]将服务于《巴黎协定》。

自 2016 年以来，绿色债券的发行量快速增长，涉及多种货币，覆盖区域广泛。然而，绿色债券的发行方主要集中在发达经济体和几个新兴经济体，美国、中国和法国在发行量上排前三。碳市场和碳融资也在全球取得了重大进展。EU ETS 提高了碳排放总量削减系数，2020 年碳排放配额拍卖占比提高到 57%。2015 年，韩国也启动了碳排放权交易市场系统，这是东亚第一个全国性的碳交易系统。如今，越来越多的欧洲、北美、亚洲及太平洋、拉丁美洲和加勒比国家与地区正在以不同的速度发展碳市场。近年来，碳中和、能源转型等已成为热门话题（国际金融论坛，2021）。

总之，近几十年来绿色金融在全球迅速发展有多种原因，其中最主要的原因是向绿色和低碳转型已渐成全球共识，这一共识的达成源于对人类活动、气候变化和环境可持续性之间联系的科学认识不断加深，以及气候变化和生态环境退化给人类社会和经济造成的危害不断加大。联合国和其他国际组织（如 20 国集团）下的国际对话、谈判和合作框架，在促进达成共识方面发挥了关键作用。

我国的可再生能源金融发展主要分为以下几个阶段。

（1）1989 年至 1999 年。党的十三届四中全会（1989 年）后，我国各项工作取得新进展，与此同时，能源安全、能源环境与效率、清洁可再生能源问题初现端倪。"八五"至"九五"期间，能源战略规划注重能源环境与效率，促进优化能源结构和清洁可再生能源发展及相应的法律法规制定。但是这时的可再生能源发展只停留在纸面上，技术和经济的欠缺导致了我们无法在当时大力发展可再生能源。

（2）2000 年至党的十八大召开。21 世纪伊始，我国进入全面建设小康社会的阶段、加快推进社会主义现代化的新发展阶段，也进入经济结构战略性调整的重要时期。

2007 年 4 月，我国《能源发展"十一五"规划》提出，在保护环境和做好移民工作的前提下积极开发水电，优化发展火电，推进核电建设，大力发展可再生能源。这一时期我国可再生能源开始快速发展，相应地，绿色金融市场也在发展。2011 年 10 月，国家发展和改革委员会批准北京、天津、上海、重庆、湖北、广东、深圳 7 个地区开展碳排放权交易试点工作，碳排放权交易市场作为温室气体减排的重要工具将在全球范围内广泛应用。但金融市场上各机构仍对其兴趣不足，大部分可再生能源发展仍依靠国家政策和拨款来支持。

（3）党的十八大召开至 2020 年。党的十八届五中全会确定了创新、协调、绿色、开放、共享的新发展理念。能源领域践行新发展理念向绿色低碳转型，传统化石能源比重不断降低，非化石能源得到长足发展。我国的绿色金融市场也在此时迅速发展。碳排放权交易试点工作的 7 个试点地区在 2013～2014 年陆续开始交易，之后市场建设稳步推进，2016 年 12 月又新增了福建碳交易试点。截至 2019 年 6 月，7 个先行碳排放权交易试点地区配额累计成交量约 3.3 亿吨二氧化碳当量，累计成交额约 71.1 亿元，控排企业履约率保持在较高水平，有效地降低试点地区碳排放总量，促进控排企业低碳转型，同时为低碳产业提供资金支持。

在试点碳市场运行基础上，中国于 2017 年 12 月宣布启动全国 ETS。全国碳市场的建设以发电行业为突破口，分三大阶段进行市场建设：一是基础建设期，主要完成全国统一的数据报送系统、注册登记系统、交易系统建设及碳市场管理制度建设；二是模拟运行期，主要开展发电行业配额模拟交易，对碳市场管理制度与支撑体系进行完善；三是深化完善期，也就是全国碳市场开始交易运行的阶段，将在电力行业进行碳配额现货交易，并逐步扩大行业覆盖范围，丰富交易品种，尽早将 CCER 纳入碳市场（中华人民共和国生态环境部，2019）。

（4）2020 年至今。2020 年我国实现全面建成小康社会，中国特色社会主义建设进入新时期，因此对经济绿色发展、绿色能源的发展应用也就提出了新的要求。

各类绿色金融工具如绿色信贷、绿色债券、绿色保险可以动员和激励更多社会资本进入该领域，同时有效抑制污染性投资，持续为应对气候变化活动提供长效资金支持。绿色信贷作为中国绿色投融资最主要的渠道，在撬动气候资金方面也同样发挥着重要作用。尽管基础设施绿色升级产业和清洁能源产业近几年占比有所下降，但始终是绿色信贷的主要用途。绿色信贷产品创新（如碳排放权资产抵质押贷款）为减缓和适应气候变化活动拓宽融资渠道。

中国绿色债券市场在利好政策刺激和有效金融监管的双重作用下，规模不断扩大。根据中央财经大学绿色金融国际研究院的绿债数据统计，截至 2022 年底，中国境内外绿色债券存量规模约 3 万亿元。其中很多债券的募集资金投向节能、清洁能源、清洁交通、生态保护和适应气候变化等应对气候变化领域的项目。目前，全国碳市场处于基础建设期，湖北和上海正在分别牵头进行登记注册系统和交易结算系统建设。

2023 年 3 月，生态环境部率先透露重启 CCER 信号，向社会公开征集 CCER 方法建议，并于 7 月公布《温室气体自愿减排交易管理办法（试行）》（征求意见稿）。北京绿色交易所副董事长对中国自愿碳市场的现状及未来提出自己的见解，在他看来，"未来中国碳市场金融化后，以其 70 亿～80 亿吨配额来看，年交易额有望超过 1 万亿元人民币"（刘宇阳和郝彦，2023）。

7.2　可再生能源金融工具

能源供给侧的碳减排是实现全球低碳转型目标的重中之重。为实现能源绿色低碳转型，需要发展以风电、光伏为主的新能源，以水电、核电为主的清洁能源，以及发展储能以缓解新能源的并网消纳问题。未来十年以上可再生能源领域投资需求很大，其中绝大部分都需要通过金融系统提供资金支持。作为实体经济绿色低碳发展的重要资金来源，绿色金融市场，如信贷、债券、股权类市场已经向可再生能源行业投入了大量资金，除此之外，CCER、可再生能源证书、融资租赁、企业并购等也是可再生能源项目融资的方式。

7.2.1 信贷市场

信贷市场是最重要的金融市场之一，其市场主体可以划分为信贷资金的供给者（主要是商业银行）和信贷资金的需求者（主要是企业）两大类。信贷市场在社会经济活动中起着集聚巨额资金、调剂资金余缺、优化资源配置和产业结构、提高经济效益的重要作用，可再生能源产业的发展离不开信贷市场的参与。

贷款是信贷市场上最主要的市场工具，贷款业务迄今为止也是商业银行最为重要的资产业务。在环境保护和应对气候变化的因素驱动下，商业银行开始逐步采取"三重底线"的方法管理其业务，即不仅要满足合作伙伴（客户、股东、员工、供货商、社会）的需要，同时还要意识到自身的行为必须对社会以及生态环境负责。从国际和国内经验来看，目前，信贷市场典型可再生能源信贷产品主要有以下几种。

1. 国际

第一，绿色信用卡，向该卡用户购买绿色产品和服务提供折扣及较低的借款利率，卡利润的50%用于世界范围内的碳减排项目；第二，汽车贷款，清洁空气汽车贷款（clean air auto loan）向所有低排放的车型提供优惠利率；第三，房屋净值贷款，与夏普（Sharp）电气公司签订联合营销协议，向购置民用太阳能技术的客户提供便捷的融资；第四，住房抵押贷款，生态家庭贷款（eco-home loan）为所有房屋购买交易提供免费家用能源评估及二氧化碳抵销服务，仅2005年就成功地抵销了5万吨二氧化碳排放。

2. 国内

第一，国际发展性金融机构支持的绿色信贷。财政部与德国复兴信贷银行（Kreditanstalt für Wiederaufbau，KfW）签订贷款协议，中方银行转贷。例如，中德合作国际气候保护项下的能效/可再生能源贷款，由中国进出口银行作为中方转贷行。2012年，KfW提供了新一期4200万欧元资金开展绿色中间信贷项目，专门用于支持我国中小企业节能减排项目，转贷行为中信银行和长安银行。第二，合同能源管理融资业务，节能服务公司向银行申请融资用于合同能源管理项目建设与运营，以其分享的节能效益作为主要还款来源，以项目未来收益权质押或采用其他担保方式。第三，碳资产质押授信业务，福州市闽侯县兴源水力发电有限公司向兴业银行申请了第一笔碳资产质押贷款。

7.2.2 股权类市场

1. 股票

上市的可再生能源企业可以通过股票进行融资。尽管在世界范围内有越来越多的投资于可再生能源产业的股票基金，但是在发展中国家，公司股票只占这些投资的很小比例。所以，股票融资的作用有限，只能服务于已上市的公司和在发达、透明、流动性好的资本市场运作的公司。

2. 低碳指数

为了适应市场和投资者需要，一些金融服务机构利用自己的专业知识和熟悉市场的优势，编制出股票价格指数，公开发布，作为反映市场价格变动的指标。编制股票价格指数，是将可再生能源类上市公司的股价指数化，用于进行投资者的组合投资和环境绩效评估。主要的环境股票价格指数见表 7-1。

表 7-1　环境股票价格指数

指数名称	具体内容
标普可持续发展指数 （S&P sustainability indexes）	以标准普尔环境、社会和公司治理指数（S&P ESG indexes）为例，该指数旨在衡量符合可持续发展标准的证券的表现，它和其他股票市场指数的编制基本相同，不同点是在样本股的选择上，可持续发展指数综合考虑了经济、社会和环境三个方面来选择上市公司；在标普可持续发展指数的编制过程中，有两种筛选上市公司的方法：一种是正面指标筛选方法，另一种是负面指标筛选方法。使用正面指标筛选的公司表示可持续发展的实践具有领先地位；相反，负面（排除）筛选方法是排除那些特殊经营的公司，如赌博、武器制造等
道琼斯可持续发展指数 （the Dow Jones sustainability indexes，DJSI）	该指数设立是为了跟踪领先的可持续发展公司的财务业绩。道琼斯可持续发展指数系列中的所有指数采取了相同的企业可持续发展评价体系和各自相应标准进行评价。包括以下分指数：全球指数、欧洲指数和北美指数。全球指数包括一个综合指数和五个细分的子集指数，细分子集指数的成份股分别剔除了从酿酒、烟草、赌博、武器装备或者所有前述行业获得收入的公司，该指数集合首次公布于 1999 年 9 月 8 日。欧洲指数，即道琼斯托克可持续发展指数，该指数集合首次公布于 2001 年 10 月 15 日。北美指数包括道琼斯可持续发展北美指数和道琼斯可持续发展美国指数，以及两个细分的子集指数，该指数集合首次公布于 2005 年 9 月 23 日
中国低碳指数 （China low carbon index）	该指数是北京环境交易所与清洁技术投资基金 Vantage Point Partner 于 2010 年 6 月共同推出的

ESG 即环境、社会和公司治理（environmental，social and governance）

7.2.3　债券市场

在可再生能源金融领域，绿色债券不但可以成为融资的重要来源，还可以作为投资者规避政策风险的良好工具。其中气候债券是由政府、多边银行或公司发行的，保证一定时间内清偿债务，同时附加固定或可变回报率的债券，是为了建设低碳和气候弹性经济而进行必要融资所发行的固定收益证券。这种债券可以是与特定的绿色基础设施项目相联系的资产抵押证券，或者是具有国债风格的大众型债券，发行人融资后在各种绿色项目之间进行分配（如世界银行发行的），另一些绿色债券使用结构性票据机制（如结构性绿色产品），以通胀或其他重要衍生品的收益率来标的其回报率。

1. 基础性债券

基础性债券是与特定的可再生能源产业设施项目相联系的资产抵押证券。可分为如下四类：①通过发行传统的国家债券，保障债券的稳定性，将债券筹集资金用于应对气候变化领域。②发行基于低碳减排项目的债券。此类债券基本由国家金融机构发行，以保证债券信用度，同时联合私人投资领域，为应对气候变化投资项目融资，而项目的部分收益可以用来支付债券的利率。③发行指数债券（indexed bonds）。该债券将本身回报率同某一特定指数挂钩（如碳市场碳价格、国家减排数量等）。如果某一国家减排数量很低，那么债券便提供高额的利率回报，反之则提供低额利率回报。这一债券的优点是可以作为投资新能源与减排等低碳领域公司的风险规避工具。④基于碳市场设计的特定"卖出期权"债券。由政府机构发放，允许债券持有者在未来某一特定时间以某一规定价格出售一定数量的碳排放权。国家通过发行此种债券可以筹集一定可再生能源融资资金，而购买者可以规避由碳价格波动引起的风险。表 7-2 中列举了部分由政府发行的基础债券。

表 7-2　由政府发行的绿色债券

机构/区域	简介
欧洲投资银行	（1）2007 年发行了第一笔五年期零利率的总额为 6 亿欧元的"气候意识债券"（climate awareness bond）。债券募集的资金主要用于欧洲投资银行可再生能源与能效项目投资。 （2）2009 年又在瑞士发行了第二笔气候意识债券。债券主要由瑞典银行（Swedbank）管理，所筹集的资金同样用于能效与新能源项目建设。与第一笔气候意识债券不同的是，第二期债券的利率为固定与浮动结合的形式，总价值为 22.5 亿瑞典克朗，其中 17 亿瑞典克朗债券采用 2.95%的固定利率，而剩余的 5.5 亿瑞典克朗债券则采用季度浮动利率
美国	（1）美国财政部（U.S. Department of the Treasury）2009 年发行了价值 22 亿美元的"清洁可再生能源债券"（clean renewable energy bond）支持其若干可再生能源倡导协议。 （2）美国政府还发行了一种"所有权评估清洁能源债券"（property assessed clean energy bond），用于支持民用与商用建筑应用清洁与可再生能源

2. 结构化绿色债券

除了国家或政府发行的债券，其他固定收益产品，比如结构化和证券化产品很有可能成为私人部门融资中的一部分，因为投资者习惯于标的资产。

2008 年，法国兴业银行推出了第一个"合成的绿色债券"——环境优化器/顶部绿色债券（environment optimizer/top green bond）。本质上，这是一种与动态环境基金（Dynamic Environment Fund）相关的合成基金。其核心机制是利用零息债券的结构，即在到期时支付其面值。这样的设计旨在为投资者提供一种参与环境市场的方式，同时通过到期时的保本特性，确保了投资者本金的安全。

在欧洲，人们越来越关注为实现可再生能源目标的融资缺口，其中机构投资者介入债券市场并开发出创新结构性产品将是一个突破口。以风能行业为例，在过去的几年里，风能项目开始改变主要依赖银行资金的局面，已经开始转向债券化的结构性金融。2010 年意大利太阳能公司 Montalto di Castro 成功发行了该类债券，它是为太阳能项目而发行的第一只公开评级的债券，其特点如下。第一，这个债券是资产支持证券，投资者多半是机构投资者。值得注意的是，这些债券由意大利的出口信贷机构 SACE 担保，相比资产支持证券更像担保抵押债券。第二，未担保的部分完全通过欧洲投资银行出售。这种结构性金融可能代表着为可再生能源融资的一个全新模式，并预示着可再生能源市场一个可能的流动性来源。

3. 资产证券化产品

微风债券是世界气候债券的一个重要创新。在 2006 年之前，CRC 对冲基金的能源基金收购了 430 兆瓦的德国和法国风力发电设施。CRC 建造了这些设施，所需的资金由一家银行借贷提供。一旦这个组合完成，这家基金把这个项目出售给叫作"CRC 微风债券"的特殊目的机构（special purpose vehicle，SPV），这家机构发行了 4.7 亿欧元的资产抵押证券，这是第一次直接由证券市场提供融资的国际可再生能源项目。该债券的结构设计使得风力发电厂带来的收入能够支付债券的利息和资本金。这个风力发电厂将风的动能转换成电能，销售电能所得的收入用来偿还 CRC Breeze Finance 的长期债务，CRC 则获得剩下的钱。即使风不像平时那样大或操作的困难程度和维修费用将比以往估计得高，他们仍有足够的资金来支付给债券持有人。这些收入相当稳定，所以十分符合固定收益投资者的要求。

7.2.4 国家核证自愿减排量

CCER 来源于《碳排放权交易管理办法（试行）》（生态环境部令第 19 号）。具体可用于对在我国境内可再生能源相关项目进行量化核证，并登记于国家温室气体自愿减排交易注册登记系统中的温室气体减排量。

CCER 的作用主要体现在以下几个方面：第一，用于国内碳市场排放单位履约。根据生态环境部 2020 年 12 月 31 日发布的《碳排放权交易管理办法（试行）》第二十九条，重点排放单位每年可以使用国家核证自愿减排量抵销碳排放配额的清缴，抵销比例不得超过应清缴碳排放配额的 5%。第二，用于国内企业履约。根据 PAS 2060：2014 及其他碳中和证明规范，企业在量化其碳足迹、实施了减排行为之后，还应通过抵销剩余温室气体排放来实现碳中和。目前，国内已有多家企业通过购买 CCER 的方式抵销了自身在一定时期内的温室气体排放量。第三，用于大型活动的碳中和。根据《大型活动碳中和实施指南（试行）》，用于抵销大型活动温室气体排放量的碳配额或碳信用可以包括：全国或区域 ETS 的碳配额；中国温室气体自愿减排项目产生的 CCER；经省级及以上生态环境主管部门批准、备案或者认可的碳普惠项目产生的减排量；经联合国清洁发展机制或其他减排机制签发的中国项目温室气体减排量。第四，作为金融资产，开展 CCER 质押、碳信托等碳金融活动。CCER 质押融资指以碳配额作为质押物的碳市场创新融资手段，是一种全新的绿色信贷产品和融资贷款模式。

CCER 质押融资的基本操作模式是排放单位将国家发展和改革委员会签发的 CCER 质押给金融机构（银行或券商），获得以 CCER 估值进行折价的融资规模，资金归还的同时支付一定的利息。CCER 质押的相关方包括三方，即拥有 CCER 的企业、金融机构和交易所。排放单位作为出质方，以 CCER 质押的方式获取贷款，并支付利息（给金融机构）和存管费用（交易所）。金融机构作为质权方，向企业提供资金，并获取利息收入。交易所作为第三方平台，提供 CCER 登记存管服务，并向企业收取存管费用。CCER 质押融资业务为企业提供了一条新的低成本、市场化的减排道路，可以有效帮助企业盘活 CCER 资产，降低中小企业授信门槛，解决节能减排中小企业担保难、融资难的问题。

同时，该业务根据项目运行、减排量产出等具体情况灵活设置还款期和贷款额度，有效缓解企业还款压力，充分发挥碳交易在金融资本和实体经济之间的联通作用。

CCER 资产价值评估较为复杂，一方面目前没有公开透明的 CCER 市场价格，另一方面各个试点地区对 CCER 使用政策的区别导致不同项目类型的 CCER 的价格具有较大差异。CCER 的风险受到项目类型、CCER 价格、试点和国家政策等多方面的影响，所面临的风险更为复杂。

7.2.5 可再生能源证书

可再生能源证书（renewable energy certificates，RECs），也被称为绿证、绿标（greentags）、可再生能源信用证（renewable energy credits），是美国的一种无形的可交易能源商品。

可再生能源证书提供了一种机制，让可再生能源发电的加入或退出成为可交易的商品。这些证书可以买卖或交换，所有者可以因此宣称自己购买的电力是来自可再生能源的。可再生能源证书代表着可再生能源项目所产生电力的环境属性，并与实际的电力商品分开单独出售。

可再生能源供应商（如风电厂）每生产 1000 千瓦时的电力将获得 1 份可再生能源证书（为便于对比，美国普通居民月平均电力消耗约为 800 千瓦时）。发证机构对每个证书提供一个唯一编码以保证不会重复计算。绿色能源产生的电力输入电网后，对应的证书也同时在公开市场发售。当证书持有者使用了该证书，该证书就失效了。证书的使用可以有如下几种方式，但并不限于这几种：①终端客户、营销机构、发电商或相关机构依据监管法律或法规使用；②由终端客户就购买的证书进行公开的使用申明；③不论出于何种目的将证书所含的某种特性进行出售，一旦证书失效，将不可出售、转赠或转让给其他方。除了持有人，无人有权对失效的证书进行有关申明或主张。

并网能源的买卖均通过合同方式在发电商和购买者之间进行。在可再生能源的贸易中，可再生能源证书指定了一个可再生能源单位。由于电力一旦上网，各种能源资源产生的电力将完全同质地在电网中流动和使用，无法再进行区分，所以通过对证书持有人进行跟踪，可以对可再生能源的环境和社会效益进行衡量。大多数可再生能源证书都是与其对应的物理概念的电力分开销售的。在这种情况下，对电力的出售不带有任何环境和社会效益，和从煤、核、天然气所产生的电力没有区别。当证书和电力一起购买时，就产生了法律意义层面的可再生能源购买。

这就是可再生能源在美国电网中的交易方式，既可以满足电力公共机构便于监管的要求，也为个人与商业单位希望减少对环境的影响提供了手段。证书为购买者提供了支持可再生能源发电的手段，也使得由供需关系带来的经济规律能够作用于可再生能源的发电发展。

传统的碳排放交易计划使用惩罚和激励机制来实现既定的减排目标，而可再生能源证书则通过为无碳排放的可再生能源发电提供补贴，以此作为单向激励来推动减排。需要指出的是，与世界性的碳交易不同，可再生能源证书的市场是一个国内市场，只在实行相应规则的地区内交易。

7.2.6 可再生能源创新金融工具

为了加快对可再生能源的投资，解决应对气候变化行动中最关键部门和地区的投资障碍，需要新的创新金融工具。2014 年以来，"气候政策倡议"（Climate Policy Initiative）的"全球气候金融创新实验室"（Global Innovation Lab for Climate Finance）通过 41 个在发展中国家开展气候行动的工具，动员了超过 20 亿美元的资金，其中 19 个在可再生能源领域。该实验室的工具旨在解决具体的障碍，实现大规模投资，并复制和加速私营部门的投资。这些工具包括减让性或从属性债务和结构性基金、股权和结构性基金、债券、证券化、担保、保险、外汇、有条件借贷、基于结果的支付、按服务付费模式、数据建模工具和平台、技术援助等（IRENA，2020a）。

图 7-1 是巴西市场上开发的证券化工具的一个例子，其目的是根据合同出售一个或多个绿色项目的长期收入流，所得收益用于为项目本身或额外的清洁能源基础设施项目融资。这种模式最初是为可再生能源项目设计的，但现在也在为林业项目开发试点。证券化工具解决了缺乏长期融资、资产流动性差和高外汇、宏观经济风险和项目风险等障碍。

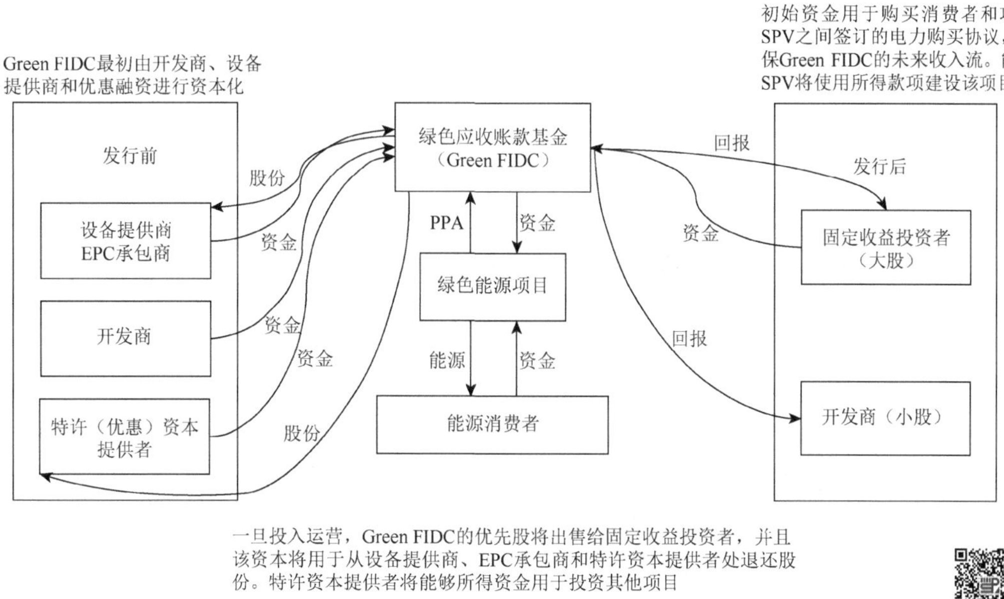

图 7-1 巴西可再生能源融资证券化工具

资料来源：《IRENA 国际可再生能源发展报告 2020》

PPA 为电力购买协议（power purchase agreement），是发电项目开发者（通常是可再生能源项目）与电力购买者（可能是公共事业公司或大型电力消费者）之间的合同。在 PPA 中，购买者同意购买项目产生的电力，通常包括价格和供电时间的协议。EPC 承包商为工程、采购和建设承包商（engineering, procurement, and construction contractor），通常是指负责建设项目的主要承包商，他们负责项目的设计、采购设备和建设工程。SPV 为特殊目的载体（或实体）（special purpose vehicle），通常是一个为了隔离财务风险而创建的法律实体，它是用于持有项目资产、承担债务、购买和出售与项目相关的权益的。FIDC 为应收账款基金（Fundo de Investimento em Direitos Creditórios）

确的收益用途。该项目旨在覆盖（买方）未实现收入流的风险，从而减少需要给予收入流买方的折扣并向基金机构提供优惠股权或债务融资，以促进高级投资者筹集资金。

7.3 可再生能源金融政策

虽然一些可再生能源已经具有一定的竞争力，但如果要实现长久的发展，许多可再生能源仍然需要政府的政策支持。目前在实施支持可再生能源的政策方面，世界各经济体已经积累了丰富的经验。

7.3.1 欧盟可再生能源金融政策

欧盟是可再生能源金融发展历程中的先行者与主要参与者，在顶层设计方面较为完善和成熟。

2016年根据实践经验，欧盟委员会统筹成立高级别专家组和技术专家组，通过欧洲银行管理局、欧洲证券和市场管理局以及欧洲保险和职业养老金管理局三大金融监管机构协同推进可持续金融框架的建立。2019年欧洲银行管理局发布《可持续金融行动计划》；2020年欧洲证券和市场管理局发布《可持续金融战略》。

欧盟首先将《可持续金融行动计划》作为指导性文件，对可持续活动的分类、可持续投资基金、可持续指数等多方面做出规定。其次以《欧洲绿色协议》作为纲领性文件，提出在2050年实现碳中和目标，并对欧盟国家可持续转型的政策方向给出了相应的建议，推动了可再生能源的发展。

此外，欧盟的可持续金融发展政策对绿色金融活动分类标准和信息披露有着更高的要求，如发布《欧盟可持续金融分类方案》《欧盟绿色债券标准》《气候基准及信息披露规范》等报告，对绿色环境相关领域的发展提供了界定标准和参考范例，进一步规范了可再生能源金融市场。

同时，欧盟国家政府的政策支持和引导在发展可再生能源金融时起着至关重要的作用。例如，德国等国家通过税收优惠、政府担保等推动绿色环保项目发展；鼓励政策性金融机构、金融基金等带动并吸引社会资本加大对可再生能源金融的投入。

2021年上半年，欧盟发布了更新的可持续金融战略，以明确到2024年的政策议程。《企业可持续发展报告指令》提案也得以提交，并得到了投资者的大力支持。同时，欧洲财务报告咨询组开始起草关于气候的欧盟可持续发展报告标准。欧盟委员会还发布了重要公告来厘清受托人责任相关规则。另一个重要的里程碑则是通过了关于气候问题的欧盟分类法第一授权法案，这意味着投资者和公司可以根据《欧盟可持续金融分类方案》进行报告。

7.3.2 英国可再生能源金融政策

英国作为世界领先的金融服务中心以及可持续发展的先锋队，在全球可再生能源金融发展方面处于领先地位，拥有从宏观政策指引到各市场执行机构的较为完整的金融体系。在绿色金融市场和产品方面，英国不但拥有自己独特的创新体系，还与国际社会认可的标准接轨，并积极与全球各国进行绿色金融方面的战略合作，可谓是绿色与可再生能源金融的先行者与倡议者。

2003 年，英国提出推进低碳发展，并在 2008 年、2009 年出台的《气候变化法案》与《贷款担保计划》中进一步强化英国的绿色金融顶层设计。

同时，英国政府也在协调包括伦敦证券交易所、英格兰银行等金融机构，用金融手段推动可再生能源产业发展，并引导社会资金投向新技术、新能源。英国政府于 2012 年成立绿色投资银行，以市场化手段吸引社会资本投入，促进英国的绿色经济转型。此外，英国在气候风险管理方面积极探索和创新，推动绿色金融的风险管理。

作为《联合国气候变化框架公约》第 26 次缔约方大会的东道主，英国于 2021 年推行改革，以实现可持续投资，这次推行的改革与 2050 年净零排放的目标一致。2021 年 6 月 30 日英国财政部和英国债务管理办公室发布了《英国政府绿色融资框架》，其中描述了英国政府计划如何通过发行绿色金边债券和零售绿色储蓄债券（retail green savings bonds）来进行融资。该框架中规定了如何识别、甄选、验证和报告绿色项目，符合规定的项目可以从这些融资工具的收益中获得融资，同时推动了英国可再生能源金融的快速发展。

2021 年，规模超过 50 亿英镑的养老基金被要求按照气候变化法规进行报告。英国还宣布了关于强制性企业气候披露的新立法，表 7-3 列出了英国的部分可再生能源政策。鉴于英国正试图兑现其到 2050 年实现净零排放的承诺，正在开发的英国绿色分类法将补充实体经济政策的相关内容（如 2030 年禁止销售汽油和柴油车）（周彦希和毛倩，2022）。

表 7-3　英国部分可再生能源政策

政策名称	对可再生能源金融影响	出台年份	机构
《绿色金融战略》	阐述发展路径	2019	英国政府
《英国政府绿色融资框架》	阐述融资方式、过程管理等有关事务	2021	英国政府

7.3.3　美国可再生能源金融政策

美国的可再生能源金融发展以"超级基金"为起点，其中规定了基金来源、支持项目与方向、责任划分、赔偿、清理以及政府紧急反应等，并将政府环保机构、环境损害者、个人等都纳入环境保护中，进一步明确了绿色经济发展的实施准则，从联邦政府到各州政府均建立起了具备可操作性的绿色金融法律体系。

此后，美国联邦政府和各州政府相继开始构建其绿色金融制度体系，并建立了专门的金融组织——全国性的环境金融中心、环境顾问委员会以及环境金融中心网络，以推进绿色金融法律和政策的执行，支持可再生能源金融的发展。

20 世纪 70 年代，"美国爱河事件"产生的环境风险造成美国的直接经济损失达 2500 万美元，为此美国国会 1980 年通过《综合环境响应、补偿及责任法》，并为之建立了数额庞大的超级基金，该法案因此也被称为超级基金法案。截至 2022 年，美国国会通过了二十多部涉及环境治理与保护的法律。与此同时，各州政府积极制定绿色金融相关政策，如加利福尼亚州颁布《强制装置法》对汽车的净化装置进行相关规定。

除此之外，美国拥有丰富的绿色金融创新产品，如在绿色信贷方面，推出支持节油技术发展的无抵押优惠贷款；在纽约、康涅狄格和夏威夷等州成立绿色银行，运用创新的商业模式吸引民间资金投资绿色行业；在绿色保险方面，成立专业的环境保护保险公司，在强制保险方式、个性化保险设计、政府担保等方面创新。同时也大大地推动了可再生能源金融的发展。

美国在 2021 年初重新加入了《巴黎协定》，并制定了一个非强制约束的、有抱负的 2050 年净零排放目标。拜登总统通过行政命令呼吁联邦政府在设置预算、采购和签约时充分考虑气候金融风险。

7.3.4　日本可再生能源金融政策

日本在全球绿色金融领域处于领先地位，其在政策制定、绿色标准以及绿色金融工具实践方面与欧美国家存在一定的差别。日本的可再生能源金融体系以细分领域的指导性政策为主，尚未自上而下建立全面的绿色金融政策体系。日本绿色金融政策主要制定者是日本内阁府、金融厅、环境省以及经济产业省，其中经济产业省和环境省的参与程度较高。各省因地制宜地将绿色金融与自身职责相结合。

日本经济产业省推出了绿色增长战略，包括五项政策措施和十四项行业行动计划，以使其国内产业与 2050 年碳中和目标相一致。经济产业省还与金融厅和环境省一起成立了转型金融工作组，并联合发布了针对债券和贷款的《气候转型融资基本准则》。金融厅还成立了可持续金融专家小组，讨论可持续金融政策的未来方向，包括 ESG 产品和公司披露。专家小组的最终报告涵盖了对企业披露、加强市场功能和金融机构气候风险管理的建议，并指出了下一步可行的改变。经济产业省还成立了两个工作小组，为更好的企业披露和投资者对话制定指导方针，重点关注可持续发展的转型。在企业方面，金融厅和东京证券交易所修订了日本的《公司治理准则》和《投资者及公司参与准则》。外务省还发布了《国家商业和人权行动计划》。

日本在绿色项目的标准以及企业环境信息披露上具有相对宽松的标准。一方面，日本将绿色金融定义为"为低碳活动提供资金的金融活动"，促使产业转型和创新型的项目也可以归为"绿色"项目。另一方面，日本各级政府都出台了相应的环境披露指导文件，但是主要是以鼓励和引导企业进行环境评估，并不具备强制性。

2022 年，日本首相岸田文雄公布清洁能源战略，包括到 2030 年将可再生能源在日本能源结构中的比例提高一倍的路线图。此外，东京证券交易所于 2022 年 4 月把当前的股票市场重新划分为三个板块（主要市场、标准市场和增长市场）。根据修订后的《公司治理准则》，在主要市场上市的公司将被要求根据 TCFD 的建议，以遵守或解释的方式披露气候相关信息。

7.3.5　澳大利亚可再生能源金融政策

整个 2021 年，澳大利亚审慎监管局和储备银行一直在谈论气候变化的宏观经济影响和对金融稳定的影响。审慎监管局在 2021 年 11 月发布了第一份针对银行、保险公司和养老基金管理气候相关风险的综合指南。

然而，政治分歧对澳大利亚金融决策纳入 ESG 因素的进程造成了阻碍。2021 年 12 月底澳大利亚贸易投资委员会发布的一份报告提供了 13 项建议，该报告有可能限制金融机构从高排放行业撤资或参与协作尽责管理的能力。此外，澳大利亚政府出台了关于提高代理建议透明度的法规，可能会阻碍咨询顾问向养老基金提供关于上市公司 ESG 问题的独立建议。

在 2022 年，证券投资委员会、财政部和储备银行对国际财务报告准则基金会就全球可持续发展报告基线进行了研究。同时，金融监管机构理事会计划研究可持续金融分类法的全球发展及其对澳大利亚的影响。

当前，全球金融政策制定者和监管者普遍承认，需要将金融政策框架与可持续性问题联系起来。投资者越来越希望了解和管理其投资决策对实体经济、就业、生计和环境的影响。PRI 旗舰项目"为实现可持续性影响而投资的法律框架"为政策发展提供了基础，旨在支持上述思维并将其纳入主流。随着世界顶级经济体努力实现国家可持续发展目标（如净零排放目标），投资者可以预期，这些可持续发展目标相关的监管将会越来越严格。

7.3.6　中国可再生能源金融政策

我国的可再生能源金融在实践领域和理论体系等方面借鉴了国际的研究和范例，同时不断建立自有的顶层设计和体系。与国际上部分国家自下而上、由金融机构推动绿色金融发展模式不同的是，我国绿色金融体系的建设主要由政策推动。和国际相比，虽然我国绿色金融起步较晚，但经过不断探索与实践，目前在绿色金融政策体系、激励机制、披露要求、产品体系、监管体系和国际合作等方面取得了长足的进展。下文将重点介绍政策体系、监管体系和国际合作情况。

1. 政策体系

2015 年，我国推出了一系列环境污染治理的重要政策意见。例如，2015 年 4 月发布的《中共中央 国务院关于加快推进生态文明建设的意见》提出推广绿色信贷，探索排污权抵押等融资模式，深化环境污染责任保险试点。2015 年 9 月发布的《生态文明体制改革总体方案》提出从绿色信贷、绿色债券等多方面建立绿色金融体系等,为后续国内绿色金融的全面快速发展提供了先行的政策实践。

2016年常被认为是我国绿色金融的元年,建立绿色金融体系被写入我国"十三五"规划,政府还相应出台了《关于构建绿色金融体系的指导意见》。自此我国加快推进绿色金融政策的构建,在对绿色投资、绿色产业划分和界定等方面逐步完善绿色金融基础设施建设(方怡向等,2017)。我国目前在绿色金融的宏观顶层设计、微观评估标准等方面构建了一个全面的政策框架,成为全球首个建立了系统性绿色金融政策框架的国家。

2. 监管体系

我国已经基本形成了政府主导、自律为辅的监管体制,在央行的统领和协调下,国家金融监督管理总局(原中国银行保险监督管理委员会)、中国证券监督管理委员会以及相关行政主管部门各司其职;金融机构、行业协会等也陆续加入绿色金融的监管之中,如中国金融学会成立了绿色金融专业委员会,绿色信贷、绿色证券等领域也成立了专业委员会,对绿色金融行业进行自律监督。同时,针对不同产品分别采取了不同的监管手段,如发行绿色信贷的金融机构需按要求向金融统计监测管理信息系统报送绿色贷款专项统计数据。

此外,我国正逐步建立强制性的信息披露制度,要求上市企业强制披露生产过程中的主要环境污染物、主要处理设施及处理能力等信息,特别是在2016年以后,中国证券监督管理委员会、中国银行间市场交易商协会、中国人民银行等机构陆续发布文件,明确规定信息披露义务并对信息披露相关内容环节进行规范;科创板上市企业也需强制披露社会责任履行情况等。

3. 国际合作

中国人民银行、中国证券监督管理委员会和生态环境部分别发布了投资者和企业环境信息披露指南和法规,中国人民银行还与美国财政部共同主持了20国集团可持续金融工作组,制定了20国集团可持续金融路线图。中国接下来将需要采取更有力的、与国际接轨的政策行动,以期建立健康的负责任投资生态系统(Lo,2014)。投资者ESG信息披露仍然是最迫切的问题,不过在进一步研究之前,相关要求仍然要遵从自愿原则。投资者也非常需要关于ESG整合和管理的明确政策指导,以提高被投资方的可持续发展绩效,并形成符合可持续发展目标(sustainable development goals,SDGs)的投资影响。

7.4 中广核风电项目融资案例

CCER作为一种在碳市场中管理温室气体排放的工具,可以为可再生能源项目提供额外的融资机会。CCER是基于项目减少的碳排放量而产生的权益,可在市场上进行交易，为公司提供额外的收入来源。可再生能源项目不仅能够获得清洁能源产生的收入，还能够从碳市场中获得额外的收益，同时有助于减少温室气体排放。这种融资模式将可再生能源和环境保护有机地结合在一起，有助于推动可持续发展和清洁能源的采用。我国的 CCER 交易始于 2012 年 6 月，因温室气体自愿减排交易量小、个别项目不够规范等问题，CCER 申请于 2017 年 3 月被暂缓受理，随着碳中和与碳达峰目标的提出，市场对于 CCER 重启的呼声越来越高。

接下来我们就以我国首只碳债券——"中广核风电附加碳收益中期票据"（简称中广核碳债券）为例介绍 CCER 如何为风电项目融资[①]。

7.4.1 基本情况

中广核风电有限公司是国内率先发行与碳收益挂钩的创新性碳融资产品的企业。中广核碳债券由中广核风电有限公司作为发行人，中广核风电有限公司属于中国广核集团有限公司的全资子公司，实际控制人为国务院国有资产监督管理委员会。中广核碳债券由上海浦东发展银行股份有限公司和国家开发银行股份有限公司作为承销商，同时得到了中广核财务有限责任公司和深圳排放权交易所的财务顾问支持。中广核碳债券的发行金额为 10 亿元，发行期限为 5 年，采用"固定利息＋浮动收益"的形式。其中，浮动利率部分与发行人下属 5 家风电项目公司在债券存续期内实现的 CCER 的交易收益正向关联，即发行利率为 5.65%＋（0.05%～0.20%）。

本案例中广核碳债券所涉及的 CCER 交易市场为深圳碳排放权交易试点市场，该市场于 2013 年 6 月 18 日正式启动，交易品种包括碳排放配额、CCER、经主管部门批准的其他交易品种。CCER 的流程分为项目设计、项目审定、项目备案、排放监测、减排量核证和 CCER 备案六个阶段（图 7-2）。符合条件并完成规定流程的减排量即可进入国家发展和改革委员会备案的交易机构进行买卖。中广核碳债券的浮动利率与发行人五个风电项目产生的碳收益相关，这五个减排项目为发行人全资子公司或其控股孙公司设计建造，均通过联合国清洁发展机制执行理事会申请为 CDM 注册项目。

7.4.2 交易过程

中广核台山汶村风电场的核证自愿减排量购买人为环保桥（上海）环境技术有限公司，内蒙古商都长胜梁风电场、新疆吉木乃中广核一期风电项目、宝日布风电场二期项目和中广核民勤咸水井风电场等四个项目的核证自愿减排量购买人为深圳中碳融通资产管理有限公司，五个减排项目的基本情况如表 7-4 所示。交易平台为深圳排放权交易所；根据交易双方的协议约定和交易所交易规则，五个减排项目产生的 CCER 以大宗交易的方式进行，并通过深圳排放权交易所平台完成 CCER 登记过户和交易资金支付清算流程。

---

① 中广核风电有限公司 2014 年度第一期中期票据募集说明。

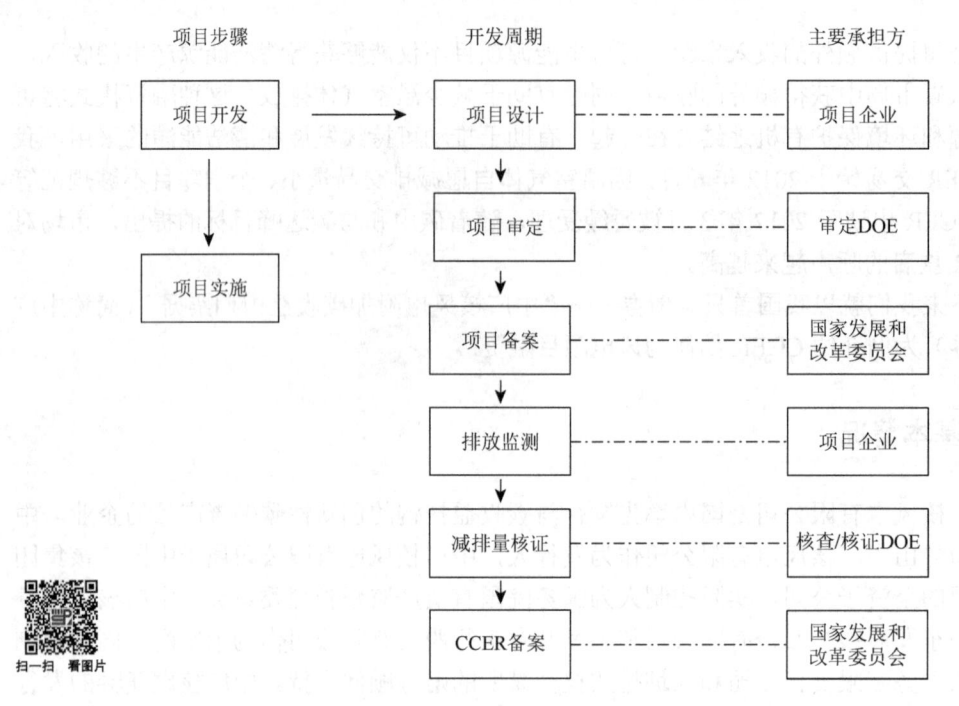

```
项目步骤              开发周期                        主要承担方

┌─────────┐         ┌─────────┐                    ┌─────────┐
│ 项目开发 │────────→│ 项目设计 │ ─────────────────  │ 项目企业 │
└─────────┘         └─────────┘                    └─────────┘
     │                   ↓
     ↓              ┌─────────┐                    ┌─────────┐
┌─────────┐         │ 项目审定 │ ─────────────────  │ 审定DOE │
│ 项目实施 │         └─────────┘                    └─────────┘
└─────────┘              ↓
                    ┌─────────┐                    ┌──────────────┐
                    │ 项目备案 │ ─────────────────  │ 国家发展和   │
                    └─────────┘                    │ 改革委员会   │
                         ↓                         └──────────────┘
                    ┌─────────┐                    ┌─────────┐
                    │ 排放监测 │ ─────────────────  │ 项目企业 │
                    └─────────┘                    └─────────┘
                         ↓
                    ┌──────────┐                   ┌──────────────┐
                    │减排量核证│ ─────────────────  │ 核查/核证DOE │
                    └──────────┘                   └──────────────┘
                         ↓
                    ┌──────────┐                   ┌──────────────┐
                    │ CCER备案 │ ─────────────────  │ 国家发展和   │
                    └──────────┘                   │ 改革委员会   │
                                                   └──────────────┘
```

图 7-2　国内 CCER 签发流程

资料来源：中广核风电有限公司 2014 年度第一期中期票据募集说明书

DOE 为指定经营实体（designated operational entity）。DOE 在 CCER 体系中的作用类似于一个独立的第三方审计机构，它通过专业的评估和监督工作，来确保项目的真实性和减排量的可靠性，从而为碳市场的健康发展提供支持

表 7-4　中广核风电五个减排项目的基本情况

项目名称	所属公司	项目情况
内蒙古商都长胜梁风电场	中广核北能商都风电有限公司	33 台 1500 千瓦风电机组 总装机容量 49.5 兆瓦 年供电量 131 564 兆瓦时 产生电量提供给华北电网
新疆吉木乃中广核一期风电项目	新疆吉木乃中广核风力发电有限公司	33 台 1500 千瓦风电机组 总装机容量 49.5 兆瓦 年供电量 122 360 兆瓦时 产生电量提供给西北电网
宝日布风电场二期项目	中广核（巴彦淖尔）风力发电有限公司	58 台 850 千瓦风电机组 总装机容量 49.3 兆瓦 年供电量 110 751 兆瓦时 产生电量提供给华北电网
中广核民勤咸水井风电场	中广核甘肃民勤风力发电有限公司	33 台 1500 千瓦风电机组 总装机容量 49.5 兆瓦 年供电量 91 575 兆瓦时 产生电量提供给西北电网
中广核台山汶村风电场	中广核台山汶村风力发电有限公司	42 台 850 千瓦风电机组 总装机容量 35.7 兆瓦 年供电量 61 740 兆瓦时 产生电量提供给南方电网

资料来源：中广核风电有限公司 2014 年度第一期中期票据募集说明书

7.4.3　CCER 交付

CCER 的交付数量是指五个风电项目在一个交易年度内上网电量的基础上乘以相应的排放因子后获得项目当期减排量，该减排量需经核证机构核证并在国家发展和改革委员会备案后成为可交易的 CCER。交易年度即为一个完整年度。但根据协议约定的"减排期调整"条款，第一交易年度、第二交易年度可能依据国家发展和改革委员会批准项目备案的具体日期情况做出调整，但前两个交易年度合计期限长度必须涵盖两个完整年度，即 24 个月。排放因子为中国清洁发展机制网公布的中国各区域电网的温室气体排放因子。

CCER 交付价格采用"固定利息＋浮动收益"的定价方式。其中固定价格为交易双方约定的保底价格，即无论深圳排放权交易所 CCER 价格如何波动，购买人均承诺支付的购买价格。浮动价格与深圳排放权交易所特定时间内成交并公示的 CCER 市场参考价格正向挂钩[①]。

CCER 卖方（五个风电项目公司）在 CCER 获得国家发展和改革委员会备案后 3 个工作日内向交易所递交申请，将备案的 CCER 转移到其在交易机构设立的卖方权益账户。通知买方后，买卖双方共同向交易所提出 CCER 转移过户申请，在 CCER 被记入买方权益账户或买方收到卖方出具付款通知或发票之日起 5～10 个工作日内，买方向卖方支付交易金额。其中，CCER 被计入买方权益账户日为 CCER 的交付日。

7.4.4　发行结构

中广核碳债券由主承销商上海浦东发展银行股份有限公司组织承销团，通过簿记建档、集中配售的方式在全国银行间债券市场公开发行，发行的固定利率为 5.65%。该中期票据发行无担保，根据联合资信评估股份有限公司的评估报告，主体评级为 AAA，债项评级为 AAA。交易结构如图 7-3 所示。主要发行条款如表 7-5 所示。

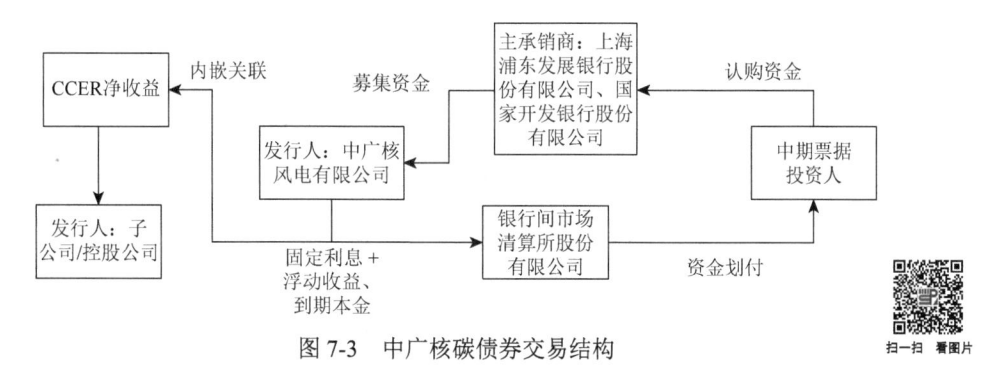

图 7-3　中广核碳债券交易结构

资料来源：中广核风电有限公司 2014 年度第一期中期票据募集说明书
到期本金为项目到期时需要偿还或归还的原始投资金额

---

① CCER 浮动价格的市场参考价为每笔 CCER 交付日前三个月内在深圳排放权交易所成交并公示的 50 000 吨 CCER 的加权成交价格（交易数量累计达到 50 000 吨的每笔 CCER 交易按照交易数量加权平均算出的平均值）；如果上述 50 000 吨 CCER 是在不足五个连续工作日内成交的，则市场参考价为每笔 CCER 交付日前五个工作日内在深圳排放权交易所成交并公示的 CCER 加权成交价格；如果该数据不可得，则将由深圳排放权交易所提供交付日前三个月内 CCER 交易量最大的三家机构会员名单，以这三家机构会员报价的平均值作为依据。

表 7-5 中广核碳债券主要发行条款

中期票据名称	中广核风电有限公司 2014 年度第一期中期票据
发行人	中广核风电有限公司
票面金额	人民币 100 元
注册金额	人民币 10 亿元
本期发行金额	人民币 10 亿元
票面利率	固定利息 + 浮动收益
发行利率	5.65%
计息方式	单利按年计息
期限	5 年
发行日	2014 年 5 月 8 日
起息日	自缴款日开始计息,本期中期票据每年 5 月 12 日为该计息年度的起息日
债权登记日	2014 年 5 月 12 日
上市流通日	2014 年 5 月 12 日
付息日	中期票据存续期内每年的 5 月 12 日
付息方式	每年付息一次,到期一次还本,最后一期利息随本金的兑付一并支付
主承销商	上海浦东发展银行股份有限公司
联席主承销商	国家开发银行股份有限公司
托管机构	银行间市场清算所股份有限公司

资料来源:中广核风电有限公司 2014 年度第一期中期票据募集说明书

每期碳收益 =(1−所得税率)×[当期 CCER 交付数量×CCER 交付价格−注册咨询费−签发咨询费−审定费−核证费−交易经手费]。碳收益率等于中期票据每期碳收益除以本期中期票据发行规模。中广核碳债券的浮动利率按年核定,浮动利率的定价机制与中广核风电有限公司五个减排项目的碳收益率挂钩,浮动区间锁定为[5BP,20BP],在碳收益率小于或等于 0.05%时,浮动利率为 5BP(basic point,基点),如果碳收益率在 0.05%~0.20%,浮动利率等于碳收益率,如果大于 0.20%,则浮动利率为 20BP(刘慧心和崔莹,2022)。

浮动利率的设计突破了以往浮息债只与定存利率、Shibor(Shanghai Interbank Offered Rate,上海银行间同业拆放利率)等基准利率挂钩的常规,开创了国内挂钩"非常规标的"并推广低碳概念的先河。五个项目碳收益越多,碳收益率就越高,区间内的浮动利率也就越高(林龙跃等,2014)。

7.4.5 CCER 相关风险

1. 减排量波动风险

中广核风电项目所能实现的减排效益与项目的实际发电量密切相关。发电量的波动将直接影响减排效益的稳定性。风电项目的年发电量受到多种因素的共同影响,包括项目所在地的自然和人为条件。项目所在地的风力资源水平直接影响了风机的发电能力。风速的波动和季节性变化可能导致年度发电量的波动。风机的运行时间与风力资源情况、设备质量和维护状况等因素有关。风电项目的发电量也受到项目周围区域用电需求的影响，电网需求的波动可能会导致风电项目的发电量产生波动。管理不善、技术故障、自然灾害等都可能会影响风电项目的正常运营。如果风电项目无法正常运营，或者由上述因素导致发电量减少，将直接导致碳收益的下滑（龚晓宇，2015）。

2. 减排量备案风险

按照 CCER 的相关规定，项目产生的减排量须在国家发展和改革委员会进行备案才能成为可流通交易的 CCER。由于五个减排项目的减排在债券发行时并未实际产生，因此，减排量在国家主管部门的备案工作也尚未完成。如果项目对进行交易的第一期碳减排量的 CCER 申请过于缓慢或被暂停，则将影响碳收益。

3. CCER 市场价格波动风险

CCER 的定价机制采用了固定利息 + 浮动收益相结合的方式。其中，浮动收益是根据 CCER 的市场参考价格来确定的。市场参考价格受到多种因素的影响，其波动直接影响了 CCER 的最终交付价格和整体碳收益水平。一些影响市场价格的因素，如国家气候政策、国家碳交易政策、碳交易市场突发性事件都会给 CCER 市场参考价格以及最终的 CCER 交付价格带来冲击，从而影响项目的收益水平。

4. CCER 交易相关风险

中广核风电的碳收益实现是基于其拥有的风电项目所产生的碳减排额度，这些额度可以用于深圳排放权交易所的碳排放配额抵销。然而，如果碳市场的相关机制由于政策原因发生变化，则存在 CCER 买卖双方在非违约情况下终止协议的可能性。此外，如果双方通过协商决定重新修订协议，经一致同意后新协议将取代原有协议，可能导致协议价格和其他核心交易条款的变更，从而影响碳收益水平。

课 后 习 题

1. 简述可再生能源金融的概念和内涵。
2. 简述可再生能源融资工具的种类。
3. 思考 CCER 的案例为可再生能源金融以及碳金融的发展提供了哪些启示。

参 考 文 献

方怡向, 李睿, 闫娜. 2017. 绿色发展顶层设计确立, 绿色金融体系初具雏形: 2016 年绿色金融政策分析.
　　https://cj.sina.com.cn/article/detail/5867571692/189890[2023-12-01].
龚晓宇. 2015. 我国新能源企业创新性碳金融工具应用分析: 以中广核风电碳中期票据为例. 广州: 暨南
　　大学.

国际金融论坛. 2021. 2021 年全球金融与发展报告. 北京: 中国经融出版社.

林龙跃, 崔雪莱, 黄佳妮. 2014. 创新绿色债券 助推低碳经济: 国内首只附加碳收益中期票据案例分析. 金融市场研究, (6): 83-87.

刘慧心, 崔莹. 2022. 气候债券产品创新的国内外经验借鉴. 北京: 中央财经大学绿色金融国际研究院.

刘宇阳, 郝彦. 2023-09-06. CCER 助攻 中国碳市场交易额或超 1 万亿. 北京商报,（T02）.

王遥, 崔莹, 洪睿晨. 2019. 气候融资国际国内进展及对中国的政策建议. 环境保护, 47(24): 11-14.

中华人民共和国生态环境部. 2019. 中国应对气候变化的政策与行动 2019 年度报告. 北京: 中华人民共和国生态环境部.

周彦希, 毛倩. 2022. 英国绿色金融发展现状与中英绿色金融合作展望. 北京: 中央财经大学绿色金融国际研究院.

IPCC. 2014. Climate change 2014 synthesis report. Geneva: Intergovernmental Panel on Climate Change.

IRENA. 2020a. Global renewables outlook: energy transformation 2050 (2020 edition). Abu Dhabi: International Renewable Energy Agency.

IRENA. 2020b. The post-COVID recovery: an agenda for resilience, development and equality. Abu Dhabi: International Renewable Energy Agency.

IRENA, CPI. 2020. Global landscape of renewable energy finance 2020. Abu Dhabi: International Renewable Energy Agency.

Lo K. 2014. A critical review of China's rapidly developing renewable energy and energy efficiency policies. Renewable and Sustainable Energy Reviews, 29: 508-516.

第 8 章 能源金融风险管理

> **本章导读**
>
> 随着能源市场金融化发展，各类衍生品的交易量日益活跃。特别是原油市场已经远远脱离了实物原油现货的供应量和需求量。能源市场和金融市场的特征使它们完美结合起来，呈现出能源与金融一体化的发展趋势。当前能源金融市场由能源现货交易市场、远期交易市场、期货交易市场、以期权和掉期为核心的场外交易市场共同组成。近年来能源衍生金融工具得到迅猛发展，特别是原油衍生品的结构是所有衍生品里最为复杂的，几乎涵盖了所有金融衍生品的种类。以原油为例，无论是从交易规模、交易种类、交易方式、参与者还是从市场功能来看，原油衍生品市场不仅把原油市场、金融市场和资本市场连接在一起，而且自身还成了其中不可或缺的一部分。能源金融产品的发展一方面为大量实体企业和机构进行套期保值和自身经营、投资风险对冲提供了工具，也为大量的投资者提供了多样化的投资标的，提高了资金的使用效率；另一方面也使得各市场之间的风险传染以及与其他金融市场间的风险传染变得更加迅速，使得能源市场金融化的风险呈现出几类典型的特征。

8.1 能源金融风险的内涵与特征

8.1.1 能源金融风险的内涵

能源金融风险是指与能源产业（包括传统能源和新能源）相关的金融活动中可能面临的各种风险，包括市场风险，如能源价格波动；信用风险，如能源衍生品的交易对手违约行为；操作风险，如在能源金融产品交易过程中的人为失误。能源金融风险对能源公司、金融机构等的财务状况和经营活动产生影响，进一步将风险外溢至其他金融市场和实体经济，诱发系统性风险，严重影响经济发展和社会稳定。因此，对能源金融风险的管理和控制显得尤为重要。

8.1.2 能源金融风险的特征

能源金融化使得能源市场表现出商品属性、地缘政治属性和金融属性的复合特征，这种多属性叠加使得市场风险特征和机理识别更加复杂，难以捕捉，国际能源市场也表现出更多新规律。总的来说，能源金融风险的主要表现为外溢性、传染性、易损性、异质性和突变性。下面我们将对这五点特征做详细的介绍。

1. 外溢性

外溢性主要是指市场风险具有外部性，市场内部信息易向外部扩散。从能源市场和金融市场内部来看，能源金融是能源产业和金融市场的结合，能源产业利用金融市场的竞争机制，获取准确及时的能源金融信息，用于能源价格风险的有效管理。若金融市场具有充分的信息传导，那么就可以实现对能源产业的风险预测和控制。从能源金融市场与其他市场的互动来看，其他市场与能源金融市场之间也存在着信息溢出效应，如碳市场与能源市场、中国原油期货市场与国际基准原油期货市场等。

2. 传染性

传染性主要是指在金融化属性下能源市场容易与金融市场形成联动，诱发系统性风险。随着能源市场金融化属性加深，市场的流动性不断增强，与其他市场的关系也日趋紧密，特别是能源市场会通过投资组合渠道，与其他金融资产的子市场通过风险-收益机制产生关联，同时也会通过其他特殊的定价机制与汇率产生关联。因此在能源金融化的背景下，市场规模被进一步放大，市场交易也更加活跃，市场的风险也会迅速传导至金融市场的其他领域，进而传导至实体经济领域。与此同时，其他金融市场的风险也会在一定程度上影响能源市场。从整体来看，能源市场风险呈现出高度的跨市场传染性。

此外，要特别说明的是，传染性和上文提到的外溢性分别对应风险和信息这两个相对的概念，即信息越充分，不确定因素越少，从而风险降低。

3. 易损性

易损性主要是指市场结构处于非稳性，容易受到各种冲击而表现出的脆弱、不稳定的特征。例如，价格波动性，即能源金融衍生产品价格的高波动性会导致市场参与者的收益不稳定。又比如技术进步和替代能源，即新能源行业的兴起，会给传统能源金融市场带来极大的冲击，特别是在能源转型过程中，这种易损性尤为显著。

4. 异质性

异质性主要是指能源市场风险来源多样化，影响机理和传导机制不一致，因此能源金融风险也存在着高度的复杂性。影响能源价格的因素有很多，能源价格变动不仅受到市场供求关系、自然地理天气条件、地缘政治、OPEC 组织、税收制度以及法律体系等因素的影响，并且随着能源金融化，其价格还更多地受到市场预期和投机因素的影响。在各风险因素的冲击下，能源市场风险的影响机理具有异质性，能源及其金融衍生产品的价格也具有高度波动性。

5. 突变性

突变性主要是指能源市场随全球能源格局以及能源政策的变化而表现出价格的突

变，出现结构性拐点。在全球气候变化的背景下，各国为应对气候变化，纷纷采取由传统能源向新能源转变的行动。在这一转型过程中，气候物理风险和气候政策风险的不确定性加剧，往往会导致能源价格的结构性突变。例如，气候政策风险加大对传统能源的约束和新能源的支持力度，会导致传统能源资产产生"碳搁浅"现象，出现传统能源及其金融衍生产品的价格低点；但当寒潮、热浪等极端气候物理风险加剧时，会大大增加能源需求量，传统能源无法及时补位新能源，使得能源供不应求，从而出现能源及其金融衍生产品价格高点。

8.2 能源金融风险类型

8.2.1 市场风险

市场风险是由于利率、汇率、商品等价格变化给市场参与者带来的损失风险，包括价格风险、汇率风险和利率风险。

1. 价格风险

价格风险主要是能源市场上价格波动给参与者带来的风险。通常情况下，当价格下降时，生产者会遭受损失；当价格上升时，使用者会遭受损失。

以原油市场为例，原油价格受到多种因素的影响，容易频繁波动。特别是，原油投机资金是全球原油金融市场的重要参与者，对价格的波动有着很大的影响。从历史角度来看，从 2004 年开始的美元疲软、利率以及股市的下跌导致了以对冲基金为代表的大量机构投资者云集国际原油金融市场进行投机炒作，进而给投机者提供了哄抬油价的机会。OPEC 也多次指出，高油价已经超出了它们的控制范围，而造成当时油价上涨的主要原因就是投机资金。原油金融市场的投机交易具有明显的高风险、高收益的特征。期货市场的保证金制度使得期货市场交易具有"以小博大"的特点，容易导致交易者过度投机。这种投机行为如果管理不当，就必然会导致正常秩序的混乱，从而造成油价的非正常波动和高风险。除了投机者的管理之外，原油价格的波动还受国际政治、经济、自然等因素的影响，这些因素的变化也都会不同程度地加剧原油价格的波动，造成较高的市场风险。

2. 汇率风险

能源产品全球分布不均的特点使各国能源企业海外业务丰富，各项业务结算时涉及多国币种。特别是全球原油市场，自从美国与 OPEC 达成协议，将美元作为原油的唯一结算货币，形成"石油美元"以来，国际原油价格的波动就和美元的波动密不可分了，美元的表现也成为国际油价的晴雨表之一。当美元升值时，其他货币的购买力会下降，而原油的价格也会下降；相反，当美元贬值时，原油价格会上涨。例如，2015 年美元升值导致全球原油价格快速下跌，市场风险扩大。

3. 利率风险

利率风险是采用浮动利率制度的国家经常需要面对的问题，它主要受资金的供求、经济状况、对未来经济的预期以及一国货币政策的影响。一旦利率发生变动，那么银行的信贷资金就会受到影响，从而传导到实体经济领域。以原油企业为例，一旦利率发生变动，原油行业将无法筹备足够的资金来保证原油市场的正常运行。美联储上调利率可以维持美国现有的经济复苏势头，提升美元的投资信心，以更加有利于美国经济的良性运行，而这种取向则会使美国经济的复苏提高对原油产品的依存度，从而促使原油价格波动。

8.2.2 信用风险

信用风险，又称交易对手风险，是指在能源金融衍生产品交易中，交易一方未能按照合同约定履行义务（俗称违约），而导致交易另一方财务损失的风险。特别是在能源价格波动加剧时，会大大增加潜在信用风险。信用风险又可以分为以下几个方面：①替代成本风险；②预结算风险；③结算风险；④集中风险。

从替代成本风险来看，当交易一方违约时，另一方需要以当前市场条件重新建立一个等价头寸。如果市场价格发生了不利变化，那么另一方会遭受巨大经济损失。预结算风险是指交易对手在合约最终结算前违约时的风险，其与合约剩余期间和市场波动性有关。结算风险是指交易对手在合约结算时没有履行支付义务而产生的结算风险，其与支付系统的效率和可靠性有关。从集中风险来看，若一个机构与特定交易对手或一小群交易对手存在大量的未结合约，那么这个机构将面临潜在的集中风险，若这些交易对手违约，那么会给这个机构造成重大的财务损失。

8.2.3 流动性风险

流动性风险可以分为融资流动性风险和资产流动性风险。我们在这里所探讨的是能源金融衍生产品的资产流动性风险。资产流动性风险是指由于能源衍生品市场不具有流动性，无法以合适的价格在某个时期内卖出能源金融资产所造成损失的风险。能源金融资产流动性变差，代表其在短时间内无法进行头寸买卖操作，当买卖价差增大时，交易方会因此遭受损失。对于能源期权等其他衍生产品来说，衍生产品的标的资产市场应具有良好的流动性，保证日常交易。

在海湾战争期间，石油增产给能源金融资产带来了巨大的流动性风险。首先，石油供过于求，导致石油价格下降，使得能源金融产品的市场价值下降，增加投资者损失。其次，由于市场预期的不确定性，投资者纷纷开始抛售能源金融产品，导致流动性下降，这种流动性风险也使得投资者无法及时抛售能源资产，即便能够抛售也是以巨大损失为代价。此外，由于地缘政治事件的不确定性，一些投资者转向更为安全的黄金、国债等资产，这种资产转移现象也使得能源金融产品的流动性下降。

8.2.4 操作风险

操作风险指的是在能源金融衍生产品交易过程和结算过程中，交易员人为操作失误、内部程序和系统错误导致的内部风险，以及自然灾害、外部人员因欺诈或犯罪带来的外部风险。由于能源金融产品具有虚拟特性，此外，《巴塞尔协议Ⅱ》还明确了法律风险作为一种外部事件，应当包含于操作风险中。

根据上述定义，可以将操作风险按照风险来源分为四大类：①人员；②内部流程；③系统；④外部事件。其中，人员操作风险包括员工操作失误、违反内部规定或劳动合同、员工犯罪行为等；内部流程操作风险包括数据输入错误、文件传递错误、产品定价风险、支付清算风险等；系统操作风险包括系统安全风险、系统功能风险、系统开发和执行风险等；外部事件的操作风险包括外部人员欺诈、犯罪以及政治、法律法规等风险。

8.3 能源金融风险机理分析

金融市场间的风险溢出效应（risk spillover effect），也称为市场间信息传递效应，其产生的原因在于市场间跨市/跨品种套利机会的存在，当市场共享信息影响不同市场中的参与者预期时，若某一市场出现显著波动，这种波动可能通过投资者执行跨市场套利交易的方式，将风险传播到其他市场或其他资产类别。能源市场风险研究可分为能源系统内部风险和能源金融跨系统风险。其中，能源系统内部风险是指同一能源品种不同交易合约间的风险（包括跨交易所间、期货与现货间、不同期限到期的合约间等）以及不同能源产品间的风险（包括原油、天然气、煤炭以及碳排放权等各能源品种）。能源金融跨系统风险是指能源市场与其他市场（包括证券市场、外汇市场等）的风险。

8.3.1 能源金融风险溢出的理论基础

1. 金融传染理论

金融传染是指一国金融市场中的突发事件或负向冲击，可能会通过价格、资本等渠道形成多米诺骨牌效应并传染扩散至其他市场，进而加速货币市场、资本市场、外汇市场及衍生品市场的信息传递并产生联动效应。金融传染既可以在国内市场中形成，也可以在国际市场中扩散。对于国内市场的金融传染而言，比如当某家证券公司或者某个金融中介机构发生信用危机时，其自身的经营运转和市场评级会受到影响，同时会对同类型的金融机构产生冲击，增大金融消费者的不安全感，进而导致风险在资本市场乃至整个金融市场蔓延，并可能诱发金融危机。

对于国际市场的金融传染而言，一国市场可以通过金融市场联动、国际贸易关联、投资者行为等路径诱发其他国家市场波动，进而造成金融危机。金融市场联动诱发的危机通常是基于跨国金融中介的资金融通活动，从一国的市场传染至其他国家的市场。国际贸易关联传染导致的危机主要与国际贸易环境恶化有关，当一国在国际市场上面临双边或多边的贸易困难时，投资者对该国的经济平稳发展信心下降，进而会减少对该国及对其他关联国家的资本安排，从而诱发外汇市场震荡，加剧金融市场投机，最终导致一系列金融危机。投资者行为传染造成的危机在跨国投资中尤为常见，通常与投资者的市场预期改变和资本资产行为调整有关，当金融市场上的资本价格发生变化时，投资风险会随之产生差异，进而不同风险偏好的投资者会相应地调整投资策略，重新进行资产组合并通过价格及风险联动影响其他金融市场。

金融传染是全球经济一体化的必然结果，也是区域经济不断融合的间接产物。在全球经济和金融市场深度融合的背景下，一旦某个市场或者某个区域爆发金融危机时，首先，会在国内蔓延，并释放一定的市场信号；其次，向与其经济依存度较高的国家进行扩散，进而改变投资者对市场价格和风险的预期，催生非理性投资行为和恶意竞争，最终加剧金融市场的动荡，诱发区域乃至全球金融危机。

2. 价格传导理论

价格传导通常是指市场中某种商品或服务的价格发生变化，进而导致价格体系改变并诱发其他商品或服务的价格发生变动，价格传导理论是市场经济的基本内在规律和基本价值理论。价格传导理论主要包括三个方面的内容，分别为价格传导路径、价格互动过程和价格传导的影响因素。

价格传导路径是指市场中一种价格的变动通过何种路径或何种渠道，对其他商品或服务的价格产生影响，不同的路径或渠道对整个市场价格体系的冲击有所差异。价格互动过程主要探究价格如何产生价格，即基于成本或比价的角度对价格之间的相互传导进行理论分析与探讨。价格传导的影响因素，一般而言，市场中个体是相互联系的，价格的传导也是多种因素共同作用的结果，当某种因素的作用较强时，价格传导的效应可能会叠加；当某种因素的影响趋弱或多种因素互斥时，价格传导效应可能被弱化甚至抵消，因此实际经济发展中，价格传导往往是复杂多变的。对处于同一市场中的不同商品而言，价格传导可以通过竞争关系实现，也可以结合互补关系转化，还可以基于上下游产业链或消费链的影响发生变化，同一市场中既可能存在横向传导，也可能存在纵向衔接。对于不同市场中的商品而言，商品之间的关联性是价格传导的主要路径，不同市场间的供需调节及发展需求会对价格传导的实际作用效果产生冲击。

金融资产作为特殊的商品，其价格的高低主要取决于其依托的实物资产的价值。当实物资产包含的价值量越高时，金融资产的价值也会越大，对应的价格也会越高；反之，当实物资产的价值量越低时，金融资产价值也越小，价格也随之降低。在金融交易中，金融资产按照其价格的高低进行等价交易，市场中总的供给和需求是平衡的，但在每次具体的交易中，交易双方的金融资产价值量可能并不完全一致，这与金融资产价格变化及传导的复杂性有关。

金融资产价格的变化还受到多种因素的影响，如宏观经济的变化、市场交易机制的调整、外部突发事件的冲击等。在价格规律和金融市场竞价的共同影响下，当市场的供小于求时，金融资产的价格会提高；当供大于求时，金融市场的价格会降低。因此，金融资产的价格传导，既体现了金融市场价值规律的调节，也反映了金融资产价格的自我调整。金融资产价格波动的传导性是指金融资产价格波动会沿着市场渠道产生溢出效应的一种价格现象，其实质在于某种金融资产价格的变动会通过多种途径或渠道对其他金融资产的价格产生冲击或影响。

3. 经济波动理论

经济学中的经济波动是指某个经济指标或变量在经济活动中偏离其均衡状态的一种运动过程。在实践中，经济波动包含四种变动要素，分别为长期趋势要素、季节变动要素、循环波动要素和不规则波动要素。长期趋势要素反映长期内某项经济指标的发展变化方向，季节变动要素反映的是以月度或季度为基本周期的循环往复运动，循环波动要素是一种周期性运动的呈现，不规则波动要素由偶然事件引发，通常无规则可循。

经济波动的相关理论主要包含内部经济波动理论和外部经济波动理论两种。其中，内部经济波动理论认为经济波动是由系统内部因素的冲击而造成的，在不受外部因素影响的条件下，经济系统会遵循一定趋势重复循环自身运动。代表性的理论有纯货币理论、消费不足论、成本价格理论、存货投资周期理论、混沌周期理论和信息周期理论等。外部经济波动理论认为经济波动主要是由经济系统之外的因素冲击造成的，外生冲击主要包括技术创新、经济危机、战争以及自然灾害等。

4. 信息摩擦理论

市场中由某些因素或某种状况导致资产交易难度加大、交易成本增加的现象称为市场摩擦。按照摩擦的来源不同，市场摩擦可以分为真实摩擦和信息摩擦两类。信息摩擦主要是指由市场信息的不完全或者不对称而导致的交易成本增加。一般而言，市场中的交易者主要有两类，分别为掌握内部消息的知情交易者和没有内部消息的不知情交易者。拥有各种内部消息或者未公开信息的知情交易者具有信息比较优势，可以结合自身的信息及时做出决策并获得盈利。不知情交易者则因为信息获得滞后，错失机会或者支付更多的成本，进而造成损失并导致市场中资产交易价格的差异。在存在信息不对称的市场交易中，有信息比较优势的投资者容易获得超额收益，而没有内部信息的交易者为了及时止损，并尽快获得更多的信息，可能会追随知情交易者，进而促使市场信息传递与交流。

对于能源市场和金融市场而言，当存在信息摩擦时，拥有能源波动内部消息的投资者会结合自身掌握的信息及时进行资产调整和组合优化，会适时地进行风险规避及防范，国际能源市场与金融市场的信息因而产生传导与融合，国际能源市场价格和风险影响会随之扩展到金融市场之中，行业发展和整体经济随之会受到冲击。

8.3.2 能源系统内部风险溢出机理

1. 跨交易合约风险研究

随着信息技术的发展和全球经济一体化的加剧，同品种多国能源市场间一体化程度也逐渐提高。当一个新信息到达某个市场后，各个市场价格的关联及彼此的信息溢出效应是通过各个市场对于消息反应的套利与投机行为而实现的。例如，在国际原油期货市场（WTI、Brent、INE 等）交易中，跨合约产品、跨地区的交易方式是非常普遍的。

首先基于价格发现理论，价格变化是一个不断反映新信息从而寻求均衡的过程，不同市场的成熟度和投资主体的不同，导致市场对于新信息的反应速度和程度有所不同，因而产生不同市场价格之间的领先滞后关系。

其次基于信息溢出理论。由于全球经济一体化的影响，各个区域市场的投资主体在获取与分析信息的时候，会参考其他市场的价格信息。这时外部市场的价格及其波动信息会传导至该市场。通常信息效率低的市场的投资主体会更多参考信息效率高的市场的价格信息，信息便从市场有效程度高的市场流向市场有效程度低的市场。以原油市场为例，市场信息溢出效应产生的原因是市场的交易者通常根据一个市场的价格变化去推测其他市场的变化，使得某个局部原油市场产生的波动会迅速扩散到其他原油市场。

最后基于价格联动理论，即不同国家、不同地区或不同市场间价格的相互影响和协同变化。例如，原油市场与衍生品市场的不断融合加速了二者之间的价格联动，促使油价变化对衍生品市场价格产生冲击和信息溢出。对于原油期货而言，其本身就是重要的金融衍生产品，当其价格波动时势必会诱发原油相关期货及其他金融衍生品价格的变化。

2. 跨能源品种风险研究

首先基于价格关联理论，不同能源品种市场之间存在有形和无形的联动机制。其中，有形机制主要以资本跨国跨境流动和经贸联系为基础，从而形成了"资本流动假说"和"经济基础假说"。资本流动假说认为跨能源品种的价格联动行为是由跨市场投资者在选择和优化投资组合的套利行为引起的，经济基础假说则认为国际跨能源品种价格的联动行为主要是由宏观基本面的共同因素导致的市场间价格变化趋同。无形机制主要是指投资者的心理预期以及不同能源品种市场所具有的市场特征，如趋同效应、有限理性、羊群效应等，从而形成了金融风险传染假说。比如，国际油价冲击可能会通过影响投资者对未来市场的预期而对其投资行为产生影响，进而影响区域天然气的价格。在看跌时期，原油价格下跌可能被投资者理解为坏消息，因为他们预计经济活动会减少；相反，在看涨时期，油价上涨可以被视为经济繁荣的一个良好信号。

换句话说，国际油价变化通过改变投资者的预期，进而对区域天然气价格产生积极的影响。金融风险传染假说认为投资者倾向于根据一个市场的变化信息去推断其他市场的变化，信息犹如疾病传染一样在市场间传播并蔓延，引起资产价格产生联动而无论基本面是否发生变化。不同能源品种市场之间发生信息传递，由此导致市场间发生联动反应和溢出效应的机理与一般意义上的金融市场类似。

其次，从供给和需求两个层面，我们可以对不同能源品种的市场关联性进行分析。①不同能源品种存在互为替代关系，导致市场之间存在强经济关联性，如原油和天然气在私人消费和工业发电领域是互为竞争性替代品，油价上涨将导致私人消费者和发电厂更多地转向天然气消费，天然气价格会因需求增加而上升。②不同能源产品之间存在主产品和副产品的关系会增加市场之间关联性，如天然气可以作为原油副产品，当原油需求变动引发原油市场风险时会通过关联关系传导到天然气市场中。③在开采与生产过程中，不同能源产品存在资源竞争关系（如劳动力、钻井平台等资源）会增加不同市场之间的风险传染渠道，比如，原油需求增加导致原油价格上涨，可能导致天然气生产开发成本上升，对天然气价格构成上行压力。

8.3.3 能源金融跨系统风险溢出机理

1. 能源价格影响全球资本流动与配置

1）能源价格波动会引发资本在不同产业间逐利

这种资本流动在国内表现为资本在能源行业和其他产业间流动，在国际上表现为资本在能源需求国和能源生产国之间流动，即当预期能源价格上涨时，资本流向能源输出国，反之则流出能源输出国。

2）能源价格波动会引发资本在能源价格高低国之间流动

当能源价格出现波动时，能源终端产品价格的变动可能导致国际投资的平衡点发生变动，从而影响国际资本的流动。以原油市场为例，当原油价格上涨时，在 A 国投资的 B 国制造行业的企业，不但面临生产成本大幅增加的压力，还面临产品运输成本增加的压力，此外还将长期面临成本推动型通货膨胀带来的人力资本和生产成本增加的压力，当这种成本增加超过一定幅度时，可能导致 B 国企业将生产撤回本土或寻求其他生产基地。

3）能源价格波动引发资本在能源利用效率不同的国家间流动

仅就原油行业而言，当原油价格上涨时，原油资源利用效率高的国家将获得相对优势，吸引资本流入。就整体能源领域而言，当原油价格上涨而其他能源价格保持稳定时，能源结构合理、能源可替代性强的国家获得相对优势，可以吸引资本流入。

2. 能源市场与金融市场关联机制

在经济繁荣时期或是经济发展过热期，金融市场也高速发展，迅速膨胀，经常伴随着出现股市情绪高涨、货币供给量上升、实际汇率上升等经济现象，金融市场整体处于扩张状态，此时的经济发展规模不断扩大，从而导致对能源的需求量不断增加，能源价格上涨。若经济持续过热发展，能源的需求泡沫不断增大，此时，能源的买方市场再也承受不了高成本的能源交易，而且大量的投资资本都集中在能源市场上，导致其他经济市场资金回流速度慢，资金供应链中断，由此导致买方市场出现能源输入危机，甚至金融市场崩溃。此时就表现为一定程度上的经济衰退和金融体系收缩，于是能源的投资价格得不到实现，价格下跌。

随着能源市场呈现出金融化的特征，能源越来越多地被视为一种重要的金融资产（如原油衍生品、天然气衍生品等），被投资者和投机者作为资产配置的重要组成部分。因此，当能源价格波动引发投资收益率波动时，就会通过风险-收益机制进行平衡，跟其他金融资产产生替代效应和财富效应，从而影响其他金融资产的收益率，导致资本在不同金融资产间重新配置。以原油市场为例，当原油市场预期价格上涨时，原油金融产品投资收益升高时会吸引大量资本进入，进而推高原油价格并引发其他金融资产收益率相对下降，产生一定的替代效应；反之，当市场预期原油价格下跌时，投资风险相对升高，资本会从能源金融市场流向其他金融市场。因此，能源市场与全球金融市场存在密切的联系。

1）原油市场与股票市场之间的风险通过实体经济路径传导

实体经济传导路径是指国际原油价格变化可以通过对石油相关行业成本及收入、一国的国际收支及汇率、通货膨胀预期和利率政策调整的影响诱发股票市场现金流的变化，进而导致股票价格的波动。

国际原油价格的变化会引起石油相关行业成本和收入的变化，进而诱发股票市场的波动。第一，对原油需求行业而言，原油作为重要的原材料，原油价格的上涨势必会导致企业生产成本的上升。为了降低成本，企业可以调节生产要素，降低原油的使用量，可能造成企业总产出的下降；同时，企业还可以降低劳动成本，由于工资黏性的存在，企业只能通过裁员的方式降低成本，但劳动力的减少可能导致企业生产效率的下降。两种调节成本的方式都会直接影响企业的效益，造成现金流减少、股票估值降低，最终导致股票价格降低。第二，对原油生产行业而言，因原油的需求价格弹性相对较低，短期内原油价格的上升不会引发需求量的迅速下降，反而会继续维持较高的需求水平，因此，原油价格的上涨会促使原油生产行业销售收入增加及利润上升，进而诱发股票价格上升。第三，对原油替代行业而言，基于替代效应理论，原油价格的上涨会引起原油替代品（如煤炭、天然气、新能源等）需求的增加，从而导致原油替代品价格上涨，原油替代品行业的企业收益和公司股价也会随之上升。

国际油价波动可以对一国的汇率和国际收支产生影响，进而影响一国的股票市场。对原油进口国而言，国际原油价格上涨会造成进口支出增加，国际收支顺差减少或逆差加大，导致本国货币贬值、汇率上升，并促使本国财富向石油出口国转移，进而造成本国购买力下降。为了维持原有的消费水平，石油进口国的消费者可能减少消费支出，生产者可能降低产出，投资者可能抛售部分金融资产，进而导致股票价格下跌，并诱发股票市场波动。对原油出口国而言，国际油价波动对本国股票市场的影响与原油进口国的趋势和方向相反。综合而言，国际油价波动对一国股票市场影响与原油对外依存度、原油在经济发展中的需求弹性、原油等能源行业的密集程度及金融市场的完善度和开放度等因素密切相关。

国际油价波动可以通过心理预期和利率政策调整等对股票市场产生影响。当国际原油价格上涨时，与原油相关的消费品价格会随之上升，进而加大公众的通货膨胀预期，为了应对通胀预期和平稳市场，政府可能会采取紧缩的货币政策，比如提高利率等。利率的提高一方面会造成贴现率的上升，导致资本价值减少，股票价格随之下降；另一方面，利率提高，债权类产品的收益会增加，进而导致资金从股票市场流向债券市场，促使股价下跌。此外，国际原油价格上涨在加大通货膨胀预期的同时，也可能导致需求拉动型通货膨胀或成本推动型通货膨胀的产生，从而对股票市场产生不同程度的影响，一般而言，适度的通货膨胀有益于股票市场发展，而恶性的通货膨胀会加剧股票市场的动荡。

2）原油市场与股票市场之间风险通过金融市场投资行为路径传导

基于全球金融市场间的价格联动和原油自身的金融属性，国际油价波动会对各国的股票市场产生溢出效应。

首先，原油和股票是两种不完全相关的产品，二者的风险程度有所差异，是投资者进行金融资产配置的两大选择。基于投资组合理论，投资者通过灵活地调节金融资产比例，构造适当的投资组合，有助于降低投资风险，实现组合收益最大化。例如，当原油价格上涨或股票市场低迷时，投资者可以选择加大原油市场的资金投入并降低股票市场的投资；反之，当原油价格下跌或股票市场利好时，投资者可以选择增加股票市场的资金投入并减少原油市场的投资。因此，价格的变化促使资本在两个市场间流动，进而导致原油市场与股票市场间溢出效应的形成。

其次，噪声效应和羊群效应会加大金融市场间的联动性，使得原油市场与股票市场间的溢出效应增强。在金融市场上，投资者不可能获得全部的信息，即使获得了部分信息，鉴于能力、经验等方面的限制，投资者的投资决策可能造成证券价格与证券真实价值之间存在一定偏差，这种偏差就是噪声效应；如果投资者跟随其他投资者行为选择自己的投资策略，这时便容易产生羊群效应。鉴于信息不对称和非理性投资的存在，当金融市场上某种金融资产的价格上涨时，一方面，投资者可能会基于自身固有的投资经验改变投资策略，加大该金融资产的持有并降低其他金融资产的持有量；另一方面，投资者也可能跟随其他投资者的行为加大该种金融资产的投资，这样在噪声效应和羊群效应的共同作用下，金融市场间的信息传递更加明显，溢出效应随之增强。

3. 能源市场与外汇市场风险溢出机制

1）能源市场与美元汇率之间的风险溢出机制

基于能源产品的商品属性，其变动会通过贸易条件、美元定价等渠道影响美元汇率市场。

在贸易条件渠道方面，原油、煤炭、天然气等多个能源产品在全球大宗商品贸易中占有重要地位，其价格变动是影响一国贸易条件的重要因素。以原油输入国为例，在其他条件不变的情况下，油价上涨会削弱原油输入国的外部竞争力，使其贸易条件恶化，汇率贬值，产生原油和美元之间的负向联动关系。近年来，美国页岩油开采技术提升，原油生产能力提高，2018年后美国成为全球第一大产油国。在美国从原油净需求国转为重要产油国的背景下，油价变动通过贸易条件渠道对美元的负向影响受到一定程度削弱。

美元定价效应方面，以原油为例。油价上涨会使原油输入国的财富转移到原油输出国，而国际原油交易主要以美元计价、结算，并且原油输出国输出原油的美元收益大多又回流美国并投资于美元资产，因此，油价上涨会通过"石油美元"环流渠道提高原油输出国对美元资产的需求，推动美元升值，产生原油和美元之间的正向联动关系。从美元对油价的影响来看，美元汇率变动会通过计价、结算和价值储藏效应影响油价。

2）能源价格与其他国家汇率的联动

能源价格的变化对能源输出国和能源输入国的影响存在一定的异质性。当能源产品价格上涨时，对于能源输入国而言，将会造成其需求成本增加，能源进出口收支的失衡将会造成贸易赤字。一时的赤字可能由国外资本的流入弥补，导致本国货币贬值。如果严重的外贸收支赤字长期存在，就会导致严重的国际收支逆差，引发汇率的大幅贬值甚至汇率危机。对于能源输出国而言，能源产品价格的上涨会给其带来更多的外贸收入，通过国际收支渠道引起本币升值。

8.4 能源金融风险测度方法

度量能源金融风险的相关研究大致可以划分为两个角度：一个是立足于某一个能源品种、能源市场的微观角度，另一个是立足于某一个国家的多个金融市场甚至多个国家的金融市场的宏观角度，即系统性风险。

8.4.1 能源金融风险测度指标

1. 波动率

某个变量的波动率定义为这一变量在单位时间内连续复利回报率的标准差。当波动率被用于期权定价时，时间单位通常定义为 1 年，因此波动率就是 1 年的连续复利回报率的标准差。但当波动率被用于风险控制时，时间单位通常是 1 天，此时的波动率对应连续复利的日回报率的标准差。

值得注意的是，风险管理人员常常关心方差而不是波动率。方差被定义为波动率的平方。年方差为变量在 1 年内连续复利变化的方差。在时间 T 内变化的标准差与时间的平方根成正比，而方差与时间成正比。严格来讲，我们应该说方差对应每天的变化，而波动率对应每天的平方根的变化。

同时，隐含波动率也是风险管理人员按市场跟踪的指标。隐含波动率是将市场上的期权价格代入权证理论价格模型（Black-Scholes 模型），反推计算出的波动率。2008 年芝加哥期权交易所推出 OVX 指数（Cboe crude oil ETF volatility index，芝加哥期权交易所原油交易所交易基金波动率指数），是衡量 WTI 油价波动的指标，反映投资者对未来 30 天的原油价格波动率的期望。

常用的波动率模型主要包括 GARCH 和随机波动率（stochastic volatility，SV）两类模型。

2. 基于 VaR 的尾部风险度量

VaR（value at risk，风险值）是金融界测度单一市场风险的主要手段，指在市场正常波动时，某一资产在设定置信水平下，未来一段时间可能遭受的最大损失。该指标适合于研究单一资产或市场的尾部风险情况。通常采用历史模拟法、异方差法、蒙特卡罗模拟法以及压力测试等方法进行估计。

8.4.2 测度能源金融系统性风险的方法

1. 相关性或相依性

1）相关系数

变量 V_1 和 V_2 的相关系数 ρ 被定义为

$$\rho = \frac{E(V_1 V_2) - E(V_1)E(V_2)}{\mathrm{SD}(V_1)\mathrm{SD}(V_2)}$$

其中，$E(\cdot)$ 表示期望值；$\mathrm{SD}(\cdot)$ 表示标准差。如果两个变量不相关，即 $E(V_1 V_2) = E(V_1)E(V_2)$，则 $\rho = 0$。如果 $V_1 = V_2$，以上表达式中分子和分母等于变量 V_1 的方差。

2）尾部相依性

Copula 函数可以用来构建两个金融市场或资产收益的联合分布进而度量两市场或资产之间的相依关系，在金融工程与风险管理领域广泛应用。基本的 Copula 模型主要有五种，包括正态 Copula、t-Copula、Gumbel-Copula、Clayton-Copula 和 Frank-Copula。前两种属于椭圆族 Copula，正态 Copula 能够度量非尾部相关性，而 t-Copula 可以度量两个尾部相关性；后三种属于阿基米德族 Copula，分别度量右尾、左尾与非尾部相关性。

2. 基于 CoVaR 的尾部风险

在 VaR 基础上，Adrian 和 Brunnermeier（2011）提出 CoVaR，度量单一资产或市场发生极端损失时，其他资产或市场的 VaR 水平。该方法可用于研究两两原油市场间的尾部风险溢出关系。CoVaR 直观地反映单个市场陷入困境时对其他市场造成的冲击，从极端性的角度将尾部风险溢出与一般的风险溢出区别开来。

3. 关联网络模型

网络关联是现代风险度量和风险管理的核心（Diebold and Yılmaz，2014）。由于全球经济一体化和能源金融化进程加深，多能源品种之间的关联性增强，能源-金融体系变得相当复杂。虽然这种复杂性是竞争和经济增长的必然结果，但同时也导致能源金融与传统金融的相互依赖性变大。金融网络对于能源金融系统内外风险至关重要。网络分析不仅可以追踪系统中风险源、风险传染路径与风险强度，而且可以比较出系统中最脆弱的部分。

8.5　能源金融风险管理方法

作为一种金融合约，能源金融衍生品的价值取决于能源基础资产价格变动，如股票、债券等。能源金融衍生品在投资者用于对冲风险、投机套利目的时，也带来了一定的风险。随着能源金融化程度加深，这种风险可能会产生溢出效应，进一步诱发系统性风险。因此，对能源金融衍生品进行有效的风险管理很有必要。

8.5.1　市场风险管理

能源金融市场风险管理指的是对能源金融衍生品头寸由市场价格波动而导致的损失风险进行管理。具体的市场风险管理方法包括：对冲、资产组合分散、风险限额、价值评估、敏感度分析、止损单等。下面将重点讲述对冲和资产组合分散能源金融衍生品市场风险的管理方法。

1. 对冲

对冲（hedging）即使用期货、期权等能源金融衍生品工具对冲现有头寸的市场风险。例如，若一家能源公司拥有大量的石油商品库存，那么它可以使用期货合约的方式，在未来某一时期以合约售价卖出，从而降低未来因能源产品价格下跌和库存积压所带来的高额库存成本。因此，使用对冲风险管理方法可以实现能源产品的套期保值。

2. 资产组合分散

资产组合分散（diversification）即持有不同类型的能源金融衍生品资产或金融工具来分散市场风险，以降低单一投资对整个投资组合的影响。一方面，利用不同类型的能源资产价格波动的不一致性，可以通过能源商品多样化来实现资产组合分散，如在传统化石燃料和可再生能源衍生品之间进行分散投资，以此应对气候物理风险和转型风险（政策变化和技术进步）。另一方面，利用期货、期权、掉期等不同类型的金融工具特点，通过合约多样化来实现资产组合分散，并结合使用固定价格和浮动价格合约，从而平衡和减少价格波动的风险。此外，还可以通过到期日分散、地理分散、交易对手分散等方式来实现资产组合的多元化。

8.5.2 信用风险管理

能源金融衍生品的信用风险管理主要是指对交易对手在衍生品到期时无法履约而带来损失风险的评估和控制，具体的风险管理方法有：信用评估（credit assessment）、信用限额（credit limit）、保证金要求（margin requirement）、担保抵押（collateralization）、净额结算（netting agreement）、信用衍生品（credit derivative）、中央对手清算（central counter parties，CCPs）等。

信用评估和信用限额存在因果的先后关系。信用评估指的是评估交易对手的信用状况，包括审查交易对手的财务状况、信用评级、历史履约记录等。其中，信用评级被金融市场的参与者广泛地用于信用风险管理中，信用评级是由专业的信用评级机构提供的，如穆迪、标准普尔和惠誉。信用限额是指根据信用评估结果，设定交易的信用限额，控制潜在信用风险敞口。

保证金要求是指通过存放保证金的方式减轻潜在信用风险，当信用违约风险出现时，保证金可以作为部分补偿。类似地，担保抵押是指通过提供担保或抵押物来确保合约履约。这两种信用风险管理方法的主要区别在于信用保证是现金还是非现金实物。净额结算是指通过签订净额结算协议，允许在对手方违约时相互抵销债权或债务。信用违约互换（credit default swap，CDS）等信用衍生品可以用来转移或对冲信用风险。中央对手清算是指中央对手机构作为交易的中间人，承担交易双方的交易风险，进行结算和清算的过程，中央对手清算通过严格的准入制度、保证金制度、多边净额结算制度、损失共担等机制来规避风险。

8.5.3 流动性风险管理

能源金融衍生品的流动性风险管理主要是指保证能源产品在需要时能迅速平仓或进入市场，降低流动性差的能源产品对市场价格波动的影响。具体的风险管理方法包括：透明度和披露、流动性缓冲、流动性管理工具（信用额度、回购协议、流动性交换等）、多元化交易组合（交易对手、交易市场等）等。

8.5.4 操作风险管理

能源金融衍生品的操作风险管理是指减少由人员、内部流程、系统以及外部事件的错误行为而导致的损失风险。针对内部操作风险，通常会采取内部控制和审计、员工培训和教育、职能分离以减少错误和欺诈行为以及建设可靠安全的信息技术系统等。针对外部操作风险，通常需要实时评估可能影响操作的外部事件，例如法律变更、自然灾害情况等。

8.6 东方航空燃油套保案例

作为中国主要的航空运营商之一，东方航空公司（下面简称东航）曾经参与燃油套期保值（简称燃油套保）活动，以管理因航空燃油价格波动带来的风险。但在 2008 年，由全球金融危机引起的原油价格暴跌，导致东航的套保策略产生了巨大亏损。根据东航、中国国航和南方航空 2008 年年报统计，三家公司由于燃油套保合约发生巨额公允价值损失，导致企业净亏损达 279 亿元，约占全球的 48%。其中，东航的套期保值合约亏损 62 亿元。

8.6.1 背景分析

航空公司的燃油成本：对于航空公司来说，燃油成本是其仅次于劳工成本的第二大成本，并且随着原油价格上涨呈现出逐年增加的趋势。在 2008 年，航空公司燃油费用达到全部运营成本的 30%，相当于 2003 年的 4 倍。

套保即上文讲述的市场风险管理的对冲手段。具体指的是航空公司利用期货、期权、掉期等金融衍生工具，以提前锁定能源燃料成本的方式，避免未来价格波动对公司财务造成不利影响。

8.6.2 原因分析

在原油价格高涨时，东航为避免未来燃油价格持续高涨带来的风险，采用了套保合约，以提前锁定燃油价格。然而，在 2008 年金融危机后，发生了严重的市场逆转现象，即全球经济放缓，导致燃油需求和原油价格大幅下降。原油价格的暴跌导致东航的套保合约出现了严重亏损，公司锁定的价格远高于市场价格，因此不得不支付高额的套保成本。套保失败给东航带来了财务亏损、管理层变动等影响。此外，也给企业带来了重要启示：套保虽然可以减少价格波动的影响，但并不能完全消除市场风险。因此，在制定套保策略时，需要充分考虑风险状况，应对市场的不利变动，做好能源金融风险管理工作。

8.7 美国商品期货交易委员会加强监管职能案例

在 2008 年金融危机时期，能源价格特别是石油价格经历了剧烈波动。石油价格从 150 美元/桶一度下跌到了 30 美元/桶，这给全球经济带来了严重的影响。美国国会提出投资者对能源衍生品的过度投机行为可能加剧能源价格的波动性。因此，他们要求美国商品期货交易委员会（commodity futures trading commission，CFTC）加强对能源市场的监管，例如 2008 年《停止过度能源投机法案》要求美国商品期货交易委员会采取措施消除其他"非正当对冲交易"所产生的过度投机行为；限定最高的投机交易头寸上限，对柜台交易中的大金额交易进行监管。2010 年《多德-弗兰克法案》旨在提高金融市场的透明度，限制杠杆使用，并加强对金融机构的监管，被认为是 20 世纪 30 年代"大萧条"以来最全面、最严厉的金融监管法案。

8.7.1 背景分析

美国商品期货交易委员会：作为负责美国金融衍生品市场的主要监管机构，美国商品期货交易委员会成立于 1974 年，以促进衍生品市场透明度、公平性和竞争性为使命，保护市场参与者免受欺诈、操纵等不正当行为的侵害。

能源衍生品的过度投机行为：作为金融工具，期货、期权等能源衍生品的价值由能源商品的价格决定，主要是用来对冲价格风险或投机交易。能源衍生品过度投机行为主要是指投资者为寻求更高收益，而产生杠杆作用增强、投机资本大量涌入、价格波动性加剧、高价位形成市场泡沫等不利影响。

8.7.2 原因分析

部分学者认为过度投机行为在 2008 年金融危机时期的油价下跌事件中发挥了巨大的作用。首先，过度投机行为放大了能源价格的波动性，投资者大量投入期货和期权合约等能源衍生品市场，而导致石油价格脱离了供需基本面。其次，投机者在金融危机时期超越了提供市场流动性的作用，成了价格变动的主要推动力量，这无法反映市场实际的供需情况。此外，金融危机前的高杠杆和风险承担行为加剧了投机性，即投资者可以用较少的本金去控制大量的能源金融衍生品，放大了市场的波动性和潜在的下跌风险。因此，在金融危机后，国际社会意识到需要加强对能源衍生品市场的监管，以减少能源衍生品的过度投机行为。具体监管措施包括限制投机性交易的规模、增加市场透明度、严格头寸限制、要求更高的保证金、提交更细致的交易报告等。

课 后 习 题

1. 简述能源风险的内涵与特征。
2. 思考美元和石油之间的关系。
3. 总结能源金融风险溢出的机制有哪些。

参 考 文 献

Adrian T, Brunnermeier M K. 2011. CoVaR. Cambridge: National Bureau of Economic Research.

Diebold F X, Yılmaz K. 2014. On the network topology of variance decompositions: measuring the connectedness of financial firms. Journal of Econometrics, 182(1): 119-134.

第 9 章　能源公司金融

> **本章导读**
>
> 　　能源公司金融是指能源行业中的企业所涉及的财务和投融资活动。能源公司的特殊性要求公司管理者和投资者对能源市场和行业有深刻的了解以及敏锐的风险识别和处理能力，以应对能源行业独特的挑战和机遇。本章基于公司金融的基本理论和能源公司的特点，讨论能源公司投资、能源公司融资、能源公司治理与社会责任，并进行案例分析。

9.1　能源公司投资

　　能源公司在投资决策中运用公司金融理论、结合自身行业特点来评估项目，衡量未来现金流，并进行投资模式和投资布局的选择。其最终目标是实现股东利益最大化，并且符合可持续发展的要求。

9.1.1　能源公司投资决策

1. 公司金融理论中投资决策的一般方法

1）净现值

净现值（net present value，NPV）是目前学术界公认的较为科学的、与企业价值最大化目标的追求契合的资本投资决策指标。NPV 指项目未来现金流入的现值与未来现金流出的现值之间的差额。NPV 的经济含义是投资该项目所产生的额外现金流贴现到现在的价值，也就是投资该项目为企业新增的价值。投资项目的 NPV 越大，企业价值越大。计算 NPV 的公式为

$$\mathrm{NPV} = \sum_{t=1}^{T} \frac{\mathrm{CF}_t}{(1+r)^t} - \mathrm{CF}_0$$

其中，CF_t 为投资项目在 t 年的现金流量；r 为折现率；CF_0 为投资项目的初始现金流量。

若 NPV 为正数，说明贴现后现金流入大于贴现后现金流出，该投资项目的报酬率大于预定的贴现率，项目是可行的；若 NPV 为负数，说明贴现后现金流入小于贴现后现金流出，该投资项目的报酬率小于预定的贴现率，项目是不可行的。

2）获利指数

获利指数（profitability index，PI）指项目未来现金流入现值与现金流出现值的比率。

PI 计量的是每一单位投资在未来能够产生的现金流量的现值和,即每一单位的投资在项目寿命期创造的价值。计算 PI 的公式为

$$PI = \frac{\sum_{t=1}^{T}\dfrac{CF_t}{(1+r)^t}}{CF_0}$$

若 PI 大于 1,说明该项目的报酬率大于预定的贴现率,该项目是可行的;若 PI 小于 1,说明该项目是不可行的。

3)内部报酬率

内部报酬率(internal rate of return,IRR)指使得项目预计期内各期净现金流量的现值之和与项目初始投资相等的折现率,即项目净现值等于零时的折现率。IRR 实质上就是指在项目期内每一单位投资平均每年净得的报酬。它反映的是投资项目本身实际能够达到的报酬率。计算 IRR 的公式为

$$\sum_{t=1}^{T}\frac{CF_t}{(1+IRR)^t} = CF_0$$

若 IRR 大于企业所要求的最低报酬率(即净现值中所使用的贴现率),说明该项目是可接受的;若 IRR 小于企业所要求的最低报酬率,则该项目是应该放弃的。

4)贴现回收期

贴现回收期(discounted payback period,DPP)指项目预期现金流的现值总额等于项目初始现金流出时的期限,一般用年表示,即收回初始投资所需要的年限。DPP 可以衡量项目收回初始投资速度的快慢。若 DPP 小于企业所要求的回收期,则该项目是可接受的。

2. 能源公司投资特点

能源公司的投资特点取决于很多因素,包括行业特性、市场条件、技术发展等,以下是一些常见的能源公司投资特点。

1)资本密集性

能源行业通常需要大量资本投入,投资的项目中固定资产比例较大,投资涵盖基础设施建设、技术研发、采掘、加工等方面。具体来说,油田设施、矿山、发电厂、天然气管道、输电线路等这些项目的建设需要巨额资本投入;研发活动需要大量的研究资金和实验设备;对于石油、天然气、煤炭等自然资源的勘探和开采需要昂贵的设备、技术和人力资源;能源项目具有一定的风险,包括自然灾害、技术风险等,为了规避风险,能源公司需投入资金开展风险评估、应急保险等项目。

2)回报周期较长

能源项目通常具有较长的投资和回报周期,投资者需要有长期的资金计划和耐心等待回报。资金存在时间价值,这就加大了企业的投资风险。具体来说,能源项目的开采和勘探阶段需要大量的时间和投资,尤其对于石油、天然气等资源的勘探和开采项目,勘探地质条件、寻找资源、开发新技术等阶段都需要较长时间;建设能源项目的周期通

常很长,特别是大型能源基础设施,如发电厂、输电线路、油田设施等,建设期可能涉及项目规划、设计、审批、施工等多个阶段,耗时数年甚至更长;能源领域的技术研发和创新周期较长,从新技术的概念制定、研发、试验、改进到商业化推广需要很多时间和资源,尤其是涉及新能源、清洁技术和高效能源生产的创新。

3)受政府政策和法规影响较大

能源行业受到政府政策和法规的影响较大,包括能源政策、环保法规、产业补贴等。具体来说,能源公司的投资通常需要政府的授权和许可,政府会规定特定的程序和要求,包括勘探、开采、生产、输送等环节的审批和许可,严格控制能源项目的开展;政府制定能源政策以指导和推动能源行业的发展,鼓励可再生能源的开发、能源效率的提高、减少温室气体排放等,对这些方向的投资给予支持和奖励;政府规定了环保标准,要求能源公司在生产和运营过程中减少环境污染,采取措施以保护生态环境;政府可能会为鼓励特定能源产业的发展提供财政补贴、税收减免或优惠措施;政府在能源市场中可能会制定价格政策、管制价格水平或者干预市场供需,以保障市场稳定和公平竞争,这直接影响能源公司的盈利能力和投资回报率。

4)受全球市场和地缘政治风险冲击大

能源行业是全球性的,受全球经济、能源价格、地缘政治事件的影响较大。投资者需要考虑全球市场情况、地缘政治风险,以及供应链的稳定性。具体来说,货币汇率波动会影响能源企业的成本、收益和国际市场定价,对企业财务状况和盈利能力产生直接影响;国际政治决策、紧张关系或协议的签署可能直接影响能源价格,对能源企业的盈利和市场竞争产生重大影响;能源企业需要在多个国家开展业务,政治稳定度是企业投资决策的重要因素,不稳定的政治局势可能会导致投资风险增加,从而影响企业的长期发展和投资回报;全球范围内的地缘政治紧张局势,如战争、冲突等,可能会影响能源企业的国际合作、投资项目的开展,甚至造成项目停顿或受损等。

5)受环保和可持续发展的制约

气候变化问题在全球范围内已经引起较多的关注,现代能源公司越来越注重社会责任和可持续经营,并且不断向清洁能源、可再生能源以及低碳转型。具体来说,能源公司逐渐增加对太阳能、风能、水能等项目的投资,这些项目有助于减少对传统化石能源的依赖,从而降低碳排放;注重选择清洁技术和环保设备,以降低生产过程中的排放,从而符合环保法规和标准;对研究和应用碳捕获、利用与封存(carbon capture, utilization and storage,CCUS)技术进行投资等。

6)国际合作和市场多元化

国际市场对于能源公司至关重要。能源公司通过国际合作和市场多元化来扩大市场份额并分散风险。具体来说,通过与国际合作伙伴建立合资企业或合作关系来共同开展能源项目,可以降低风险,分享投资成本和技术,增强项目的可持续性;获取更广泛的能源资源,以保证能源供应的稳定性;建立国际能源输送网络,如跨国输油管道、天然气管道、LNG 终端等;通过跨国合作和投资,以适应不同国家的需求和法规等。

9.1.2 能源公司投资模式

1. 内部投资

能源公司通过自有资金或者内部现金流,来进行新项目投资、产品开发、研发、设备升级、市场扩展等,以优化和强化先有业务,或者拓展新的业务领域。能源企业内部投资主要涉及以下方面。

1)勘探与开采

全球能源公司涉及的勘探与开采项目广泛且多样,涵盖石油、天然气、煤炭、核能、可再生能源领域。

(1)石油和天然气领域。油气勘探与开采处于油气产业链的上游环节,油气勘探是油气开采的第一个关键环节,是油气开采工程的基础,其目的是寻找和查明油气资源,利用各种勘探手段了解地下的地质状况,综合评价含油气远景,确定油气聚集的有利地区,找到储油气的圈闭,并探明油气田面积,弄清油气层情况和产出能力。全球范围内的海上和陆上石油、天然气勘探与开采项目举例如下。美国的二叠纪(Permian)盆地项目——2017年,埃克森美孚(Exxon Mobil)以价值56亿美元股份购买了在美国的二叠纪盆地资产,进行了大量的页岩油和页岩气勘探与开采活动。该盆地位于美国的得克萨斯州和新墨西哥州,被认为是全球最重要的页岩油、页岩气和天然气产区之一。巴西深水油田项目——埃克森美孚是第一家于1912年以巴西标准石油公司(Standard Oil Company of Brazil)的名义在巴西设立业务的石油和天然气公司,在2017年购买了深水区。圭亚那海上石油项目——2023年8月,埃克森美孚、赫斯(Hess)和中国海洋石油集团有限公司(China National Offshore Oil Corporation,CNOOC)计划在圭亚那启动第六个海上石油项目,其中129.3亿美元专门用于开发。

(2)煤炭领域。该领域的勘探与开采主要集中在地质勘探、勘探技术改进、新煤矿开采与现有煤矿扩建和改造。全球范围内能源公司在此领域具体的投资活动如下。煤矿勘探与评估项目——西乌珠穆沁旗郑煤能源开发有限公司浩沁煤田勘探探矿权评估项目。煤矿开采技术创新项目——中国煤炭科工集团有限公司复杂条件下薄及中厚煤层智能开采成套装备关键技术和应用。煤炭清洁利用与化工项目——美国矿业巨头博地能源公司(Peabody Energy Corporation)的煤制天然气项目。

(3)核能领域。该领域的勘探与开采主要集中在核能燃料、核反应堆技术及核能发电等方面。全球范围内能源公司在此领域具体的投资活动如下。核能燃料开发项目——加拿大卡梅科(Cameco)是世界上最大的铀生产商之一,主要进行浓缩铀勘探、开采和生产。核反应堆技术开发项目——通用电气(General Electric,GE)在核能领域有深厚的历史,参与了多个核反应堆的设计、建设和维护,如GE和日立(Hitachi)联合研发的沸水堆(boiling water reactor,BWR)和压水堆(pressurized water reactor,PWR)。核能发电项目——中国广核集团(China General Nuclear Power Group)是中国领先的核电运营商和开发商,参与了多个核电站的建设和运营。核能燃料后续利用——阿海珐(Areva)是法国的一家核能燃料循环公司,参与了核燃料后处理、再循环利用技术的研究和实践。

（4）可再生能源领域。该领域包括太阳能、风能、水能、地热能、生物能源项目。五大发电集团是我国新能源开采的主力，在新能源发电领域的市场占有率约为40%。截至2023年底，国家电力投资集团公司新能源新增装机占比93%，光伏管理装机超7683万千瓦，连续8年保持世界第一；2023年，国家能源集团新能源开工3308万千瓦、投产2616万千瓦，远超年初制定的计划目标，年计划完成率145%，风电装机突破6000万千瓦，保持世界第一，可再生能源装机占比已达到35.5%；2023年，中国华能集团有限公司新能源装机规模超过7200万千瓦；截至2023年底，中国华电集团有限公司新能源装机规模约5601万千瓦；截至2023年底，中国大唐集团有限公司新能源装机规模约5206万千瓦。

2）基础设施建设

能源公司基础设施建设的投资是指向能源生产、传输、储存和分配等方面进行投资，以确保能源供应的稳定性、效率性和可靠性。能源公司基础设施建设投资的一些常见方向包括：输电和配电网；石油和天然气管道；能源储存设施，包括油库、天然气储气库、LNG储气库等；可再生能源基础设施，包括风力发电场、水力发电站等。

3）研发创新与环保减排

CCUS技术应用：CCUS技术指将CO_2从工业过程、能源利用或大气中分离出来，直接加以利用或注入地层，以实现CO_2永久减排。它是目前实现化石能源低碳化利用的唯一技术选择。

智能电网与分布式能源系统：以太阳能、风能等可再生能源为主体的多能源协调互补的能源网络，其包含大容量、低成本、高效率及寿命的储能系统，并由可再生能源与天然气分布式能源协同发展，是一种多种能源形态协同转化、集中式与分布式能源协调运行的能源网络。能源企业通过这些内部投资不断推动业务的发展、创新和可持续性，以适应行业动态和未来的能源需求。

2. 并购与收购

能源公司通过购买其他公司股权或资产来扩大规模、增加市场份额、获取新技术或进入新市场，从而加速企业的成长和扩张。能源企业并购的动机除了企业一般并购的动机（包括协同效应、风险管理、战略动机）以外，还包括资源储备和气候转型等。

1）协同效应

传统公司金融理论普遍认为协同效应是企业并购交易的重要动机。协同效应是指在两个或更多公司合并或收购后，由于合并后的整合和合作，整体价值超过了单独运营时的价值总和。协同效应可以创造更大的经济效益，从而提高公司的绩效与竞争力。协同效应体现在如下方面。

经营协同效应：一般包括规模经济效应和范围经济效应。规模经济效应是指由于生产能力、销售规模等的扩大，平均成本、费用等的支出得以有效降低，从而给企业带来额外利益。范围经济效应是指由于生产、经营等的多样化，平均分摊的成本、费用等的支出得以有效降低，从而给企业带来额外利益。

财务协同效应：主要体现在企业融资成本的降低、经济效率与效益的提高、财务能力的增强、企业税赋的负担调整并形成企业信息效应等，从而影响企业盈余管理，给企业的股票价格带来积极影响，最终增加企业市值。

对于能源公司而言，经营协同效应主要来自诸如各种资产的优化配置和下游产品销售网络的完善等。以通过纵向合并形成的纵向一体化的石油公司为例，经营协同效应不仅体现在对油价波动的内部消化上，还体现在通过不同的产品和市场组合来分散市场的风险。并购后的石油公司通过出售多余的设备、减少富余人员、缩减市场营销费用及生产的经济规模来降低成本。以勘探公司为例，公司并购后随着设备利用率的提高，单位生产成本会相应下降，人工和管理成本也相应更趋合理，使得综合成本大幅降低。同时，通过并购形成的规模更大的能源公司可以花同样多的固定费用在股票市场上筹措到更多的资金，从而降低固定融资成本，实现财务协同效应。

2）风险管理

企业并购可以通过多样化业务、产品线和市场，利用不同领域间的相关性和差异性，以及在各领域中的不同市场周期性和特性，分散风险，降低公司依赖特定市场或产品的风险，提高整体的抗风险能力。

第一，能源行业受到全球能源市场供需、地缘政治等多种因素的影响，涉足不同类型的能源资源或相关产业，有助于企业降低对特定能源资源价格波动和市场风险的敏感度；第二，能源行业易受到政策和环境因素的影响，如政策变化、环境法规等，拥有多元化业务可以减轻特定政策变化对企业的冲击；第三，多元化业务能够降低单一技术或运营环境出现问题对企业整体的影响。

3）战略动机

并购可以通过优化人力资源配置，充分利用双方的人才和专业知识，提高公司整体绩效和创新能力；扩大市场份额，实现市场拓展；强化自身在特定产业或领域的竞争优势，实现战略定位和长期发展目标。

对于能源公司而言，并购旨在获取资源和能力，如石油、天然气、可再生能源等，或者获取先进的勘探、开采、生产、储运技术和环保技术，从而增强能源市场中的市场地位和竞争力。对产业链上下游的布局，有助于提高公司在全球能源供应链中的影响力。这种具有战略性的并购能够为公司提供长期发展的基础，使其更好地应对行业的挑战和变化。

4）资源储备

能源企业的利益通常取决于几个因素，包括能源价格、开采成本、产量和储量。通过并购具有丰富能源资源的公司，企业能够增加自身的资源储备，确保能源供应的稳定性和持续性。多样化的资源储备可以减少企业对单一能源资源的依赖，降低风险，同时提高企业的战略灵活性。

能源价格与储备价值息息相关，能源价格的上涨直接导致储备价值的增加，同时，考虑到石油和天然气等能源资源属于一种有限的资源，并且长期呈递减趋势，这些储备的价值随着时间的推移而增加。

5）气候转型

随着气候危机的加剧，从传统油气公司向综合能源公司转变已经是油气行业的大势所趋，油气公司在做好油气业务的同时，开始发展风、光、电、氢、生物质等可再生能源，各公司通过收购优质的可再生能源公司来拓展此类业务。收购已经成熟的可再生能源公司，有助于企业快速进入可再生能源领域，获得相应的资源、人才和技术，并利用现有渠道及市场。这与完全依靠公司内部资源发展新业务相比，风险相对较小，若收购具有前沿技术的初创公司，传统能源公司可以参与到技术开发中，从而更好地培育出企业所需的技术，实现技术创新、低碳发展。

3. 跨国投资

1）影响跨国投资的因素

影响跨国投资的因素包括：国家层面的因素，如东道国的市场规模、东道国的劳动力水平、东道国的法律和制度环境、母国与东道国的文化和经济差异等；产业层面的因素，如产业技术水平、产业集中度等；企业层面的因素，如企业的研发能力和管理能力、企业的跨国经营经验、企业的投资策略等。

2）跨国投资的主要模式

企业对外直接投资主要包括绿地投资（greenfield investment）、跨国并购（cross-border M&A）和非股权投资（non-equity participation）。

绿地投资是指跨国公司在目标国家新建设一项全新的生产设施、办事处或分公司的行为。中国投资的企业主体大多数为部分控股，是与东道国共同设立的合资企业，少数为控制全部的股权来设立的独资企业，在能源勘探的阶段采用了非股权的方式进行参与，和被投资国的企业之间进行合作运营。

跨国并购是指跨国公司在目标国家收购、合并或购买企业或资产的行为。中国的能源企业的海外并购模式主要有股权并购和资产并购两种。其中，股权并购主要有收购勘探区块的权益、购买公司流通的股份与公司间的换股并购这三种方式；资产并购的方式主要包括收购能源储量资产和能源公司资产。

非股权投资是指跨国公司未在目标国家企业中参与股份，而是通过与目标国家企业签订有关技术、管理、销售、工程承包等方面的合约，取得对该企业的某种管理控制权。能源非股权投资模式主要有租让制模式与合同制模式。租让制模式是指资源国政府通过招标把待开发的能源区块租让给外国公司，赋予其在一定时期内实施勘探、开采、生产、运输和销售等各种作业的权利。合同制模式是指政府在保留能源所有权的前提下，依法订立关于石油勘探、开采、生产和销售的合同，合同双方按约定获得能源产量或销售收入的分成权。

3）能源企业跨国投资的特殊性

能源企业对外投资整体上属于国家战略主导型投资，投资模式和区位的选择不仅是能源企业对外投资的重大决策问题，也是国家对外战略成功与否的关键因素。能源安全尤其是石油安全是一个国家的重要战略之一。

因此，能源企业的跨国并购通常面临更高的政治风险，包括政府干涉、政权更迭、战争和内乱、政策法律变动等。能源企业尤其是中国能源企业，在进行跨国投资决策时，除了海外市场风险评估之外，政治风险评估是不可忽视的。

4. 中国能源企业对外直接投资

对外直接投资是中国能源企业实施"走出去"战略的切实表现。同时，国内资源短缺和能源安全问题也推动我国能源企业对外直接投资，企业对外直接投资有助于获得能源权益或能源产品，保障国家能源安全；解决成本过高的问题以确保企业可持续发展，从而实现利润最大化；多元化市场，从而控制风险。

1）中国能源企业对外直接投资的发展情况

中国能源企业 2008~2012 年对外直接投资金额整体呈现上升趋势且每年均超过 350 亿美元（除 2008 年外），2012 年后对外直接投资金额整体呈下降趋势，在 2018 年和 2019 年小幅回升后，近几年来受新冠疫情以及国际局势等的影响，对外直接投资金额又有所下降，具体见图 9-1。从投资模式来看，以跨国并购和非股权投资为主；从投资地区来看，投资分布较为分散，且各地投资额随时间变动较大（图 9-2）；从投资能源种类来看，近年来，石油、天然气和煤炭领域的投资明显减少，其他可替代能源领域的投资有所增加（图 9-3）。

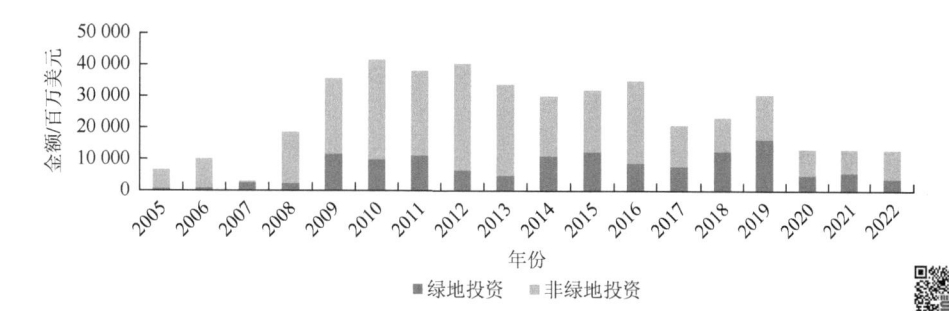

图 9-1 中国能源企业对外直接投资金额

资料来源：中国全球投资追踪（China Global Investment Tracker）

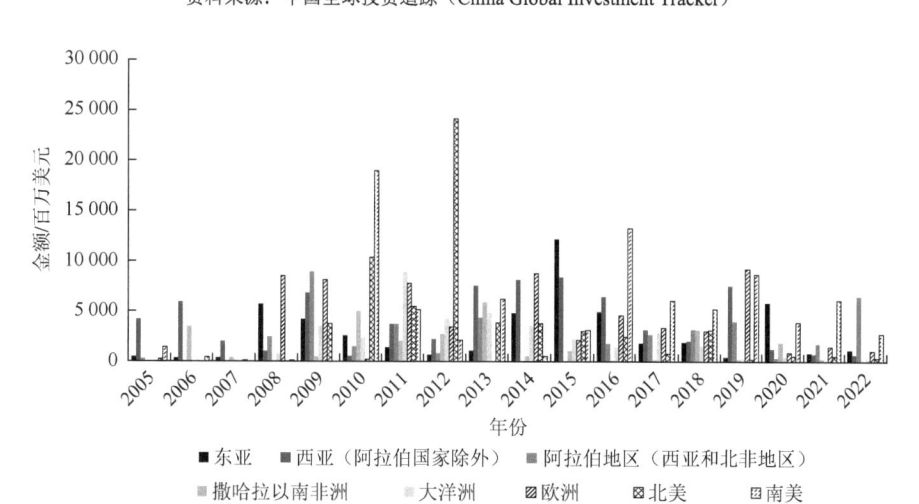

图 9-2 中国能源企业对外直接投资地区分布

资料来源：中国全球投资追踪

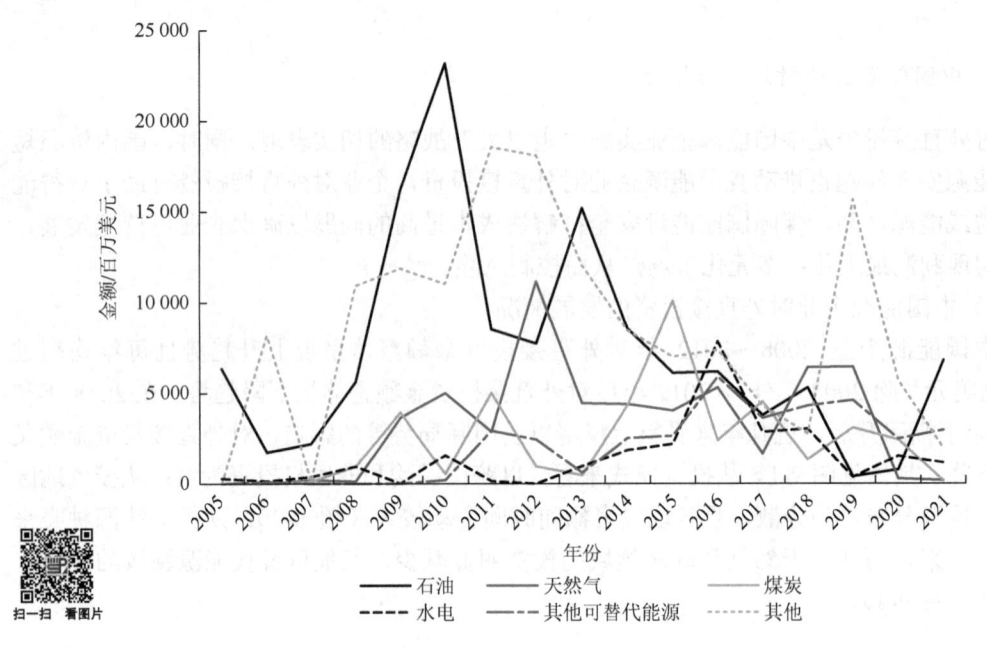

图 9-3　中国能源企业对外直接投资能源种类

资料来源：中国全球投资追踪

2）"一带一路"倡议

我国于 2013 年正式提出建设"一带一路"（"新丝绸之路经济带"和"21 世纪海上丝绸之路"）的合作倡议。截至 2023 年 6 月底，中国已与 152 个国家、32 个国际组织签署了 200 多份共建"一带一路"合作文件。"一带一路"平台给了我国能源企业参与国际能源合作的新机会。共建"一带一路"国家是全球最大的能源生产中心，是非常重要的全球能源市场。具体投资金额见图 9-4。

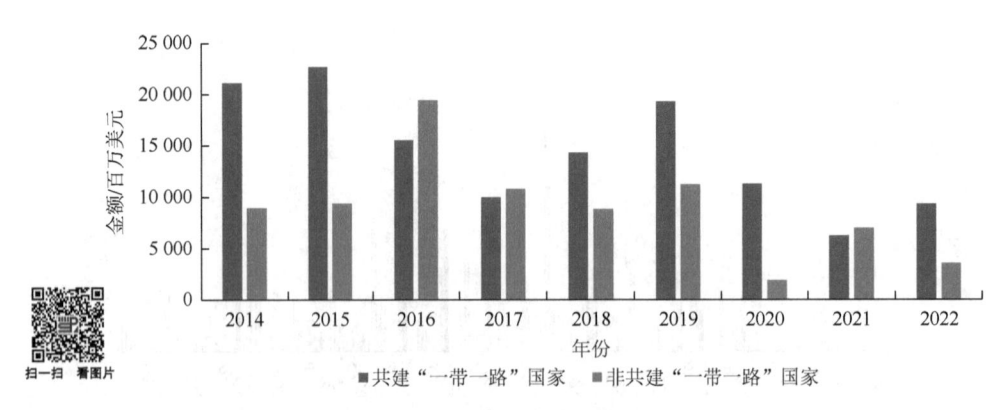

图 9-4　中国能源企业对共建"一带一路"国家及非共建"一带一路"国家的投资金额

资料来源：中国全球投资追踪

到 2023 年为止，中国已经建设了一大批能源基础设施。例如，中国-中亚天然气管道 ABC 线、中缅原油和天然气管道等跨境油气管道相继建成投产，建设了巴西美丽山

±800千伏特高压直流输电项目、希腊克里特岛联网项目等。同时，中国在共建"一带一路"国家的绿色低碳能源投资已经超过传统能源。

9.1.3 能源公司投资布局

1. 行业布局

影响能源公司投资行业布局的因素主要包括：市场需求、技术发展、政府政策、可持续发展目标以及公司的战略目标等。

能源公司涉及的投资行业包括传统能源领域、可再生能源领域以及能源领域以外的行业，如房地产、金融等。

1) 传统能源领域

传统能源包括石油、天然气、煤炭等，这些是传统能源企业的主营核心业务。同时，传统能源在国家经济发展、民生保障以及能源安全方面具有举足轻重的地位。首先，许多国家将传统能源作为其经济发展的支柱，如煤炭、石油和天然气等。这些能源为工业、交通、农业等领域提供了必要的动力。其次，传统能源是人们日常生活的基础，满足了人们照明、取暖、制冷、烹饪等基本需求。特别是在偏远地区和农村地区，传统能源更是保障当地居民基本生活的重要手段。此外，许多国家依赖进口石油和天然气来满足其能源需求，因此传统能源的供应安全直接关系到国家的经济安全和国防安全。

2) 可再生能源领域

传统能源企业投资可再生能源领域是一种积极的战略举措，旨在适应全球对清洁能源的需求增加以及可再生能源技术不断成熟的趋势。可再生能源包括太阳能、风能、水能、生物质能和地热能等。它有利于减少企业对传统能源市场的依赖，实现业务多元化；改善企业环保形象，满足社会和政府对环保的要求；促进气候转型，实现企业可持续发展；获得政府激励和补贴等。

随着气候变化和全球能源转型的推进，传统能源企业已开始涉足新能源领域，如太阳能、风能和水能等，以积极推动清洁能源的发展。国际石油公司已经感受到来自股东的压力，要求公司披露与气候变化相关的财务风险。世界银行也决定在2019年之后停止为石油和天然气项目提供资金。因此，石油行业正日益倚重于多种方式实现其发展，其中包括减少环境影响、与当地社区建立紧密合作、确保安全开发、积极推行技术创新，以及向新能源领域实现多元化发展。换句话说，国际石油公司需要将可持续性纳入其业务战略中。

目前，国际石油公司已成为可再生能源市场的实质性参与者，凭借其规模和业务专长来部署清洁能源。2015年《巴黎协定》签订以来，几家国际石油公司已承诺投资数亿美元用于可再生能源。例如，挪威国家石油公司在2016年承诺投入2亿美元建立一个内部风险投资部门，将其可再生能源投资组合扩大到风能以外；道达尔公司承诺每年投入5亿美元用于可再生能源；英国石油公司向欧洲最大的太阳能开发商莱劢思（Lightsource）投资2亿美元。这些举措表明国际石油公司正逐渐将可持续性纳入其业务战略中。

3）能源领域以外的行业

能源企业投资其他行业是一种常见的战略举措，旨在多元化其业务领域、降低风险、寻求新的利润增长点以及适应不断变化的市场环境。这种多元化投资可以涵盖多个领域，如交通、金融和房地产，其取决于企业的战略目标、资金状况、市场机会以及管理层特点。

尽管投资其他行业可以带来多元化和商业机会，但有可能会损害股东利益。比如，投资多个不同领域会分散企业的管理注意力和资源，如果无法妥善管理多元化业务，可能会导致对核心能源业务的疏忽；不同的经营领域涉及不同的市场、技术、政策和经济风险；与原有核心能源业务不符的投资可能会对企业品牌和声誉造成不利影响。

2. 区域布局

影响能源公司投资区域布局的因素主要包括：资源分布、市场需求、政府政策、地缘政治因素、投资环境、公司的战略目标等。能源公司选择在不同地区开展业务，以优化资源配置、降低风险和满足市场需求。

能源公司通常会选择以下几类地区来进行业务的布局。

1）资源丰富地区

能源公司投资资源丰富的地区，旨在充分利用该地区丰富的自然资源。这些地区的开采成本较低，可以降低企业生产成本；可以建立稳定的能源供应链，以确保稳定的资源供应，降低运用风险。

2）战略地缘政治地区

能源公司投资地缘政治位置重要的地区，旨在获取战略地缘政治优势，确保能源安全和市场份额。

3）政策支持和激励地区

政府制定的激励政策可以降低投资门槛、提供财政支持和税收优惠，为企业创造更有利的投资环境。

4）技术优势地区

能源公司投资技术优势地区有助于其引入先进的环保技术和可持续发展解决方案，迅速地采纳和应用最新能源技术，如可再生能源、储能技术、智能电网等，从而更好地应对新的技术挑战、提高创新能力。

9.1.4 搁浅资产与过度投资问题

1. 搁浅资产

搁浅资产是指因市场形势变化而失去其应有价值的投资或资产。造成搁浅的原因通常与法律法规出现重大变化以及频繁性突变、环境制约或技术突破等有关。

为应对日益严重的气候变化威胁，国际社会经过长期不懈努力达成全球共识。在2015年，全球195个缔约方签署了《巴黎协定》。它是应对气候变化国际联盟的一个里程碑，为缔约方减少温室气体排放设定了明确的目标。越来越多的国家设定了碳中和目标，并加大了对低碳转型的投资。这些重大气候政策实施后，实体部门可能会发生根本性变化，其中石油和天然气行业可能将受到最大的影响。根据相关学者的研究，要实现《巴黎协定》设定的 1.5℃的目标，世界上高达 60%的石油和天然气储量将需要保持未开采状态。这不仅会导致新的油气勘探和开采项目在经济上变得不太可行，油气行业也可能会面临严重的搁浅风险。

搁浅风险首先影响的是流动性最差的实物资产，包括潜在的化石燃料储备以及依赖化石燃料的"下游"基础设施（发电站、运输资产、房地产等）。然而，资产减值也会影响流动性更强的金融资产。例如，它可能会影响拥有这些资产的公司或国家，从而可能会影响这些行为者的股价或信誉。这反过来又可能会影响到机构投资者拥有的投资组合，甚至影响到金融机构的资产负债表。最后，投资组合的价值和金融机构的信誉有可能会引发系统风险，并破坏金融体系的稳定性。搁浅资产的投资链如表 9-1 所示。

表 9-1 搁浅资产的投资链

实物资产	公司或国家	投资者和机构	政策制定者
化石燃料储备、依赖化石燃料的相关基础设施	股价、信誉	投资组合、资产负债表	系统稳定性

2. 过度投资

过度投资是指因企业采用不盈利项目或高风险项目而产生的损害股东及债权人的利益并降低企业价值的现象。过度投资问题的两种情形为：第一，当企业经理与股东之间存在利益冲突时，经理的自利行为产生的过度投资问题；第二，当企业股东与债权人之间存在利益冲突时，经理代表股东利益采纳成功率低甚至净现值为负的高风险项目产生的过度投资问题。

当企业的所有权与控制权发生分离时，经理与股东之间的利益冲突会表现为经理的机会主义行为。具体表现形式为：如果企业的自由现金流相对富裕，即使在企业缺乏可以获利的投资项目和成长机会时，经理也会倾向于通过扩大企业规模来加大自身对企业资源的管理控制权，表现为随意支配企业的自由现金流，投资净现值甚至为负的项目，而不是向股东分配股利。有时经理也会过分乐观，并自信地认为其行为是有助于提升股东价值的，如果在并非真正意识到项目的投资风险与价值的情况下进行投资，也会导致过度投资行为。企业经理这种随意支配自由现金流的行为是以损失股东利益为代价的。为抑制这种过度投资带来的对股东利益以致最终对企业价值的损害，可以通过提高债务筹资的比例，增加债务利息固定支出在自由现金流中的比例，实现对经理的自利性机会主义行为的制约。

21 世纪以来，能源价格尤其是油价，一直处于较高水平。以中国能源业为例，平均而言，能源公司的现金流比其他行业的公司高 6 倍之多。这种差异在 2008 年金融危机后更为明显,当时油价在金融危机期间大幅下跌后迅速反弹。这些公司的管理者没有向股东支付利息,而是在石油行业以外的勘探开采和多元化项目上投入了大量资金。

9.2 能源公司融资

能源公司在融资决策中运用公司金融理论、结合行业特点来选择自身的资本结构,从而进行股权和债权融资模式的选择。在此过程中很多能源公司面临融资约束,如何解决该困难是政府、企业等层面必须思考的问题。

9.2.1 能源公司融资决策

1. 资本结构

资本结构是一家企业股权融资和债权融资占其获得总资本的比例情况。对于公司来说,股权融资获得的资金成为股本计入所有者权益,债权融资获得的资金计入公司总负债。公司资本结构的调整主要表现为对公司资本中债务构成的比例进行调整。这个指标通常以公司的权益负债率,或者其他包含公司总负债的偿债指标如资产负债率等来衡量。

$$权益负债率 = 总负债/总所有者权益$$
$$资产负债率 = 总负债/(总负债 + 总所有者权益)$$

现实世界中,由于融资工具种类的多样化,估计公司的资本结构往往要更加复杂。

2. 资本结构理论

资本结构理论是研究资本结构与公司价值及资本成本之间的关系的一种理论。该理论实际上讨论的是公司能用债权融资时,债权和股权占多大的比重才能使公司股东利益最大化或者公司市场价值最大,或者资本成本最小。

1) 现代资本结构理论

现代资本结构理论由两部分理论构成,包括 MM(Modigliani-Miller,莫迪利亚尼-米勒)理论和权衡理论。

MM 理论是由莫迪利亚尼和米勒提出的,它建立在以下一系列的假设条件基础上:经营风险可以用息税前利润的方差来衡量,具有相同经营风险的公司称为风险同类;投资者等市场参与者对公司未来的收益与风险的预期相同;完善的资本市场(perfect capital markets),即在股票与债券进行交易的市场中没有交易成本,且个人与机构投资者的借款利率和公司相同;借债无风险,即公司或个人投资者的所有债务利率均为无风险利率,与债务数量无关;全部现金流是永续的,即所有公司预计是零增长率,因此具有"预期不变"的息税前利润,所有债券也是永续的。

在无税条件下,公司的价值与其资本结构无关,取决于其实际资产,而不是其各类债权和股权的市场价值。在有税条件下,有负债企业的价值等于具有相同风险等级的无负债企业的价值加上债务利息抵税收益的现值。

权衡理论是指在 MM 税收模型建成之后，将财务危机成本和代理成本纳入模型中，负债利益就会因此而减弱。最佳资本结构就在节税收益、财务危机成本和代理成本的平衡点上。

2）其他理论

20 世纪 70 年代末以后，又发展了一些新的资本结构理论，主要包括以下几种。

（1）代理成本理论。该理论将代理成本分为两类：第一类是与外部股权资本有关的全部代理成本，主要来自股东和经理人之间；第二类是与外部债权资本有关的全部代理成本，公司资本结构与代理成本有直接关系，债务上升可能会增加债务的代理成本。最优的资本结构取决于"股东愿意承担的总代理成本"。该理论还认为，债务约束了公司对现金的支出，减少了经理人从事个人消费的"自由现金流"，因此债务融资缓解了股东和经理人之间的利益冲突。

（2）新优序融资理论。该理论认为，资本结构作为一种信号，在信息不对称的情况下会对融资次序产生影响，同时，不同的融资次序也会对资本结构的变化产生影响。由于债券发行的好处优于股票发行，外部融资的成本高于内部融资的成本，公司在融资次序的安排上，首先应考虑内部融资，如果需要外部融资，则优先考虑债务融资，最后才考虑股权融资。

（3）信号传递理论。该理论认为，信息不对称会扭曲公司的市场价值，从而导致市场投资决策的无效率。公司选择不同的资本结构可以向市场传递不同的市场价值信号。

这些资本结构理论通过不同的视角解释了企业选择特定资本结构的动因。在实际中，企业在选择最适合自身情况的资本结构时，一般综合应用这些理论，并考虑市场环境、行业特点、公司规模、未来发展等多种因素。

3. 能源公司融资特点

1）以长期融资为主

由于能源项目的资本密集性高、复杂性高、回报周期长，能源公司以长期融资为主。对于传统能源项目的投资的回报率受到国际能源价格、政治风险等因素的影响；对于新能源项目的投资属于高新技术类型，科技创新成果在被研发出来之前，很难得到公允、准确的股价，未来的收益也具有较大不确定性。

2）外部融资依赖度高

从全球视角来看，能源公司的传统融资来源主要是银行信贷和政府扶持。20 世纪 30 年代，美国西南部石油业兴起的项目融资作为管理风险、分配风险的新型融资方式促进了能源工业的发展。随着金融资本市场的发展、金融业务的丰富和金融手段的创新，诸如公开上市、发行债券、吸收国际战略投资与风险投资等方式越来越成为能源公司重要的资金来源。

从中国实际情况来看，中国能源企业发展的主要资金来源于银行信贷，能源企业对信贷资金的依赖性较强，同时能源企业对金融机构的利息贡献较大。

3）依赖政府政策和补贴

能源公司受到政府政策和补贴的影响较大，政府会提供财政支持、税收优惠或补贴来鼓励可再生能源、清洁技术等领域的发展。

9.2.2　能源公司融资模式

1. 股权融资

股权融资是指由企业的股东让出部分企业所有权,通过引进新的股东来给企业筹资,从而使总股本增加的融资方式。对于通过股权融资所获得的资金,企业无须还本付息,取而代之的是通过股权融资的新股东将可以以持有公司股票的方式获得资产的增值并承担相应风险,同时也可以获得股利。

1）企业上市

能源公司作为资本密集型企业,其运营和发展需要大量的资金支持。进入资本市场进行直接融资,不仅可以为企业提供更多的资金来源,提高企业的再扩张能力,还可以通过资本市场的监督和规范,改善公司的治理结构。

2020 年后,电力央企密集筹备新能源业务独立上市,主要目的在于扩大融资渠道,募集资金,支持新能源项目开发,实现企业快速发展。例如,2022 年华电新能源集团股份有限公司披露,IPO 拟募集资金 300 亿元,其中 70%将投入到风力发电、太阳能发电项目;2023 年华润新能源控股有限公司 IPO 募集资金中约 70%用于建设超过 30 个风电场及光伏发电站项目。

当前,国内风光装机超过 8.5 亿千瓦,要实现"双碳"目标,还需不断加大投入,新能源的开发资金需求量大,技术门槛较高。分拆上市,将极大增强新能源业务的融资能力。近年来,新能源作为优质资产,在国内资本市场备受追捧。另外,2022 年 5 月,国务院国有资产监督管理委员会发布《提高央企控股上市公司质量工作方案》,提出"支持有利于理顺业务架构、突出主业优势、优化产业布局、促进价值实现的子企业分拆上市"。如果发电央企分拆新能源业务上市趋势延续,那意味着证券市场上还会诞生更多新能源"巨头"。

2）吸引海外投资

能源公司可以通过与国外大型能源企业合作来融资,以"市场换资金",其中一方提供资金和技术支持,另一方则提供市场和资源。

这种合作模式对于能源公司来说有很多优势。首先,通过与国外大型能源企业合作,能源公司可以获得更多的资金和技术支持,从而加快自身的发展速度。其次,这种合作模式可以帮助能源公司拓展国际市场,提高自身的国际竞争力。最后,这种合作模式还可以帮助能源公司降低风险,因为与大型企业合作可以获得更好的市场保障和稳定的收益。

这种合作模式也存在一些挑战和风险。首先,与国外大型能源企业合作需要双方建立互信和合作机制,这需要时间和资源的投入。其次,这种合作模式需要双方共同应对市场风险和技术难题,这需要双方具备较高的管理和技术能力。最后,这种合作模式还可能受到国际政治、经济等因素的影响,需要双方具备灵活应对的能力。

因此,能源公司在选择与国外大型能源企业合作时需要充分考虑各种因素,包括自身的实力、市场需求、技术难题、政治风险等。同时，双方需要建立良好的沟通和协作机制，共同应对各种挑战和风险，以确保合作成功和可持续发展。

2. 债权融资

债权融资是指企业通过举债的方式进行融资。对于债权融资所获得的资金，企业首先要承担资金的利息，其次在借款到期后要向债权人偿还资金的本金。

1）发行债券

能源企业大都为垄断企业，企业规模大，盈利能力较强，通过发行企业债券的方式进行短期融资，程序较为简单，成本较低。

绿色债券是指企业通过债券形式进行融资，将所得资金用于企业在环境保护和可持续发展、开发绿色低碳产品和技术、减缓和适应气候变化、遏制自然资源枯竭、保护生物多样性、治理环境污染等关键领域的项目，或为这些项目进行再融资而专门发行的债券。

2）银行融资

银行是能源企业融资的重要渠道，其通常会提供各种类型的融资，包括贷款、信用证、信用卡等。银行资金的安全性和稳定性是投资者考虑的重要因素，因此银行融资在能源企业中占比较大。

绿色信贷是指各个国家为缓解环境和气候问题、抑制高污染企业的扩张并推动绿色低碳和环保产业的发展而制定的贷款及相应的制度安排。绿色信贷具体表现为政府通过制定差异化的借款利率，即对高污染企业实行惩罚利率（即利率较高），对环境友好型企业实行优惠利率，来限制高污染企业的融资渠道，从而阻碍该类企业过大地扩张规模，甚至推动其退出市场，以推动产业结构实现绿色转型，达到缓解环境和气候问题的效果。可再生能源企业可通过绿色信贷来降低企业的融资成本。

银行与能源企业指标群如下。

（1）不良贷款率。在能源金融系统中，不良贷款是指能源企业无法履行合同规定，不能按时足额偿还贷款本息；不良贷款率是指能源企业不良贷款占银行总贷款余额的比重。该指标越高，表明能源企业的贷款质量越差，能源金融安全保障程度越低。

（2）拨备覆盖率。其是一般准备金、专项准备金和特种准备金总和占次级类贷款、可疑类贷款和损失类贷款总和的比重。该指标越大，表明能源金融安全保障程度越高。

（3）资产负债率。其是负债总额和资产总额的比值。该指标越大，说明能源企业的债务负担越重，长期偿债能力越弱，能源金融安全程度越低。

（4）利息保障倍数。其是能源企业生产经营所获得的息税前利润与利息费用的比值，衡量了企业的利息支付能力。利息保障倍数既是能源企业举债经营的前提依据，也是衡量能源企业长期偿债能力大小的重要标志。

（5）资产报酬率。其表示能源企业总体资产的获利能力，是衡量能源企业运营能力的重要指标。该指标越高，表明能源企业投入产出的水平越高，资产运营效率越高，能源金融安全保障程度越高。

3）吸引海外资金

能源公司，尤其是新能源公司，可以通过国际金融机构来融资，如通过世界银行等开发性国际金融组织贷款。这些贷款通常具有较低的利率和较长的还款期限，降低了企业的融资成本和财务风险。通过这些贷款，新能源公司可以顺利进行项目投资、技术研发和市场拓展，从而为实现可持续发展创造有利条件。

此外，这些国际金融机构的贷款还为新能源公司提供了更多的合作机会。通过与国际金融机构合作，新能源公司可以获得更多的技术支持、市场信息和政策指导，从而更好地应对市场变化和政策风险。同时，这些合作机会也有助于新能源公司建立更加广泛的业务网络和合作伙伴关系，为其未来的发展打下坚实的基础。

9.2.3 融资约束问题

融资约束是指由于资本市场摩擦，企业外部融资成本过高，这使得企业资金需求受到限制，不得不放弃有利的投资机会。

以中国为例，目前中国资本市场不够成熟、信息披露制度不够完善。清洁能源、新能源项目面临资金需求量大、技术开发难度大、抗风险能力较弱、投资回报周期较长等问题，导致我国能源企业普遍存在较大的融资约束问题。

"双碳"目标的提出是我国加强能源保障、促进产业转型升级及参与全球化合作的内在需求，能源供给侧的碳减排是"双碳"目标实现的重中之重。为实现能源绿色低碳转型，"十四五""十五五"期间将大规模开发以风电、光伏为主的新能源，积极发展以水电、核电为主的清洁能源，同时发展储能以缓解新能源的并网消纳问题。未来十年以上能源领域投资需求超过万亿元，其中绝大部分都需要通过金融系统提供资金支持。

作为实体经济绿色低碳发展的重要资金来源，绿色金融已向能源行业投入了大量资金，截至2021年末，我国境内绿色债券余额1.1万亿元，本外币绿色贷款余额15.9万亿元，存量规模居世界第一，其中清洁能源产业贷款余额4.21万亿元，占比26.48%。但我国绿色金融市场仍处于发展初期，现有金融模式在助力能源绿色低碳转型的新形势下存在着加重企业负债率、投融资结构不匹配、融资工具单一等亟待解决的问题。

1）新能源投资冲动强劲与能源企业资产负债率普遍偏高的矛盾

在"十三五"期间，由于电力投资增加和投资回报率降低的影响，电力行业的债务水平和杠杆率呈现较快的上升趋势。

出现这一现象的主要原因在于我国绿色金融体系在结构上以绿色信贷、绿色债券等间接融资为主。随着能源企业通过债权融资手段不断增加投资规模，债务问题更加凸显。虽然企业通过永续债、股权融资等手段已改善了资产负债率，但在新形势下，为了建立比较优势和打造利润增长点，企业将新能源投资作为新领域。然而，如果企业继续采用传统的信贷和发债融资模式，将进一步提升债务水平和杠杆率，增加企业的财务负担，影响项目的经济性，同时也会阻碍企业新能源发展目标的实现。

2）能源企业融资需求多元化与银行等主要金融机构难以匹配的矛盾

从能源企业的融资需求角度来看，其已从以建设项目为主的贷款融资需求，逐渐转向了补充资本金、引进战略投资者、上市并购等多元化融资需求。然而，以银行为主的金融机构提供的绿色信贷、绿色债券等债权融资工具已无法满足能源企业的多元化需求，尤其是对于清洁技术研发、氢能和储能技术开发等需要长期资金投入的产业，债权融资工具无法满足长期投入的项目资金需求。因此，企业迫切需要拓宽融资渠道，提高直接融资比重，更加充分利用资本市场对新能源的估值优势和认可度。企业可以通过现有上市平台等方式积极发挥资本市场的融资功能，提升企业的资产证券化率，为经营发展筹集低成本资金。

政府为解决能源公司融资约束问题，出台了一系列政策支持能源公司的发展。表 9-2 展示了部分相关政策的内容。

表 9-2　为解决能源公司融资约束问题出台的政策（部分）

政策名称	时间	相关内容
《关于促进新时代新能源高质量发展的实施方案》	2022 年 5 月	加强央地联动，按照以收定支原则用好可再生能源发展基金。充分发挥电网企业融资优势，积极拓展资金来源，推动可再生能源发电延续补贴资金年度收支平衡。研究探索将新能源项目纳入基础设施不动产投资信托基金（REITs）试点支持范围
《关于引导加大金融支持力度 促进风电和光伏发电等行业健康有序发展的通知》	2021 年 2 月	对短期偿付压力较大但未来有发展前景的可再生能源企业，金融机构可以按照风险可控原则，在银企双方自主协商的基础上，根据项目实际和预期现金流，予以贷款展期、续贷或调整还款进度、期限等安排
《关于深化能源行业投融资体制改革的实施意见》	2017 年 5 月	鼓励发展能源项目直接融资。依托多层次资本市场体系，拓宽和优化能源领域投资项目的直接融资渠道，鼓励符合条件的能源企业开展股票上市融资。总结能源领域资产证券化实践经验，鼓励金融机构选择符合条件的能源信贷资产、企业应收款、信托受益权、基础设施收益权等为基础资产，开展形式多样的资产证券化业务，盘活存量能源设施资产。加大创新力度，丰富债券品种，鼓励有条件的能源企业发行企业债券、项目收益债、重点产业专项债，通过债券市场筹措资金

注：REITs 的全称为不动产投资信托基金（real estate investment trust）

◆ "新能源 + 绿色金融"破解能源融资难题

"新能源 + 绿色金融"这一创新模式是指，由金融机构根据绿色企业或项目在各发展阶段的融资需求，组合运用股权、债权、资产证券化等多种金融工具，开展绿色市场化债转股、绿色基金、绿色信贷等多样化绿色金融业务，这既能够为绿色低碳项目融资提供长期限、低成本资金，又能够满足客户降低杠杆率、补充资本金、并购、混改等多元化的需求，从而助力绿色低碳企业的长足发展和"双碳"目标的顺利推进。

9.3　能源公司治理与社会责任

随着时间的推移，公司治理理论从"最大化股东利益"到"重视利益相关者利益"，为企业履行社会责任提供了理论基础。对于能源公司而言，其经营活动对环境污染、气候变化的影响更为显著。

9.3.1 公司治理的理论基础

1. 两权分离理论

两权分离理论即所有权与控制权分离理论，该理论随着股份公司的产生而产生。现代公司已经发生了"所有与控制的分离"，公司实际已由职业经理组成的"控制者集团"控制。钱德勒认为，股权分散的加剧和管理的专业化，使得拥有专门管理知识并垄断了专门经营信息的经理实际上掌握了对企业的控制权，导致"两权分离"。

2. 委托代理理论

所有权与控制权分离带来的直接问题就是失去控制权的所有者如何监督和制约拥有控制权的经营者，从而以实现所有者利益最大化为目标进行经营决策。

委托代理理论是建立在非对称信息（asymmetric information）的基础上的。非对称信息指的是某些参与人拥有但另一些参与人不拥有的信息。委托人与代理人都以实现自身利益最大化为决策目标，在企业日常经营过程中，由于信息不对称的存在，委托人通过监督和约束代理人确保代理人不会做出损害自身利益的决策，同时代理人需要承担保证金为自己的决策进行担保，这一过程中产生的监督成本、担保成本及剩余损失等，都属于代理成本。按照委托人和代理人的角色差异，代理问题存在于管理者和股东之间、大股东和中小股东之间以及股东与债权人之间。

3. 利益相关者理论

美国学者杜德最早提出利益相关者理论，他认为股东利益的最大化不应该是公司董事唯一的追求，他们还应当代表其他相关利益主体如员工、债权人、消费者、供应商、零售商、社区等的整体利益。

当今企业的发展越来越依赖于员工所拥有的知识技术和劳动投入，企业的经营越来越需要包括但不限于商业伙伴、消费者、社区等各个相关方的协作和配合，企业自身也越来越成为各利益相关者相互联系、相互依存的综合利益载体。利益相关者理论不仅为企业社会责任的正当性提供了理论支撑，还为企业社会责任范围的确定提供了一个颇有价值的思路。

9.3.2 能源企业 ESG 行为

1. ESG 含义

ESG 通常被认为是企业需要履行的社会责任核心，影响着企业的可持续发展。ESG 也通常被用于可持续投资的价值判断或者风险评估，从而可以引导和推动企业加大可持续发展力度。

2. ESG 评价指标体系

目前全球尚未有一个统一的 ESG 评价指标体系，但涵盖的主要方面基本类似，第三方评级机构通常对 ESG 子集指标确认权重并进行打分。具体子集指标如图 9-5 所示。根据《联合国负责任投资原则》、《联合国可持续发展目标》、《GRI[①]可持续发展报告标准》、《气候披露标准委员会环境和气候变化信息报告框架》、《社会责任指南（2010）》，以及国内《企业环境信息依法披露管理办法》（生态环境部令第 24 号）、《上市公司治理准则》（中国证券监督管理委员会公告〔2018〕29 号），参考香港联合交易所有限公司、上海证券交易所、深圳证券交易所等发布的指引，环境效益评估成为能源企业 ESG 评价的主要依据和关键内容之一。

环境（E）	社会（S）	公司治理（G）
• 环境政策 • 能源与资源消耗 • 污染物排放 • 应对气候变化 • 生物多样性	• 员工发展 • 供应链管理 • 客户权益 • 产品管理 • 数据安全 • 社区	• 治理结构 • 商业道德 • 合规管理

图 9-5　ESG 评价指标体系

资料来源：商道融绿

3. 企业 ESG 行为的影响因素

（1）企业特征：企业规模、企业所有权、财务表现等。

（2）管理层特征：相关研究认为，董事会规模、独立董事和女性董事占比、是否有企业社会责任委员会以及董事会会议的频率，都会影响企业 ESG 行为。一般来说，更大的董事会通常拥有更丰富的经验，可以更好地分配任务，提高非财务绩效；独立董事和女性董事对非财务绩效也有积极影响。管理人员特征如 CEO（chief executive officer，首席执行官）受教育水平、相关 CSR（corporate social responsibility，企业社会责任）背景等也会影响企业 ESG 行为。

（3）利益相关者和社会压力：政府和国际组织制定法律法规和行业标准，要求企业遵循特定的 ESG 标准；越来越多的投资者将 ESG 因素纳入投资决策，通过投资组合选择等方式，鼓励企业改善 ESG 表现，以提高长期投资的可持续性和回报；公众和社会组织对企业 ESG 行为高度关注，并通过社交网络等方式传播舆论。

4. 企业 ESG 信息披露

企业 ESG 信息披露是指企业公开披露其有关 ESG 表现的信息。它直接反映了企业参与 ESG 实践的具体情况，提高了企业运营透明度，对于企业本身、投资者、消费者和其他利益相关者都十分重要，因为它提供了关于企业可持续的信息，能够评估企业的长期价值和风险。

[①] GRI 的全称为全国报告倡议组织（Global Reporting Initiative）。

从全球来看，部分国家和地区通过制定法律法规或者行业规则，强制要求企业进行ESG信息披露。例如，2012年南非约翰内斯堡证券交易所要求上市公司发布综合/可持续报告；2013年英国颁布条例强制要求企业公布战略报告和董事报告；2016年新加坡交易所发布《可持续发展报告指引》，要求上市公司公布可持续发展报告；2022年欧盟通过《企业可持续发展报告指令》，要求企业定期披露有关社会和环境影响的信息来履行企业的社会责任。

中国目前尚未强制要求披露ESG报告，主要是鼓励企业自主披露ESG信息。2022年国务院国有资产监督管理委员会在《提高央企控股上市公司质量工作方案》中明确提出，"推动央企控股上市公司ESG专业治理能力、风险管理能力不断提高；推动更多央企控股上市公司披露ESG专项报告"。这表明，我国为实现"双碳"目标，正积极采取措施建立健全ESG体系，推动我国公司积极参与ESG实践，完善我国绿色金融体系的构建。根据《中国上市公司ESG发展报告（2022）》的相关数据，中证全指公司中2021年中国能源企业ESG报告编制参照标准披露比率为37%。

5. 能源企业ESG管理与实践

随着全球投资者对环境、气候问题的持续关注，国际金融业普遍向绿色金融、低碳金融转型发展，低碳行业发展利好，可再生能源、电气化交通、新能源汽车等新能源及相关技术行业成为新增长引擎，包括中国在内的各国能源结构都在经历重大变革，逐渐向可持续发展方向迈进。此外，各国碳中和目标的设立也要求能源企业对ESG方面更加关注和投入，从而提高自身竞争力，适应未来的经济发展趋势。

（1）环境（E）。能源企业在投资决策中，关注企业的可持续发展战略。以英国石油公司和壳牌为代表，开始考量"净零耗能"和"关心地球"。"净零耗能"包括净零运营、生产及销售，减少甲烷，以及加大新能源投资；"关心地球"包括加强生物多样性、循环经济、保护水资源，以及提高空气质量。

（2）社会（S）。能源企业在项目勘探和生产过程中，给当地社区带来的影响不容忽视。埃克森美孚坚持在全公司范围内保障员工和公众的健康与安全，管理其社会影响，尊重人权。

（3）公司治理（G）。在治理结构方面，英国石油公司等能源公司在董事会下设立相关委员会，协助董事会对ESG相关因素进行专项管理。

9.4 2013年中海油收购加拿大尼克森案例

9.4.1 事件描述

中国海洋石油集团有限公司（简称中海油）2013年2月26日宣布，于当日6时完成收购加拿大石油公司尼克森的交易，收购总对价约为151亿美元。通过收购，中海油证实储量可增加 30%，产量将增加 20%以上；中海油还将战略性进入海上油气富集盆地和新兴页岩气盆地，同时巩固其在加拿大、墨西哥湾和尼日利亚海上地区的地位，公司油气资源配置更趋均衡。这桩跨国收购案耗时七个月。由于尼克森在美国、英国和巴西等地拥有油气资产，中海油在宣布收购之初就明确表示，除了加拿大外，还需要获得美国、欧洲（如涉及相关需求）、巴西等监管部门的批准。这是一次高度复杂和重要的交易，需要充分考虑各种监管要求和国际政治经济因素。

1）并购方：中海油

中海油是 1982 年 2 月 15 日经国务院批准成立的特大型国有企业，是中国最大的海上油气生产运营商。公司注册资本 1138 亿元，共有 5 家控股境内外上市公司。公司主要业务板块包括油气勘探开采、专业技术服务、炼化与销售、天然气及发电、金融服务等，并积极发展海上风电等新能源业务。

2）标的方：尼克森

尼克森成立于 1971 年，在加拿大多伦多和美国纽约两地上市，总部位于加拿大阿尔伯塔省卡尔加里市，是加拿大第十四大石油公司。尼克森的资产包括勘探、开采和在产项目，主要分布于加拿大西部、英国北海、尼日利亚海上、墨西哥湾、哥伦比亚、也门和波兰。其中，常规油气、油砂和页岩气为其三大核心业务。在其资产组合中，油砂资产占了该公司储量的 60%。与页岩气、页岩油等其他非常规油气资源相比，油砂的开采难度和成本都更高。

3）交易介绍

交易架构：购买尼克森 100%流通的普通股和优先股。

交易对价：中海油在公告中透露，收购尼克森的普通股和优先股总对价约为 151 亿美元。根据协议，中海油以 27.5 美元/股的价格以现金收购尼克森所有流通中的普通股，该价格对比收购消息公布前一交易日的尼克森纽约股市的收盘价溢价 61%；在优先股上，中海油以 26.0 加元/股的现金收购价购买尼克森的全部在流通的优先股，并支付交易交割时已发生但尚未支付的股息。

融资计划：通过已有现金和外部融资来支付收购费用。

9.4.2　原因分析

1）并购动因

中海油此前已探明石油储量在全球主要石油公司中位居较低之列。中国作为发展中国家，其石油需求处于快速增长的阶段。尼克森拥有丰富的资源量和储量。过去几年，尼克森因全球快速扩张部分项目投资亏损，影响现金流，进而寻求外部支持。此次收购使中海油储量增加 30%。

除通过并购直接获取海外的自然资源外，中海油还将借助尼克森原有的业务触角，渗透至各大战略基地。依托尼克森的资产布局，中海油有望在北美洲和中美洲最大限度地发挥资产协同效应，深入海外市场，逐渐完善全球化布局。

尼克森所在的加拿大拥有完整的石油工业体系，其油气资产也都分布在法治环境良好及财税制度健全的国家。此次并购有助于中海油学习这些国家先进的技术和前沿的公司治理理念。

2）成功并购原因

2013年中海油成功收购尼克森，得益于中国政府的支持、双方利益的契合、中海油的跨国并购经验、良好的公共关系以及具有竞争力的价格等多方面的因素。

中国政府高度重视能源安全，为了保障国家的能源供应，对于中海油收购尼克森的交易给予了资金支持。这次并购不仅符合中海油的战略发展需求，也符合尼克森股东和加拿大政府的利益。中海油在跨国并购方面已经积累了丰富的经验，尊重当地法规和文化，与当地政府和社区建立了良好的公共关系。这些因素为中海油成功收购尼克森提供了有力的保障。

为了确保收购的顺利进行，中海油给出了具有竞争力的价格，这也是收购能够成功的重要因素之一。在并购过程中，中海油还采取了多种措施，确保收购的顺利进行。例如，它们与尼克森股东和加拿大政府进行了充分的沟通和协商，确保各方对并购的认可和支持。此外，中海油还加强了对尼克森资产和业务的整合与管理，确保收购后的运营和发展顺利。

9.4.3　总结启示

中国油气企业"走出去"，符合经济全球化与国家重大发展战略目标。众多中国企业参与到跨国并购中，以增强国际竞争力，但是与国内相比，国际环境更加复杂。中海油顺利并购尼克森，为油气企业跨国并购的国际化战略提供了有益借鉴。

一是明确战略目标。在跨国并购过程中，企业需明确自身发展战略，有针对性地选择优质标的，以实现资源整合、技术互补和市场拓展。中海油在并购尼克森时，看中了尼克森的丰富资源、先进技术以及市场潜力，有助于提升自身在国际市场的竞争力。

二是注重风险防控。跨国并购面临诸多风险，包括政治风险、法律风险、财务风险等。企业在开展跨国并购时，应充分评估潜在风险，制定相应的风险应对措施。中海油在并购过程中，通过与加拿大政府谈判、加强尽职调查等手段，有效降低了并购风险。

三是发挥政府作用。政府在油气企业跨国并购中发挥着不可或缺的引导和支持作用。我国政府在国际事务中的积极作用，为我国企业"走出去"创造了有利条件。在中海油并购尼克森的过程中，政府发挥了政策引导、外交协调等作用，推动并购顺利进行。

四是整合文化差异。跨国并购往往伴随着企业文化、管理模式的差异。企业需在并购过程中加强文化交流与融合，实现管理协同、人员融合，为企业的国际化发展奠定坚实基础。中海油在并购尼克森后，通过优化管理团队、强化企业文化整合等措施，确保了并购后的稳定发展。

五是承担社会责任。跨国企业在海外发展过程中，应积极承担社会责任，树立良好的国际形象。中海油在尼克森并购案中，强调环保、社区关怀等方面的责任，提升了企业的国际声誉。

9.5 英国石油公司 2050 年净零排放目标及路径规划案例

9.5.1 事件描述

英国石油公司承诺在 2050 年实现净零排放的五个目标，包括净零运营、净零生产、净零销售、减少甲烷、更多资金投入转型。

1）净零运营

这一目标与温室气体（范围 1 与范围 2）排放有关。2019 年，这些排放量约为 5440 万吨二氧化碳当量。英国石油公司表示其目标是到 2025 年将运营排放量减少 20%，到 2030 年将在 2019 年的基础上减少 50%。范围 1（直接）和范围 2（间接）温室气体排放量如图 9-6 所示。

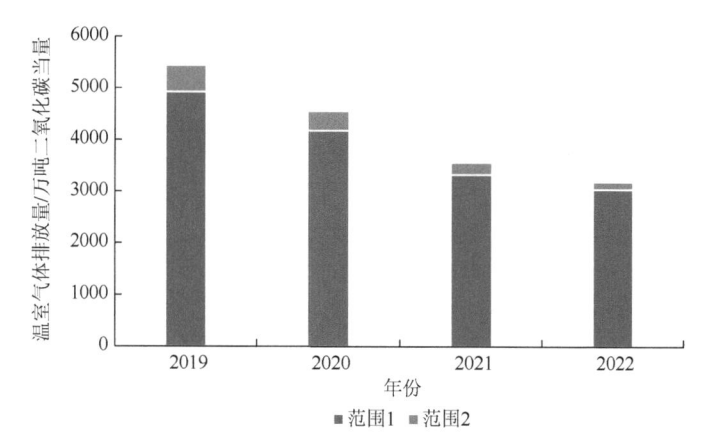

图 9-6　范围 1（直接）和范围 2（间接）温室气体排放量

资料来源：https://www.bp.com/

2）净零生产

这一目标与温室气体（范围 3）排放有关。2019 年，这些排放量约为 361 百万吨二氧化碳当量（图 9-7）。它与原油、天然气和 LNG 上游生产燃烧产生的二氧化碳排放有关。英国石油公司的目标是到 2025 年减少 10%~15%，到 2030 年将在 2019 年的基础上减少 20%~30%。

3）净零销售

净零销售是指将销售的能源产品的碳强度降至净零。它是基于生命周期（全价值链），根据生产和销售的能源产品所使用的每单位能源量进行计算而得的。销售能源产品的平均碳强度如图 9-8 所示。

4）减少甲烷

目标是到 2023 年在所有现有的主要石油和天然气加工基地安装甲烷测量装置，并公布数据，将作业的甲烷强度降低 50%[①]。甲烷强度如图 9-9 所示。

[①] 英国石油公司官网公布，2023 年公司排放的甲烷强度与 2022 年持平（0.05%），但仍不影响英国石油公司 2050 年净零排放目标的实现。

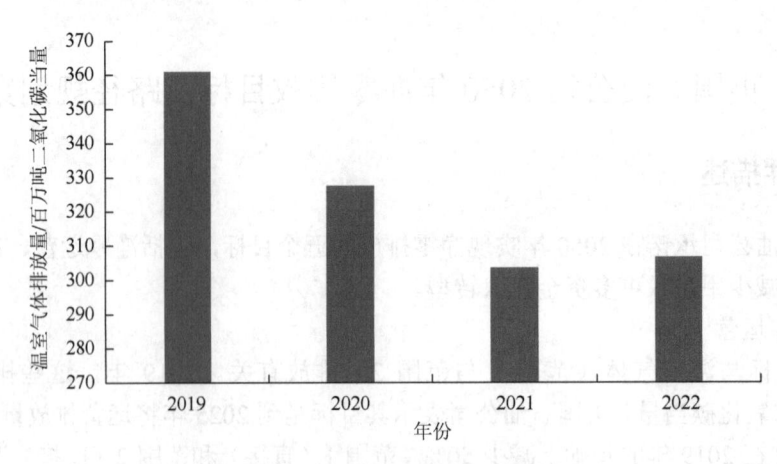

图 9-7 范围 3 温室气体排放量

资料来源：https://www.bp.com/

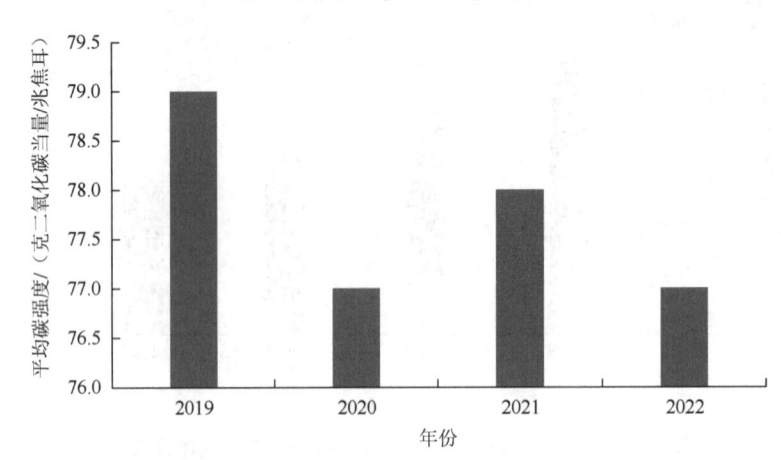

图 9-8 销售能源产品的平均碳强度

资料来源：https://www.bp.com/

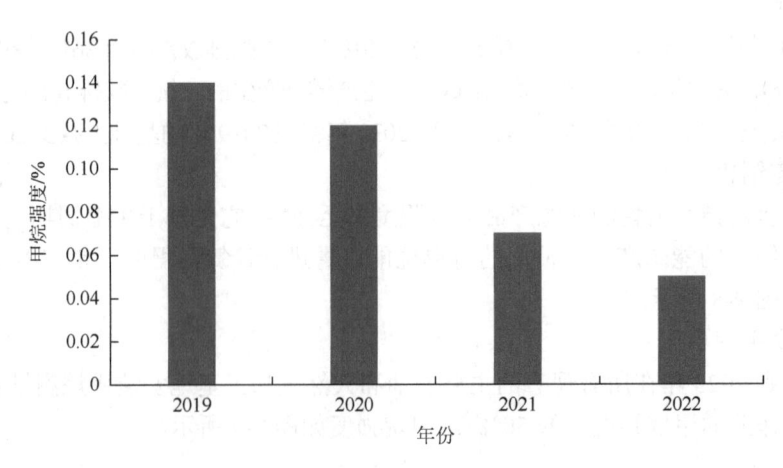

图 9-9 甲烷强度

资料来源：https://www.bp.com/

5）更多资金投入转型

公司增加非石油和天然气业务的投资比例，2022年，英国石油公司官网公布，转型增长投资为49亿美元，2021年为24亿美元，约占当年总资本支出的30%。预计到2025年转型增长投资达60亿美元，到2030年达到79亿美元。

2020年英国石油公司推出组织架构重构方案，变革业务划分模式，专门设立低碳和新能源业务。其主要措施包括优化资产组合、减少甲烷排放、重启光伏发电、扩张风电、发展生物质能、扩张便利移动出行业务以及拓展氢能与碳捕捉和封存业务。

9.5.2 原因分析

英国石油公司承诺2050年净零排放目标及进行路径规划的原因包括应对气候变化危机、符合可持续发展战略、适应市场需求、推动技术创新等方面。

第一，随着全球气候变化的加剧，各国政府和企业纷纷认识到气候变化对人类和地球的影响。英国石油公司作为一家全球性石油公司，有责任采取积极措施应对气候变化，减少温室气体排放，以保护地球和人类的未来。第二，英国石油公司作为一家有社会责任感的公司，一直致力于可持续发展。承诺2050年净零排放目标及进行路径规划符合公司的可持续发展战略，有助于提高公司的形象和声誉。第三，随着全球对环保和可持续发展的关注度不断提高，消费者对环保产品的需求也在不断增加。英国石油公司承诺2050年净零排放目标及进行路径规划，有助于适应市场需求，提高公司的竞争力。第四，实现净零排放需要大量的技术创新和研发投入。英国石油公司承诺2050年净零排放目标及进行路径规划，将推动公司加大技术创新和研发投入，提高公司的技术水平和创新能力。

9.5.3 总结启示

英国石油公司的2050年净零排放目标及路径规划，无疑是对应对全球气候变化问题的重要贡献。这一目标不仅体现了英国石油公司对环保责任的承担，也展示了其在可持续发展道路上的决心。

首先，英国石油公司的这一目标具有明确的时间表和具体的减排目标。它给予了足够的时间来采取必要的措施，同时树立净零排放的目标，更是符合全球应对气候变化的共同利益。其次，英国石油公司提出了明确的路径规划，包括减少温室气体排放、增加可再生能源使用、提高能源效率等。这些措施不仅有助于实现净零排放的目标，也有助于推动英国石油公司自身的可持续发展。

英国石油公司这一举动为全球范围内的其他企业树立了榜样，带来了深刻的启示。首先，企业应当积极承担环保责任，以实际行动为应对气候变化做出贡献。其次，企业应当制定明确的减排目标和路径规划，以确保目标的实现。最后，企业应当注重可持续发展，以实现长期的商业成功和履行社会责任。

课 后 习 题

1. 影响能源企业投资模式选择的因素有哪些?
2. 分析中国传统能源公司进行跨行业并购的原因,面临哪些问题,以及产生的后果。
3. 政府补贴可以缓解能源公司的融资约束问题吗?可以的话,是如何发挥作用的?
4. 股东能否从绿色债券中获益?如果可以,原因是什么?
5. 能源公司履行社会责任与提高财务绩效的关系是什么?

第 10 章 能源金融产品定价模型

> **本章导读**
>
> 在当今全球经济中，能源金融产品扮演着至关重要的角色，其定价模型对于投资者和市场参与者具有重要意义。本章将深入探讨能源金融产品定价模型，涵盖了能源远期与期货的定价、能源期权的定价以及其他能源金融产品的定价。本章的学习重点为：深入理解能源远期与期货的定价方法；掌握能源期权的定价方法，以便准确评估期权价格并进行风险管理；理解其他能源金融产品的定价方法，为投资者提供更多多样化的投资选择和风险管理工具。通过学习本章内容，读者将全面了解能源金融产品的定价原理和方法，并掌握实际应用技巧，为在能源市场中做出明智的投资决策提供理论基础和实践指导。

10.1 能源远期与期货的定价

能源远期与期货定价主要有两种方法：持有成本定价法和无套利均衡定价法。其中，持有成本定价法考虑了能源产品的存储费用、融资成本、运输成本等因素，以此为基础预测未来能源价格。无套利均衡定价法假设市场不存在套利机会，通过分析现货和期货市场价格的关系来确定未来能源价格，以确保市场达到均衡状态。这两种方法在能源交易中应用广泛，持有成本定价法注重实际成本和风险，而无套利均衡定价法更侧重于市场均衡。

10.1.1 持有成本定价法

1. 持有成本模型的提出

持有成本模型（cost of carry model）是康奈尔（Cornell）和弗伦奇（French）建构在完美市场（perfect markets）假设下的，用来表示期货价格与现货价格之间在时间差异上的相互关系的定价模型。在正常情况下，期货价格等于现货价格加上持仓费用。持仓费用包括现货仓储费、运输费、保险费和借款利率四部分。对于不同的资产来说，其持仓费用是不同的，如金融资产的持仓费用一般只是借款利息支出减去该资产的收益。

持有成本理论认为，现货价格和期货价格的差额即为持有成本。持有成本主要由持有标的现货至期货合约到期期间的资金占用成本、仓储费（含保险费）和持有收益组成。同时，标的资产在持有期间产生的持有收益要在持有成本中扣除。该理论以商品持有成本为基础，分析期货市场的机制和商品期货理论价格。

远期/期货价格＝现货价格＋净持有成本
净持有成本＝现货存储成本＋购买现货占压资金的利息成本-持有收益

期货标的资产一般分成两类，一类为投资类资产，另一类为消费类资产。投资类资产主要指贵金属（如黄金、白银等）和金融资产，持有期不产生持有收益，其持有成本主要是资金占用成本和仓储费（含保险费）；对于权益类、利率类和汇率类金融资产，计算持有成本时，仓储成本可以忽略不计，持有成本主要是资金占用成本，同时要扣除持有期间的资产收益。消费类商品库存和现货的持有者的主要目标在于实现其消费价值，而非追求投资回报。因而，消费类资产的期货价格模型要考虑持有商品库存和现货带来的便利收益。便利收益反映了市场对将来能够购买该商品可能性的期望，商品短缺的可能性越大，便利收益就越高。

基于持有成本理论的期货价格模型需要满足以下假设：①市场不存在摩擦，即没有交易成本和做空限制；②市场是完全竞争的；③市场不存在套利机会；④市场参与者均能够以无风险利率借贷资金；⑤投资者是理性人，且不承担对手违约风险。

2. 能源商品期货定价

对于持有期内不产生收益的投资类能源商品，其期货定价公式可以表示为

$$F = Se^{cT} = Se^{(r+u)T} \tag{10-1}$$

其中，F 为能源期货价格；S 为能源现货价格；c 为持有成本率；r 为无风险利率；u 为仓储费（含保险费）率；T 为期货合约的期限（以年为单位）。

对于消费类能源商品，考虑到持有能源现货的便利收益，其期货定价公式可以表示为

$$F = Se^{cT} = Se^{(r+u-y)T} \tag{10-2}$$

其中，y 为便利收益率。

3. 非完全市场情况下的期货定价

以上结论都是建立在完全市场假设条件下的。实践中，由于市场的不完全性，根据持有成本模型计算的能源期货价格应该是一个区间。下文以持有期间无收益的金融资产如原油期货为例进行说明。

（1）存在交易成本时，假定每一笔交易的费率为 Y，原油期货价格就不再是确定的值，而是下面的区间，其中 t 为建立期货头寸的时刻：

$$[S(1-Y)e^{r(T-t)}, S(1+Y)e^{r(T-t)}] \tag{10-3}$$

（2）借贷存在利差时，如果用 r_b 表示借入利率，用 r_l 表示借出利率，对于非银行的机构和个人，一般是 $r_b > r_l$。这时，原油期货价格区间为

$$[Se^{r_l(T-t)}, Se^{r_b(T-t)}] \tag{10-4}$$

（3）能源商品卖空交易行为通常受到市场监管机构、交易所及相关法律法规的严格规范与限制。例如，市场监管机构会禁止某些大宗商品的卖空交易，以避免价格过度下跌导致市场崩溃等风险；交易所会禁止某些能源商品的卖空交易，或者要求交易者在卖空之前

必须满足一定的保证金要求；经纪商或其他交易机构可能会限制或禁止客户进行卖空交易，以控制风险。存在卖空限制时，假设卖空保证金比率为 X，则期货价格区间应该是

$$\left[(1-X)Se^{r(T-t)}, Se^{r(T-t)}\right] \quad (10\text{-}5)$$

（4）如果上述三种情况同时存在，期货价格区间应该是

$$\left[(1-X)S(1-Y)e^{r_lT}, S(1+Y)e^{r_bT}\right] \quad (10\text{-}6)$$

10.1.2 无套利均衡定价法

无套利均衡定价法的思想是：在资本市场中任选一项资产，如果可以找到另外一些资产，按适当比重组合，得到的组合在未来任何情况下产生的现金流都和原来商品的现金流一致，则这个组合就成为原来的资产的复制品。复制品的价格与原资产的价格应该保持一致，否则就会产生套利行为。金融市场上实施套利行为非常方便和快速，这种套利的便捷性也使得金融市场的套利机会的存在总是暂时的，因为一旦有套利机会，投资者就会很快实施套利而使得市场又回到无套利机会的均衡中。因此，无套利均衡理论也被用于对衍生金融工具的定价。

无套利定价原理首先要求套利活动在无风险的状态下进行。当然，在实际的交易活动中，纯粹零风险的套利活动比较罕见。因此，实际的交易者在套利时往往不要求零风险，所以实际的套利活动有相当大一部分是风险套利。

无套利定价的关键技术是复制技术，复制技术的要点是使复制组合的现金流特征与被复制组合的现金流特征完全一致，复制组合的多头（空头）与被复制组合的空头（多头）之间应该完全实现头寸对冲。由此得出的结论是，如果有两个资产组合的现金流相同，但其贴现率不一样，那么它们的市场价格必定不同。这时通过对价格高者做空头，对价格低者做多头，就能够实现套利的目标。套利活动推动市场走向均衡，并使两者的收益率相等。因此，在资本市场上，获取相同资产的资金成本一定相等，产生完全相同的现金流的两项资产被认为完全相同，因而它们之间可以互相复制，可以互相复制的资产在市场上交易时必定有相同的价格，否则就会发生套利活动。

无风险的套利活动从即时现金流看是零投资组合，即开始时套利者不需要任何资金的投入，在投资期间也没有任何的维持成本。在没有卖空限制的情况下，套利者的零投资组合不管未来发生什么情况，其净现金流都大于零。我们把这样的组合叫作"无风险套利组合"。从理论上说，当资本市场出现无风险套利机会时，每一个交易者均可以构筑无穷大的无风险套利组合来赚取无穷大的利润。这种巨大的套利头寸成为推动市场价格变化的力量，迅速消除套利机会。所以，理论上只需要少数套利者（甚至一位套利者）就可以使资本市场上失衡的资产价格迅速回归均衡状态。

F_0 是天然气的期货价格，S_0 是天然气的现货价格，如果天然气的期货和现货价格是符合无套利定价理论的，则 $F_0 = S_0 e^{rT}$。

假设 $F_0' > S_0 e^{rT}$，其中 F_0' 为市场上实际的天然气期货价格，$S_0 e^{rT}$ 为天然气期货的理论价格，则市场参与者愿意借入 S_0 现金买入一单位的天然气现货，同时持有一单位的天

然气期货空头，在到期日 T 时，交割期货头寸，可以盈利 $F_0' - S_0 e^{rT}$。这种盈利促使市场中的套利者不断重复这种操作，直到 $F_0' = S_0 e^{rT}$，即套利机会消失为止。

同样地，假设 $F_0' < S_0 e^{rT}$，则市场参与者愿意借入一单位的天然气现货，同时持有一单位标的资产的期货多头，在到期日 T 时，可以盈利 $S_0 e^{rT} - F_0'$。这种盈利促使市场中的套利者不断重复这种操作，直到 $F_0' = S_0 e^{rT}$，即套利机会消失为止。

10.1.3　能源远期和期货的定价实例

假设现在原油的现货价格为 60 美元/桶，美国国债收益率为 2%，每个月储存一桶原油需要支付 1 美元的储藏费用，需要存储原油的期限为 24 个月，假设贴水为 2 美元/桶，求两年后到期的原油期货合约价格。

根据持有成本定价法，期货价格应该等于现货价格加上总存储成本和贴水（如有）。

期货价格 = 现货价格 + 存储成本×存储期 + 贴水
= 60 + 1×24 + 2 = 60 + 24 + 2 = 86（美元/桶）

因此，按照持有成本定价法，两年后到期的原油期货合约的价格为 86 美元/桶。

根据无套利均衡定价法，期货价格 = 现货价格×$(1 + 无风险利率)^T$，其中 T 为期货合约的期限（以年为单位）。

期货价格 = 现货价格×$(1 + 无风险利率)^T$ = 60×$(1 + 0.02)^2$ = 62.424（美元/桶）

因此，按照无套利均衡定价法，两年后到期的原油期货合约的价格为 62.424 美元/桶。

综合以上两种方法的结果，两年后到期的原油期货合约的定价范围为 62.424～86 美元/桶。

10.2　能源期权的定价

能源期权定价是金融学中的重要研究方向，其主要目的是帮助交易者和投资者确定合理的交易价格。其中，基于二叉树的离散定价法和基于 B-S 的连续定价法是两种常见的方法。

10.2.1　基于二叉树的离散定价法

1. 二叉树期权定价模型的提出

1979 年，二叉树期权定价模型是由考克斯（Cox）、罗斯（Ross）、鲁宾斯坦（Rubinstein）和夏普（Sharpe）等提出的一种期权定价模型，主要用于计算美式期权的价值。其优点在于比较直观简单，不需要太多数学知识就可以加以应用。

随着要考虑的价格变动数目的增加，二叉树期权定价模型的分布函数越来越趋向于正态分布。二叉树期权定价模型的优点是简化了期权定价的计算并增加了直观性，因此现在已成为全世界各大证券交易所的主要定价标准之一。

一般来说，二叉树期权定价模型的基本假设是：在每一时期股价的变动方向只有两个，即上升或下降。二叉树期权定价模型的定价依据是在期权第一次买进时，能建立起一个零风险套头交易，或者能使用一个资产组合来模拟期权的价值，该证券组合在没有套利机会时应等于看涨期权的价格；反之，如果存在套利机会，投资者则可以买两种产品中价格便宜的，卖出价格较高的，从而获得无风险收益。期货的套期保值一旦建立就不用改变，而期权的套期保值则需不断调整，直至期权到期。

二叉树期权定价模型假设股价波动只有简单的向上和向下两个方向，而且设在整个被考虑的时间范围内，股价的波动概率和幅度是不变的。将时间分割成若干阶段，根据历史波动率计算每个阶段结算的期权价格，因此适合可以在任何时间段行权的美式期权。将时间分割，二叉树期权定价模型有单期和多期之分，也称为单步二叉树、多步二叉树。多步二叉树是基于单步二叉树延伸的结果，在多步二叉树中，上一步二叉树的结果是下一步二叉树的初始值。

2. 单步二叉树定价模型

假设在不计交易成本且投资者可以运用无风险利率支配资金的情况下，标的资产在到期日的价格只会出现上升或者下降的可能，因此需要通过无套利原理得到期权价格的一般公式。

【例 10-1】假定标的资产为一桶原油的期权，原油在当前时刻的价格是 70 美元/桶，一个月后有两种可能：上涨到 72 美元/桶，或者下跌到 69 美元/桶。如果无风险利率为每年 6%，则在当前时刻，购买一张一个月到期、执行价格为 70 美元的该原油看涨期权，期权价格应该为多少？

$$S_0 = 70, c_0 = ? \nearrow S_u = 72, c_u = 2 \searrow S_d = 69, c_d = 0$$

先构造原油和期权的组合，使得无论原油期货价格是上涨还是下跌，组合的价值都保持不变。设由 1 份期权 c 和 Δ 桶原油 S 构成的组合是无风险的，满足

$$c_u + \Delta S_u = c_d + \Delta S_d \tag{10-7}$$

其中，下标 u 和 d 分别为原油上涨和下跌状态。代入数值，式（10-7）变为

$$2 + 72\Delta = 0 + 69\Delta$$

可得 $\Delta = -\dfrac{2}{3}$。

因此，构造资产组合 $\Pi = 2S - 3c$，即买入 2 桶原油，卖出 3 份看涨期权，则有

$$\Pi_u = 2S_u - 3c_u \tag{10-8}$$

即资产组合的到期价值是确定的 2 美元。

事实上，若在当前时刻将 $1.99 \times \left(\dfrac{2}{1+0.5\%}\right)$ 美元现金存入银行，1 个月后也可获得 2 美元。根据无套利原理，资产组合 Π 的期初价值为

$$\Pi_0 = 2S_0 - 3c_0 = 140 - 3c_0 = 1.99$$

于是，当前时刻期权的价格为 $c_0 = 46$ 美元。

由适当比例的原油和期权形成无风险投资组合就是对冲的思想。在求解期权价格的过程中，没有用到实际上涨和下跌的概率，也没有反映出个体投资者对未来股价的期望。将实例中的期权定价过程抽象化，可得到一般的单步二叉树定价模型。

【例 10-2】设在期初 $t=0$ 时刻，天然气现货的价格为 S_0，在期末 $t=T$ 时刻，天然气的价格有两种可能：上涨为期初价格的 u 倍，或者下跌为期初价格的 d 比例。设在 $t=0\sim T$ 时年无风险利率为 r（单利），且 $0<d<1+rT<u$，则标的资产执行价格为 K、到期时间为 T 的欧式看涨期权在期初 $t=0$ 时的价格为多少？

$$\begin{matrix} & & S_0 u \\ & \nearrow & c_u = (S_0 u - K)^+ \\ S_0 & & \\ c_0 = ? & & \\ & \searrow & S_0 d \\ & & c_d = (S_0 d - K)^+ \end{matrix}$$

先构造对冲组合，即由天然气和期权组成的无风险资产组合 $\Pi = c - \Delta S$，该组合在期末两种状态下价值是确定的，即有

$$\Pi_T = \Pi_u = c_u - \Delta S_u = \Pi_d = c_d - \Delta S_d \tag{10-9}$$

解得

$$\Delta = \frac{c_u - c_d}{S_u - S_d} \tag{10-10}$$

因为资产组合在期末的价值是确定的，所以根据无套利原理，组合的期初价值应该为期末价值的无风险利率的贴现：

$$\Pi_0 = c_0 - \Delta S_0 = \frac{\Pi_T}{1+rT} = \frac{c_u - \Delta S_u}{1+rT} \tag{10-11}$$

解得

$$c_0 = \frac{1}{1+rT}\left(\frac{1+rT-d}{u-d} + \frac{u-1-rT}{u-d}c_d\right) \tag{10-12}$$

期权的定价是解一个逆向问题，通常逆向问题的解不唯一。之所以可以给期权进行定价，是因为假定市场无套利，而且市场是完全的（可以对冲）。如果市场是有效的，那么能源现货当前的价格反映了未来上涨和下跌的概率。因此在期权定价中，不用再考虑能源现货价格上涨和下跌的实际概率，期权价格不是期权未来期望回报的贴现。

3. 风险中性定价原理

风险中性，即投资者不关心风险，其确定性收益等于不确定性收益的期望值。换言之，投资者对风险资产和无风险资产具有同样的偏好。风险中性的假设是：将定价问题放到一个风险中性的世界来分析，这个世界中的分析过程与投资者的风险偏好无关，所得的结论与真实世界一致。风险中性的世界里，对于所有资产，无论风险如何，都要求相同的收益率，即无风险收益率。

不同状态下的回报不能按照实际的概率进行贴现求和，因为对于不同状态下相同的

回报，其当前价值也是不一样的，不能简单地相加。以当前 $t=0$ 时刻的 1 元为例，到 $t=T$ 时刻的价值不仅和时间有关，而且和所处的状态有关。通俗地讲，对于 $t=0$ 时刻的 1 元，如果存入银行则可获取 r 元的利息；对于 $t=T$ 时刻的 1 元，在经济繁荣状态和经济衰退状态下，同样是面值 1 元，但其价值是不一样的，通常用状态价格来表示，即在未来某种状态下单位面值货币的当前价格。

【例 10-3】在 $t=0$ 时刻，电力价格为 1 元/千瓦时，1 个月后价格有两种可能：以 1/2 的概率上涨到 2 元/千瓦时，或者以 1/2 的概率下跌到 0.5 元/千瓦时，假定利率 $r=0$。如何确定该电力的 1 个月到期的欧式平价看涨期权的价格？

根据题设，到期日如果电力价格上涨，欧式平价看涨期权的收益为 1 元，如果电力价格下跌，收益为 0。用 ω 份该电力现货和 L 元存入银行的现金构成市场价值为 I 的组合，其成本是：$I = 1 \times \omega + L$。到 T 时，该组合无论市场价格上升还是下降，都与看涨期权的价格相同。于是有 $I_u = 2 \times \omega + Le^{0/12} = 1$ 和 $I_d = 0.5 \times \omega + Le^{0/12} = 0$，从而可以解得 $\omega = 2/3$ 且 $L = -1/3$。于是看涨期权现在的市场价值为 $I = 1 \times \omega + L = 1/3$。

上述求解过程，实际上是在 $t=0$ 时刻，利用 1/3 元资金构造现金和电力现货的投资组合：借入 1/3 元，购买 2/3 份电力现货，即 $1/3 = -1/3 + 2/3S$，则在 $t=1/12$ 年时，若电力价格上涨，组合的回报为 1 元；若电力价格下跌，组合的回报为 0 元。这和平价看涨期权的回报是一样的。根据无套利原理，平价看涨期权在 $t=0$ 时刻的价格应该为 1/3 元。

这一定价过程中还可以确定出相应的状态价格。$t=0$ 时刻的 1/3 元现金，通过构造投资组合，在上涨时价值为 1 元，下跌时为 0 元。这说明在上涨情形下 1 元现金的状态价格为 1/3 元。由于 1 元现金做无风险投资，无论在上涨状态还是在下跌状态下，都会得到确定的 1 元现金（因为此处假定了无风险利率 $r=0$），因此下跌情形下 1 元现金的状态价格应为 2/3 元。利用复制组合的方式来看，$t=0$ 时刻的 2/3 元现金，相当于构造投资组合：4/3 元现金多头，2/3 份电力空头，即 $2/3 = 4/3 - 2S/3$，该组合在未来股价上涨时价值为 0 元，下跌时为 1 元，即在下跌状态下的 1 元现金对应的当前的状态价格更高。

以例 10-3 为例，可以验算 $t=0$ 时刻的电力价格为 1 元/千瓦时，刚好等于上涨行情下的回报 2 元乘以状态价格（视为上涨的风险中性概率）1/3，加上下跌行情下的回报 0.5 元乘以状态价格（视为下跌的风险中性概率）2/3，再按无风险利率 $r=0$ 进行贴现，即电力价格 $= (2 \times 1/3 + 0.5 \times 2/3)/(1+0) = 1$（元），期权价格 $=(1 \times 1/3 + 0 \times 2/3)/(1+0) = 1/3$（元）。

这就是资产定价中著名的风险中性定价（risk neutral pricing）原理。其核心思想在于，构造一个风险中性世界，以价格状态表示到达不同状态的概率，不管个体投资者各自的风险偏好水平和期望收益率的差异，统一以风险中性偏好和无风险利率代替，从而进行定价。

只假设天然气价格未来有两种可能情形，但并未规定发生这两种情形的概率有多大。因此存在一种对未来可能性的估计，使得未来天然气价格的平均值恰好等于当前的天然气价格按无风险利率增长后的价格，即存在概率 q 使得 $uq + d(1-q) = 1 + rT$，$q = \dfrac{1+rT-d}{u-d}$，当前的期权价格应该就是在此概率下的未来期权价值的平均值按无风险利率贴现：

$$c_0 = \frac{qc_u + (1-q)c_d}{1+rT} \tag{10-13}$$

期权的价格是一个确定性事件，它在两个世界中是一致的。由于风险中性定价原理假定投资者都是风险中性的，期望收益率是无风险利率，这大大简化了定价的计算过程，因此在资产定价领域广为运用。

对单步二叉树来说，记

$$q = \frac{1+rT-d}{u-d}, \quad 1-q = \frac{u-1-rT}{u-d} \tag{10-14}$$

当 $0 < d < 1+rT < u$ 时，式（10-14）可以定义成一种概率测度，通常称为风险中性概率测度，记为 Q 测度，对应的现实世界的概率测度记为 P 测度。在概率论中，P 测度和 Q 测度被认为是等价的，它们具有相同的零测集，即对确定性时间的看法一致。

4. 多步二叉树定价模型

当二叉树定价模型扩展到 n 步后，其计算的方法仍然是相同的，从后往前依次计算出每个节点的期权价格，并乘以对应的风险中性概率，直到求出 $t=0$ 时刻的期权价格。当 n 比较大时，二叉树定价模型所确定的期权价格趋于一个平稳的值，这也在一定程度上说明了二叉树定价模型的合理性和实用性。

以欧式期权为例，将期权的持续期等分为 N 个时段，假设在每个时段的每个节点上，能源期权价格的变化服从独立同伯努利分布的单步二叉树过程，即能源现货价格遵从几何布朗运动过程：每个节点上的能源现货价格在下一个时段或者以概率 q 上涨为原来的 u 倍，或者以概率 $1-q$ 下跌为原来的 d 比例。

假设条件为：①u 和 d 在每个节点上都是不变的；②每一步的时间长度相等；③由 $q = \frac{1+rT-d}{u-d}$ 计算的风险中性概率在每个节点上也相等；④期权价格等于风险中性世界未来期望回报的无风险利率贴现值。

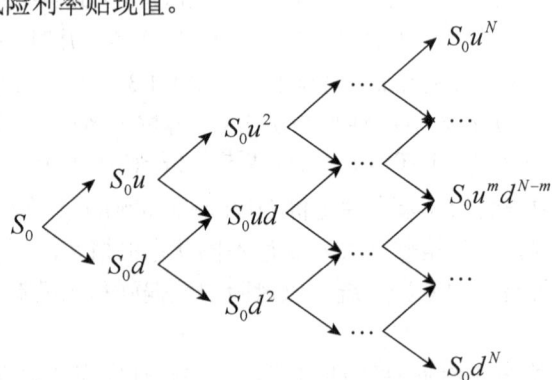

在到期时刻，能源现货的价格 S_T 可能会取到 $N+1$ 个值 $\{S_T \mid S_0 u^m d^{N-m}, \ m=0,1,\cdots,N\}$，欧式期权的价值 $c_T = (K-S_T)^+ = \max\{K-S_T, 0\}$ 也有 $N+1$ 种可能。利用单步二叉树定价模型，通过逆向递推，可以逐步求出期权在每个节点上的价值，最终求出欧式看涨期权在初始时刻的价格为

$$c(S_0, 0) = S_0 \Phi(\alpha, N, \hat{q}) - \rho^{-N} K \Phi(\alpha, N, q) \tag{10-15}$$

其中，

$$\Phi(\alpha,N,q) = \sum_{l=0}^{n} C_N^l q^{n-l}(1-q)^l \quad (10\text{-}16)$$

$$\rho = 1 + \frac{rT}{N}, \quad q = \frac{\rho - d}{u - d}, \quad \frac{d}{\rho}(1-q) = 1 - \hat{q} \quad (10\text{-}17)$$

$$\alpha = \max\left\{m | S_0 u^{N-m} d^m - K \geqslant 0, 0 \leqslant m \leqslant N\right\} \quad (10\text{-}18)$$

对应地，由看跌-看涨平价公式可得欧式看跌期权的价格。

10.2.2 基于 B-S 的连续定价法

1. B-S 期权定价模型的提出

B-S（Black-Scholes，布莱克-斯科尔斯）期权理论已经被毫无疑问地认为是现代金融理论和实务的基石，由此开创了金融研究的一个新领域——连续时间金融。1997 年度诺贝尔经济学奖授予哈佛大学的资深教授默顿（Merton）和斯坦福大学的荣誉退休教授斯科尔斯（Scholes），以表彰他们在期权定价理论方面所做出的杰出贡献。

1973 年，布莱克和斯科尔斯提出了 B-S 期权定价模型，对标的资产的价格服从对数正态分布的期权进行定价。随后，罗斯开始研究标的资产的价格服从非正态分布的期权定价理论。1976 年，罗斯和考克斯在《金融经济学杂志》上发表了论文《基于另类随机过程的期权定价》（The valuation of options for alternative stochastic processes），提出了风险中性定价理论。1979 年，罗斯、考克斯和鲁宾斯坦在《金融经济学杂志》上发表了论文《期权定价：一种简单的方法》（Option pricing：a simplified approach），该论文提出了一种简单的对离散时间的期权的定价方法，被称为 Cox-Ross-Rubinstein 二叉树期权定价模型。

早在 20 世纪初就有许多学者致力于建立一个合理的期权定价理论体系和或有权益估值的一般理论。法国数学家劳伦斯·巴施里耶（Louis Bachelier）在 1900 年的博士学位论文《投机的理论》（Théorie de la spéculation）中，首次提出了确定期权价格的均衡理论方法。模型假设股票价格过程是绝对布朗运动，单位时间方差为 σ^2，收益呈正态分布，其到期日买方期权的预期价值为

$$V_c = S \cdot \Phi\left(\frac{S-K}{\sigma\sqrt{t}}\right) - K \cdot \Phi\left(\frac{S-K}{\sigma\sqrt{t}}\right) + \sigma\sqrt{t} \cdot \phi\left(\frac{S-K}{\sigma\sqrt{t}}\right) \quad (10\text{-}19)$$

其中，S 为股票价格；K 为执行价格；t 为距到期日的时间；V 为看涨期权价格；$\Phi(\cdot)$ 和 $\phi(\cdot)$ 分别为标准积分正态和正态密度函数。

B-S 期权定价模型奠定了现代期权定价理论的基础，但是该模型假设股票价格过程是绝对布朗运动，这允许股票价格为负，与有限债务假设相悖。另外，该模型假设利率为 0，忽略了资金的时间价值，也未考虑期权与股票之间的不同风险特征，以及投资者的风险偏好，因而在应用上受到限制。

在劳伦斯·巴施里耶提出确定期权价格的均衡理论方法以后的半个多世纪里，期权定价理论进展甚微，直到 20 世纪 60 年代，才有了新的发展。1961 年，斯普伦克莱（Sprenkle）

在《认股权价格是预期和偏好的指示器》(Warrant prices as indicators of expectations and preferences)一文中,假设股票价格是对数正态分布,从而保证了股票价格非负,同时假设投资者风险厌恶。以此假设为基础,他提出了一个看涨期权的定价公式:

$$V_c = e^{\alpha t} S \cdot \Phi \frac{\ln\left(\frac{S}{K}\right) + \left(\alpha + \frac{1}{2}\sigma^2\right)t}{\sigma\sqrt{t}} - (1-\pi) \cdot K \cdot \Phi \left[\frac{\ln\left(\frac{S}{K}\right) + \left(\alpha - \frac{1}{2}\sigma^2\right)t}{\sigma\sqrt{t}}\right] \quad (10\text{-}20)$$

其中,π 为风险厌恶程度;α 为股票的预期收益率。

1965 年,萨缪尔森(Samuelson)在《认股权定价的合理理论》(A rational theory of warrant pricing)中提出的模型又考虑到了期权和股票的预期收益率因风险特征的差异而不一致的问题,并认为期权有一个固定的更高的预期收益率 β。模型的公式为

$$V_c = e^{(\alpha-\beta)t} S \cdot \Phi \frac{\ln\left(\frac{S}{K}\right) + \left(\alpha + \frac{1}{2}\sigma^2\right)t}{\sigma\sqrt{t}} - e^{-\beta t} K \cdot \Phi \cdot \frac{\ln\left(\frac{S}{K}\right) + \left(\alpha - \frac{1}{2}\sigma^2\right)t}{\sigma\sqrt{t}} \quad (10\text{-}21)$$

萨缪尔森和默顿在他们 1969 年的论文中也指出,期权价格应该是股票价格的函数,贴现率应通过一个由一份期权和一定数量股票组成的无风险组合来决定。他们得出了一个依赖于效用函数的定价公式。一系列期权定价模型的提出,推动了期权定价理论的发展,为后来的 B-S 期权定价模型的开发奠定了基础。他们大多数是根据认股权证的研究方法来研究期权定价,将期权价格等同于期权期望收益的贴现值。从理论上来讲,这种思路并没有错,但是由此推导出的公式均在不同程度上依赖于股票未来价格的概率分布和投资者的风险厌恶程度,虽然这两个参数从理论上可以进行严格的定义,但在实际应用中无法正确预测和估计,从而大大降低了这些模型的意义和用途。

20 世纪 60 年代末至 70 年代初,在芝加哥大学任教的布莱克和在麻省理工学院任教的斯科尔斯开始用复杂的数学方法探索股票期权及其他衍生金融工具估价的独创性理论。1973 年 5 月,他们在《政治经济学杂志》联合发表的论文《期权和公司债务定价》(The pricing of options and corporate liabilities)中提出了著名的 B-S 期权定价模型,推导出了基于无红利支付股票的任何衍生品所必须满足的微分方程,并且成功地给出了欧式期权价值的解析表达式。1997 年,瑞典皇家科学院在诺贝尔嘉奖词中这样说:股票期权定价理论和公式可以说是最近 25 年以来经济学领域中最为重大的突破和最卓越的贡献。它不但为金融衍生品市场近些年的迅猛发展奠定了可靠的理论基础,而且其在经济生活多个领域中的广泛应用将为金融业的未来发展带来一场革命性变化。

尽管 B-S 期权定价公式与之前的定价公式在形式上很相似,但它在期权定价研究中有着质的突破,因为它将期权价格与无风险套利策略明确地联系起来,指出含有股票以及股票期权的无风险证券组合的期望收益应等于无风险利率,即通过同时持有一定数量的标的股票,期权风险可以完全被抵消。该理论认识到期权的风险实际上在标的物的价格及其运动中就可以得到反映,而且标的物的价格还反映了市场对未来的预测,因此,要研究期权定价必须先刻画标的物价格的运动规律,这是期权定价理论的出发点。

布莱克和斯科尔斯认为期权组合提供了对股票组合进行保值的有效途径。投资对象

的分散化可以用来减少股票投资中存在的非系统性风险,但对于系统性风险而言,不能以此来降低。金融衍生品的价格及其所依赖的标的资产价格都受同一种不确定因素的影响,并且它们遵循同样的布朗运动。要想消除该过程就需要使标的资产头寸与金融衍生品头寸的盈亏相互抵消,由此显示寻求一个完美的资产头寸和金融衍生品头寸资产组合是相当重要的。因此,可以将股票市场与期权市场相联系,这样投资者便可以通过不断地调整期权和股票的头寸占比状况,最终形成一个完全抵补的完美资产组合。该投资组合抵消股票投资存在的系统性风险是通过期权交易的损益和股票交易的损益相互冲抵实现的。这样构成的资产组合为无风险的资产组合,并且在不存在无风险套利机会的情况下,该资产组合的收益率应等于无风险利率。

2. 模型设定

(1) 市场无风险利率为已知常数,投资者可以以此无风险利率无限制借贷。

(2) 股票价格的运动是连续变化的,遵循一种带漂移的几何布朗运动,在数学上表现为 Ito(伊藤)过程 $dZ = c\sqrt{dt}$,其中,dZ 为一个维纳过程,$dS = \mu S dt + \sigma S dZ$,$c$ 为标准正态分布中抽取的随机值。股票价格服从对数正态分布,股票收益率的期望和波动率为常数。

(3) 无股利分配。

(4) 期权为欧式期权。

(5) 没有交易摩擦,税收和交易成本为 0。

(6) 标的物可无限细分,自由买卖(在短期利率下,可以自由借贷以购买或者持有证券)。

(7) 期权和标的物均可卖空(即无卖空成本),也就是说,本身不拥有证券的卖方只需要接受买方的价格,并在将来的指定时间付给买方指定数量、同样价格的证券。

3. 用套利定价原理推导期权价格

用期权和标的股票构造一个无风险头寸:设期权价格函数为 $f(S,t)$,作为一个期权的空头,价值为 $-f$;$\frac{\partial f}{\partial S}$ 份标的股票,价值为 $\frac{\partial f}{\partial S}S$,则组合的总价值为

$$\pi = -f + \frac{\partial f}{\partial S}S \quad (10\text{-}22)$$

且

$$\Delta \pi = -\Delta f + \frac{\partial f}{\partial S}\Delta S \quad (10\text{-}23)$$

用随机微分展开 Δf:

$$\Delta f = \frac{\partial f}{\partial S}\Delta S + \frac{1}{2}\frac{\partial^2 f}{\partial S^2}\sigma^2 S^2 \Delta t + \frac{\partial f}{\partial t}\Delta t \quad (10\text{-}24)$$

由式(10-23)和式(10-24)可得

$$\Delta \pi = -\left(\frac{\partial f}{\partial t} + \frac{1}{2}\frac{\partial^2 f}{\partial S^2}\sigma^2 S^2\right)\Delta t \quad (10\text{-}25)$$

式（10-25）中不含股票收益率的期望，说明组合头寸的价值与投资者的预期收益无关；也不含有 dZ，说明价格变动的风险已经被消除。根据风险中性定价原则，其收益应等于无风险利率：

$$\frac{\Delta \pi}{\pi} = r \Delta t \tag{10-26}$$

因此可以得到 B-S 偏微分方程：

$$\frac{\partial f}{\partial t}\Delta t + rS\frac{\partial f}{\partial S} + \frac{1}{2}\frac{\partial^2 f}{\partial S^2}\sigma^2 S^2 = rf \tag{10-27}$$

边界条件：对于看涨期权，当 $t = T$ 时，$f = \max(S - K, 0)$；对于看跌期权，当 $t = T$ 时，$f = \max(K - S, 0)$。

解式（10-27）可得

$$c = SN(d_1) - Ke^{-r(T-t)}N(d_2) \tag{10-28}$$

$$p = Ke^{-r(T-t)}N(-d_2) - SN(-d_1) \tag{10-29}$$

其中，

$$d_1 = \frac{\ln\left(\frac{S}{K}\right) + \left(r + \frac{1}{2}\sigma^2\right)(T-t)}{\sigma\sqrt{T-t}} \tag{10-30}$$

$$d_2 = \frac{\ln\left(\frac{S}{K}\right) + \left(r - \frac{1}{2}\sigma^2\right)(T-t)}{\sigma\sqrt{T-t}} = d_1 - \sigma\sqrt{T-t} \tag{10-31}$$

$N(d)$ 为标准正态分布变量的累积分布函数。其隐含的经济含义为：欧式看涨期权价格等于卖出利率为 r 的无风险证券 $Ke^{-r(T-t)}N(d_2)$ 份，并同时买入时价为 S 的股票 $N(d_2)$ 份所构成的投资组合的成本。

B-S 期权定价模型与之前的模型相比，优越性表现在以下两方面：①B-S 期权定价模型所包含的变量均是可观察或可估计的，股票价格 S、执行价格 K、到期日 T、无风险利率 r 为已知量，价格波动率通过历史数据估算。②B-S 期权定价模型所体现的开创性思想是期权价格与标的物的期望收益无关，即风险中性定价，因为投资者对股票的期望收益已经被融入到了股票价格之中。这样，期权价格不依赖于投资者的风险偏好，大大地简化了对期权的定价。

B-S 期权定价模型为金融衍生品市场提供了坚实的技术支持。在期权交易诞生后，许多大证券机构和投资银行都运用 B-S 期权定价模型进行交易操作，该模型在相当大的程度上影响了期权市场的发展，不仅使期权成交量迅速增长，各种新的期权品种也不断推出，如指数期权、期货期权、外汇期权、利率期权以及其他复杂衍生工具。

控制风险是 B-S 期权定价模型的重要意义之一。随着世界经济的不断发展和一体化进程的加快，汇率和利率的波动更加频繁和剧烈，B-S 期权定价模型提出了能够控制风险的期权，也为创立更多的控制风险和规避风险的工具开辟了道路。

B-S 期权定价模型的影响已远远超出期权交易领域。公司决策者将其作为投资决策分析的有力工具；证券分析师利用它来估算公司债券；不少经济学家更是将其拓展到从工资谈判到分析币值波动的各个方面，其在担保和保险合同中也得到了广泛应用。事实上，期权定价理论可以用来评估任何价值取决于不确定的未来资产价值的类似期权的商品。

默顿认为，期权定价理论有如此强的应用性归功于以下三个关键因素：①应用性强而相应假设较弱；②模型中的变量或者可以直接观察，或者可以根据历史数据估算；③用在其他期权或者类似期权上的定价方法的通用性。

当然，B-S 期权定价模型也存在一些不足之处：①虽然 B-S 期权定价模型的假设条件相对较弱，但与现实市场条件仍有出入，如无红利支付、无交易成本、利率水平固定、标的物价格连续变化等假设；②B-S 期权定价模型假设股票价格服从对数正态分布，而实际上股票价格对数并非严格的正态分布，其分布曲线或左尾偏长，或右尾偏长，峰位或平阔或高耸，分布曲线的峰度和偏度不一定与正态分布一致，可能产生定价偏差；③股票价格波动率只能用过去的数据进行估算，由于股票价格波动率是随时间不断变化的，估计值与真实值之间可能存在偏差。

由于严格的假设削弱了原始定价公式在现实中的适用性，以默顿为代表的经济学家在 B-S 的研究基础上，放宽假设条件，对模型进行了更深入的研究和推广，使其更适用于广泛的金融衍生品和更普遍的经济环境。1973 年，默顿在《理性的期权定价理论》（Theory of rational option pricing）一文中放松了无红利支付的假设，给出了计算支付红利的欧式看涨期权价值的方法：用现时股票价格减去到期前红利支付额的现值作为调整后的股票价格，代入 B-S 期权定价模型。之后有一系列的研究对支付红利的美式看涨期权的精确定价模型进行了进一步研究，得出了相应的公式。默顿在 1977 年用标的资产和无风险资产构造投资组合来复制标的资产收益的方法，推导出在一定条件下该标的资产的定价模型，该模型的确立也给出了其他类似期权估价的一般公式。

【例 10-4】假设原油现货价格为 45 美元/桶，波动率是 0.3，名义利率为 9%，求 3 个月到期且执行价格为 50 美元/桶的看涨期权的无套利价格。

由信息可知，$T = 0.25$，$r = 0.09$，$\sigma = 0.3$，$K = 50$，$S = 45$，从而可知：

$$c = SN\left(\frac{\ln\left(\frac{S}{K}\right) + \left(r + \frac{\sigma^2}{2}\right)T}{\sigma\sqrt{T}}\right) - Ke^{-rT}N\left(\frac{\ln\left(\frac{S}{K}\right) + \left(r - \frac{\sigma^2}{2}\right)T}{\sigma\sqrt{T}}\right)$$

$$\frac{\ln\left(\frac{S}{K}\right) + \left(r + \frac{\sigma^2}{2}\right)T}{\sigma\sqrt{T}} = \frac{\ln\left(\frac{45}{50}\right) + \left(0.09 + \frac{0.3^2}{2}\right) \times 0.25}{0.3\sqrt{0.25}} \approx -0.4774$$

$$\frac{\ln\left(\frac{S}{K}\right) + \left(r - \frac{\sigma^2}{2}\right)T}{\sigma\sqrt{T}} = \frac{\ln\left(\frac{45}{50}\right) + \left(0.09 - \frac{0.3^2}{2}\right) \times 0.25}{0.3\sqrt{0.25}} \approx -0.6274$$

得到 $c = 45 \times N(-0.4774) - 50 \times e^{-0.09 \times 0.25} N(-0.6274) \approx 1.281$，即原油期权的价格约为 1.281 美元。

10.2.3 能源期权的定价实例

期权是一种选择权,是一种在未来采取某项行动的权利,而不是义务。投资者在支付一定金额的权利金(期权价格)后即拥有在未来某一确定的时间(到期日)内以事先确定的价格(约定价格)购买或出售某种标的资产的权利。企业并购的性质类似于期权的性质。企业并购具有以下特征:①并购收益具有不确定性。兼并收购产生的收益具有很大的不确定性,协同效应、市场前景等都会对并购的收益产生较大的影响。②并购的机会不一定马上消失,并购方拥有购买被并购方的机会时,可以在一定时期内保留这一机会,等待观察,根据实际经济状况的变化决定最佳并购时机,灵活选择最为有利的并购决策,以期付出较低的并购成本,降低并购风险。③在并购中,可以灵活地采用债转股、分期购买、分期报价、可转换债券等方式,并购方可在被并购方形势不佳的情况下终止并购,以减少损失。

石油企业在并购中涉及石油企业价值评估问题。对于投资于自然资源的企业,人们传统上用现金流折现来评价,但由于石油市场价格不确定性较高,石油资源甚至有石油资源的企业不确定性较高。对于有自然资源的企业来说,资源价格降低后就有推迟投资计划的权利,资源价格上涨后又重新发展这些资源,因此采用传统现金流折现方法来评估这类企业未必恰当。由于石油企业呈现期权特征,因此 B-S 期权定价模型可用于石油企业并购的油田评价。

假设某集团公司准备收购某石油公司,估计该公司的石油储备为 50 亿桶,平均开采成本为 17 美元/桶(现值,开采时滞期为 3 年)。已知石油资源储备平均期限为 12 年,石油价格为 65 美元/桶,生产成本、所得税和特许权税等约为每桶 20 美元。分析时,无风险利率为 9%。该石油公司每年的净生产收入约为储备价值的 10%,石油价格波动的年标准差为 20%。已知该集团公司的收购价为每股 80 美元,该石油公司共发行股票 2.85 亿股,总债务为 42 亿美元。此外,该石油公司从其已开采油田的石油和天然气生产中还可获得每年 9.85 亿美元的净现金流,估计该现金流还将持续 8 年(已开采油田的剩余年限)。已知公司的加权平均资本为 12.5%。试用 B-S 期权定价模型判断收购价的合理性。

已知:标的资产的价值 = 储备的价值根据开采时滞期进行贴现后的现值 = 50×(65−20)/1.10^3 = 1690.46(亿美元);执行价格 = 预期的开采成本 = 50×17 = 850(亿美元);期权期限 = 资源储备所有年限 = 12(年);资产价值的方差 = 石油价格波动的方差 = (20%)^2 = 0.04;无风险利率为 9%;红利收益率 = 年净生产收入/储备价值 = 10%。将已知数据代入 B-S 期权定价模型,得

$$d_1 = \frac{\ln\left(\frac{S}{K}\right)+\left(r+\frac{1}{2}\sigma^2\right)T}{\sigma\sqrt{T}} = \frac{\ln\left(\frac{1690.46}{850}\right)+\left(9\%+\frac{0.04}{2}\right)\times 12}{20\%\times\sqrt{12}} = 2.898$$

$$d_2 = \frac{\ln\left(\frac{S}{K}\right)+\left(r-\frac{1}{2}\sigma^2\right)T}{\sigma\sqrt{T}} = d_1 - \sigma\sqrt{T} = 2.898 - 20\%\times\sqrt{12} = 2.205$$

在正态分布累积概率密度表中可查出：$N(d_1) = N(2.898) = 0.9981$；$N(d_2) = N(2.205) = 0.9861$。所以，

$$c = Se^{-yT}N(d_1) - Xe^{-rT}N(d_2)$$
$$= 1\,690.46 \times e^{-0.10 \times 12} \times 0.9981 - 850 \times e^{-0.09 \times 12} \times 0.9861$$
$$= 223.55 \text{（亿美元）}$$

该石油公司所拥有的未开采石油储备的价值为 223.55 亿美元。此外，该石油公司从其已开采油田的石油和天然气生产中还可获得每年 9.85 亿美元的净现金流，估计该现金流还将持续 8 年。选用公司的加权平均资本 12.5% 为折现率，这些已开采的油田的价值为

$$\text{已开采的油田的价值} = 9.85\left(\frac{P}{F}, i, n\right) = 9.85\left(\frac{P}{F}, 12.5\%, 8\right) = \frac{9.85 \times (1 - 1.125^{-8})}{0.125} = 48.09 \text{（亿美元）}$$

将已开采和未开采的石油储备的价值相加，得到公司的价值为 271.64 亿美元，再减去债务 42 亿美元，得到股权价值 229.64 亿美元，则每股价值为 80.58 美元，每股 80 美元的收购价格基本上代表了该石油公司的价值。

【例 10-5】 假设某时间点的原油的当前价格是 100 元/桶，一年之后预期价格上涨 10% 或下跌 10%，市场无风险利率为 8%。运用二叉树模型计算执行价格为 105 元、期限为 1 年的原油欧式看涨期权的价值。

方法一：无套利定价。

假设投资者购入 1 桶原油，出售 m 个看涨期权，正好构成一个无风险资产组合，则有 $110 - 5m = 90$，解得 $m = 4$。若投资者购入 1 桶原油，出售 4 个看涨期权，由于不论期末出现何种情况，这一投资组合都可以保证得到 90 元的收益，所以这是一个无风险投资组合。在当前时期，设该看涨期权的价值为 C，则有 $90/1.08 = 100 - 4C$，$C = (100 - 83.3)/4 = 4.175$（元）。

方法二：风险中性定价。

当原油价格为每单位 110 元时，期权价值为 5 元；当原油价格为每单位 90 元时，期权价值为 0 元。设风险中性概率为 W_H，则有

$$\frac{110W_H + 90 \times (1 - W_H)}{1 + 8\%} = 100$$

解得 $W_H = 0.9$。

可求期权价值 $C = \dfrac{5 \times 0.9 + 0 \times 0.1}{1 + 8\%} = 4.17$（元）。

10.3 其他能源金融产品的定价

除了能源远期与期货的定价以及能源期权的定价之外，还存在其他一些能源金融产品，其定价方法也有一定差异。在能源金融市场中，能源互换、能源互换期权和能源资产证券化是常见的金融产品。这些产品的定价一般考虑多种因素，包括基础资产的价格波动、市场需求与供应情况、政府政策及宏观经济环境等。

10.3.1 能源互换定价

互换交易是一种金融衍生品，指交易双方约定在未来某一期限相互交换各自持有的资产或现金流的交易形式。较为常见的是外汇互换交易和利率互换交易，多被用作避险和投机的工具。

商品互换是指在一个商定的时期内，以一个固定的价格交换浮动的商品价格，如 Brent 原油现货价格。Brent 差价合约（contract for difference，CFD）是一种相对短期的互换，其价格代表了在互换期间，即期 Brent 估价与远期 Brent 价格之间的市价差。CFD 通过将互换期间即期 Brent 与远期 Brent 之间随机的市价差转换为固定的价差，可以为 BFOE（Brent 原油、Forties 原油、Oseberg 原油、Ekofisk 原油）现货头寸的持有者对冲即期 Brent 市场的风险，也可以用于投机。商品互换类似于固定-浮动利率互换。不同之处在于，在利率互换交易中，浮动利率是基于伦敦银行同业拆借利率（London interbank offered rate，LIBOR）和欧洲银行同业拆借利率（European interbank offered rate，EURIBOR）等标准利率而生成的。然而，在商品互换交易中，浮动汇率是基于基础商品（如石油、糖和贵金属）的价格。交易过程中不交换任何商品。在这种互换中，商品的使用者将获得一个最高价格，并同意向金融机构支付这个固定价格。作为回报，用户将根据所涉商品的市场价格获得付款。另外，生产者希望固定收入，并同意向金融机构支付市场价格，以换取对商品的固定支付。

能源互换定价是指两个或多个能源企业之间进行能源交易时，双方按照一定的价格和条件进行能源互换的一种商业模式。这种商业模式可以帮助企业实现资源共享、优化能源结构、降低生产成本等目标。下面以某工业园区为例，介绍能源互换定价的具体应用。

某工业园区中有三家公司，分别是 A 公司、B 公司和 C 公司。它们都是能源消费大户，耗电量较大，同时也都拥有自己的发电设备。由于各自的生产周期和生产过程不同，某些时段的电力需求和发电量无法匹配，因此在这些时段，三家公司就需要从能源市场上购买电力，从而增加了生产成本。为了解决这个问题，三家公司开始进行能源互换定价，并签订了一份协议，具体步骤如下。

三家公司根据各自的生产周期和生产过程，制订出自己的电力需求和发电计划。

在某个时段内，A 公司的发电量超过了自身需求，B 公司的电力需求超过了自身发电量，因此，A 公司可以将多余的电力通过能源互换的方式卖给 B 公司。根据协议，A 公司和 B 公司商定了一定的电价和交易条件，如在某个时段内，A 公司以每千瓦时 2 元的价格向 B 公司出售 1000 千瓦时的电力。同时，C 公司在该时段内的电力需求和发电量互相匹配，不需要进行能源互换。

通过能源互换定价的方式，三家公司可以共同优化能源结构，降低生产成本，并减少对外来电的依赖。

【例 10-6】 假设现在是 2023 年 11 月 29 日，考虑一份为期 2 年的原油互换合同。合同中约定每天交付 2000 桶原油，并按照参考原油市场价格进行结算。参考原油市场价格为每桶 90 美元。此外，假设利率为 4%。求该互换合同的定价。

合同期限为 2023 年 11 月 29 日到 2025 年 11 月 28 日。合同约定每天交付 2000 桶原油，每桶的价格是 90 美元。因此，每天的总价值是 2000×90 = 18 000（美元）。2 年的总价值是 180 000×731 = 131 580 000（美元）。折现到当前时点的价值：年利率是 4%，所以 2 年的折现因子是 $1/(1+4\%)^2$。因此，当前时点的价值是 $131\,580\,000 \times 1/(1+4\%)^2 =$ 121 653 107（美元）。因此，这个互换合同的定价约为 121 653 107 美元。

考虑一个单位的商品互换，设互换在 $T \in [0, \tau]$ 时到期，在时刻 $t_1, t_2, \cdots, t_n$ 时进行交换，其中 $0 < t_1 < t_2 < \cdots < t_n < \tau$。交易双方为 A、B，现在时刻为 t。设 $F(t)$ 是 A 支付给 B 的固定价格，而 B 支付给 A 的价格在时刻 t_i 时就是商品的即期价格 S_{t_i} ($i = 1, 2, \cdots, n$)。因为市场无套利，所以存在概率测度 Q 与 P 等价，且使得所有的价格过程在经过 $\beta = \exp\left(-\int_0^t r_s \mathrm{d}s\right)$ 的贴现之后在 Q 下是鞅。又因为市场是完全的，所以这样的测度是唯一的。对于上述的价格过程 $\{S_t, t \in [0, \tau]\}$，它在 Q 下所满足的随机微分方程为 $\mathrm{d}S_t = (r-\delta)S_t \mathrm{d}t + \delta_t S_t \mathrm{d}\hat{B}_t^{(s)}$，其中，$\{\hat{B}_t^{(s)}, 0 \leqslant t \leqslant \tau\}$ 为 Q 下的标准维纳过程，δ 为随机波动。设在现在时刻 t 时，这样的互换对于 B 的价值为 $V(t)$，则

$$V(t) = \sum_{i=1}^n F(t)\mathrm{e}^{-r(t_i-t)} - \sum_{i=1}^n E_t^Q \left[\mathrm{e}^{-r(t_i-t)} S_{t_i} \right] \qquad (10\text{-}32)$$

由无套利原则可知，式（10-32）左边应等于零，故

$$F(t) = \frac{\sum_{i=1}^n \mathrm{e}^{-r(t_i-t)} E_t^Q S_{t_i}}{\sum_{i=1}^n \mathrm{e}^{-r(t_i-t)}} \qquad (10\text{-}33)$$

因为

$$\mathrm{d}S_t = (r-\delta)S_t \mathrm{d}t + \delta_s S_t \mathrm{d}\hat{B}_t^{(s)} \qquad (10\text{-}34)$$

所以

$$E_t^Q S_{t_i} = S_t \exp\left[(r-\delta)(t_i-t)\right] \qquad (10\text{-}35)$$

代入 $F(t)$，得

$$F(t) = \frac{\sum_{i=1}^n \mathrm{e}^{-r(t_i-t)} E_t^Q S_{t_i}}{\sum_{i=1}^n \mathrm{e}^{-r(t_i-t)}} = S_t \mathrm{e}^{(\delta-r)t} \frac{\sum_{i=1}^n \mathrm{e}^{-\delta t_i}}{\sum_{i=1}^n \mathrm{e}^{-rt_i}} \qquad (10\text{-}36)$$

10.3.2 能源互换期权定价

能源互换期权是一种未定权益，若一方购买了这一期权，则他就有权利在将来某时刻起进行一项商品互换，且互换中的固定价格在现在时刻就已确定下来。下面在本节的假设条件下，讨论这种期权的无套利定价。设互换在 $T \in [0, \tau]$ 时到期，在 $t_1, t_2, \cdots, t_n$ 时交换发生，$0 < t_1 < t_2 < \cdots < t_n < \tau$。期权的到期日为 $T_1 \in [0, \tau]$，则有 $T_1 < T \leqslant \tau$。设期权

的执行价格为 K，现在时刻 t 为零时刻。在前一部分，我们已经得到了一个等价鞅测度 Q。在这样一个测度下，由风险中性定价理论可知，该能源互换期权价格 $f(t)$ 可表示为

$$f(t) = E^Q \left[e^{-rT_1} \left(F(T_1) - K \right)^+ \right] \quad (10\text{-}37)$$

而 $F(T_1) - K \geqslant 0$，所以

$$\log S_{T_1} \geqslant \log K + \log \sum_{i=1}^{n} e^{-rt_i} - \log \sum_{i=1}^{n} e^{-\delta_{t_i}} + (r-\delta)T_1 \quad (10\text{-}38)$$

则

$$f(t) = e^{-rT_1} \frac{\sum_{i=1}^{n} e^{-\delta_{t_i}}}{\sum_{i=1}^{n} e^{-rt_i}} E^Q \left[1_{\{\log S_{T_1} \geqslant \log K\}} S_{T_1} \right] - K e^{-rT_1} E^Q \left[1_{\{\log S_{T_1} \geqslant \log K\}} \right] \quad (10\text{-}39)$$

因为

$$dS_t = (r-\delta) S_t dt + \delta_s S_t d\hat{B}_t^{(s)} \quad (10\text{-}40)$$

所以，由 Ito 引理知：

$$d\log S_t = \left(r - \delta - \frac{1}{2} \delta_s^2 \right) dt + \delta_s d\hat{B}_t^{(s)} \quad (10\text{-}41)$$

$$E^Q \log S_{T_1} = \log S_t + \left(r - \delta - \frac{1}{2} \sigma_s^2 \right)(T_1 - t) \quad (10\text{-}42)$$

$$\text{Var}\left(\log S_{T_1} \right) = (T_1 - t) \sigma_s^2 \quad (10\text{-}43)$$

令 $V = \log S_{T_1}$，$W = \dfrac{V - EV}{\sigma_V}$，则有 $W \sim N(0,1)$。

$$E^Q \left[1_{\{\log S_{T_1} \geqslant \log K\}} S_{T_1} \right] = E^Q \left[1_{\{V \geqslant K\}} e^V \right] = e^{EV + \frac{1}{2}\sigma_V^2} \left[1 - N\left(\frac{K - EV - \sigma_V^2}{\sigma_V} \right) \right] \quad (10\text{-}44)$$

$$E^Q \left[1_{\{\log S_{T_1} \geqslant \log K\}} \right] = E^Q \left[1_{\{w > \frac{K-EV}{\sigma_V}\}} \right] = 1 - N\left(\frac{K - EV}{\sigma_V} \right) \quad (10\text{-}45)$$

其中，$N(\cdot)$ 为标准正态随机变量的分布函数。将式（10-44）和式（10-45）代入 $f(t)$ 的表达式，得到能源互换期权的定价公式：

$$f(t) = \exp(\log S_t + \delta T_1) \frac{\sum_{i=1}^{n} e^{-\delta_{t_i}}}{\sum_{i=1}^{n} e^{-rt_i}} \left[1 - N(d_1) \right] - K e^{-rT_1} \left[1 - N(d_2) \right] \quad (10\text{-}46)$$

$$d_1 = \frac{K - EV - \sigma_V^2}{\sigma_V}, \quad d_2 = \frac{K - EV}{\sigma_V} \quad (10\text{-}47)$$

10.3.3 能源资产证券化定价

资产证券化是指以基础资产未来所产生的现金流为偿付支持，通过结构化设计进行信用增级，在此基础上发行资产支持证券（asset-backed securities，ABS）的过程。它是以特定资产组合或特定现金流为支持，发行可交易证券的一种融资形式。

1. 资产证券化的提出

"资产证券化"这一词最早是由享有抵押贷款教父之称的美国投资银行家刘易斯·拉涅利（Lewis Ranieri）于1977年提出。美国证券交易委员会（United States Securities and Exchange Commission，SEC）将资产证券化表述为把出卖方流通性比较差的某些资产出售给中介机构或特设交易载体，进而推出流通性强的金融产品以获取所需资金。经济合作与发展组织认为资产证券化就是一个过程，在这个过程中，能够把流通性差但具有未来稳定现金收入流的同质资产打包重组成可在金融市场中流通的债券并出售给证券投资者。弗兰克·J. 法博兹（Frank J. Fabozzi）将资产证券化定义为将缺乏流动性但能够产生稳定的、可预期的现金流的资产进行组合，形成资产池，其收益由池中资产的未来现金流和其他利益流入构成，得益于较高的收益可靠性，资产池被重新打包成证券，向第三方投资者发行。

因此，资产证券化可以理解为：把未来产生的稳定现金流汇集成的资产池重组成证券向投资者出售，用来解决现在面临的融资难题，即用未来的钱解决现在的事。

2. 资产证券化定价的影响因素

1）利率

定价实质是确定未来可预期的现金流。利率对产品定价的影响主要体现在现金流和贴现率两个部分。①利率变化直接影响产品价格。②利率变动会影响提前还款，使得当前现金流加大，改变折现率。③利率变化可直接改变贴现率。

2）提前还款

提前还款直接影响基础资产的现金流，有着特别大的不确定性。特别是动态资产池后续注入产生较大的不确定性，增加再投入的风险。

3）违约率

违约率包含两个层次的含义：单一借款人的违约概率和某个信用等级的所有借款人的违约概率。违约率（或违约回收率）以及损失分布等多种因素影响定价变化，违约率高也直接影响信用评级机构对该产品的信用评级。

3. 资产证券化定价思路

资产证券化是指以基础资产未来所产生的现金流为偿付支持，通过结构化设计进行信用增级，在此基础上发行资产支持证券的过程。能源资产证券化是指为减轻企业投资与经营压力，能源企业可以借助金融、资本的撬动效应，推动能源项目开发和运维，实现产业资本与金融机构的融合发展。

例如，2020年、2021年是新能源行业去补贴、走向平价的关键期，新能源资产的扩张对资金具有极强的依赖性，而以保险等为主的资金融资成本低、投资周期长，需要寻找兼具投资和避险双重属性的资产。新能源补贴是优质的应收账款，资产减值损失风险小，是质地优良的抵押资产。此外，新能源平价项目电费收入稳定，也是推动资产证券化的基础资产。从金融工具服务新能源企业运营的角度出发，电费收费权是企业未来收益权，应收补贴是企业债权，两者违约风险低、未来现金流确定性强，均可以进行资产证券化融资，以盘活企业资产，改善企业现金流运行状况。因此，许多新能源发电企业和金融机构探索新能源电费收费权、应收补贴资产证券化，以提高企业资产周转率，推动新能源产业的发展。资产证券化定价的核心是考虑基础资产的现金流分析，切入点就是依据相应的折现率对现金流折现，从而求出资产池的现价。目前，业内有比较完整的可适用于资产支持证券的定价方法，主要包括静态现金流折现法、期权调整利差法和蒙特卡罗模拟法。

1）静态现金流折现法

计算出各期现金流情况和风险收益，再使用风险收益率作贴现率对各期现金流进行折现，从而求出现值。静态现金流折现法是基于利息收入的再投入收益率与证券到期收益率相同，且不发生提前还款的假设前提（已知提前还款率的情况下，折现率不发生变化）。其公式如下：

$$P = \frac{CF_1}{(1+r)} + \frac{CF_2}{(1+r)^2} + \cdots + \frac{CF_n}{(1+r)^n} = \sum_{i=1}^{n} \frac{CF_i}{(1+r)^i} \quad (10\text{-}48)$$

其中，P为证券价格；CF_i为证券在第i期的预期现金流；r为静态现金流的折现率。

2）期权调整利差法

期权调整利差（option adjusted spread，OAS）法是比较完善和成熟的调整利差的方法。对未来各期现金流进行分析调整后，以某一基准无风险收益率曲线平移一个固定常数，使得计算出的理论价格与实际产品市场价格相等。

前提是利率与提前还款之间存在一定的联系，利率波动区间是某个常数，利率路径的模拟尽量全面，使用加权平均法计算不同利率下各期现金流现价。

$$P = \sum_{t=1}^{r} \frac{C_t}{[1+r_t+\text{OAS}]^t} \quad (10\text{-}49)$$

首先，通常选择国债来得到当日基准利率期限结构，用即期利率$r_1, r_2, \cdots, r_t$（第t期即期利率）表示。其次，采用合适的随机过程描述利息变化过程。再次，对每一条可能的利率路径上的未来现金流进行新型模拟，以及调整和计算，并以基准利率与期权调整利率之和作贴现因子对未来现金流进行贴现计算，从而计算出现金流现价。最后，把现金流现价加权平均，得出合理价格。

3）蒙特卡罗模拟法

蒙特卡罗模拟法充分考虑利率变化对借款人提前还款行为产生的影响。基本思路是按市场上的利率变化各异的情况（尤其是对利率路径的模拟，在确定提前还款情况后计算各期现金流情况）计算出债券的可能收益率。

随机利率路径是基于当前市场上即期国债利率水平。该波动率假设是个固定值。蒙特卡罗模拟的利率路径中的利率要求与当前市场利率一致，从而反算出提前还款价格，最终确定整个资产的整体现金流量。

$$P_{(n)} = \sum_{i=0}^{T} \frac{C_{t(n)}}{\left[1 + r_{t(n)} + S\right]^t} \quad (10\text{-}50)$$

其中，$P_{(n)}$ 为利率路径 n 的债券值；T 为债券期限；$C_{t(n)}$ 为第 n 条利率路径在第 t 期的现金流；S 为利差；$r_{t(n)}$ 为第 n 条利率路径在第 t 期的即期利率。

使用上述方法，通过建立多重利率路径，得到多条路径下债券的价格，再对模拟的多条路径下的债券价格求加权平均值，最终求得价格。

课 后 习 题

1. 假设有一个能源期货合约，合约标的为原油。合约的剩余期限为 6 个月，无风险利率 $r = 5\%$，合约的远期价格为 $F = 70$ 美元/桶，请使用持有成本定价法和无套利均衡定价法来计算该能源期货合约的定价。

提示：持有成本定价法基于成本的角度，考虑期货合约的持有成本和收益。一般情况下，持有成本定价法可以通过以下公式计算期货价格：

期货价格 = 远期价格 + 持有成本 - 收益

无套利均衡定价法基于市场的角度，要求不存在无风险套利机会。根据无套利原理，期货价格应等于现货价格加上无风险利率的贴现值。

2. 现假设石油现货价格为 80 美元/桶，无风险利率为 3%（连续复利），连续红利收益率为 0.02，期货合约到期时间为 0.5 年。请问：石油期货的定价是多少？

3. 一个欧式看跌期权，标的资产为 1 兆瓦时的电力，行权价为 100 元/兆瓦时，到期时间为 90 天。另外，电力价格的波动率为 20%。请利用二叉树定价法计算该期权的价格。

4. 假设天然气价格为 3 美元/百万英热单位，行权价格为 4 美元/百万英热单位，无风险利率为 2%（连续复利），期限为 0.5 年，波动率为 30%。请问：欧式看涨期权的定价是多少？

第 11 章 能源金融研究方法与工具

本章导读

随着能源金融化的不断加深,以及能源金融领域科学问题的不断提出,能源金融研究分析方法在当下已经广泛应用。本章旨在介绍能源金融领域的科学研究方法与工具。首先,本章介绍了时间序列模型,包括收益率模型、波动率模型、多元时间序列模型,并给出了上述模型在能源金融市场中价格预测、波动特征刻画以及市场关联性分析等方面的应用实例。其次,本章介绍了网络科学理论,并给出了复杂网络方法在能源金融市场风险溢出话题中的应用实例。最后,本章介绍了政策模拟与仿真,包括动态随机一般均衡(dynamic stochastic general equilibrium,DSGE)模型、可计算一般均衡(computable general equilibrium,CGE)模型、系统动力学(system dynamics,SD)模型,并分别给出了相关应用实例。

11.1 时间序列模型

时间序列分析是根据系统观测得到的时间序列数据,通过曲线拟合和参数估计来建立数学模型的理论和方法。时间序列模型也通常被用于分析金融市场数据。在能源金融市场中,被经常使用的时间序列模型包括收益率模型、波动率模型与多元时间序列模型,本节将对上述模型进行详细介绍。

11.1.1 收益率模型

收益率模型可以用来预测未来的价格或收益率,帮助投资者做出更好的投资决策。在能源金融的研究中,收益率模型常常用于预测能源价格时间序列的收益率。本节主要介绍三种常用的收益率模型,分别是指数平滑模型、自回归移动平均模型、因子模型。

1. 指数平滑模型

指数平滑模型是在移动平均法的基础上发展起来的一种时间序列分析预测法,该模型是通过计算指数平滑值,配合一定的时间序列预测模型对现象的未来进行预测。其原理是任一期的指数平滑值都是本期实际观察值与前一期指数平滑值的加权平均。因此,指数平滑模型兼容了全期平均和移动平均的优点,不舍弃过去的数据,但是给予逐渐减弱的影响程度。

指数平滑模型具有两个重要特点：第一，其对不同时间的观察值所赋予的权数不等，加强了近期的观察值对预测值的作用；第二，其对于观察值所赋予的权数具有伸缩性，可以取不同的平滑系数（α 值）以改变权数的变化速率。若 α 取小值，则权数变化较迅速，观察值的新近变化趋势较能迅速反映于指数移动平均值中。因此，运用指数平滑模型，可以选择不同的平滑系数值来调节时间序列观察值的均匀程度。

1）单指数平滑模型

当时间序列无明显的趋势变化时，可用单指数平滑预测，形式为

$$F_{t+1} = \alpha \times A_t + (1-\alpha) \times F_t$$

其中，F_{t+1} 为第 $t+1$ 个时期的预测值；F_t 为第 t 个时期的预测值；A_t 为第 t 个时期的实际值；α 为平滑系数，α 的取值范围是 0~1。该公式的含义是，第 $t+1$ 个时期的预测值等于第 t 个时期的实际值与第 t 个时期的预测值的加权平均值，其中权值由平滑系数 α 决定。当 $\alpha=1$ 时，预测值完全由实际值决定，当 $\alpha=0$ 时，预测值完全由历史预测值决定。对于系数 α 的取值，一般来说，当数据变化比较平稳时，选择较小的 α 值，如 0.1 或 0.2；当数据变化较为剧烈时，选择较大的 α 值，如 0.5 或 0.8。

单指数平滑模型的优点是简单易懂，计算方便，适用于短期预测和中长期趋势预测。但该模型对于数据的随机波动比较敏感，容易受到异常值的影响，因此在实际应用中需要结合其他方法进行综合分析。

2）二次指数平滑模型

二次指数平滑，也叫双指数平滑。单指数平滑模型只适用于水平型历史数据的预测，不适用于斜坡型线性趋势历史数据的预测，因为对于明显呈斜坡型的历史数据，即使选择较大的平滑系数，也仍然会产生较大的系统误差。因此，二次指数平滑模型与单指数平滑模型配合，建立预测的数学模型，可用于直线趋势预测。单指数、二次指数平滑值的计算公式如下：

$$S_t^{(1)} = \alpha Y_{t-1} + (1-\alpha) S_{t-1}^{(1)}$$
$$S_t^{(2)} = \alpha S_t^{(1)} + (1-\alpha) S_{t-1}^{(2)}$$

其中，$S_t^{(1)}$ 为第 t 期的单指数平滑值；$S_t^{(2)}$ 为第 t 期的二次指数平滑值；Y_{t-1} 为第 $t-1$ 期的实际值；α 为平滑系数。在此基础上，二次指数平滑的预测模型如下：

$$F_{t+T} = a_t + b_t T$$
$$a_t = 2S_t^{(1)} - S_t^{(2)}$$
$$b_t = \frac{\alpha}{1-\alpha}\left(S_t^{(1)} - S_t^{(2)}\right)$$

其中，F_{t+T} 为第 $t+T$ 期的预测值；T 为向未来预测的期数；a_t、b_t 为模型的参数。

3）三次指数平滑模型

三次指数平滑模型是在二次指数平滑值的基础上进行第三次指数平滑。单指数平滑模型针对没有趋势和季节性的序列，二次指数平滑模型针对有趋势但是没有季节性的时间序列，三次指数平滑模型则可以预测具有趋势和季节性的时间序列。因此，三次指数平滑模型几乎适用于分析一切时间序列的应用问题。具体模型包括预测方程和三个平滑

方程，三个平滑方程如下：

$$S_t^{(1)} = \alpha Y_{t-1} + (1-\alpha) S_{t-1}^{(1)}$$
$$S_t^{(2)} = \alpha S_t^{(1)} + (1-\alpha) S_{t-1}^{(2)}$$
$$S_t^{(3)} = \alpha S_t^{(2)} + (1-\alpha) S_{t-1}^{(3)}$$

其中，α 为平滑系数，是根据实际数据序列的倾向性变动自主设定的；$S_t^{(1)}$、$S_t^{(2)}$、$S_t^{(3)}$ 分别为单指数、二次指数、三次指数平滑值。计算出所有的指数平滑值后，建立的三次指数平滑模型为

$$F_{t+T} = a_t + b_t T + c_t T^2$$
$$a_t = 3S_t^{(1)} - 3S_t^{(2)} + S_t^{(3)}$$
$$b_t = \frac{\alpha}{2(1-\alpha)^2} \left[(6-5\alpha) S_t^{(1)} - 2(5-4\alpha) S_t^{(2)} + (4-3\alpha) S_t^{(3)} \right]$$
$$c_t = \frac{\alpha^2}{2(1-\alpha)^2} \left(S_t^{(1)} - 2S_t^{(2)} + S_t^{(3)} \right)$$

先计算非线性预测模型的参数 a_t、b_t、c_t，再代入预测公式。预测公式中，T 为预测超前周期，F_{t+T} 为第 $t+T$ 期的预测值。

2. 自回归移动平均模型

自回归移动平均（auto regression moving average，ARMA）模型是目前最常用的拟合平稳序列的模型，又可细分为 AR（auto regression，自回归）模型、MA（moving average，移动平均）模型和 ARMA 模型三大类。

1）AR 模型

具有如下结构的模型称为 p 阶 AR 模型，简记为 $AR(p)$：

$$x_t = \varphi_0 + \varphi_1 x_{t-1} + \varphi_2 x_{t-2} + \cdots + \varphi_p x_{t-p} + \varepsilon_t$$
$$\varphi_p \neq 0$$
$$E(\varepsilon_t) = 0, \ \text{Var}(\varepsilon_t) = \sigma^2, \ E(\varepsilon_t \varepsilon_s) = 0, \ s \neq t$$
$$E(x_s \varepsilon_t) = 0, \ \forall s < t$$

$AR(p)$ 模型具有以下三个限制条件。

条件一：$\varphi_p \neq 0$，这个限制条件保证了模型的最高阶数为 p。

条件二：$E(\varepsilon_t) = 0$，$\text{Var}(\varepsilon_t) = \sigma^2$，$E(\varepsilon_t \varepsilon_s) = 0$，$s \neq t$，这个限制条件实际上是要求随机干扰序列 $\{\varepsilon_t\}$ 为零均值白噪声序列。

条件三：$E(x_s \varepsilon_t) = 0$，$\forall s < t$，这个限制条件说明当期的随机干扰与过去的序列值无关。

通常会缺省 $AR(p)$ 模型的限制条件，把 $AR(p)$ 模型简记为

$$x_t = \varphi_0 + \varphi_1 x_{t-1} + \varphi_2 x_{t-2} + \cdots + \varphi_p x_{t-p} + \varepsilon_t$$

当 $\varphi_0 = 0$ 时，称 AR(p) 模型为中心化模型。非中心化 AR(p) 序列可以通过下面的交换转化为中心化 AR(p) 模型。令 $y_t = x_t - \mu$，其中，$\mu = \dfrac{\varphi_0}{1 - \varphi_1 - \cdots - \varphi_p}$。中心化变换实际上就是非中心化的序列整个平移了一个常数单位，这种整体移动对序列的统计特征没有任何影响。

2）MA 模型

具有如下结构的模型称为 q 阶 MA 模型，简记为 MA(q) 模型：

$$x_t = \mu + \varepsilon_t - \theta_1 \varepsilon_{t-1} - \theta_2 \varepsilon_{t-2} - \cdots - \theta_q \varepsilon_{t-q}$$

$$\theta_q \neq 0$$

$$E(\varepsilon_t) = 0, \ \mathrm{Var}(\varepsilon_t) = \sigma_\varepsilon^2, \ E(\varepsilon_t \varepsilon_s) = 0, \ s \neq t$$

MA(q) 模型具有以下两个限制条件。条件一：$\theta_q \neq 0$，这个限制条件保证了模型的最高阶数为 q。条件二：$E(\varepsilon_t) = 0, \ \mathrm{Var}(\varepsilon_t) = \sigma_\varepsilon^2, \ E(\varepsilon_t \varepsilon_s) = 0, \ s \neq t$，这个限制条件实际上是要求随机干扰序列 $\{\varepsilon_t\}$ 为零均值白噪声序列。

通常会缺省 MA(q) 模型的限制条件，MA(q) 模型简记为

$$x_t = \mu + \varepsilon_t - \theta_1 \varepsilon_{t-1} - \theta_2 \varepsilon_{t-2} - \cdots - \theta_q \varepsilon_{t-q}$$

当 $\mu = 0$ 时，称 MA(q) 模型为中心化模型。非中心化 MA(q) 序列可以通过下面的交换转化为中心化 MA(q) 模型：

$$y_t = x_t - \mu$$

中心化变换实际上就是非中心化的序列整个平移了一个常数单位，这种整体移动对序列的统计特征没有任何影响。

3）ARMA 模型

具有如下结构的模型称为 ARMA 模型，简称为 ARMA(p,q)：

$$x_t = \varphi_0 + \varphi_1 x_{t-1} + \cdots + \varphi_p x_{t-p} + \varepsilon_t - \theta_1 \varepsilon_{t-1} - \cdots - \theta_q \varepsilon_{t-q}$$

$$\varphi_p \neq 0, \ \theta_q \neq 0$$

$$E(\varepsilon_t) = 0, \ \mathrm{Var}(\varepsilon_t) = \sigma_\varepsilon^2, \ E(\varepsilon_t \varepsilon_s) = 0, \ s \neq t$$

$$E(x_s \varepsilon_t) = 0, \ \forall s < t$$

ARMA(p,q) 模型具有以下三个限制条件。条件一：$\varphi_p \neq 0, \ \theta_q \neq 0$，这个限制条件保证了模型的 AR 和 MA 部分的最高阶数分别为 p 和 q。条件二：$E(\varepsilon_t) = 0, \ \mathrm{Var}(\varepsilon_t) = \sigma_\varepsilon^2$，$E(\varepsilon_t \varepsilon_s) = 0, \ s \neq t$，这个限制条件实际上是要求随机干扰序列 $\{\varepsilon_t\}$ 为零均值白噪声序列。条件三：$E(x_s \varepsilon_t) = 0, \ \forall s < t$，这个限制条件说明当期的随机干扰与过去的序列值无关。

通常会缺省 ARMA(p,q) 模型的限制条件，把 ARMA(p,q) 模型简记为

$$x_t = \varphi_0 + \varphi_1 x_{t-1} + \cdots + \varphi_p x_{t-p} + \varepsilon_t - \theta_1 \varepsilon_{t-1} - \cdots - \theta_q \varepsilon_{t-q}$$

当 $\varphi_0 = 0$ 时，称 ARMA(p,q) 模型为中心化模型。引进延迟算子，ARMA(p,q) 模型简记为

$$\Phi(B)x_t = \Theta(B)\varepsilon_t$$

其中，$\Phi(B)=1-\varphi_1 B-\cdots-\varphi_p B^p$，为 p 阶 AR 系数多项式；$\Theta(B)=1-\theta_1 B-\cdots-\theta_q B^q$，为 q 阶 MA 系数多项式。显然，当 $q=0$ 时，ARMA(p,q) 模型就退化成了 AR(p) 模型；当 $p=0$ 时，ARMA(p,q) 模型就退化成了 MA(q) 模型。所以，AR(p) 模型和 MA(q) 模型实际上是 ARMA(p,q) 模型的特例，它们都统称为 ARMA(p,q) 模型。ARMA(p,q) 模型的统计性质也正是 AR(p) 模型和 MA(q) 模型的统计性质的有机组合。

建立 ARMA 模型的步骤为模型识别、参数估计、模型检验、模型优化。对于平稳时间序列的一个样本，选择合适的 ARMA 模型拟合观察值序列就是模型的识别问题，这个过程实际上就是要估计自相关阶数和移动平均阶数。因此，模型识别过程也称为模型定阶过程。定阶方法一般有两种，一种是根据序列的样本自相关系数和偏相关系数，另一种是根据最优信息准则。在拟合模型进行识别之后，下一步就是要利用序列的观察值确定该模型的口径，即估计模型中未知参数 μ、σ_ε^2、$\varphi_j\ (j=1,2,\cdots,p)$、$\theta_j\ (j=1,2,\cdots,q)$ 的值。主要的参数估计方法有：矩估计、极大似然估计和最小二乘估计。确定了拟合模型的口径之后，还需要对拟合模型进行显著性检验，看是否将样本信息充分提取出来了，然后进行参数检验，最后进行模型的优化。

4）ARIMA 模型

ARIMA 模型的全称是自回归积分滑动平均模型（autoregressive integrated moving average model）。ARIMA(p,d,q) 模型是 AR 部分有特征根的广义 ARMA 模型，d 为单位特征根的重数。除了单位根以外，要求 AR 部分根都在单位圆外，MA 部分单位圆内没有根。ARIMA(p,d,q) 的回归模型如下：

$$Y_t = c + \varphi_1 Y_{t-1} + \varphi_2 Y_{t-2} + \cdots + \varphi_p Y_{t-p} + \theta_1\varepsilon_{t-1} + \theta_2\varepsilon_{t-2} + \cdots + \theta_q\varepsilon_{t-q}$$

其中，Y_t 为时间序列数据；$\varphi_1 \sim \varphi_p$ 为 AR 模型的参数；$\theta_1 \sim \theta_q$ 为 MA 模型的参数；ε_t 为在 t 时间点的误差项；c 为一个常数项。

3. 因子模型

因子模型是一种假设证券的回报率只与不同的因子波动或者指标的变动有关的经济模型。因子模型是套利定价理论（arbitrage pricing theory，APT）的基础，其目的是找出这些因素并确认证券收益率对这些因素变动的敏感度。依据因子的数量，可以分为单因子模型和多因子模型。

1）单因子模型

单因子模型最早由夏普提出。单因子模型的基本思路是：证券收益只受一个因素影响。市场模型便是这种模型的典型例子。

单因子模型的一般形式为对时间 t 的任何证券 i 有时间序列：

$$r_{it} = a_i + b_i f_t + e_{it}$$

其中，r_{it} 为 t 时期证券 i 的回报；f_t 为在同一时间区间公共因子的预测值；a_i 为截距项；b_i 为证券 i 对公共因子 f 的敏感度（或因子载荷）；e_{it} 为 t 时期证券 i 的特有回报。同时满足以下假设：

$$\text{cov}(e_i, f) = 0, \quad E(e_i) = 0$$
$$\text{cov}(e_i, e_j) = 0$$

2）多因子模型

多因子模型的基本原理是基于净值的归因方法，用所有因子收益的时间序列回归组合收益的时间序列，目的是把组合的收益分解至各个特定的因子上。基于该原理，学者开发出的模型有 Fama-French 三因子模型、Carhart 四因子模型、Fama 五因子模型等。

Fama-French 三因子模型认为，一个投资组合的超额回报率可由它对三个因子的暴露来解释，这三个因子是：市场资产组合（$R_m - R_f$）、市值因子（SMB）、账面市值比因子（HML）。这个多因子模型可以表示为

$$E(R_{it}) - R_{ft} = \beta_i \left[E(R_{mt} - R_{ft}) \right] + \text{si}E(\text{SMB}_t) + \text{hi}E(\text{HML}_t)$$

其中，R_{ft} 为时间 t 的无风险收益率；R_{mt} 为时间 t 的市场收益率；R_{it} 为资产 i 在时间 t 的收益率；$E(R_{mt} - R_{ft})$ 为市场风险溢价；SMB_t 为时间 t 的市值因子的模拟组合收益率；HML_t 为时间 t 的账面市值比因子的模拟组合收益率；β、si 和 hi 分别为三个因子的系数，回归模型表示如下：

$$R_{it} - R_{ft} = a_i + \beta_i (R_{mt} - R_{ft}) + \text{siSMB}_t + \text{hiHML}_t + \varepsilon_{it}$$

11.1.2 波动率模型

金融数据中心最关心的除了资产价格、收益率，还有资产波动率。资产波动率常被用于度量某项资产的风险，有多种定义。本章主要介绍自回归条件异方差（autoregressive conditional heteroskedasticity，ARCH）模型、GARCH 模型。

1. ARCH 模型

给波动率建模提供一个系统性框架的第一个模型是 Engle（1982）提出的 ARCH 模型。ARCH 模型的基本思想是：①资产收益率的扰动 a_t 是序列不相关的，但不是独立的；②a_t 的不独立性可以用其延迟值的简单二次函数来描述。

具体地说，一个 ARCH(m) 模型假定

$$a_t = \sigma_t \varepsilon_t, \quad \sigma_t^2 = \alpha_0 + \alpha_1 a_{t-1}^2 + \cdots + \alpha_m a_{t-m}^2$$

其中，$\{\varepsilon_t\}$ 为均值为 0、方差为 1 的独立同分布随机变量序列；$\alpha_0 > 0$；对 $i > 0$，有 $\alpha_i \geq 0$。系数 α_i 必须满足一些正则性条件以保证 a_t 的无条件方差是有限的。实际中，通常假定 ε_t 服从标准正态分布或者广义误差分布（generalized error distribution，GED）。但是在一些应用中，用于 ε_t 的分布也是有偏分布。从模型的结构上看，大的过去的平方"扰动" $\{a_{t-i}^2\}_{i=1}^m$ 会导致扰动 a_t 的大的条件方差。因而，a_t 倾向于取绝对值较大的值（系数）。这意味着，在 ARCH 的框架下，大的"扰动"会接着另一个大的"扰动"。其中，大的方差不一定

意味着大的实现值。它只表明大的变化发生的概率比小的变化发生的概率大。

为了理解 ARCH 模型的含义，我们来仔细研究 ARCH(1)模型，表示如下：
$$a_t = \sigma_t \varepsilon_t, \quad \sigma_t^2 = \alpha_0 + \alpha_1 a_{t-1}^2$$

其中，$\alpha_0 > 0$；$\alpha_1 > 0$。ARCH(1)模型具有以下几个方面的特征。

第一，a_t 的无条件均值仍为 0，因为
$$E(a_t) = E[E(a_t | F_{t-1})] = E[\sigma_t E(\varepsilon_t)] = 0$$

第二，a_t 的无条件方差是
$$\text{Var}(a_t) = E(a_t^2) = E[E(a_t^2 | F_{t-1})] = E[\alpha_0 + \alpha_1 a_{t-1}^2] = \alpha_0 + \alpha_1 E(a_{t-1}^2)$$

因为 a_t 是平稳过程且 $E(a_t) = 0$，所以 $\text{Var}(a_t) = \text{Var}(a_{t-1}) = E(a_{t-1}^2)$，从而，我们有 $\text{Var}(a_t) = \alpha_0 + \alpha_1 \text{Var}(a_t)$，整理得 $\text{Var}(a_t) = \dfrac{\alpha_0}{1-\alpha_1}$。因为 a_t 的方差必须为正，可知 $0 < \alpha_1 < 1$。

第三，在一些应用中需要 a_t 的更高阶矩的存在，因此 α_1 还必须满足另外的约束条件。例如，为了研究 a_t 的尾部性质，我们要求 a_t 的四阶矩是有限的。我们假定 ε_t 服从正态分布，则有
$$E(a_t^4 | F_{t-1}) = 3\left[E(a_t^2 | F_{t-1})\right]^2 = 3\left(\alpha_0 + \alpha_1 a_{t-1}^2\right)^2$$

因此，
$$E(a_t^4) = E[E(a_t^4 | F_{t-1})] = 3E(\alpha_0 + \alpha_1 a_{t-1}^2)^2 = 3E(\alpha_0^2 + 2\alpha_0\alpha_1 a_{t-1}^2 + \alpha_1^2 a_{t-1}^4)$$

若 a_t 是四阶平稳的且记 $m_4 = E(a_t^4)$，则有
$$m_4 = \alpha_0^1 + 2\alpha_0\alpha_1 \text{Var}(a_t) + \alpha_1^2 m_4 = 3\alpha_0^2\left(1 + 2\frac{\alpha_1}{1-\alpha_1}\right) + 3\alpha_1^2 m_4$$

从而，可得
$$m_4 = \frac{3\alpha_0^2(1+\alpha_1)}{(1-\alpha_1)(1-3\alpha_1^2)}$$

这个结果表明了两个含义：①因为 a_t 的四阶矩是正的，所以 α_1 必须满足 $1 - 3\alpha_1^2 > 0$ 即 $0 < \alpha_1^2 < \dfrac{1}{3}$；②$a_t$ 的无条件峰度为
$$\frac{E(a_t^4)}{[\text{Var}(a_t)]^2} = 3 \times \frac{\alpha_0^2(1+\alpha_1)}{(1-\alpha_1)(1-3\alpha_1^2)} \times \frac{(1-\alpha_1)^2}{\alpha_0^2} = 3 \times \frac{1-\alpha_1^2}{1-3\alpha_1^2} > 3$$

因此，a_t 的超额峰度为正，并且 a_t 分布的尾部比正态分布的尾部要厚。这些性质对一般的 ARCH 模型仍然成立，但对高阶 ARCH 模型会变得更复杂一些。上述过程的条件 $\alpha_i > 0$ 可以放宽，该条件保证了对于所有的 t，条件方差 σ_t^2 是正的。

综合来看，ARCH 模型存在以下两点优势：①该模型可以产生波动率聚集；②模型的"扰动"a_t 有厚尾特征。同时，ARCH 模型也有一些缺点：①该模型假定正"扰动"

和负"扰动"有相同的影响,因为波动率依赖于过去"扰动"的平方;②ARCH 模型对参数的限制是相当强的,在实际中就限制了 ARCH 模型刻画超额峰度的能力;③为了弄清一个金融时间序列变化的来源,ARCH 模型不能提供任何新见解,它只是提供一个机械的方式来描述条件方差的行为,对由什么原因导致这种行为发生没有给出任何启示;④ARCH 模型给出的波动率预测值会偏高,因为它对收益率序列大的孤立的"扰动"反应缓慢。

2. GARCH 模型

虽然 ARCH 模型简单,但为了充分地描述资产收益率的波动过程,往往需要许多参数。例如,标准普尔 500 指数的月超出收益率,其波动过程需要 ARCH(9)模型来刻画。为了使模型简单,就必须寻找其他模型,Bollerslev(1986)提出了一个有用的推广形式,称为 GARCH 模型。对于对数收益率序列 r_t,令 $a_t = r_t - \mu_t$ 为 t 时刻的信息,称 a_t 服从 GARCH(m,s) 模型。若 a_t 满足下式:

$$a_t = \sigma_t \varepsilon_t, \quad \sigma_t^2 = \alpha_0 + \sum_{i=1}^{m} \alpha_i a_{t-i}^2 + \sum_{j=1}^{s} \beta_j \sigma_{t-j}^2$$

其中,$\{\varepsilon_t\}$ 为均值为 0、方差为 1 的独立同分布随机变量序列;$\alpha_0 > 0$,$\alpha_i \geq 0$,$\beta_j \geq 0$;$\sum_{i=1}^{\max(m,s)} (\alpha_i + \beta_i) < 1$(对 $i > m$,$\alpha_i = 0$;对 $j > s$,$\beta_j = 0$)。对 $\alpha_i + \beta_i$ 的限制条件保证 a_t 的无条件方差是有限的,同时它的条件方差 σ_t^2 是随时间变化的。和前文一样,通常假定 ε_t 服从标准正态分布或者 GED。若 $s = 0$,我们就得到一个 ARCH(m) 模型。α_i 和 β_j 分别为 ARCH 参数和 GARCH 参数。为了弄清 GARCH 模型的性质,采用如下表示是有用的:令 $\eta_t = a_t^2 - \sigma_t^2$,把 $\sigma_{t-1}^2 = a_{t-1}^2 - \eta_{t-1}$ 代入,GARCH 模型可以改写为如下形式:

$$a_t^2 = \alpha_0 + \sum_{i=1}^{\max(m,s)} (\alpha_i + \beta_i) a_{t-i}^2 + \eta_t - \sum_{j=1}^{s} \beta_j \eta_{t-j}$$

GARCH 模型的优缺点可以通过对最简单的 GARCH(1,1)模型的分析看出。GARCH(1,1)模型为

$$\sigma_t^2 = \alpha_0 + \alpha_1 a_{t-1}^2 + \beta_1 \sigma_{t-1}^2, \quad \alpha_1 \geq 0, \; \beta_1 \leq 1, \; \alpha_1 + \beta_1 < 1$$

第一,大的 a_{t-1}^2 或 σ_{t-1}^2 引起大的 σ_t^2,这意味着大的 a_{t-1}^2 会紧跟着一个大的 a_t^2,这样就会产生在金融时间序列里有名的"波动率聚集"现象。第二,可以证明:若 $1 - 2\alpha_1^2 - (\alpha_1 + \beta_1)^2 > 0$,则

$$\frac{E(a_t^4)}{\left[E(a_t^2)\right]^2} = \frac{3\left[1 - (\alpha_1 + \beta_1)^2\right]}{1 - (\alpha_1 + \beta_1)^2 - 2\alpha_1^2} > 3$$

从而,与 ARCH 模型类似,GARCH(1,1)过程分布的尾部比正态分布尾部厚。第三,此模型给出了一个简单的参数函数来描述波动率的演变。同时,GARCH 模型和 ARCH 模型有相同的弱点。例如,它们对正的和负的"扰动"有相同的反应。

11.1.3 多元时间序列模型

随着经济全球化的发展,各个金融市场之间关联程度逐渐提高。能源金融市场的价格变动受到多重因素的影响,价格变动带来的风险也可以扩散到其他市场,这些都属于多元时间序列分析的研究范畴。

1. 向量自回归模型

1) 模型定义

向量自回归(vector autoregression,VAR)模型是基于数据的统计性质建立的模型,使用模型中所有当期变量对所有变量的若干滞后变量进行回归。VAR 模型是 AR 模型的联立形式,所以称为向量自回归模型。假设 $y_{1,t}$ 和 $y_{2,t}$ 之间存在关系,如果分别建立两个自回归模型,则无法捕捉两个变量之间的关系。如果采用联立的形式,就可以建立起两个变量之间的关系(Johansen,1995)。VAR 模型的结构与两个参数有关,一个是所含变量个数 N,另一个是最大滞后阶数 k。以两个变量 $y_{1,t}$、$y_{2,t}$ 滞后 1 期的 VAR 模型为例:

$$\begin{cases} y_{1,t} = \mu_1 + \pi_{11.1} y_{1,t-1} + \pi_{12.1} y_{1,t-1} + u_{1,t} \\ y_{2,t} = \mu_2 + \pi_{21.1} y_{2,t-1} + \pi_{22.1} y_{2,t-1} + u_{2,t} \end{cases}$$

其中,$u_{1,t}, u_{2,t} \sim \text{IID}(0, \sigma^2)$,$\text{cov}(u_{1,t}, u_{2,t}) = 0$,写成矩阵形式是

$$\begin{bmatrix} y_{1,t} \\ y_{2,t} \end{bmatrix} = \begin{bmatrix} \mu_1 \\ \mu_2 \end{bmatrix} + \begin{bmatrix} \pi_{11.1} & \pi_{12.1} \\ \pi_{21.1} & \pi_{22.1} \end{bmatrix} \begin{bmatrix} y_{1,t-1} \\ y_{2,t-1} \end{bmatrix} + \begin{bmatrix} u_{1,t} \\ u_{2,t} \end{bmatrix}$$

设 $Y_t = \begin{bmatrix} y_{1,t} \\ y_{2,t} \end{bmatrix}$,$\mu = \begin{bmatrix} \mu_1 \\ \mu_2 \end{bmatrix}$,$\Pi_1 = \begin{bmatrix} \pi_{11.1} & \pi_{12.1} \\ \pi_{21.1} & \pi_{22.1} \end{bmatrix}$,$u_t = \begin{bmatrix} u_{1,t} \\ u_{2,t} \end{bmatrix}$,则我们有

$$Y_t = \mu + \Pi_1 Y_{t-1} + u_t$$

那么,含有 N 个变量滞后 k 期的 VAR 模型表示如下:

$$Y_t = \mu + \Pi_1 Y_{t-1} + \Pi_2 Y_{t-2} + \cdots + \Pi_k Y_{t-k} + u_t, \quad u_t \sim \text{IID}(0, \Omega)$$

其中,$Y_t = (y_{1,t}, y_{2,t}, \cdots, y_{N,t})^{\text{T}}$,$\mu = (\mu_1, \mu_2, \cdots, \mu_N)^{\text{T}}$,$u_t = (u_{1,t}, u_{2,t}, \cdots, u_{N,t})^{\text{T}}$,

$$\Pi_j = \begin{bmatrix} \pi_{11.1} & \pi_{12.1} & \cdots & \pi_{1N.1} \\ \pi_{21.1} & \pi_{22.1} & \cdots & \pi_{2N.1} \\ \vdots & \vdots & & \vdots \\ \pi_{N1.1} & \pi_{N2.1} & \cdots & \pi_{NN.1} \end{bmatrix}, \quad j = 1, 2, \cdots, k$$

Y_t 为 $N \times 1$ 阶时间序列列向量,μ 为 $N \times 1$ 阶常数项列向量,$\Pi_1, \cdots, \Pi_k$ 均为 $N \times N$ 阶参数矩阵,$u_t \sim \text{IID}(0, \Omega)$ 是 $N \times 1$ 阶随机误差列向量,其中每一个元素都是非自相关的,但不同方程对应的随机误差项之间可能相关。因 VAR 模型中每个方程的右侧只含有内生变量的滞后项,其与 u_t 是不相关的,所以可以用 OLS(ordinary least square method,普通最小二乘法)依次估计每一个方程,得到的参数估计量都具有一致性(Granger,2001)。

2）平稳性检验

VAR 模型稳定的充分与必要条件是 $\varPi_1$ 的所有特征值都要在单位圆以内（在以横轴为实数轴、纵轴为虚数轴的坐标体系中，以原点为圆心、半径为 1 的圆称为单位圆）。以单方程 AR(2) （$y_t = \varphi_1 y_{t-1} + \varphi_2 y_{t-2} + u_t$）为例，将其改写为

$$\left(1 - \varphi_1 L - \varphi_2 L^2\right) y_t = \Phi(L) y_t = u_t$$

y_t 稳定的条件是 $\Phi(L) = 0$ 的根必须在单位圆以外。对于 VAR 模型，用特征方程判别稳定性。以 $Y_t = \mu + \varPi_1 Y_{t-1} + u_t$ 为例，改写为

$$(I - \varPi_1 L) Y_t = \mu + u_t$$

其中，$A(L) = I - \varPi_1 L$。VAR 模型稳定的条件是特征方程 $|\varPi_1 - \lambda I| = 0$ 的根都在单位圆以内。特征方程 $|\varPi_1 - \lambda I| = 0$ 的根就是 $\varPi_1$ 的特征值。

3）VAR 模型的脉冲响应函数和方差分解

由于 VAR 模型参数的 OLS 估计量具有一致性，单个参数估计值的经济解释是很困难的。要想对一个 VAR 模型做出分析，通常是观察系统的脉冲响应函数和方差分解。

（1）脉冲响应函数：其描述一个内生变量对误差冲击的反应。具体地说，它描述的是在随机误差项上施加一个标准差大小的冲击后对内生变量的当期值和未来值所带来的影响。

对于如下 VAR 模型，$y_{1,t}$ 表示 GDP，$y_{2,t}$ 表示货币供应量，构建模型如下：

$$\begin{cases} y_{1,t} = \mu_1 + \pi_{11.1} y_{1,t-1} + \pi_{12.1} y_{1,t-1} + u_{1,t} \\ y_{2,t} = \mu_2 + \pi_{21.1} y_{2,t-1} + \pi_{22.1} y_{2,t-1} + u_{2,t} \end{cases}$$

在上述模型中，如果误差 $u_{1,t}$ 和 $u_{2,t}$ 不相关，则 $u_{1,t}$ 是 $y_{1,t}$ 的误差项，$u_{2,t}$ 是 $y_{2,t}$ 的误差项。$u_{2,t}$ 的脉冲响应函数衡量当期一个标准差的货币冲击对 GDP 和货币供应量的当前值与未来值的影响。

对于每一个 VAR 模型都可以表示为一个无限阶的向量 MA(∞) 过程。具体方法是对于任何一个 VAR(k) 模型都可以通过友矩阵变换改写成一个 VAR(1) 模型。

$$Y_{t+s} = U_{t+s} + A_1 U_{t+s-1} + A_1^2 U_{t+s-2} + \cdots + A_1^s U_t + \cdots$$
$$Y_{t+s} = U_{t+s} + \varPsi_1 U_{t+s-1} + \varPsi_2 U_{t+s-2} + \cdots + \varPsi_s U_t + \cdots$$

其中，$\varPsi_1 = A_1$，$\varPsi_2 = A_1^2$，$\cdots$，$\varPsi_s = A_1^s$。显然，我们必然有

$$Y_s = \frac{\partial Y_{t+s}}{\partial U_t}$$

$\varPsi_s$ 中第 i 行第 j 列元素表示的是，令其他误差项在任何时期都不变的条件下，当第 j 个变量对应的误差项 $u_{j,t}$ 在 t 期受到一个单位的冲击后，对第 i 个内生变量在 $t+s$ 期造成的影响。把 $\varPsi_s$ 中第 i 行第 j 列元素看作滞后期 s 的函数称作脉冲响应函数，脉冲响应函数描述了其他变量在 t 期以及以前各期保持不变的前提下，$y_{i,t+s}$ 对 $y_{j,t}$ 一次冲击的响应过程。

$$\frac{\partial y_{i,t+s}}{\partial y_{j,t}}, \quad s = 1, 2, 3, \cdots$$

对于每一个 VAR 模型都可以表示为一个无限阶的向量 MA(∞) 过程，即

$$Y_t = \mu + u_t + \Psi_1 U_{t-1} + \Psi_2 U_{t-2} + \cdots$$

对于 u_t 中的每一个误差项，内生变量都对应着一个脉冲响应函数。这样，一个含有 4 个内生变量的 VAR 将有 16 个脉冲响应函数。

（2）方差分解：VAR 的方差分解能够给出随机信息的相对重要性信息。S.E.所对应的列是相对于不同预测期的变量的预测误差，这种预测误差来源于信息的当期值和未来值。方差分解主要取决于方程的顺序。

（3）VAR 模型滞后期 k 的选择：建立 VAR 模型除了要满足平稳性条件外，还应该正确确定滞后期 k。如果滞后期太少，误差项的自相关会很严重，并导致参数的非一致性估计。在 VAR 模型中适当加大 k 值（增加滞后变量个数），可以消除误差项中存在的自相关；但从另外一方面看，k 值又不宜过大。k 值过大会导致自由度减小，直接影响模型参数估计量的有效性。选择 k 值的方法主要有以下几种。

a. 用似然比（likelihood ratio，LR）统计量选择 k 值。

$$LR = -2\left(\log L_{(k)} - \log L_{(k+1)}\right) \sim \chi^2\left(N^2\right)$$

其中，$\log L_{(k)}$ 和 $\log L_{(k+1)}$ 分别为 $VAR(k)$ 和 $VAR(k+1)$ 模型的极大似然估计值；k 为 VAR 模型中滞后变量的最大滞后期。当 VAR 模型滞后期的增加不会使极大似然函数值显著增大时，即 LR 统计量的值小于临界值时，新增加的滞后变量对 VAR 模型毫无意义。

b. 用赤池信息准则（Akaike information criterion，AIC）选择 k 值。

$$AIC = \log\left(\frac{\sum_{t=1}^{T} \hat{u}_t^2}{T}\right) + \frac{2k}{T}$$

其中，$\hat{u}_t$ 为残差；T 为样本容量；k 为最大滞后期。选择 k 值的原则是在增加 k 值的过程中使 AIC 的值达到最小。

c. 用施瓦茨准则（Schwartz criterion，SC）选择 k 值。

$$SC = \log\left(\frac{\sum_{t=1}^{T} \hat{u}_t^2}{T}\right) + \frac{k\log T}{T}$$

选择最佳 k 值的原则是在增加 k 值的过程中使 SC 的值达到最小。

4）格兰杰因果检验

VAR 模型还可用来检验一个变量与另一个变量是否存在因果关系，x_t 对 y_t 是否存在因果关系的检验可通过检验 VAR 模型中以 y_t 为被解释变量的方程是否可以把 x_t 的全部滞后变量剔除掉来完成。比如，VAR 模型中以 y_t 为被解释变量的方程表示如下：

$$y_t = \sum_{i=1}^{k} \alpha_i y_{t-i} + \sum_{i=1}^{k} \beta_i x_{t-i} + u_{i,t}$$

则检验 x_t 对 y_t 存在格兰杰非因果性的原假设是 $\beta_1 = \beta_2 = \cdots = \beta_k = 0$。如果 x_t 的任何一个滞后变量的回归参数的估计值存在显著性，则拒绝原假设，x_t 对 y_t 存在格兰杰因果关系。

2. 协整分析与向量误差修正模型

当许多传统的计量经济学模型在 20 世纪 70 年代的经济动荡面前预测失灵时，误差修正模型显示了它的稳定性和可靠性。格兰杰把模型内部的长期稳定关系称为"协整关系"，于是一种新的理论——协整理论诞生了。传统的计量经济学模型是以某种经济理论或对经济行为的认识来确立模型的理论关系形式，而在协整分析中，则是从经济变量的数据中所显示的关系出发，确定模型包含的变量和变量之间的理论关系。

1）稳定序列

如果一个时间序列 x_t 是稳定的，则有：①其均值 $E(x_t)$ 与时间 t 无关；②其方差 $\text{Var}(x_t)$ 是有限的，并且不随着 t 的推移产生系统的变化。于是，时间序列 x_t 将趋于返回它的均值，以一种相对不变的振幅围绕均值波动。如果一个时间序列 x_t 是非稳定的，则其均值、方差将随 t 而改变。例如，随机游动序列 $x_t = x_{t-1} + \varepsilon_t$，$\varepsilon_t \sim N(0, \delta^2)$。若该序列为非稳定序列，则 $x_t = \sum_{i=1}^{t} \varepsilon_i$，$\text{Var}(x_t) = t\delta^2$。当 $t \to \infty$ 时，$\text{Var} \to \infty$，均值就无意义了，实际上序列 x_t 返回曾经达到过的某一点的期望时间是无穷大。一个稳定序列一般用一个自回归移动平均表达式 $\text{ARMA}(p,q)$ 表示：

$$x_t = \varphi_1 x_{t-1} + \cdots + \varphi_p x_{t-p} + \theta_1 \varepsilon_{t-1} + \cdots + \theta_q \varepsilon_{t-q}$$

2）单整

如果一个序列在成为稳定序列之前必须经过 d 次差分，则该序列被称为 d 单整，记为 $I(d)$。换句话说，如果序列 x_t 是非稳定序列，$\Delta^d x_t$ 是稳定序列，则 x_t 是 d 阶单整序列，记作 $I(d)$。其中，

$$\Delta x_t = x_t - x_{t-1}, \quad \Delta^2 x_t = \Delta(\Delta x_t), \quad \Delta^d x_t = \Delta(\Delta^{d-1} x_t)$$

如果有两个序列分别为 d 阶单整和 e 阶单整，即 $x_t \sim I(d)$，$y_t \sim I(e)$，$e > d$，则两个序列的线性组合是 e 阶单整序列，可表达为

$$z_t = \alpha x_t + \beta y_t \sim I(\max(d,e))$$

3）协整

如果序列 $X_{1t}, X_{2t}, \cdots, X_{kt}$ 都是 d 阶单整，存在一个向量 $a = (a_1, a_2, \cdots, a_k)$，使得 $Z_t = a X_t^{\text{T}} \sim I(d-b)$，其中，$b > 0$，$X_t^{\text{T}} = (X_{1t}, X_{2t}, \cdots, X_{kt})^{\text{T}}$，则认为序列 $X_{1t}, X_{2t}, \cdots, X_{kt}$ 是 $(d-b)$ 阶协整，记为 $X_t \sim \text{CI}(d,b)$，a 为协整向量。例如，居民收入时间序列 Y_t 为 1 阶单整序列，居民消费时间序列 C_t 也为 1 阶单整序列，如果二者的线性组合 $a_1 Y_t + a_2 C_t$ 构成的新序列为 0 阶单整序列，则可以认为序列 Y_t 与 C_t 是（1,1）阶协整。由此可见，如果两个变量都是单整变量，只有当它们的单整阶相同时，才可能协整，如上面的居民收入 Y_t 和居民消费 C_t；当它们的单整阶不相同时，就不可能协整，如居民消费 C_t 和居民储蓄余额 S_t（一般作为存量的居民储蓄余额 S_t 为 2 阶单整）。

三个以上的变量如果具有不同的单整阶数，有可能会通过线性组合构成低阶单整变

量。例如，如果存在 $W_t \sim I(1)$、$V_t \sim I(2)$、$U_t \sim I(2)$，并且满足如下条件：
$$P_t = aV_t + bU_t \sim I(1), \quad Q_t = cW_t + eP_t \sim I(0)$$
那么我们认为，$V_t, U_t \sim \text{CI}(2,1)$，$W_t, P_t \sim \text{CI}(1,1)$。

从协整的定义可以看出协整的经济意义在于：对于两个变量，虽然它们具有各自的长波动规律，但是如果它们是协整的，则它们之间存在着一个长期稳定的比例关系。

4）协整检验

（1）两变量的 Engle-Granger（恩格尔-格兰杰）检验。为了检验两变量 Y_t、X_t 是否为协整，Engle 和 Granger 于 1987 年提出两步检验法（Engle，2001）。第一步，用 OLS 估计下列方程：
$$Y_t = aX_t + \varepsilon_t$$
得到
$$\hat{Y}_t = \hat{a}X_t$$
$$\hat{e}_t = Y_t - \hat{Y}_t$$
称为协整回归。第二步，检验 $\hat{e}_t$ 的单整性。如果 $\hat{e}_t$ 为稳定序列，则认为变量 Y_t、X_t 为(1,1)阶协整；如果 Y_t 为 1 阶单整，则认为变量 Y_t、X_t 为(2,1)阶协整。检验 $\hat{e}_t$ 的单整性的方法即 DF（Dickey-Fuller，迪基-福勒）检验。

（2）多变量协整关系的检验。上述 Engle-Granger 检验通常用于检验两变量之间的协整关系，对于多变量之间的协整关系，Johansen（约翰森）于 1988 年，以及与 Juselius（尤塞柳斯）于 1990 年提出了一种用极大或然法进行检验的方法，通常称为 Johansen 检验（Johansen，1995）。

5）误差修正模型

误差修正模型（error correction model，ECM）是一种具有特定形式的计量经济学模型，它的主要形式是由 Davidson（戴维森）、Hendry（亨德利）、Srba（塞尔维亚）和 Yeo（杨）于 1978 年提出的，称为 DHSY 模型（Davidson et al.，1978）。为了便于理解，我们通过一个具体的模型来介绍它的结构。

对于(1,1)阶自回归分布滞后模型，表示为
$$y_t = \beta_0 + \beta_1 z_t + \beta_2 y_{t-1} + \beta_3 z_{t-1} + \varepsilon_t$$
移项后得到
$$\Delta y_t = \beta_0 + \beta_1 z_t + (\beta_2 - 1)\left(y - \frac{\beta_1 + \beta_2}{1-\beta_2}\right)_{t-1} + \varepsilon_t$$

上式即为误差修正模型，其中，$y - \dfrac{\beta_1+\beta_2}{1-\beta_2}z$ 为误差修正项。显然，上式实际上是一个短期模型，反映了 y_t 的短期波动 Δy_t 是如何被决定的。如果变量 y 和 z 之间存在长期均衡关系，即存在 $y = az$，例如，若 $z = \bar{z}$，那么 y 的均衡值与 $\bar{z}$ 有下列均衡关系：
$$\bar{y} = \frac{\beta_1 + \beta_2}{1 - \beta_2}\bar{z}$$

误差修正项正是与它相一致的，所以它反映长期均衡对短期波动的影响；差分项反

映变量短期波动的影响。于是，被解释变量的波动被分成两部分：一部分为短期波动，另一部分为长期均衡。

上述误差修正模型可以写成

$$\Delta y_t = \beta_0 + \beta_1 \Delta z_t + \gamma \text{ecm} + \varepsilon_t$$

其中，ecm 为误差修正项。一般情况下 $|\beta_2|<1$，所以有 $\gamma = \beta_2 - 1 < 0$，我们可以据此分析 ecm 的修正作用：若 $t-1$ 时刻 y 大于其长期均衡解 $\dfrac{\beta_1 + \beta_2}{1 - \beta_2} z$，ecm 为正，$\gamma \times \text{ecm}$ 为负，则 Δy_t 减少；若 $t-1$ 时刻 y 小于其长期均衡解 $\dfrac{\beta_1 + \beta_2}{1 - \beta_2} z$，ecm 为负，$\gamma \times \text{ecm}$ 为正，则 Δy_t 增大。这体现了长期均衡误差对 y_t 的控制。

6）误差修正模型与协整的关系

对于上述(1,1)阶自回归分布滞后模型，如果 $y_t \sim I(1)$，$z_t \sim I(1)$，那么，误差修正模型左边就满足 $\Delta y_t \sim I(0)$。只有 y 与 z 协整，才能保证右边也是 $I(0)$。此时，$\dfrac{\beta_1 + \beta_3}{1 - \beta_2}$ 为协整系数，$y_t = \dfrac{\beta_1 + \beta_3}{1 - \beta_2} z_t$ 即为均衡误差。

3. 混频数据处理模型

传统时间序列回归模型要求所选的解释变量和被解释变量的样本数据频率必须相同，否则模型无法估计，但实际中我们接触的宏观经济和微观经济指标数据的频率不尽相同，简单平均或将高频数据直接降频会损失高频数据本身潜在的信息和特征，混频数据处理模型能有效避免传统计量经济模型对不同频率数据"预处理"带来的有效信息损失或无效信息虚增问题。

1）集成和插值

标准的集成方法是根据低频数据的周期对高频数据做平均或累加，另一种是根据低频数据的周期选取高频数据的最新值。插值方法不常用，实施分两步：第一步，低频数据映射到高频时间索引上，缺失值用插值补全；第二步，在增广数据集上拟合模型参数。

2）桥接等式

由于统计数据的发布有时间延迟，在实际使用预测模型时可能某些高频数据尚未发布，这时就需要桥接等式补全未发布的数据（Foroni and Marcellino，2013）。原则上，桥梁模型要求在预测期必须知道全部的回归系数，只允许对当期进行估计。桥接等式是用于连接高频数据和低频数据的线性回归，表示为

$$y_{tp} = \alpha + \sum_{i=1}^{j} \beta_i(L) x_{itq} + u_{tq}$$

其中，$\beta_i(L)$ 为一个阶数为 k 的滞后多项式；x_{itq} 为集成后的高频指标。为了预测月度指标的缺失观测值，然后将其加总得到季度值 x_{itq}，通常使用自回归模型，其中滞后长度基于信息准则。桥接等式的实施分两步：第一步，对高频数据建立预测模型，并将预测数

据集成，与低频数据的频率保持一致；第二步，将集成后的数据放入桥接等式中做回归。

3）混合数据抽样

桥接等式并未真正解决将高、低频数据纳入一个统一模型框架下的问题，数据的集成不可避免。混合数据抽样（mixed data sampling，MIDAS）巧妙地应用"集约参数化"的手段使得高频数据在无须集成的前提下可以作为低频数据的解释变量。在某些情形下，若选择的高频数据是来自金融市场的交易数据，则可以实现对低频数据的实时预测（于扬和王维国，2015）。

a. 混频数据回归模型的基本形式

（1）一元情况。设 Y_t 表示第 t 期低频被解释变量，X_t^m 表示高频解释变量，m 代表第 t 期到第 $t-1$ 期高频数据的个数，q 是高频变量的滞后阶数，则单变量混频数据回归模型的具体形式为

$$Y_t = \alpha + \beta\left(\omega_1 X_{1,t}^m + \omega_2 X_{t-1/m}^m + \omega_3 X_{t-2/m}^m + \cdots + \omega_{m+1} X_{1,t-1}^m + \cdots + \omega_{2m+1} X_{1,t-2}^m + \cdots + \omega_{qm+1} X_{1,t-q}^m\right) + \mu_t$$

可简记为

$$Y_t = \alpha + \beta W(\theta, L) X_t^m + \mu_t$$

其中，$W(\theta, L) = \sum_{i=0}^{qm} \omega_i(\theta) L^{i/m}$，$L^{i/m} X_t^m = X_{t-i/m}^m$，$\omega_i(\theta)$ 为关于参数向量 θ 的函数，且 $\sum_{i=0}^{qm} \omega_i(\theta) = 1$，$L$ 为延迟算子；随机扰动项 μ_t 具有传统模型性质且 $\mu_t \sim N(0, \sigma^2)$。

（2）多元情况。Y_t 表示低频被解释变量，$X_{1,t}^{m_1}, X_{2,t}^{m_2}, \cdots, X_{k,t}^{m_k}$ 表示高频解释变量，则多元混频数据回归模型 M-MIDAS 的形式为

$$Y_t = X_t(\theta)\beta + \mu_t$$

其中，$X_t(\theta) = \left(1, X_{1,t}^{m_1}(\theta_1), X_{2,t}^{m_2}(\theta_2), \cdots, X_{k,t}^{m_k}(\theta_k)\right)$；$\beta = (\beta_0, \beta_1, \beta_2, \cdots, \beta_k)$。高频解释变量 $X_{j,t}^{m_j}(\theta_j)$ 的表达式为

$$X_{j,t}^{m_j}(\theta_j) = W_j(\theta_j, L) X_j^{m_j}, \quad W_j(\theta_j, L) = \sum_{i=1}^{q_j m_j} \omega_{ij}(\theta_j) L^{i/m_j}$$

j（$j=1,2,\cdots,k$）为解释变量个数，$m_1, m_2, \cdots, m_k$ 为第 t 期到第 $t-1$ 期高频数据的个数，即高频解释变量的频率，它们之间可以相等也可以不等，$q_1, q_2, \cdots, q_k$ 为高频变量的滞后阶数，$q_1/m_1, q_2/m_2, \cdots, q_k/m_k$ 为每个高频解释变量的滞后阶数，$\sum_{i=1}^{q_j m_j} \omega_{ij}(\theta_j)$ 为高频变量 $X_{j,t}^{m_j}$ 的权重函数，可以根据不同高频变量的特征设定不同形式，但一般情况下要求每个权重函数之和为 1。

b. MIDAS 模型的参数检验

我们设混频数据模型 MIDAS 参数为 $\gamma(\theta)$，且 $\gamma(\theta) = \begin{pmatrix} \alpha \\ \beta(\theta) \end{pmatrix}$，具体假设形式：

$$H_0: R\gamma(\theta) = 0, \quad R = \begin{pmatrix} 1 & 0 \\ 0 & 1 \end{pmatrix}$$

$$H_1: R\gamma(\theta) \neq 0$$

根据约束条件设置 Wald（沃尔德）统计量，如下：

$$W_T = \left[R\hat{\gamma}(\theta)\right]\left[\text{Var}(R\hat{\gamma}(\theta))\right]^{-1}\left[R\hat{\gamma}(\theta)\right] = \hat{\gamma}(\theta)^T R^T \left(RQ^*R^T\right)^{-1}\left[R\hat{\gamma}(\theta)\right]$$

其中，Q^* 为 $\hat{\gamma}(\theta)$ 的方差协方差矩阵，经推导 $Q^* = \sigma^{*2}\left(X^T X\right)^{-1}$，$\sigma^{*2} = \dfrac{\sum e^{*2}}{n-k}$。

在大样本的情况下：$T \to \infty$ 时，$W_T \sim \chi^2(J)$，由于 σ^{*2} 只是理论上的未知量，$(T-K)S^{*2}/\sigma^{*2} \sim \chi^2(T-K)$，且这两个服从 χ^2 分布的随机变量都独立，所以可以设计如下统计量

$$F = \frac{\hat{\gamma}(\theta)^T R^T \left(R\sigma^{*2}(X^T X)^{-1} R^T\right)^{-1}\left[R\hat{\gamma}(\theta)\right]/J}{(T-K)S^{*2}/\sigma^{*2}(T-K)}, \text{化简得 } F = \frac{\hat{\gamma}(\theta)^T R^T \left(R(X^T X)^{-1} R^T\right)^{-1}\left[R\hat{\gamma}(\theta)\right]}{JS^{*2}} \sim$$

$F(J, T-K)$。因此，对于混频数据模型参数的显著性，可以通过上述构造的 F 统计量进行判断。

11.1.4 时间序列模型在能源金融中的应用

◆应用实例 11-1：中国新能源政策对新能源股票价格预期变化的影响[①]

在本应用实例中，我们使用了中国新能源指数（NE）与四个分部门指数[太阳能（SE）、风能（WP）、核能（NU）和锂电池（LB）]的每日收盘价。基于所有指数，我们得到了 2007 年 1 月 4 日至 2012 年 4 月 27 日期间 NE 和 2010 年 9 月 13 日至 2012 年 4 月 27 日分部门指数的每日收盘价。

首先，我们使用 ARMA(p,q) 模型对预期回报的动态进行建模。对于每日股票回报率 r_t，具有 p 和 q 滞后的 ARMA 模型表示为以下等式：

$$r_t = \phi_0 + \sum_{j=1}^{p} \phi_j r_{t-j} + \varepsilon_t - \sum_{i=1}^{q} \theta_i \varepsilon_{t-i} + \varphi d_t$$

其中，φ 和 θ 分别为 AR 和 MA 参数；d_t 为一个虚拟变量，用于解释某种政策措施的宣布：如果在 t 宣布了一项政策，则在日期 t 取 1，否则取 0，因此它允许回报取决于政策宣布。参数 φ 则捕捉了政策宣布对收益均值产生的边际影响。

表 11-1 展示了新能源政策对各指数均值的影响。通过观察参数 φ 的取值和显著性水平可知，新能源政策对这些指数的均值几乎没有显著影响，但对 WP 指数有显著的负向影响。这一结果说明新能源政策对各行业的影响存在异质性。

---

① 原文链接：https://www.sciencedirect.com/science/article/pii/S1364032115001136。

表 11-1 基于 ARMA 模型的估计结果

	项目	NE	SE	WP	NU	LB
平均方程	ϕ_0	0.056 (0.85)	−0.001 (−1.04)	−0.001 (−0.64)	−0.000 (0.81)	−0.000 (−0.44)
	ϕ_1	0.034 (1.25)	**0.097** (1.96)	0.047 (0.91)	0.034 (0.73)	0.027 (0.53)
	θ_1					
	φ	0.771 (0.54)	−0.003 (−0.66)	**−0.012** (−4.55)	0.005 (−1.19)	0.002 (−0.21)
诊断统计	对数似然值	−2860.48	995.85	1071.08	1050.36	995.46
	AIC 值	4.448	−5.081	−5.465	−5.354	−5.082

注：括号内的数值表示 z 统计量；加粗的数值表示在 5%或 10%的显著性水平下显著

◆**应用实例 11-2**：运用 GARCH 模型刻画中国原油价格波动特征[①]

在本应用实例中，我们选取中国大庆原油的日平均现货交易价格（单位是美元/桶）进行分析，样本区间为 1999 年 7 月 7 日到 2006 年 8 月 4 日，其中价格序列中缺失的数据使用相邻日数据的几何平均值插补，共获得 1829 个价格样本。其中，1999 年 7 月 7 日到 2005 年 8 月 19 日，共 1579 个样本，用于数据建模；从 2005 年 8 月 22 日到 2006 年 8 月 4 日，共 250 个样本，用于检验模型的预测能力。为了缓冲油价的波动程度，我们采用几何对数百分收益率，即令大庆原油市场第 t 日的价格为 P_t，则第 t 日的对数百分收益率为 $R_t = 100\ln\dfrac{P_t}{P_{t-1}}$，从而得到 1828 个收益率样本（其中用于建模的收益率样本为 1578 个）。

为了深入研究油价的波动特征，我们引入了 GARCH 模型的两种变体：GARCH-M、TGARCH 模型。简单的 GARCH-M(1,1)模型能写成

$$r_t = \mu + c\sigma_t^2 + a_t, \quad a_t = \sigma_t \varepsilon_t$$
$$\sigma_t^2 = \alpha_0 + \alpha_1 a_{t-1}^2 + \beta_1 \sigma_{t-1}^2$$

其中，μ 和 c 为参数，参数 c 叫作风险溢价参数。一个 TGARCH(m,s) 模型假定

$$\sigma_t^2 = \alpha_0 + \sum_{i=1}^{s}(\alpha_i + \gamma_i N_{t-i})a_{t-i}^2 + \sum_{j=1}^{m}\beta_j \sigma_{t-j}^2$$

其中，N_{t-i} 为关于 a_{t-i} 的指示变量，即

$$N_{t-i} = \begin{cases} 1, & a_{t-i} < 0 \\ 0, & a_{t-i} \geq 0 \end{cases}$$

α_i、γ_i 和 β_j 为非负参数，满足类似于 GARCH 模型的条件。我们接下来比较 GARCH(1,1)、GARCH-M(1,1)和 TGARCH(1,1)三种模型的检验结果。

表 11-2 的结果表明，中国原油价格与国际接轨以来，其波动不但存在显著的 GARCH 效应，而且存在显著的 GARCH-M 效应和 TGARCH 效应，即油价的波动存在明显的

[①] 原文链接：https://kns.cnki.net/kcms2/article/abstract?v=3uoqIhG8C44YLTlOAiTRKgchrJ08w1e7aLpFYbsPrqFa36yn40pOpfwyE468QNvx9swHdGmyaxQutSNwWeYxsaRpz-szqBod&uniplatform=NZKPT。

不对称现象（也称作杠杠效应）。由于三种 GARCH 模型的参数估计结果显示它们的对数似然值和 AIC 值均相差无几，因此可以认为这三种模型的拟合效果几乎一样，都是可取的。

表 11-2 基于 GARCH 模型的估计结果

参数		GARCH(1,1)	GARCH-M(1,1)	TGARCH(1,1)
均值方程	γ		−0.0757（0.0129）	
	随机游走项	−0.8854（0.0000）	−0.8449（0.0000）	−0.8855（0.0000）
	MA(1)	0.8748（0.0000）	0.8286（0.0000）	0.8744（0.0000）
	常数项	0.2415（0.0067）	0.5011（0.0002）	0.2140（0.0170）
方差方程	α_0	0.1793（0.0021）	0.2537（0.0002）	0.1855（0.0011）
	α_1	0.0751（0.0000）	0.0878（0.0000）	0.0518（0.0032）
	β_1	0.8859（0.0000）	0.8558（0.0000）	0.8881（0.0000）
	AIC 值	4.2692	4.2690	4.2687
	对数似然值	−3359.271	−3358.137	−3357.895
	GED 参数	1.5080（0.0000）	1.5033（0.0000）	1.5139（0.0000）

注：括号内的数值表示 p 值。

从 GARCH(1,1)模型的估计结果可看到，中国原油价格第 t 日的收益率与其 $t-1$ 日的收益率以及 $t-1$ 日的收益率残差的一阶移动平均项均显著有关，其中，$t-1$ 日的收益率对第 t 日的收益率存在较强的负向推动作用。另外，方差方程中系数之和 $\alpha_1+\beta_1$ 刻画了波动冲击的衰减速度，其值越靠近 1，衰减速度越慢。在 GARCH(1,1)模型中，该系数之和为 0.9610，说明收益率具有有限方差，即属于弱平稳过程，收益的波动最终会衰减，但可能会持续较长时间。其中，β_1 为 0.8859，表示当期方差冲击的 88.59%在下一期仍然存在，因此半衰期为 5 天。

◆应用实例 11-3：运用格兰杰因果检验分析清洁能源股票与贵金属市场的关联性[①]

在本应用实例中，我们选取的指数为 WilderHill Clean Energy Index（ECO），样本包含了 2001 年 1 月 1 日至 2021 年 12 月 12 日的每日数据，用于检验清洁能源股票市场与贵金属之间的关系。

基于清洁能源股票与贵金属收益率数据，进行格兰杰因果检验。表 11-3 展示了正常市场情形下两类市场在各自收益率分布（中心分布、右尾分布、左尾分布）下的因果关联。如表 11-3 所示，我们可以得出，在正常市场条件与中心分布下，清洁能源股票收益率是贵金属收益率变动的格兰杰原因，这说明清洁能源股票价格在正常市场条件下具备很强的价格发现功能。此外，我们还发现，在右尾分布中，清洁能源股票与贵金属收益率之间存在着双向因果关系，表明在牛市期间，清洁能源股票与贵金属市场间的相关性

---

① 原文链接：https://www.sciencedirect.com/science/article/pii/S0301420722003890。

变得更强。在左尾分布中，清洁能源股票仅与黄金存在双向因果关系，与其他贵金属只存在单向的因果关系，这说明在市场下行期间，黄金并不能作为清洁能源股票投资者规避风险的工具。

表 11-3　分布测试结果中的因果关系

因果关系方向	中心分布	右尾分布	左尾分布
ECO→Gold	11.813[***]	61.910[***]	200.511[***]
Gold→ECO	−6.106	22.229[***]	2.436[***]
ECO→Silver	10.296[***]	27.783[***]	285.637[***]
Silver→ECO	−9.020	40.729[***]	1.100
ECO→Platinum	−40.291[***]	195.642[***]	316.830[***]
Platinum→ECO	−3.549	84.345[***]	−3.920
ECO→Palladium	13.810[***]	126.670[***]	453.145[***]
Palladium→ECO	−6.861	42.792[***]	−1.695

注：Gold、Silver、Platinum、Palladium 分别表示黄金、银、铂金、钯金
***表示在 1%置信水平下显著

11.2　网络科学理论

能源金融市场通常可被看作一个复杂系统，运用复杂网络方法可以有效刻画市场间的复杂性。通过将能源金融系统中的各市场视为网络的节点，将市场之间的某种关系视为网络的连边，可以将能源金融市场作为一个系统来考察。能源金融市场的关联状况会随着时间变迁而发生改变，从而形成不同时期不同联动性的结构关系。考察能源金融市场复杂系统网络的演变规律，可以掌握不同时期各市场在系统中所处的地位及其对系统造成的影响，从全局视角研判能源金融市场的演化情况。本节将首先介绍网络科学理论发展历程，其次介绍复杂网络的概念和特征，再次介绍金融市场中的复杂网络构建，最后介绍复杂网络在能源金融中的应用。

11.2.1　网络科学理论发展历程

在现代世界中，从社交网络到互联网，从生物网络到交通网络，网络科学构成了我们日常生活的重要部分。网络科学是一门研究物理、生物和社会现象的网络化表达，创建针对这些现象具有预测效果的模型的学科。它以"网络"的角度、思维方式来看待世界，使用数学和计算模型来理解和解释网络的特性，如网络的拓扑结构、节点和边的分布，以及网络的动态行为等。在信息传播、疾病传播、网络安全、社会结构以及生物科学等方面，网络科学理论都发挥着重要作用，帮助我们更好地理解和应对复杂问题。比如，网络科学可以模拟病毒在社区中的传播路径，从而帮助我们制定有效的防控策略。

此外，网络科学理论的发展也对社交媒体的兴起和大规模数据分析产生了深远影响。在社交媒体领域，网络科学可以帮助我们理解信息传播的模式，识别关键的影响者，从而实现精准推送和有效营销。在大规模数据分析方面，网络科学提供的模型和工具使我们能够更有效地管理和分析数据，理解数据中的模式和关系，从而做出更准确的预测和决策。

本节将介绍网络科学理论的发展历程，包括图论的发展和应用、社会网络分析的起源和早期研究。

1. 图论的发展和应用

网络科学的起源可以追溯到 18 世纪的图论。图论是一种用于理解网络或系统中对象之间关系的数学工具。最早的图论研究可以追溯到欧拉在 1736 年的工作。欧拉研究了哥尼斯堡七桥问题，这个问题涉及在一个城市中穿越七座桥而不重复穿越的问题。欧拉首次提出了图的概念来描述这个问题，他把陆地抽象成顶点，桥抽象成连接顶点的边。考虑到每进入一个点，都要从这个点出来，所以如果能返回去，每个点的边就应该是偶数。而图中的边是奇数条，所以肯定无解。由此图论产生，这是最早的网络图思维。在这个问题中，欧拉发现了图的"度"的概念，即一个节点连接的边的数量。他发现，如果一个图中所有节点的度都是偶数，那么存在一条既覆盖所有边又不重复的路径，这就是欧拉回路。如果只有两个节点的度是奇数，那么存在一条从一个奇数节点到另一个奇数节点的覆盖所有边且不重复的路径，这就是欧拉路径。

此外，图论还研究了连通性问题。例如，一个图是否连通，即是否存在一条路径可以从任一节点到达任一其他节点；一个图的连通分量，即一个图可以被划分为多少个连通的子图。这些概念在理解网络的连通性和稳健性方面具有重要意义。图论的这些早期研究为后来的网络科学研究奠定了基础，使我们能够更深入地理解网络的结构和性质。

2. 社会网络分析的起源和早期研究

社会心理学家莫雷诺的著作 *Who Shall Survive?*: *A New Approach to the Problem of Human Interrelations* 中，通过社会测量与社会图，研究了一个群体的人际结构。他把人员用顶点表示，人对人的喜爱用线表示。莫雷诺的研究首次确立了今日社会网络分析的基础。

社会网络分析的早期发展主要集中在了解社交网络结构和社交距离的问题上，其中的代表性研究包括弗洛伊德的"小世界实验"和米尔格拉姆的"六度分离理论"。

弗洛伊德的"小世界实验"在 20 世纪 60 年代进行，弗洛伊德通过一个寄信的实验来研究社交网络的结构。在这个实验中，参与者需要将一封信通过他们的社交关系网络传递给一个他们并不直接认识的目标人物。结果显示，尽管参与者和目标人物之间可能存在着大量的中间人，但平均来看，一封信只需要经过 5~6 个中间人就能传递给目标人物。这个实验揭示了社交网络中的"小世界现象"，即任何两个人在社交关系网络中的距离都不会太远。

米尔格拉姆的"六度分离理论"在 20 世纪 70 年代提出,米尔格拉姆提出在社交网络中,任何两个人之间的最短路径长度不会超过六步。这个理论进一步证实了"小世界现象",并对后来的网络科学产生了深远影响。

这两项研究都显示了社交网络中的连接紧密性,即使在巨大的社交网络中,个体之间也可以通过相对较短的路径进行连接。这对于我们理解社会行为和信息传播有着重要的启示。

11.2.2 复杂网络的概念和特征

复杂网络(complex network),是指具有自组织、自相似、吸引子、小世界、无标度中部分或全部性质的网络。近年来,人们在刻画复杂网络结构的统计特性上提出了许多概念和方法,本节将对网络的图表示做一个基本介绍,然后从三个基本概念——平均路径长度(average path length)、聚类系数(clustering coefficient)和度分布(degree distribution)来阐述复杂网络的概念。

1)网络的图表示

一个具体网络可抽象为一个由点集 V 和边集 E 组成的图 $G=(V,E)$。节点和边是网络图表示的基本元素,节点数记为 $N=|V|$,边数记为 $M=|E|$。E 中每条边都有 V 中一对点与之相对应。以下给出一些名词及其解释。

无向网络:如果任意节点对 (i,j) 与 (j,i) 对应同一条边,则该网络称为无向网络(undirected network)。

有向网络:如果任意节点对 (i,j) 与 (j,i) 不对应同一条边,则该网络称为有向网络(directed network)。

加权网络:如果给每条边都赋予相应的权值,则该网络称为加权网络(weighted network)。

无权网络:如果没有给每条边赋予相应的权值,则该网络称为无权网络(unweighted network)。当然,无权网络也可看作每条边的权值都为 1 的等权网络。

如图 11-1 所示,图 11-1(a)是单一类型节点和边的无向网络,图 11-1(b)是不同类型节点和边的无向网络,图 11-1(c)是节点和边权重变化的加权无向网络,图 11-1(d)是有向网络。

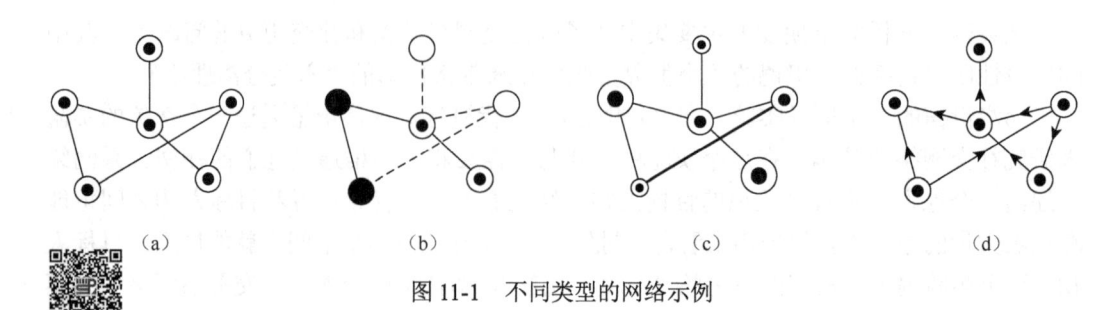

图 11-1 不同类型的网络示例

2）平均路径长度

网络中两个节点 i 和 j 之间的距离 d_{ij} 定义为连接这两个节点的最短路径上的边数。网络中任意两个节点之间的距离的最大值称为网络的直径（diameter，记为 D），即

$$D = \max_{ij} d_{ij}$$

网络的平均路径长度 L 定义为任意两个节点之间的距离的平均值，即

$$L = \frac{1}{\frac{1}{2}N(N+1)} \sum_{i \geqslant j} d_{ij}$$

其中，N 为网络节点数。网络的平均路径长度也称为网络的特征路径长度（characteristic path length）。为了便于数学处理，上述平均路径长度公式中包含了节点到自身的距离（当然该距离为零）。如果不考虑节点到自身的距离，那么该公式要改变成如下形式：

$$L = \frac{1}{\frac{1}{2}N(N-1)} \sum_{i \geqslant j} d_{ij}$$

3）聚类系数

一般地，假设网络中的一个节点 i 有 k_i 条边将它和其他节点相连，这 k_i 个节点就称为节点 i 的邻居。显然，在这 k_i 个节点之间最多可能有 $k_i(k_i-1)/2$ 条边。这 k_i 个节点之间实际存在的边数 E_i 和总的可能的边数 $k_i(k_i-1)/2$ 之比就定义为节点 i 的聚类系数 C_i，即

$$C_i = \frac{2E_i}{k_i(k_i-1)}$$

整个网络的聚类系数 C 就是所有节点 i 的聚类系数 C_i 的平均值。很明显，$0 \leqslant C \leqslant 1$。$C=0$，当且仅当所有的节点均为孤立节点，即没有任何连接边；$C=1$，当且仅当网络是全局耦合的，即网络中任意两个节点都直接相连。

4）度与度分布

节点 i 的度 k_i 定义为与该节点连接的其他节点的数目。有向网络中一个节点的度分为出度（out-degree）和入度（in-degree）。节点的出度是指从该节点指向其他节点的边的数目；节点的入度是指从其他节点指向该节点的边的数目。网络中所有节点 i 的度 k_i 的平均值称为网络的（节点）平均度，记为 $\langle k \rangle$。网络中节点的度的分布情况可用分布函数 $P(k)$ 来描述。$P(k)$ 表示的是一个随机选定的节点的度恰好为 k 的概率。

5）实际网络的统计性质

对各种实际网络的基本统计数据进行统计（Newman，2003），可以得到如表 11-4 所示的结果。测量的性质包括：有向或无向、节点总数 N、边的总数 M、平均度 $\langle k \rangle$、平均路径长度 L、聚类系数 C。如果符合幂律，则给出幂指数 γ（对于有向网络，则分别给出入度指数和出度指数）；否则为"—"。表 11-4 中的空格表示没有可靠的数据。各种网络对应的参考文献，详见 Newman（2003）的研究。

表 11-4　各种实际网络的基本统计数据

网络		类型	N	M	$\langle k \rangle$	L	γ	C
社会领域	电影演员	无向	449 913	25 516 482	113	3.48	2.3	0.78
	公司董事	无向	7 673	55 392	14.4	4.6	—	0.88
	数学家合作	无向	253 339	496 489	3.92	7.57	—	0.34
	合作物理学家	无向	52 909	245 300	9.27	6.19	—	0.56
	合作生物学	无向	1 520 251	11 803 064	15.5	4.92	—	0.6
	电话呼叫图	无向	47 000 000	80 000 000	3.16			
	电子邮件	有向	59 912	86 300	1.44	4.95	1.5/2.0	0.16
	电子邮件地址	有向	16 881	57 029	3.38	5.22		0.13
	学生关系	无向	573	477	1.66	16	—	0
	性关系	无向	2 810			3.2		
信息领域	WWW（nd.edu）	有向	269 504	1 497 135	5.55	11.3	2.1/2.4	0.29
	WWW（Altavista）	有向	203 549 046	2.13×10^9	10.5	16.2	2.1/2.7	
	引用网络	有向	783 339	6 716 198	8.57		3.0/—	
	罗氏词典	有向	1 022	5 103	4.99	4.87		0.15
	单词搭配网络	无向	460 902	1.7×10^7	70.1		2.7	0.44
技术领域	自治层互联网	无向	10 697	31 992	5.98	3.31	2.5	0.39
	电力网	无向	4 941	6 594	2.67	19	—	0.08
	铁路网	无向	587	19 603	66.8	2.16	—	0.69
	软件包	有向	1 439	1 723	1.2	2.42	1.6/1.4	0.08
	软件类	有向	1 377	2 213	1.61	1.51	—	0.01
	电子电路	无向	24 097	53 248	4.34	11.1	3	0.03
	对等网络	无向	880	1 296	1.47	4.28	2.1	0.01
生物领域	代谢网络	无向	765	3 686	9.64	2.56	2.2	0.67
	蛋白质网络	无向	2 115	2 240	2.12	6.8	2.4	0.07
	海洋食物网	有向	135	598	4.43	2.05	—	0.23
	淡水食物网	有向	92	997	10.8	1.9	—	0.09
	神经网络	有向	307	2 359	7.68	3.97	—	0.28

11.2.3　金融市场中的复杂网络构建

在金融市场中，网络科学方法已经被广泛应用于风险管理、资产定价、投资组合优化等方面。网络科学方法的研究基于复杂网络理论，通过构建金融市场网络，分析网络性质和结构，揭示金融市场的内在模式和规律，为决策者提供更为科学的理论支撑。金融市场网络是指由金融市场中的交易节点和交易行为组成的复杂网络，其中最关键的问题是确定节点之间的连接关系。本节介绍金融市场中的相关性或相依性网络、溢出网络的构建方法。

1. 金融市场的相关性或相依性网络构建

相关性网络模型是基于市场数据构建复杂金融网络的代表性方法，主要通过过滤金融实体间相关性矩阵来构建相对应的金融网络，是一种无向加权网络。接下来，我们将分别介绍 Pearson（皮尔逊）相关系数、Kendall（肯德尔）秩相关系数和 Tail 相关系数三种常见的相关性网络构建方法。

1）Pearson 相关系数

Pearson 相关也称为积差相关（或积矩相关），是英国统计学家皮尔逊于 20 世纪提出的一种计算线性相关的方法。其只能刻画时间序列间线性相关性，不能度量能源金融市场中非常重要的非线性特征，以及在极端事件发生时能源金融市场间的关联性。Pearson 相关系数可以刻画子市场间是否具有线性相关性。对于变量 X 和 Y，两者的 Pearson 相关系数 ρ_{ij} 可以表示为

$$\rho_{ij} = \frac{E(XY) - E(X)E(Y)}{\sigma(X)\sigma(Y)}$$

其中，$E(\cdot)$ 和 $\sigma(\cdot)$ 分别为均值和标准差。

2）Kendall 秩相关系数

Kendall 秩相关系数能够度量股票间变化的一致性。设 (X,Y) 为随机变量，(X_1,Y_1) 和 (X_2,Y_2) 为 (X,Y) 的两组独立的观测值，则 X 和 Y 的 Kendall 秩相关系数 τ 定义为

$$\tau = P\big[(X_1 - X_2)(Y_1 - Y_2) > 0\big] - P\big[(X_1 - X_2)(Y_1 - Y_2) < 0\big]$$

其中，$P\big[(X_1 - X_2)(Y_1 - Y_2) > 0\big]$ 为 X 与 Y 变化方向相同时的概率；$P\big[(X_1 - X_2)(Y_1 - Y_2) < 0\big]$ 为 X 与 Y 变化方向相反时的概率。

3）Tail 相关系数

Tail 相关系数可用来衡量股票市场中股票出现极值的相关性。设 X 和 Y 为两个连续的随机变量，具有边缘分布函数 $F(x)$、$G(y)$ 以及 Copula 函数 C，则可以定义 X 和 Y 的上尾部相关系数 λ^{up} 和下尾部相关系数 λ^{down}，分别可表示为

$$\lambda^{\text{up}} = \lim_{u \to 1} P\big[Y > G^{-1}(u) \big| X > F^{-1}(u)\big] = \lim_{u \to 1} \frac{1 - 2u + C(u,u)}{1 - u}$$

$$\lambda^{\text{down}} = \lim_{u \to 0} P\big[Y < G^{-1}(u) \big| X < F^{-1}(u)\big] = \lim_{u \to 0} \frac{C(u,u)}{u}$$

其中，u 为概率值，$F^{-1}(u)$ 和 $G^{-1}(u)$ 为其相应的分位数。

以上市金融机构的股票数据为例，根据上述 Pearson 相关系数、Kendall 秩相关系数和 Tail 相关系数公式可计算股票收益率时间序列的相关系数，以衡量个股间的关联性。同时，引入"距离"的概念，当给定股票 i 和股票 j 收益率的相关系数时，两者距离的计算方法为

$$d(i,j) = \sqrt{2 \times (1 - C(i,j))}$$

根据上述公式可得到股票间任意一种关联性的相应距离，进而得到相应的金融机构加权网络。

2. 金融市场的溢出网络构建

在量化金融市场的关联性或系统性风险时，相关性网络只能衡量不同机构之间的关联程度，无法描述风险传染的方向。构建溢出网络可以刻画风险传染的方向及大小，能更好地体现金融市场风险传染的非对称性特点。

1）DY 时域溢出指数模型

DY 溢出指数模型最早在 2008 年由 Diebold 和 Yilmaz 创建，他们借助此模型分析不同国家股票市场之间的波动溢出效应（Diebold and Yilmaz，2008）。Diebold 和 Yilmaz 在 2012 年对 DY 溢出指数模型进行了改进，通过广义向量自回归模型，一方面消除了结果对于变量滞后阶数可能存在的依赖性，另一方面可以量化不同市场之间的方向性溢出（Diebold and Yilmaz，2012）。这种模型可以捕捉到市场情绪和宏观经济因素的变化，从而更好地识别和预测金融风险。DY 溢出指数模型主要关注的是多个金融资产之间的相关性，而不是单个资产的风险。该方法主要描述如下。

第一步：构建一个平稳的 N 变量 p 阶 VAR 模型，如下所示：

$$X_t = \sum_{i=1}^{p} Y_i X_{t-1} \varepsilon_t$$

其中，Y_i 为系数矩阵；$\varepsilon \sim (0; \Sigma)$ 为独立同分布的扰动项向量。

第二步：将 VAR 模型转化为 VMA（vector moving average，向量移动平均）模型形式表达式，即

$$X_t = \sum_{i=0}^{\infty} A_i \varepsilon_{t-i}$$

其中，A_i 为一个 $N \times N$ 的单位矩阵，并且对于 $i < 0$，$A_i = 0$，如果 $i = 0$，则 A_i 为 N 维的单位矩阵。

第三步：计算变量 X_j 对于变量 X_i 溢出效应的估计值，即变量 X_i 的 H 步预测误差方程中来自 X_i 的部分 $\vartheta_{ij}^g(H)$，对于 $H = 1, 2, \cdots, n$，可表示为

$$\vartheta_{ij}^g(H) = \frac{\sigma_{jj}^{-1} \sum_{h=0}^{H-1} \left(e_i^T A_h \Omega e_j\right)^2}{\sum_{h=0}^{H-1} \left[e_j^{H-1}\left(e_j^T A_h \Omega A_h^T e_i\right)\right]}$$

其中，Ω 为误差向量 ε 的方差矩阵；σ_{ii} 为第 i 个变量预测误差的标准差；e_i 为选择向量，其为第 i 个元素是 1、其余元素是 0 的 N 维列向量。方差分解表中每列元素之和不等于 1，即 $\sum_{j=1}^{N} \vartheta_{ij}^g(H) \neq 1$。$\vartheta_{ij}^g$ 经过标准化处理后，可用来度量在预测期 H 下变量 i 对变量 j 的溢出水平，其定义为

$$\tilde{\vartheta}_{ij}^{g}(H) = \frac{\vartheta_{ij}^{g}(H)}{\sum_{j=1}^{N}\vartheta_{ij}^{g}(H)}$$

$\sum_{j=1}^{N}\tilde{\vartheta}_{ij}^{g}(H) = 1$；$\sum_{i,j=1}^{N}\tilde{\vartheta}_{ij}^{g}(H) = N$。

2）BK 频域溢出指数

BK（Baruník-Křehlík）模型是一种广义自回归条件异方差模型，它允许金融资产之间的波动性和相关性随时间而变化。与 DY 模型类似，BK 模型也关注金融资产之间的相关性，但它使用了不同的数学方法来描述这种相关性（Baruník and Křehlík，2018）。BK 模型可以用来评估投资组合的风险和构建风险最小化的投资组合。该方法的主要描述如下。

第一步：基于频率响应函数 $\psi(e^{-i\omega}) = \sum_{h} e^{-i\omega h}\psi_h$，$X_t$ 在频率 ω 上的谱密度 $S_X(\omega)$ 为

$$S_X(\omega) = \sum_{h=-\infty}^{\infty} E(X_t X'_{t-h}) e^{-i\omega h} = \psi(e^{-i\omega}) \Sigma \psi'(e^{+i\omega})$$

其中，$\psi(e^{-i\omega})$ 由 ψ_h 的傅里叶变换得到，$i = \sqrt{-1}$。$S_X(\omega)$ 刻画了 X_t 的方差在频率 ω 上是如何分布的，它是理解频率动态的关键参数。

第二步：将广义因果谱（generalized causation spectrum）定义为

$$[f(\omega)]_{j,k} \equiv \frac{\sigma_{kk}^{-1}\left[\psi(e^{-i\omega})\Sigma\right]_{j,k}^{2}}{\left[\psi(e^{-i\omega})\Sigma\psi'(e^{+i\omega})\right]_{j,j}}$$

其中，$[f(\omega)]_{j,k}$ 为在给定频率 ω 上，变量 j 的谱由变量 k 的冲击导致的部分。由于上式的分母为在给定频率 ω 上变量 j 的谱，可以将其解释为频率内的因果关系（within-frequency causation）。

第三步：引入变量 j 方差的频率份额作为权重函数：

$$\Gamma_j(\omega) = \frac{\left[\psi(e^{-i\omega})\Sigma\psi'(e^{+i\omega})\right]_{j,j}}{\frac{1}{2\pi}\int_{-\pi}^{\pi}\left[\psi(e^{-i\lambda})\Sigma\psi'(e^{+i\lambda})\right]_{j,j}d\lambda}$$

其中，$\Gamma_j(\omega)$ 为在给定频率上变量 j 的功率。那么，在频率带 d 上的广义方差分解为

$$(\theta_d)_{j,k} = \frac{1}{2\pi}\int_d \Gamma_j(\omega) [f(\omega)]_{j,k} d\omega$$

其中，$d = (a,b)$，$a,b \in (-\pi, \pi)$，$a < b$。而且，$\frac{1}{2\pi}\int_{-\pi}^{\pi}\Gamma_j(\omega)[f(\omega)]_{j,k}d\omega$ 等于时域下 $H \to \infty$ 时的 $(\theta_H)_{j,k}$。$(\theta_d)_{j,k}$ 可进一步标准化为

$$\left(\tilde{\theta}_d\right)_{j,k} = \frac{(\theta_d)_{j,k}}{\sum_k (\theta_\infty)_{j,k}}$$

其中，$\left(\tilde{\theta}_d\right)_{j,k}$ 度量了在频率带 d 上的变量 k 对变量 j 的溢出水平。

3）极端风险溢出的度量

极端风险又称尾部风险，指的是市场发生极端事件时所面临的风险。极端风险溢出网络以资产回报为基础，反映极端市场运动中的尾部风险溢出。下面将介绍常用的尾部风险溢出网络的构建方法。

参考 Adrian 和 Brunnermeier（2016）、肖璞等（2012）关于 CoVaR（conditional value at risk，条件在险价值）的定义及拓展研究，我们认为 CoVaR 表示在一定分位数水平下，当一个机构（市场）在未来特定时间内的损失等于 VaR 时，其他机构（市场）的最大损失为

$$\Pr\left(X^j \leqslant \text{CoVaR}_q^{j|i} \middle| X^i = \text{VaR}_q^i\right) = q$$

通过 $\Delta\text{CoVaR}_q^{j|i}$ 来度量机构 i 对机构 j 的系统性金融风险贡献绝对值，即风险溢出值：

$$\Delta\text{CoVaR}_q^{j|i} = \text{CoVaR}_q^{j|X^i=\text{VaR}_q^i} - \text{CoVaR}_q^{j|X^i=\text{Median}^i}$$

同样地，以股票数据为例，根据上述溢出指数或溢出风险的度量方法，我们可以计算得到个股之间的风险溢出。在此基础上，我们构建邻接矩阵 A_t，在 t 时刻矩阵上的各元素 $A_{i,j,t}$ 便对应股票 i 对股票 j 的风险溢出水平。不难看出，基于风险溢出构建的复杂网络其实是有向有权的网络。由此，我们便可通过网络统计指标来衡量网络的总体关联性和中心性，并识别网络中的重要节点等。

11.2.4 复杂网络在能源金融中的应用

◆应用实例 11-4：能源和碳市场相关性网络与拓扑结构分析[①]

在本应用实例中，我们选取广东碳市场收盘价作为中国碳市场的代表，并分别选择焦煤、焦炭、原油 3 个传统能源和水能、氢能、核能、风能、太阳能 5 个新能源的收盘价数据代表传统能源市场和新能源市场。选取时间段为全国碳市场建立前（2020 年 8 月 3 日至 2021 年 7 月 15 日）和全国碳市场建立后（2021 年 7 月 16 日至 2022 年 7 月 29 日）。

首先，基于 Kendall 秩相关系数，我们采用 Prim 算法刻画能源市场和碳市场风险传染路径的最小生成树结构，结果如图 11-2 所示。具体地，图 11-2（a）展示了全国碳市场建立前的碳-能源系统风险传染的最小生成树，图 11-2（b）则展示了全国碳市场建立后的碳-能源系统风险传染的最小生成树。其中，节点的颜色代表了社团划分的结果，即同一颜色的节点被划分在同一社团中。

[①] 原文链接：https://www.sciencedirect.com/science/article/pii/S1544612323005913?via%3Dihub。

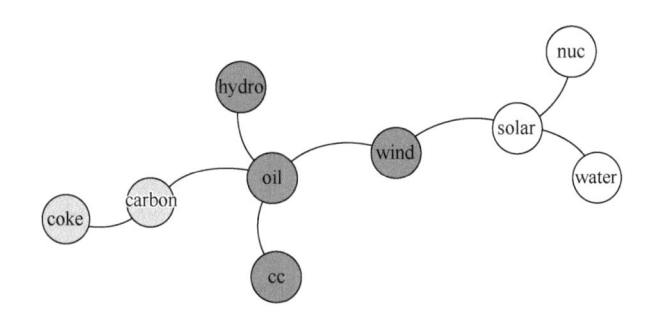

(a）全国碳市场建立前

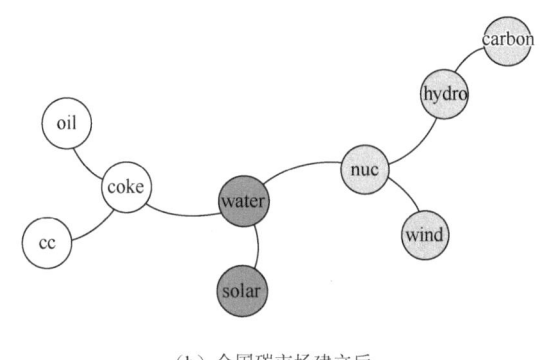

(b）全国碳市场建立后

图 11-2　碳-能源系统风险传染的最小生成树

我们发现，在全国碳市场建立前，碳（carbon）市场与新能源市场被划分至两个社团，原油（oil）市场和太阳能（solar）市场是整个体系中风险传导的枢纽。此外，碳（carbon）市场与焦炭（coke）市场和原油（oil）市场直接相连，表明在这期间，碳市场与化石能源市场的联系更为紧密。然而，全国碳市场建立后，我们可以看出，核能（nuc）、水能（water）和焦炭（coke）将充当风险传染的枢纽节点。碳（carbon）市场与氢能源（hydro）市场直接相连，表明这一期间，碳市场与新能源市场的联系更加紧密。

进一步，我们考虑在碳-能源系统风险传染的网络中各节点（市场）的系统重要性。由此我们计算得到各节点的桥接分数，节点 i 的桥接分数值定义为移除节点 i 而导致的整个网络内聚性的变化。整个网络的内聚性定义如下：

$$C = \sum_{i \neq j} \frac{1}{d_{ij}} \times \frac{1}{N(N-1)}$$

于是，内聚性的变化表示如下：

$$\Delta C_{ij} = C - C'_{ij} = \frac{1}{N}\sum_{i}^{n}\frac{1}{N}\sum_{j}^{N-1}\left(\frac{1}{d_{ij}} - \frac{1}{d'_{ij}}\right)$$

桥接分数的结果如图 11-3 所示。显然，与全国碳市场建立前的结果相比，全国碳市场建立后，碳市场的作用在整体上变得更加重要，并且新能源市场也变得更加重要。

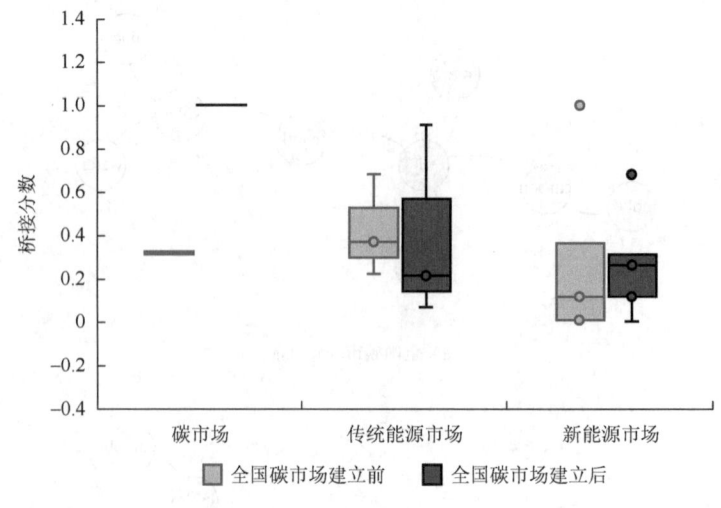

图 11-3　桥接分数

◆应用实例 11-5：尾部风险溢出视角下全球清洁能源企业的系统重要性分析[①]

在本应用实例中，选取指数为 ECO，样本区间为 2018 年 1 月 3 日至 2023 年 2 月 27 日，涵盖 31 家清洁能源企业。按照该指数行业分类标准，将所有清洁能源企业划分为可再生能源收集、储能、电力输送和节能、能源转换、绿色公共事业和清洁燃料六个行业。

基于 ΔCoVar 刻画尾部风险溢出指数，我们进一步定义邻接矩阵 A 为

$$A_{i|j}^t = \Delta \text{CoVar}_t^{i|j,\tau}$$

首先，从系统整体角度，引入系统总体关联性测度（TC），它定义为所有成对金融机构间关联程度 $\left|A_{i|j}^t\right|$ 之和，代表系统整体关联程度的强弱，具体表达式为

$$\text{TC}_t = \sum_{j=1}^{N} \sum_{i=1, j \neq i}^{N} |A_{i|j}^t|$$

其次，从行业角度，通过引入静态和动态跨行业风险溢出强度（SCS）评估不同行业间的风险关联，以分析行业间及行业内部的尾部风险溢出关系，表示为

$$\text{SCS}_{g|g'}^t = \frac{1}{N_g N_{g'}} \sum_{i \in V_g} \sum_{j \in V_{g'}} |A_{i|j}^t|$$

其中，$i \neq j$；g 和 g' 分别为不同的行业；N_g 和 $N_{g'}$ 分别为对应行业的企业数量。在衡量行业内尾部风险溢出时，我们有 $g = g'$，并且 $N_{g'} = N_g - 1$。

最后，从个体角度，我们进一步引入企业出度强度和入度强度衡量个体在市场中所产生和接受的风险溢出强度。企业出度强度（OSI）定义为某企业对其他企业风险溢出水平的绝对值之和，入度强度（ISI）则为其他企业对该企业风险溢出水平的绝对值之和，分别表示为

[①] 原文链接：https://www.sciencedirect.com/science/article/pii/S1544612323003628?via%3Dihub。

$$\text{OSI}_j^t = \sum_{i=1, i \neq j}^{N} |A_{i|j}^t|$$

$$\text{ISI}_j^t = \sum_{i=1, i \neq j}^{N} |A_{j|i}^t|$$

图 11-4 给出了清洁能源系统的动态关联度。如图 11-4 所示,清洁能源系统的总关联性波动较大,表明在动荡期间,全球清洁能源企业之间存在着密切而持续的风险传递。具体而言,2018 年,中美贸易摩擦开始引发对需求增长的担忧,秋季油价暴跌,石油输出国组织及其盟国同意减产,导致能源市场价格波动。在 2020 年 3 月宣布新冠疫情为全球大流行之后,由于个人和国家层面对不确定性的快速和疯狂反应,清洁能源市场的总体风险水平飙升至历史最高。2021 年 4 月,俄罗斯-沙特阿拉伯石油价格战引发的高油价波动引起了严重的供应链问题,这意味着能源供应跟不上日益增长的需求,能源价格的任何波动都会传导到清洁能源价格,增加了整个清洁能源市场的不确定性和传染性。2022 年 2 月 24 日爆发的俄乌冲突给全球能源市场带来了严重的后果。

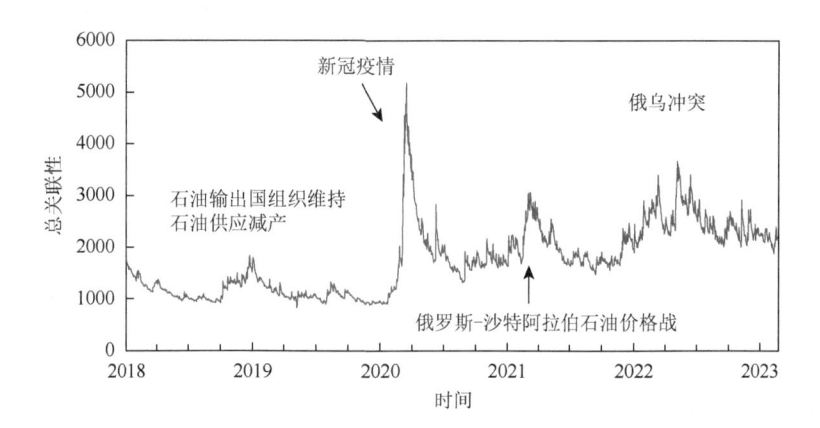

图 11-4 清洁能源系统的动态关联度

表 11-5 显示了不同行业的跨行业风险溢出强度(SCS),从中可以看出,绿色公共事业的行业内风险溢出比行业间风险溢出更显著。随着不同行业之间的密切合作和混业经营,清洁能源企业之间的互动更加紧密,能源转换和绿色公共事业的风险分散较为严重,对其他行业产生了明显的尾部风险溢出影响。同时,我们还可以发现,清洁燃料对其他行业的风险溢出较小,但清洁燃料容易受到其他行业尾部风险传染,其风险主要来自能源转换。

表 11-5 不同行业的跨行业风险溢出强度

行业	I	II	III	IV	V	VI
I	2.260	1.537	1.753	1.971	2.341	1.187
II	1.497	1.678	1.604	1.693	1.545	1.323
III	1.584	1.468	1.639	1.772	1.687	1.159

续表

行业	I	II	III	IV	V	VI
IV	2.110	1.780	2.033	2.310	2.414	1.731
V	2.554	1.678	2.024	2.421	2.565	1.430
VI	1.606	1.868	1.995	2.258	1.970	—

注：本应用实例所选取的样本中，行业VI只包含一家企业，所以在行业VI的风险溢出图中不存在行业内部的溢出；I 表示可再生能源收集、II 表示储能、III 表示电力输送和节能、IV 表示能源转换、V 表示绿色公共事业、VI 表示清洁燃料

我们进一步展示每个企业入度强度与出度强度的动态变化，如图 11-5 所示，各数字代表的企业展示在表 11-6 中。首先，我们观测到，图 11-5 中的颜色随着时间的推移而变浅，表明清洁能源系统的整体相关性正在上升。我们仍然可以看到，在整个样本期间，能源转换和绿色公共事业的颜色较浅，在整个系统中发挥重要作用。其次，也可以观察到极端事件对清洁能源系统的冲击。2020 年新冠疫情暴发后，热度图颜色明显变浅，表明大多数企业的风险溢出能力明显增强。例如，绿色公共事业、能源转换行业中的部分企业是最重要的风险发射器和风险接收器。随着俄乌冲突的爆发，全球能源安全的不确定性和价格波动导致了一些变化。虽然热度图的颜色变化不像疫情暴发后那么明显，但其影响持续的时间相对较长，大多数企业的风险传导效应也明显增强。

（a）入度强度　　（b）出度强度

图 11-5　清洁能源企业入度强度与出度强度的动态变化

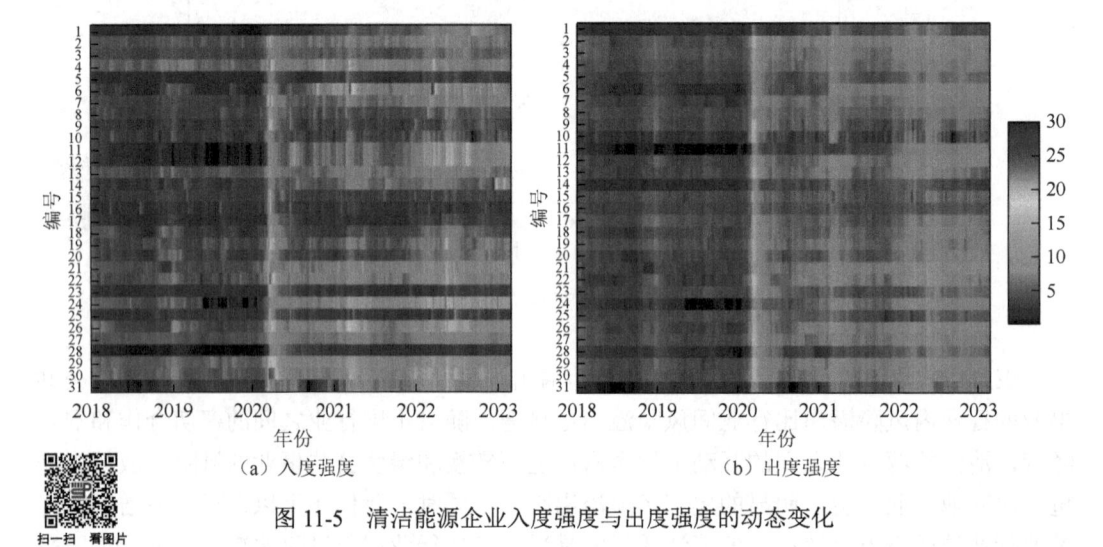

表 11-6　31 家全球清洁能源企业样本

企业名称及编号		企业名称及编号	
可再生能源收集	蔚蓝动力全球（1）	可再生能源收集	奥马特科技（5）
	阿特斯太阳能（2）		瑞能集团（6）
	第一太阳能（3）		TPI 复合材料（7）
	晶科能源（4）		

续表

企业名称及编号		企业名称及编号	
储能	雅宝公司（8）	能源转换	先进能源工业（20）
	智利矿业化工（9）		巴拉德动力公司（21）
	特斯拉（10）		恩菲兹能源公司（22）
	主力集团（11）		ESCO 科技（23）
电力输送和节能	阿梅雷斯克（12）		燃料电池能源（24）
	美国超导（13）		捷温科技（25）
	阿尔西莫托（14）		普拉格能源（26）
	英特隆公司（15）		SolarEdge 技术（27）
	MYR 集团（16）	绿色公共事业	布鲁克菲尔德可再生能源（28）
	广达服务（17）		SunPower 公司（29）
	环宇显示技术（18）		Sunrun 公司（30）
	Wolfspeed 公司（19）	清洁燃料	Gevo 公司（31）

11.3 政策模拟与仿真

政策模拟是利用数学和计算机方法，对实际的政策问题开展建模和模拟的一门以管理科学为总体，融合经济学、地理学、计算机科学等的新兴学科。政策模拟法是通过建立一个虚拟的政策环境，模拟不同政策方案的实施结果。政策模拟的结果，是一种计算机实验的结果，它可能也不允许采用各种模拟的政策作用于现实世界加以检验，因为政策一旦发挥作用就改变了现实世界，实验的结果是模拟，一旦政策发挥作用，现实世界可能出现的结果。因此，政策模拟的科学性主要靠理论的正确性、模型的准确性和算法的完整性。政策模拟与仿真法适用于各种政策领域，如经济政策、环境政策、社会政策等。它可以帮助政府和决策者更好地了解政策效果和可能的风险，减少政策制定和实施过程中的不确定性。政策模拟与仿真法在国际上已经得到广泛应用，并成为政策制定的重要手段之一。接下来，我们将基于几个主要的模型，介绍能源环境政策的模拟与仿真的过程。

11.3.1 DSGE 模型

DSGE 模型综合了"动态演化"、"随机冲击"和"一般均衡分析"三种宏观经济学的分析方法。其中，"动态"是指经济系统各行为主体在进行决策时，不仅要考虑行为的当期影响，还要考虑行为的后续影响，即各行为主体是在对未来预期的前提下，动态地考虑其行为决策的后果。所以，DSGE 模型揭示和描述了经济系统由非均衡状态向均衡状态的动态调整机制。"随机"是指在现实经济中有许多的不确定性，所以在 DSGE 模型中引入了多种外生随机冲击。并且，DSGE 模型的动态过程是由行为主体的决策和外生随机冲击共同决定的。"一般均衡"是指 DSGE 模型是在一般均衡的框架下考察各行为主体的决策，反映和刻画了经济系统长期均衡状态的特征。

本小节将重点介绍 DSGE 模型的建模目的、特点，及其在能源环境领域的应用。

1. DSGE 模型的建模目的

建立 DSGE 模型的目的有如下三个方面：揭示经济系统在稳态水平的特征；推断实体经济演化的驱动因素；反映经济系统由非均衡状态向均衡状态的动态调整机制。所以，DSGE 模型是近 30 年来在宏观经济研究领域中非常流行的数理经济模型，同时也是建立结构宏观经济计量模型的一个新视角。

2. DSGE 模型的特点

DSGE 模型能够通过对经济主体决策行为的关系进行清晰描述，并可以采用适当的微观经济加总技术得到经济总量满足的行为方程，以及对经济的长期均衡状态及短期的动态调整过程进行细致刻画。于是，DSGE 模型具有如下的特点：理论的一致性、模型的整体性、微观与宏观经济分析的完美结合、长期与短期分析的有机整合等。因此，许多学者在该方面已经做出了重要的研究贡献。特别地，DSGE 模型为经济波动研究和宏观经济政策分析的有效性分析、最优货币及财政政策分析、货币政策传导机制分析等提供了一个统一的框架，理论界普遍认为 DSGE 模型已成为现代宏观经济学的基础之一（Dejong and Dave，2012），并且其估计方法也被认为是宏观经济学的主流数量分析工具，称之为新宏观计量经济学（new macroeconometrics）。

3. DSGE 模型的应用

在过去的 20 年里，DSGE 模型得到了广泛的应用，受到理论与实务界的普遍关注。目前，DSGE 模型正在逐渐成为许多研究机构定量分析的一个基准模型，尤其很多国家的央行都在建立适合本国国情的 DSGE 模型。

在能源环境政策领域，目前的研究运用 DSGE 模型分析碳减排政策和环境政策的工作主要分布在 3 个方面：①在 DSGE 框架中引入环境因素；②在 DSGE 模型中加入环境政策机制设计；③新凯恩斯框架下的环境政策研究。由于传统的 DSGE 模型无法探讨货币因素在经济周期中的作用。例如，真实经济周期（real business cycle，RBC）模型假设所有物品包括劳动力的价格调整非常迅速，市场处于连续出清状态，货币是中性的。而这显然与现实经济运行方式不符。因此，学者开始在这些模型中融入名义黏性和垄断竞争市场等现实经济所具备的"摩擦"因素，最终导致了新凯恩斯主义 DSGE 模型的兴起。在一定程度上说，该模型最重要的应用领域在于货币政策对经济波动的影响。接下来，将重点介绍新凯恩斯主义 DSGE 模型在能源经济问题中的应用。

◆应用实例 11-6：运用新凯恩斯主义 DSGE 模型分析能源价格冲击与中国宏观经济[①]

在本应用实例中，我们建立新凯恩斯主义 DSGE 模型来研究能源价格冲击的宏观经济效应。

---

① 原文链接：https://kns.cnki.net/kcms2/article/abstract?v=3uoqIhG8C44YLTlOAiTRKibYlV5Vjs7ir5D84hng_y4D11vwp0rrtYPxwPnb3HjbLAKVc7lqWp_2r6rXsZA2AK6ST_D8HWVQ&uniplatform=NZKPT。

1）新凯恩斯主义 DSGE 模型构建

（1）厂商。我们假定，经济中有生产最终品和中间品的两种厂商，其中完全竞争的最终品厂商使用 $[0,1]$ 上的中间品 $Y_{i,t}$ 以 Dixit-Stiglitz（迪克西特-斯蒂格利茨）型的方式加总生产最终品 Y_t，则最终品厂商对中间品的需求函数为 $Y_{i,t} = \left(\dfrac{P_{i,t}}{P_t}\right)^{-\eta_{p,t}} Y_t$，$P_{i,t}$ 为商品价格，

$P_t \equiv \left[\displaystyle\int_0^1 \left(P_{i,t}\right)^{1-\eta_{p,t}}\right]^{\frac{1}{1-\eta_{p,t}}}$ 为总价格水平，$\eta_{p,t}$ 为决定产品市场中依时间可变加速率的随机参数，为了引入成本推动型的通胀冲击，令 $\eta_{p,t} = \eta_p + \tau_{p,t}$，$\tau_{p,t}$ 为外生冲击部分，可见在确定性情况下，η_p 为中间品的替代弹性。垄断竞争的中间品厂商生产中间品 $Y_{i,t}$，其生产函数为 Cobb-Douglas（柯布-道格拉斯）形式：

$$Y_{i,t} = \left(K_{i,t}^d\right)^a \left(Z_t h_{i,t}^d\right)^{1-a} - Z_t \Phi$$

其中，$K_{i,t}^d$ 和 $h_{i,t}^d$ 分别为对资本和劳动的需求；Z_t 为随机的中性技术外生冲击，且有 $\mu_{z,t} \equiv \dfrac{Z_t}{Z_{t-1}}$ 表示中性技术冲击的总增长率，在平衡增长路径上 $\mu_{z,t}$ 为常数并等于 μ_z；参数 $\Phi > 0$ 为厂商的固定生产成本。

假设中间品价格具有黏性调整特征，其调整的方式遵循 Calvo（1983）的机制：每个中间品厂商在每一期具有 $1-\xi_p$ 的概率可以重新优化价格水平，ξ_p 的概率不能优化价格，但是可以根据如下指数方式进行调整：$P_{i,t} = (\pi_{t-1})^{\gamma_p} P_{i,t-1}$，$\gamma_p$ 是价格指数水平的度量，$\gamma_p = 0$ 表示价格调整完全参照上一期的工资水平，$\gamma_p = 1$ 表示价格完全参照上一期的通货膨胀率进行调整，通货膨胀率的定义为 $\pi_t \equiv \dfrac{P_t}{P_{t-1}}$。这一调整规则意味着当前价格水平是上一期价格通过通货膨胀调整后的水平。价格指数具有如下动态：

$$P_t = \left[(1-\xi_p)\left(P_t^0\right)^{1-\eta_{p,t}} + \xi_p\left((\pi_{t-1})^{\gamma_p} P_{t-1}\right)^{1-\eta_{p,t}}\right]^{\frac{1}{1-\eta_{p,t}}}$$

其中，P_t^0 为中间品厂商的最优价格。

（2）家庭。假定经济中存在可活无限期的居民组成连续代表性家庭（个体）j，且均匀分布在 $[0,1]$ 区间上，即有 $j \in [0,1]$。代表性家庭 j 将使其终身效用函数最大化：

$$E_0 \sum_{t=0}^{\infty} \beta^t \left[(1-\varphi)\log(C_t - bC_{t-1}) + \varphi \log(1-h_t)\right]$$

在 t 期，每个家庭 j 的产品消费为 C_t，b 为消费惯性因子，$1-h_t$ 为闲暇，则 h_t 为家庭的劳动供给量，β 为家庭的贴现因子，φ 为家庭效用的参数。代表性家庭在预算约束下选择消费与闲暇。

同 Schmitt-Grohé 和 Uribe（2005）的设定，我们假定经济中存在一个劳动联盟，它将代表性家庭提供的异质性劳动在连续统 $j \in [0,1]$ 上，以 Dixit-Stiglitz 型的方式加总成为

同质劳动，并提供给中间品厂商作为生产要素，则对于每个劳动市场 j，劳动联盟面临的劳动需求函数为

$$h_t^j = \left(\frac{W_t^j}{W_t}\right)^{-\eta_w} h_t^d = \left(\frac{\tilde{w}_t^j}{\tilde{w}_t}\right)^{-\eta_w} h_t^d$$

每个劳动市场的名义工资为 W_t^j，$W_t = \left[\int_0^1 \left(W_t^j\right)^{1-\eta_w} dj\right]^{\frac{1}{1-\eta_w}}$ 是工资指数，定义 $\tilde{w}_t^j \equiv \frac{W_t^j}{P_t}$ 和 $\tilde{w}_t \equiv \frac{W_t}{P_t}$，$\eta_w$ 为不同劳动之间的替代弹性。假设工资存在黏性，工资调整的方式也遵循 Calvo（1983）的机制：每期每个家庭有概率 $1-\xi_w$ 可以重新最优化其工资水平，ξ_w 的概率不能重新优化工资。对于那些不能重新优化工资的家庭，其工资水平可以按照一种指数模式进行调整：

$$W_t^j = \left(\mu_z \pi_{t-1}\right)^{\gamma_w} W_{t-1}^j$$

其中，γ_w 为工资指数水平的度量。在这种调整策略下，工资总水平具有动态特征：

$$W_t = \left[(1-\xi_w)\left(W_t^0\right)^{1-\eta_w} + \xi_w\left(\left(\mu_t \pi_{t-1}\right)^{\gamma_w} W_{t-1}\right)^{1-\eta_w}\right]^{\frac{1}{1-\eta_w}}$$

其中，W_t^0 为 t 期最优化的名义工资。

同 Christiano 等（2005）的设定，家庭拥有资本并租赁给中间品厂商取得资本租金收益，他们还进行资本积累。同 Finn（1995）的处理，本应用实例假定资本折旧率是随时间可变的，并且为资本利用率的凸函数，具体地设定为二次函数形式：

$$\delta(u_t) = \delta_0 + \delta_1(u_t - u_0) + \delta_2(u_t - u_0)^2$$

其中，u_t 为资本利用率；$\delta_k > 0 (k=0,1,2)$；u_0 为稳态的资本利用率。家庭动态资本积累方程如下：

$$K_{t+1} = (1-\delta(u_t))K_t + \left[1 - S\left(\frac{\varepsilon_t^J I_t}{I_{t-1}}\right)\right] I_t$$

投资定义为 I_t，个体进行投资时具有调整成本 $S\left(\frac{\varepsilon_t^J I_t}{I_{t-1}}\right)$，$\varepsilon_t^J$ 为外生的投资冲击。

由于现代工业经济社会中能源主要作为资本品的投入来进入生产过程，因而借鉴 Finn（1995）的处理，能源消费与实物资本呈现正比例关系，且这种比例关系为资本利用率的函数：

$$\frac{E_t}{K_t} = A(u_t)$$

该式表明能源消费不但与资本为互补关系，而且与资本利用率强度有关，进一步地，假定 $A(u_t)$ 为 u_t 的递增凸函数，表示能源消耗将随着资本利用率的提高而加速提高。因此，我们可以把 $A(u_t)$ 看成以能源作为投入要素来生产实物资本服务的"技术"，为了便于下面的讨论，我们称之为能源新技术。由于中国的发展需求，我们把能源技术创新的过程

模型化并将能源新技术融入模型中。具体地，令 $P_{e,t}$ 为能源实际价格，$\tilde{Z}_t$ 是一个满足在平衡增长路径的增长速率与能源实际价格相同的过程，其运动方程可表示为

$$\tilde{Z}_t = \gamma_z \tilde{Z}_{t-1} + (1-\gamma_z) P_{e,t}$$

$\gamma_z \in [0,1)$，进一步，我们有

$$A(u_t) = \frac{a(u_t)}{\tilde{Z}_t}$$

令 $a(u_t)$ 是 u_t 的递增二次函数：$a(u_t) = a_0 + a_1(u_t - u_0) + a_2(u_t - u_0)^2$，$a_k > 0 (k = 0,1,2)$。由此，我们将上式看成能源实际价格对能源新技术发明与运用的促进强度，我们简称此为能源的资本化技术过程。当 $\gamma_z \to 1$ 时，说明能源实际价格上涨对能源新技术发明与运用所起到的作用有限，因此能源新技术 $A(u_t)$ 对能源实际价格的上涨调整时间较长，从而也延长了对宏观经济的负面影响；当 $\gamma_z \to 0$ 时，情况恰好相反，注意到当 $\gamma_z = 0$ 时，能源价格上涨立即导致了能源技术更新换代，这时对经济的负面影响将会降至最小。我们给出家庭预算约束条件：

$$C_t + I_t + P_{e,t} E_t + \frac{B_t}{R_t P_t} = \frac{B_{t-1}}{P_t} + \int_0^1 \tilde{w}_t^j \left(\frac{\tilde{w}_t^j}{\tilde{w}_t}\right)^{-\eta_w} h_t^d \mathrm{d}j + r_t^k u_t K_t + \mathrm{Div}_t - T_t$$

其中，B_t 为家庭拥有的名义存款；R_t 为存款名义毛利率；E_t 为能源消费；Div_t 为代表性个体对所拥有的厂商产生的实际利润分红所得；T_t 为政府的实际税收。

（3）政府。假定政府执行预算平衡政策，在每期政府从家庭取得的税收等于其支出：$T_t = G_t$，实际政府支出冲击服从 AR(1)分布。本应用案例中的政府主要职能是执行货币政策，谢平和罗雄（2002）、李文溥和李鑫（2010）将中国货币政策运用于检验泰勒规则，认为利率规则值与实际值的偏离之处恰恰是政策操作滞后于经济形势之时，认为泰勒规则可以作为中国货币政策的参照尺度，基于此，同时借鉴 Clarida 等（2000）、张屹山和张代强（2007）、李成等（2011）的研究，我们将中国的泰勒利率规则设定如下：

$$R_t = (R_{t-1})^{\rho_R} \left[(\pi_{t+1})^{\rho_\pi} \left(\frac{\mathrm{GDP}_t}{\mathrm{GDP}_{t-1}}\right)^{\rho_{\mathrm{GDP}}} \right]^{(1-\rho_R)} u_{R,t}$$

其中，GDP_t 为实际国内生产总值；$u_{R,t}$ 为名义利率的外生冲击。

（4）市场出清、稳态经济转换。近年来中国能源来源于国外的部分所占比重越来越大，因此能源价格波动与国际能源市场关系越来越密切，在一定程度上，中国许多大宗能源商品的定价取决于国际市场，为了重点分析能源价格上涨对中国宏观经济的影响，同 Rotemberg 和 Woodford（1996）对美国原油市场价格的假设，本应用案例假定中国能源价格波动取决于国际市场能源价格的变化，即能源价格具有完全外生性。具体地，能源名义价格定义为 $P_{e,t}^N$，根据本应用案例样本区间内对中国能源名义价格的季度数据分析，发现并不是平稳的，但是差分后为平稳的，因此 $P_{e,t}^N$ 服从 $I(1)$ 过程，而能源名义价格增长率 $\mu_{P_{e,t}}^N \equiv \frac{P_{e,t}^N}{P_{e,t-1}^N}$ 服从 $I(0)$，并假定服从 AR(1)过程。经济中产出的一部分需要用来支付能源进口，

则有关系式 $\text{GDP}_t = Y_t - s_e P_{e,t} E_t$，$s_e$ 为中国能源进口占总体能源消费的比率，可以认为是对外依存度指标。最终产品市场出清等式为 $Y_t = C_t + I_t + G_t + s_e P_{e,t} E_t$，所以我们有

$$\text{GDP}_t = C_t + I_t + G_t$$

本应用案例模型中相关变量有确定性增长趋势，需要将其转换成稳态经济模型。稳态经济转换要求模型中所有变量都有稳态，需要将模型中有增长趋势的变量去势，具体处理如下：$c_t = \frac{C_t}{Z_t}$、$i_t = \frac{I_t}{Z_t}$、$g_t = \frac{G_t}{Z_t}$、$\text{gdp}_t = \frac{\text{GDP}_t}{Z_t}$、$y_t = \frac{Y_t}{Z_t}$、$k_t = \frac{K_t}{Z_t}$、$w_t = \frac{\tilde{w}_t}{Z_t}$、$\tilde{w}_t^j = \frac{\tilde{W}_t^j}{Z_t}$、$b_t = \frac{B_t}{Z_t}$、$\text{div}_t = \frac{\text{Div}_t}{Z_t}$、$t_t = \frac{T_t}{Z_t}$、$e_t = \frac{P_{e,t} E_t}{Z_t}$、$\tilde{z}_t = \frac{\tilde{Z}_t}{Z_t}$、$\lambda_t = \frac{\tilde{\lambda}_t}{Z_t}$（$\tilde{\lambda}_t$ 为预算约束的拉格朗日乘数），即我们用小写字母表示平稳的变量。

2）参数校准

在本应用实例中，我们使用季度数据，时间跨度为 1996 年第 1 季度到 2012 年第 3 季度，共 67 期。选取实际消费、实际私人投资、实际 GDP、通货膨胀率、名义利率与能源价格增长率等 6 组变量作为贝叶斯估计的观测变量以及 SVAR（structural vector autoregression，结构向量自回归）内生变量。选取原油、煤炭、天然气这三个品种作为中国能源变量的指标。表 11-7 展示了我们对于基本参数的校准结果，其中，π、δ_0、μ_z、s_g、η_p、η_w、α 通过参考传统文献与其他学者研究来确定，β、μ_{Pe}^N 和 s_e 通过数据收集和处理获得，$\frac{\delta_2}{\delta_1}$ 和 $\frac{a_2}{a_1}$ 通过试验获得，u_0 通过考虑中国金融市场假定。

表 11-7 基本参数的校准

π	β	δ_0	μ_z	s_g	μ_{Pe}^N	s_e	η_p	η_w	α	u_0	$\frac{a_2}{a_1}$	$\frac{\delta_2}{\delta_1}$
1	0.9942	0.025	1.004	0.2	1.066	0.3	6	3	0.36	0.8	0.018	0.039

3）能源价格上涨冲击的模拟结果

图 11-6 展示了主要宏观变量对一个标准差的能源名义价格增长率正向冲击的脉冲反应。在总体趋势上，投资和消费量都以倒驼峰形态下降，通货膨胀率与名义利率会出现先上升后下降的运行轨迹。模型结论表明，能源价格上涨冲击致使 gdp 立即出现衰退。从模拟结果可以发现，能源价格上涨将使经济萧条，通胀上升，会出现"滞胀"的风险，因此确实会对经济产生负面影响。

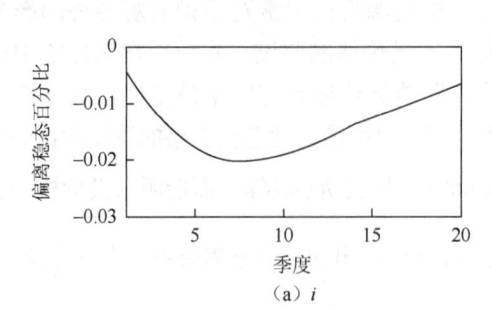

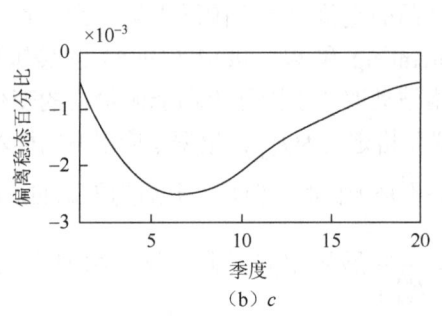

图 11-6　能源价格上涨冲击的脉冲响应

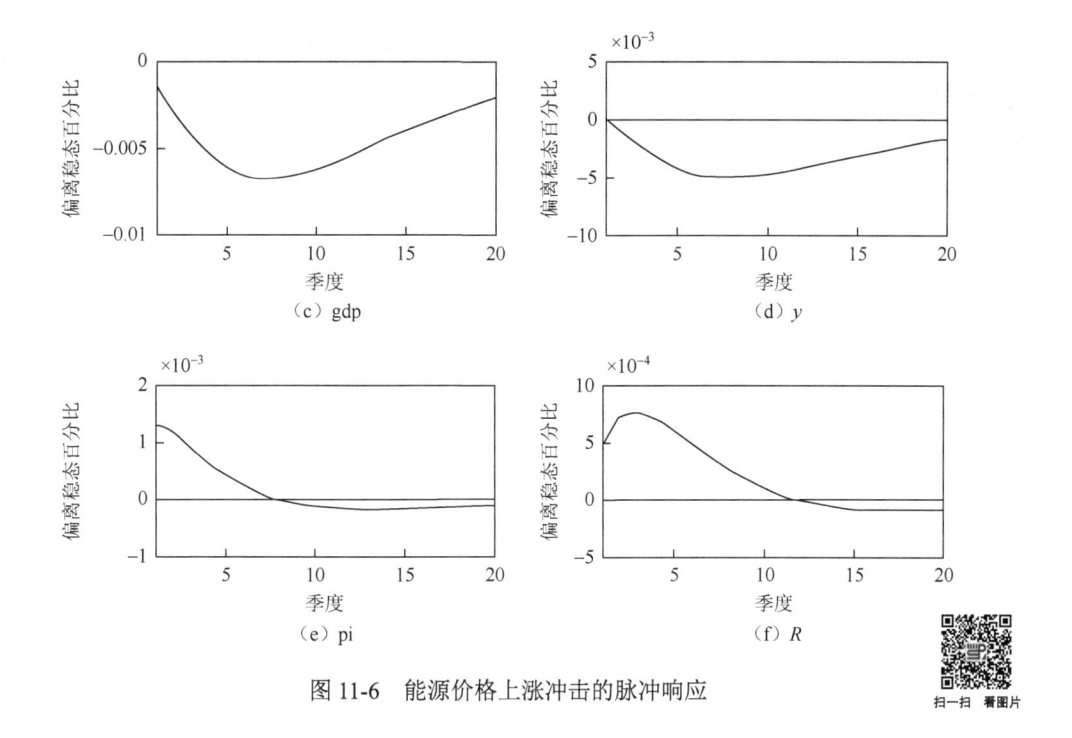

11.3.2　CGE 模型

CGE 模型包括三个显著特征。首先，它是"一般的（general）"，即对经济主体行为做了外在设定。在这个模型中，代表性家户的特征是追求效用最大化，厂商遵循成本最小化的决策原则，还包括政府、贸易组织、进出口商等经济主体，这些主体对价格变动做出反应。因此价格在 CGE 模型中扮演着极为重要的角色。其次，它是"均衡的（equilibrium）"，指它包括需求和供给两个方面，模型中的许多价格都是由供求双方所决定的，价格变动最终使市场实现均衡。最后，它是"可计算的（computable）"，因为该模型反映实际数据和实际经济问题，更接近现实，涉及产业政策、收入分配、环境政策、就业等，因此也称之为是"可应用的（applied）"。

本小节将重点介绍 CGE 模型的建模目的、构建，并简要介绍能源与环境 CGE 模型。

1. CGE 模型的建模目的

CGE 模型的发展与经济政策分析的需求、计算机技术的发展、宏观经济模型的发展以及经济理论的发展有着密切的关系。一般认为，1960 年挪威经济学家 Leif Johansen（利夫·约翰森）建立了第一个真正意义上的 CGE 模型——挪威多部门增长（multi-sectoral growth，MSG）模型。这是第一个实用的 CGE 模型，也是 CGE 模型的雏形，之后随着大规模计量经济模型的流行以及计算机技术的限制，CGE 模型的发展停滞不前。直到 20 世纪 70 年代的经济大萧条和能源危机使得依靠数据说话的计量经济模型失去其解释功能，也使得经济学家和政策制定者对商品和要素价格变化影响的分析更加重视，CGE 模型又重新得到了高度重视。经过半个多世纪的发展，CGE 模型在其理论深度、模型结构、建模技术和应用范围等方面都有了长足的进步。特别是由于世界银行等国际组织的大力推行，几乎所有的发达国家和大部分发展中国家都建立了自己的 CGE 模型，并广泛应用于贸易、能源与环境、收入分配等研究领域。

2. CGE 模型的构建

CGE 模型的构建过程，是把瓦尔拉斯的一般均衡理论由一个抽象的形式变为一个关于现实经济的实际模型，并使之成为数值可计算的一般均衡模型——CGE 模型（Shoven and Whalley，1992）。CGE 建模过程中引入了各行为主体的自身优化行为，具体来说，CGE 建模的基本思想就是各生产者根据自身的生产优化行为，在确定某一组商品价格和生产过程中使用的要素数量的条件下，得到生产要素和中间投入的需求，并决定产出量，形成社会总供给；各种生产要素（如劳动力、资本等）的所有者确定在某一要素价格条件下要素的供给，通过要素回报获得收入，进一步形成对各部门产品的最终需求，与中间需求一起构成总需求。在均衡条件下，总供给与总需求相等。CGE 模型主要描述生产者、消费者、政府及外部账户等各个决策主体在供给、需求和均衡关系中的行为，包括生产活动、要素供给、商品贸易和最终需求等内容。

1）生产活动

CGE 模型的生产活动描述了在不同技术条件下生产者使用各种要素生产商品的过程。由于多数情况下采用新古典理论框架下的生产函数，如不变替代弹性（constant elasticity of substitution，CES）函数，因此允许中间投入及劳动力、资本等要素之间存在不完全弹性替代关系。在一个典型的 CGE 模型中，一个部门只生产一种商品，并假定用于决定中间需求的投入产出系数固定不变。另外，在开放经济条件下，CGE 模型还要给出商品供给在国内和国外市场之间的不完全的转换关系。具体结构如图 11-7 所示。

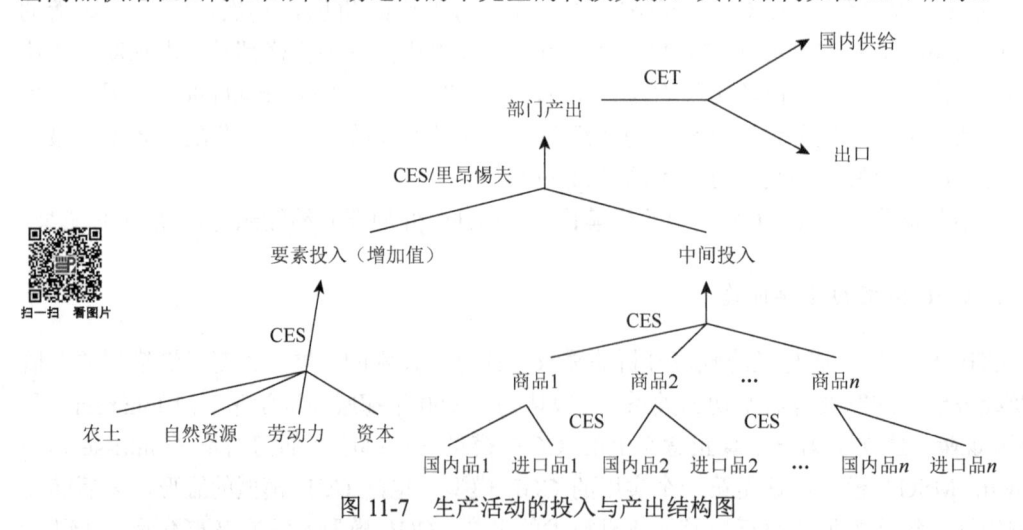

图 11-7　生产活动的投入与产出结构图

在 CGE 模型中，生产者在现有的生产技术水平约束下，需要确定最优的投入组合以追求生产成本的最小化和利润的最大化。如图 11-7 所示，在最上面第一层，部门产出是增加值和各种中间投入的里昂惕夫函数。在上面第二层，根据 Armington（阿明顿）假设，各种用于中间投入的商品是国内品和进口品的 CES 函数，增加值则是各种生产要素的 CES 函数，允许要素之间的不完全替代。实际上，每种要素也是很多要素的组合，如劳动力就是不同类型劳动力（熟练工、非熟练工等）的 CES 函数。在生产投入确定以后，生产者还需要根据所生产商品的国内外价格，以收入最大化原则决定总产出中国内供给和出口的相应份额。在 CGE 模型中，总产出一般按不变弹性转换（constant elasticity of transformation，CET）函数在国内供给与出口之间进行分配。

2）需求结构

CGE 模型中的商品总需求包括中间需求和最终需求，最终需求包括居民需求、政府需求、投资需求和出口等。从来源看，商品总需求包括国内商品需求和进口商品需求。需求结构如图 11-8 所示。

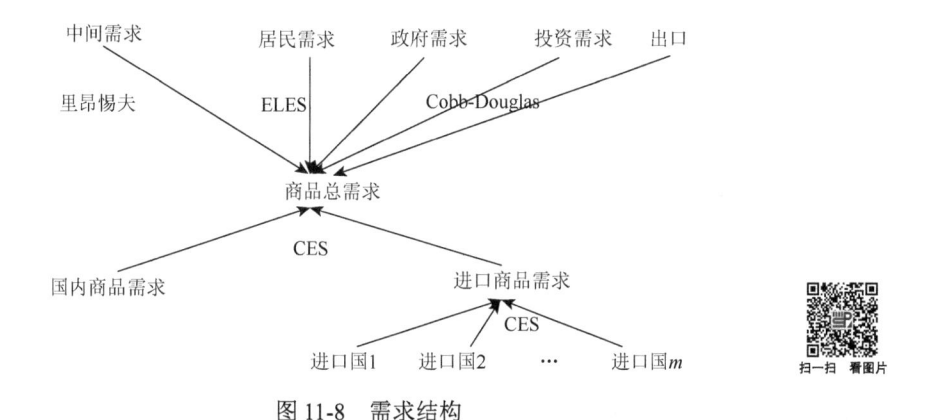

图 11-8　需求结构

在 CGE 模型中，中间需求用各种中间商品的里昂惕夫函数来描述；居民需求则是采用 Stone-Geary 效用函数描述，将需求弹性估计简化，允许商品之间的不完全替代，使得居民消费满足扩展的线性支出系统（extended linear expenditure system，ELES）函数。在大多数 CGE 模型中，将政府需求当作外生变量来处理。投资需求则一般用 Cobb-Douglas 函数来描述。从来源出发，商品总需求由两层嵌套的 CES 函数来描述，第一层用国内商品和进口商品的 CES 函数描述，第二层的进口商品需求则用不同来源地的进口商品的 CES 函数描述。

3）价格体系

由投入产出分析可知，商品的生产者价格由生产税、要素成本和中间投入成本组成。在多数 CGE 模型中，产出成本由要素成本和中间投入成本的 CES 函数描述，加上生产税即为商品的生产者价格。生产者价格由 CET 函数描述为出口价格和国内价格，其中出口价格加上出口税或减去出口补贴，再通过汇率转换得到出口品的离岸价格（free on board，FOB）。一国从国外进口商品，出口国的商品 FOB 加上运输费用等形成了该国进口品的到岸价格（cost insurance and freight，CIF），加上关税再通过汇率转换即为进口价格。进口价格与国内价格的 CES 函数描述了各种商品价格，中间投入成本则由固定比例的各种商品的数量乘以相应的价格形成。商品价格加上销售税即为消费者价格。具体的价格传导机制见图 11-9。

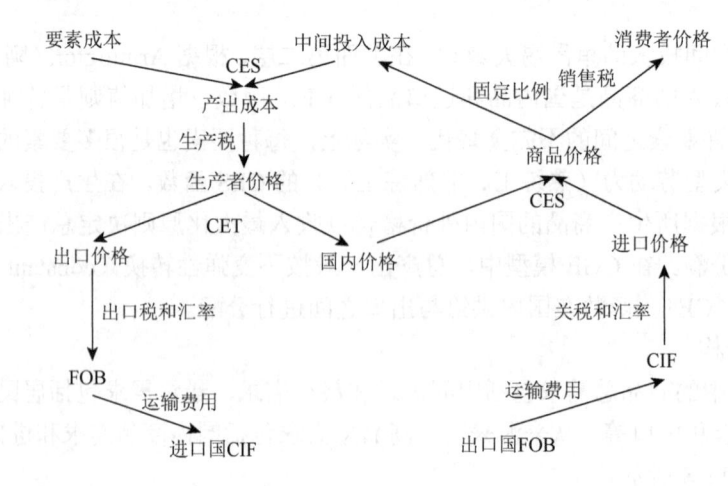

图 11-9　价格传导机制

4）收入分配与使用

CGE 模型包括两部分收入分配：初次分配和再次分配。初次分配主要是要素收入分配，再次分配是指居民、企业和政府之间的收入转移。具体的收入分配如图 11-10 所示。要素收入包括劳动收入（工资）和资本收入。要素收入主要在居民、企业和政府之间分配。初次分配中，居民获得工资和一部分资本收入，企业获得大部分资本收入，政府获得生产税。再次分配中，政府向企业和居民收取直接税，如所得税和营业税，并向居民和企业转移支付，如补贴。企业向居民转移一部分收入，如股票分红等。在收入的使用方面，居民收入用于居民消费和居民储蓄，政府收入用于政府消费和政府投资，企业收入用于再生产和储蓄。居民储蓄、企业储蓄和政府财政盈余/赤字构成了总储蓄，总储蓄用于投资。上期的固定资产与存货加上新增的投资减去折旧与存货变动，即可得到当期的固定资产与存货。

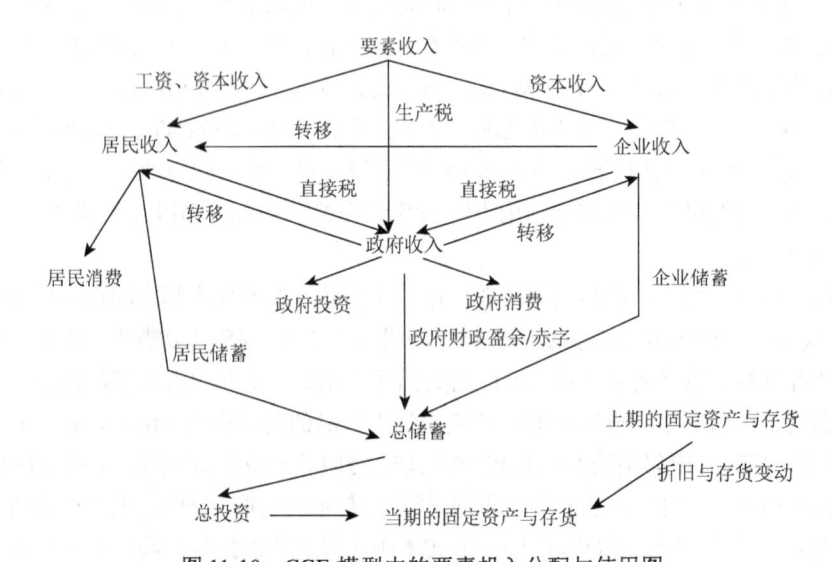

图 11-10　CGE 模型中的要素投入分配与使用图

5）贸易

在开放型 CGE 模型中，贸易包括国内贸易和对外贸易。对外贸易包括了进出口商品的需求与供给。其中进口需求分解成两层，第一层是将总需求分成对国内产品的需求和对进口品的需求；第二层是将总的进口需求分配给不同的贸易伙伴。在 CGE 模型中，不同产地的商品一般采取 CES 函数描述。出口供给也同样是由两层嵌套结构组成，第一层是国内生产产品的分配结构，即其如何在国内市场和出口之间分配，第二层是出口如何在各不同出口目的地之间分配，出口供给一般都用 CET 函数描述。无论是国内贸易还是对外贸易，其流通都存在一定的商品交易费用。这些交易费用包括国内贸易、运输和相关服务的费用，一般贸易和运输服务的产出用里昂惕夫函数计算。

6）均衡与宏观闭合

CGE 模型中的均衡约束包括两个方面：各机构账户的预算平衡和各个市场的均衡。前者指生产者的产品销售所得等于其中间投入和要素收入、投资等于储蓄，以及居民、政府的收支平衡等。这些平衡通过各经济主体的收支调整可以直接实现。市场的均衡是指相互独立的供给和需求通过一个中间机制而实现的均衡，如通过商品市场实现的商品供求平衡、通过要素市场实现的要素供求平衡以及通过外汇市场实现的外汇供求平衡。通常 CGE 模型通过内生变动的价格实现市场均衡，但也可以固定价格，通过调节数量的方式实现均衡。

CGE 模型中的宏观约束包括三个基本的宏观账户平衡关系：政府收支平衡、投资-储蓄平衡、国际收支平衡。政府收支平衡是指政府的总收入等于总支出，可以将基本税率作为参数外生给出，用政府储蓄或赤字来平衡政府预算；投资-储蓄平衡是指总投资等于总储蓄；国际收支均衡是指一国的出口和投资收入之和与进口和投资支出之和相等。此外，生产要素的供给也是一项重要的宏观约束。如何确定这些宏观约束成了 CGE 模型特有的"宏观闭合（macro closure）"问题。宏观闭合是对涉及 CGE 模型的外生宏观要素变量赋值，外生变量或模型闭合的不同选择反映了要素市场和市场主体行为的不同假设。主要的闭合原则有：政府的财政赤字外生，由内生的直接税获得；私人投资内生，由各类储蓄决定；政府经常性和资本性支出的规模外生；国际贸易和运输的需求规模外生；存货变动外生；贸易余额外生，实际汇率使得国际收支平衡等。有了这些外生条件之一，才能使 CGE 模型闭合。通过对宏观约束进行不同假设，宏观账户的平衡调整机制被确定下来，一些宏观经济特性也就被引入到 CGE 模型中。

3. 能源与环境 CGE 模型

从 20 世纪 80 年代开始，全球气候变暖、臭氧层破坏、大气污染、水土流失、生物多样性减少等环境问题日益突出。在这种背景下，旨在减少污染、改善环境的各种国际合作与协定应运而生，各国都在寻求一种既能保持经济增长，又能有效削减污染排放的经济控制政策。环境 CGE 模型在这种背景下逐渐成为研究的热点。环境 CGE 模型的研究领域通常包括以下几个方面：①温室气体特别是 CO_2 排放控制的研究；②能源利用效率的研究；③绿色环境税收的影响。把环境因素纳入 CGE 模型的分析框架是从 20 世纪 80 年代末开始的。早先的环境 CGE 模型主要是将污染的影响以不同的方式内生到生产函数或效用函数中，这些模型主要用于评价各种公共政策对环境和经济的影响[①]。

近年来的研究更多地将 CGE 模型应用于各种政策效应的分析中。这类模型的不同之处在于如何将环境问题嵌入 CGE 模型中。按照污染方式在 CGE 模型中的不同表示方式，环境 CGE 模型往往可以分为三类，第一类是将污染与能源使用直接与部门中间投入和产出采用的固定排放系数相联系，这类模型一般并不改变模型中各种行为主体的决策行为，只是在标准的 CGE 模型中增加一个外生的污染或能源模块（Glomsrød et al., 1992）。第二类的突出特点是将环境影响反馈至经济系统中，如 Piggott 等（1992）在居民的消费效用函数中增加了污染排放与削减因素。第三类是在生产函数中加入污染削减行为或污染削减技术（Vaughn Nestor and Pasurka, 1995）。

◆应用实例 11-7：基于金融 CGE 模型分析中国绿色信贷政策对"两高"行业的影响[②]

本应用实例从绿色信贷政策中对"两高"行业实施惩罚性高利率这一市场化的利率政策入手，建立一个加入金融系统的单国静态 CGE 模型，刻画绿色信贷政策的传导路径，定量测算政策在不同时期的系统性影响。

1）CGE 模型构建

本模型的账户设置如下：42 个生产部门，机构的经常账户（家庭、企业、政府、世界其他地区），机构的金融账户（家庭、企业、政府、世界其他地区），银行系统（商业银行、中央银行），金融资产账户（存款、贷款、企业证券、政府债券、国外资产、外商直接投资、国外借贷等）。其中企业分为三类：能源型企业、能源密集型企业和其他企业。

本模型的实体部分参照了国际食物政策研究所在 2002 年开发的标准 CGE 模型（Lofgren et al., 2001）。本模型在两个方面对标准 CGE 模型做出调整。第一，能源模块，本模型将能源（原油、成品油、煤炭与电力）作为要素投入加入生产函数中，突出能源投入在生产活动中作为基石的作用，实现模拟能源之间相互替代的作用。第二，金融模块，本模型拓展了标准 CGE 模型中的投资-储蓄闭合，将储蓄转化为投资的通道中加入金融市场的中介作用。其中，企业可从金融市场上融资的渠道有：商业银行贷款、证券市场融资、外商直接投资等。

2）绿色信贷模块

投资需求由资本成本、投资品价格、投资回报率共同决定，表示如下：

$$ZD_a = \lambda_a \cdot \left(WF_{cap} \cdot \frac{WFDIST_{cap,a}}{1+PINF} \cdot PK_a \right) \varepsilon zd_a \cdot QF_{cap,a}$$

其中，ZD_a 为行业 a 的实际投资需求；λ_a 为投资规模参数；PINF 为通胀率；PK_a 为行业 a 的投资品综合价格；$WF_{cap} \cdot WFDIST_{cap,a}$ 为投资回报率减去资本成本率；εzd_a 为投资需求方程的指数参数；$QF_{cap,a}$ 为行业 a 的资本投入。

与一般行业零利润假设不同，本模型假设商业银行有恒正的利润率，符合中国银行业的行业现状。因此，商业银行的利率满足如下方程：

[①] 例如，Hazilla 和 Kopp（1990）、Jorgenson 和 Wilcoxen（1990）都为早期的环境 CGE 模型研究做出过贡献。
[②] 原文链接：http://www.zgglkx.com/CN/10.16381/j.cnki.issn1003-207x.2015.04.006。

$$\sum (\text{INTRSTD} \cdot \text{FSTOCKD}_{\text{ins}}) \cdot \text{shprofitb} = \sum (\text{INTRSTC}_{\text{insp}} \cdot \text{FSTOCKD}_{\text{insp}})$$

其中，INTRSTD 为存款的利率；FSTOCKD$_{\text{ins}}$ 为机构 ins 的存款余额；INTRSTC$_{\text{insp}}$ 为商业银行提供给私人机构 insp 的贷款利率；FSTOCKD$_{\text{insp}}$ 为私人机构 insp 的贷款余额。

对于银行来说，资本所得减去利息支出即是资本回报，表示为

$$\text{YF}_{\text{cap}} = \sum \left(\text{WF}_{\text{cap}} \Delta \text{WFDIST}_{\text{cap},a} \Delta \text{QF}_{\text{cap}} \right) + \sum \sum (\text{INTRSTC}_e \Delta \text{OMEFA1}_{e,a} \Delta \text{FFLOWC}_e \\ + \text{INTRSTB}_e \Delta \text{OMEFA1}_{e,a} \Delta \text{FFLOWB}_e)$$

其中，YF$_{\text{cap}}$ 为资本所得；WF$_{\text{cap}}\Delta$WFDIST$_{\text{cap},a}$ 已经减去资本成本，这里计算整体经济资本所得时，需加上资本成本，即模型中的利息；OMEFA1$_{e,a}$ 是行业 a 与企业 e 的转换矩阵。

各行业的资本投入包含了初始资本存量及新增投资，因此，投资的变动将直接影响到各行业的资本投入，从而可以影响生产活动。QF0$_{\text{cap},a}$ 是行业 a 的初始资本存量，可以写为

$$\text{QF0}_{\text{cap},a} = \text{QF0}_{\text{cap},a} + \text{ZD}_a$$

各类企业的商业银行贷款与直接融资的比率取决于其所拿到的相对利率。其中商业银行贷款利率外生，为政策变量；而直接融资利率为内生。FFLOWC$_e$ 是企业 e 的新增贷款；FFLOWB$_e$ 是企业 e 的新增直接融资。g2$_e$ 则代表企业 e 的新增贷款与新增融资总量之比，INTRSTA 表示行业融资利率。它们满足如下等式：

$$\text{FFLOWC}_e = \text{g2}_e \cdot (\text{FFLOWC}_e + \text{FFLOWB}_e)$$

$$\text{g2}_e / (1 - \text{g2}_e) = \psi_e \cdot ((1 + \text{INTRSTC}_e) / (1 + \text{INTRSTA})) \varepsilon 2_e$$

3）模拟结果

在本应用实例中，我们设置了三种情景，分别代表在短期、中期、长期不同时间段内，绿色信贷政策的影响效果，高排放行业的商业银行贷款利率比其他行业提高 2 个百分点，根据商业银行利润率不变的假设，其他行业的贷款利率相应降低。S0$_a$ 情景模拟短期情景，模型中设置为劳动力在各部门之间不能自由流动；S0$_b$ 情景模拟中期情景，模型中设置为劳动力在各部门之间可以自由流动，劳动力工资固定；S0$_c$ 情景模拟长期情景，模型中设置为劳动力在各部门之间可以自由流动，劳动力工资内生。

由表 11-8 可以看出，总体上，实施绿色信贷增加了能源密集型企业的融资成本，尤其是银行利率，拉动证券利率上升。因而能源密集型企业银行贷款量减少，而证券融资量增加，而总融资量下降。而对于其他行业，银行利率下降，总体平均利率下降。因而总体贷款量上升，银行贷款、证券融资量均有所提高。在短期，实施绿色信贷政策后，能源密集型企业面对的银行利率增加 1.762%，证券利率上升 0.313%，平均利率增加 1.1%。在中期，能源密集型企业证券利率相比短期回落 0.017%，平均利率回落 0.008%。在长期，能源密集型企业证券利率相比中期增加 0.019%，平均利率相比中期增加 0.009%。

表 11-8 各情景融资成本变动表

情景	企业类型	银行贷款/万亿元	证券融资/万亿元	银行利率	证券利率	平均利率
$S0_a$	能源密集型	−0.668	0.616	1.762%	0.313%	1.100%
$S0_b$	能源密集型	−0.692	0.597	1.762%	0.296%	1.092%
$S0_c$	能源密集型	−0.662	0.620	1.762%	0.315%	1.101%
$S0_a$	其他企业	0.450	0.013	−0.238%	0.313%	−0.182%
$S0_b$	其他企业	0.397	0.008	−0.238%	0.296%	−0.183%
$S0_c$	其他企业	0.534	0.022	−0.238%	0.315%	−0.182%

图 11-11 展示了短、中、长期绿色信贷政策对各行业产出的影响情况。如图 11-11 所示，在短期和中期，绿色信贷政策对造纸业、化工业产出抑制有效，在长期则对目标行业产出抑制无效。在短期，绿色信贷政策虽然能够比较有效地抑制造纸业和化工业的产出，但缺乏对非金属矿和金属冶炼行业的产出抑制效果。

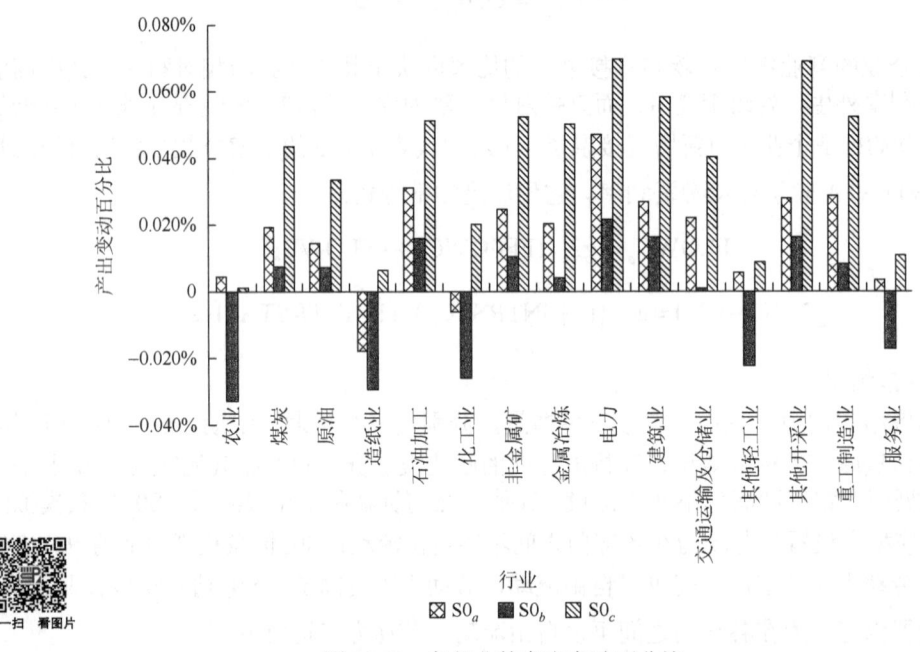

图 11-11 各行业的产出变动百分比

11.3.3 SD 模型

SD 始创于 1956 年，在 20 世纪 50 年代末成为一门独立完整的学科，其创始者为美国麻省理工学院的福雷斯特（Forrester）教授。系统动力学是一门分析研究信息反馈系统的学科，也是一门认识系统问题和解决系统问题的综合性交叉学科。它是系统科学与管理科学的一个分支，也是一门沟通自然科学和社会科学等领域的横向学科。

本小节将介绍系统动力学的基本思想与建模步骤。

1. 系统动力学的基本思想

系统动力学对实际系统的构模和模拟是从系统的结构和功能两方面同时进行的。系统的结构是指系统所包含的各单元以及各单元之间的相互作用与相互关系。系统的功能是指系统中各单元本身及各单元之间相互作用的秩序、结构和功能，分别表征了系统的组织和系统的行为，它们是相对独立的，又可以在一定条件下互相转化。所以在系统模拟时既要考虑到系统结构方面的要素，又要考虑到系统功能方面的因素，这样才能比较准确地反映出实际系统的根本规律。系统动力学方法从构造系统最根本的微观结构入手来构造系统模型。其中，不仅要从功能方面考察模型的行为特性与实际系统中测量到的系统变量的各数据、图表的吻合程度，还要从结构方面考察模型中各单元相互联系和相互作用关系与实际系统结构的一致程度。模拟过程中所需的系统功能方面的信息可以通过收集、分析系统的历史数据资料来获得，属定量方面的信息；所需的系统结构方面的信息依赖于模型构造者对实际系统运动机制的认识和理解程度，其中也包含着大量的实际工作经验，属定性方面的信息。因此，系统动力学是对系统的结构和功能同时模拟的方法，实质上就是充分利用了实际系统定性和定量两方面的信息，并将它们有机地融合在一起，合理有效地构造出能较好地反映实际系统的模型。

2. 系统动力学建模步骤

系统动力学模型可以分析那些有反馈和相互依赖的系统，用于对生态和经济、供应链和生产过程的建模。系统动力学模型提高了我们通过包含正反馈和负反馈的逻辑链进行思考的能力。系统动力学模型可以同时包括正反馈和负反馈。当变量或属性的增加导致同一变量或属性的更大增加时，就会出现正反馈。负反馈会抑制趋势。负反馈往往能够带来理想的属性，防止泡沫和崩盘。

任何一个系统动力学模型都由源、汇、存量和流量组成。源产生存量；存量是某个变量的数量或水平；流量描述了存量水平的变化；汇能够捕获来自存量的流量输出；汇和源是不包含在模型中的过程的"占位符"；存量水平会根据源和流量随时间推移而变化。

建立系统动力学模型可以分为四个步骤，如图11-12所示。第一步，系统分析，其主要任务是明确系统问题，广泛收集解决系统问题的有关数据、资料和信息，然后大致划定系统的边界。第二步，结构分析，其注意力集中在系统的结构分解、确定系统变量和信息反应机制。第三步，修改模型，具体包括建立方程、建立模型、模型模拟和模型评估。第四步，模型使用与政策分析，即在已经建立起来的模型上对系统问题进行定量的分析研究和做各种政策实验。

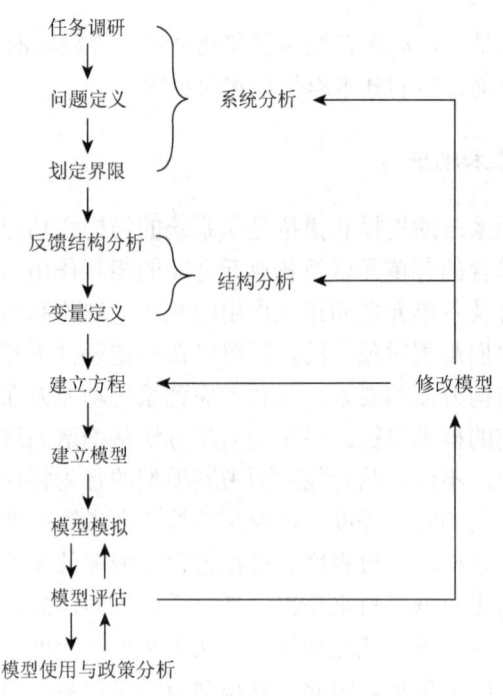

图 11-12 系统动力学模型的建模步骤

◆应用实例 11-8：基于系统动力学模型模拟气候政策的效果[①]

本应用实例提出一个包含生态、金融、宏观经济的系统动力学模型。图 11-13 刻画了物质的投入与产出和社会经济系统进行耦合的机制。进行生产需要特定量的物质（产出），这些物质既可以从自然环境中取得，也可以回收获取。进行物质提取后，储备（即有望使用现有技术经济地生产的物料数量）趋于减少。碳依赖型化石能源也是生产流程所必

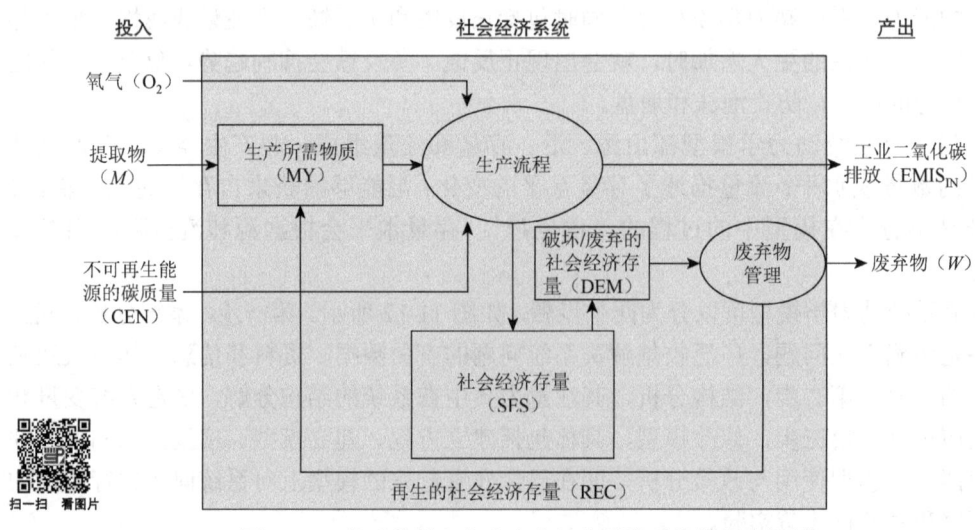

图 11-13 物质的投入与产出和社会经济系统的耦合机制

---

① 原文链接：https://www.elgaronline.com/view/journals/ejeep/19/3/article-p338.xml。

需的。只要进行生产,此类能源的物质成分就将发生化学反应生成二氧化碳,并以二氧化碳排放的形式进入自然环境。生产过程产出的消费品与投资品将累积在社会经济系统中。这些产品的物质成分被称为"社会经济存量"。每年有一部分社会经济存量被意外破坏或废弃。通过废弃物管理,这些被破坏/废弃的社会经济存量中的一部分被回收。剩余的部分成为废弃物,进入自然环境。这些废弃物中的一部分是有害的,可能对环境和人口健康产生负面影响。

1）模型构建

表 11-9 描述了本模型的物质流矩阵,该矩阵对系统的刻画使得该系统服从热力学定律。具体来说,热力学第一定律指出,在能源与物质转化过程中能量是守恒的。热力学第二定律指出,随着经济活动的进行,化石能源转换为耗散能量的过程是不可逆的。表 11-10 则刻画了本模型的物质存量-流量矩阵,即随着经济社会活动的开展,物质存量如何随着流量的改变而改变。

表 11-9 物质流矩阵

物质流类型		物质账户	能源账户
投入	提取物	$+M_t$	
	非化石能源		$+E_{NFt}$
	化石能源	$+CEN_t$	$+E_{Ft}$
	化石能源燃烧的氧气使用	$+O2_t$	
产出	工业二氧化碳排放	$-EMIS_{INt}$	
	废弃物	$-W_t$	
	耗散能量		$-ED_t$
	社会经济存量变动	$-SES_t$	
合计		0	0

表 11-10 物质存量-流量矩阵

造成物质流动的行为		物质储备	化石能源储备	二氧化碳排放积累值	社会经济存量	有害废弃物积累量
期初存量		$REV_{M,t-1}$	$REV_{E,t-1}$	$CO2_{CUM,t-1}$	SES_{t-1}	$HW_{CUM,t-1}$
增加存量	资源转换为储备	$+CON_{M,t}$	$+CON_{E,t}$			
	二氧化碳排放			$+EMIS_t$		
	物质商品生产				$+MY_t$	
	不可回收的有害废弃物					$+hazW_t$
减少存量	提取/使用物质/能源	$-M_t$	$-E_{F,t}$			
	破坏/废弃的社会经济存量				$-DEM_t$	
期末存量		$REV_{M,t}$	$REV_{E,t}$	$CO2_{CUM,t}$	SES_t	$HW_{CUM,t}$

基于表 11-9 和表 11-10 给出的两个矩阵，我们进一步写出该模型中关键动力学方程。经济总产出的动力学过程用一个给定的 GDP 增长率（g_Y）来刻画，即

$$Y_t = Y_{t-1}(1+g_Y)$$

并且，生产所需的物质量（MY_t）可以计算为

$$MY_t = \mu Y_t$$

其中，μ 为物质强度。因而，物质提取量可以表示为所需物质和再生的社会经济存量（REC_t）的差额，计算为

$$M_t = MY_t - REC_t$$

其中，再生的社会经济存量基于回收率（ρ）与破坏/废弃的社会经济存量（DEM_t）来计算，写为

$$REC_t = \rho DEM_t$$

破坏/废弃的社会经济存量可以计算为上一期存量的一部分（该比例为恒定，记为 prop），我们有

$$DEM_t = \text{prop} SES_{t-1}$$

于是，社会经济存量（SES_t）的动力学方程为

$$SES_t = SES_{t-1} + MY_t - DEM_t$$

废弃物（W_t）可以表示为

$$W_t = DEM_t - REC_t$$

有害废弃物积累量（$HW_{CUM,t}$）、物质储备（$REV_{M,t}$）的存量动力学方程可以分别写为

$$HW_{CUM,t} = HW_{CUM,t-1} + \text{haz} W_t$$

$$REV_{M,t} = REV_{M,t-1} + CON_{M,t} - M_t$$

转化为物质储备的物质资源可以表示为

$$CON_{M,t} = \text{con}_M RES_{M,t-1}$$

其中，con_M 为物质资源转化为储备的比率。进而，物质耗损率可以计算为

$$\text{dep}_{M,t} = \frac{M_t}{REV_{M,t-1}}$$

2）模拟结果

本应用实例模拟了基准场景（Baseline）、引入碳税（CT）、碳税与绿色补贴共同作用（CT＋GS）、绿色公共投资（GPI）四种场景下，该动力学模型的演化轨迹，结果如图 11-14 所示。结果表明，在基准情形下，21 世纪末期的地表温度会上涨至 3.2℃。全球气候变暖也会给宏观经济和金融体系带来负面影响，体现在产出增长率的下跌、公共债务产出比的上升等，并同时会带来企业拥有更低的收益率和更高的违约率的不良后果。

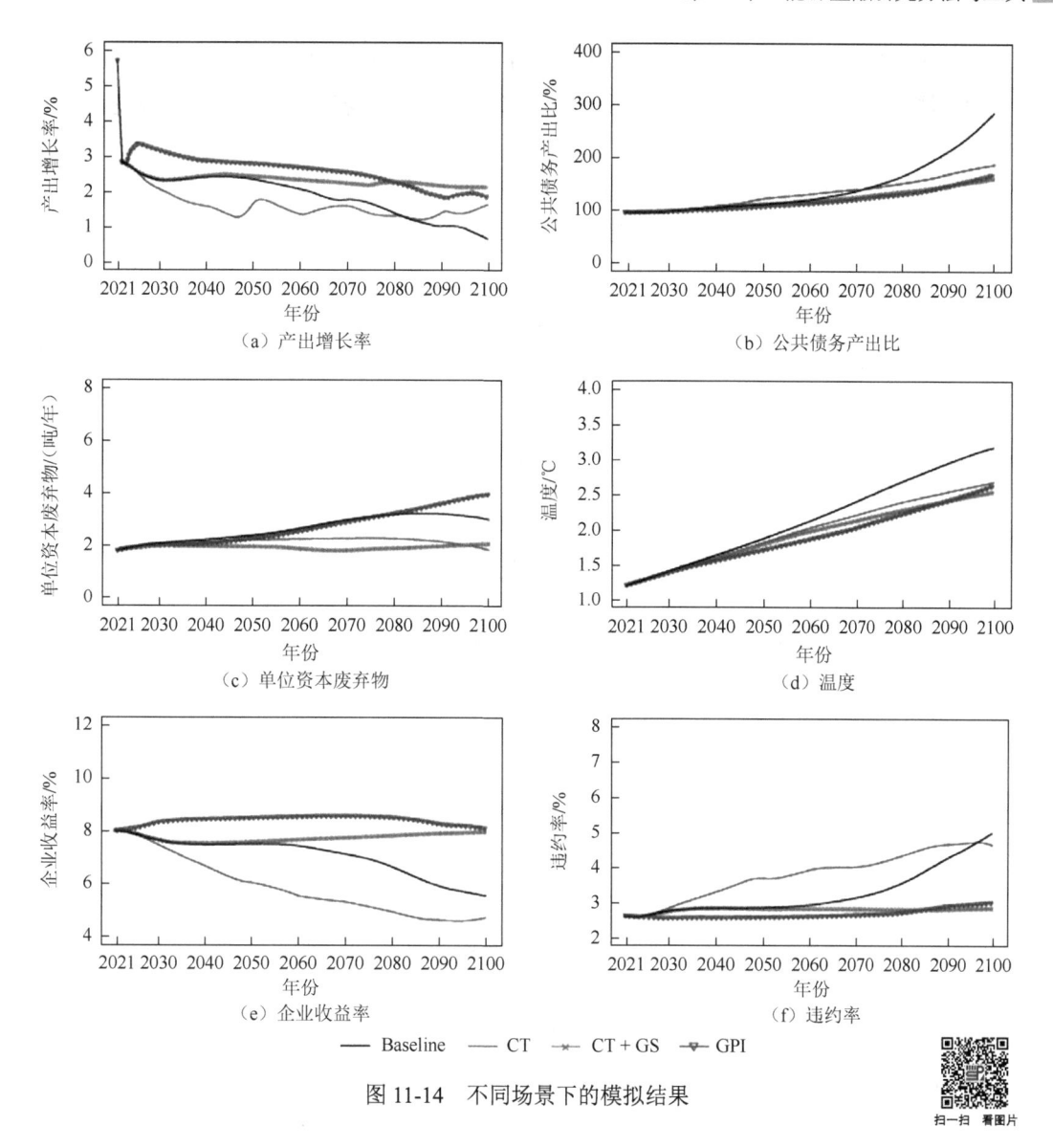

图 11-14 不同场景下的模拟结果

随着政策的引入,我们进一步发现,碳税对于延缓全球气候变暖是有促进作用的,但与此同时会带来宏观经济增长减缓、企业利润下降,以及更高违约率的副作用。碳税与绿色补贴共同实施,不仅有利于气候治理,还对于宏观经济与金融体系的副作用有削弱的效果。最后,我们发现,绿色公共投资能有效治理气候变化、延缓气候变暖,还有利于宏观经济增长、降低金融风险,但给环境带来了更多废弃物。

课 后 习 题

1. 同一统计指标按时间顺序记录的数据列称为(　　)。
A. 横截面数据　　B. 时间序列数据　　C. 修匀数据　　D. 原始数据

2. 对于分布滞后模型，时间序列资料的序列相关问题就转化为（　　）。
A. 异方差问题　　B. 多重共线性问题　　C. 多余解释变量　　D. 随机解释变量
3. 关于格兰杰因果检验，以下说法正确的是（　　）。
A. 可以用来检验变量间是否可以相互预测
B. 可以用来检验变量间不存在经济意义上的因果关系
C. 该检验是一个 F-检验
D. 如果不能拒绝零假设，说明这两个变量之间存在格兰杰因果关系
4. 基于能源股票收益率的相关性构建的复杂网络是（　　）。
A. 有向有权网络　　B. 有向无权网络　　C. 无向有权网络　　D. 无向无权网络
5. 以下关于政策仿真的说法，错误的是（　　）。
A. 政策仿真是利用数学和计算机方法，对现实问题进行建模和模拟的方法
B. 在政策实验中，模拟环境是虚拟的，但其结果可以作用于现实世界加以检验
C. 政策模拟实验要以实际数据为基础，是为了让结论具有现实意义
D. 政策模拟的科学性依赖于理论的正确性、模型的准确性和算法的完整性
6. 关于政策仿真的三类模型（DSGE/CGE/SD），以下说法错误的是（　　）。
A. 在动态随机一般均衡模型中，价格是外生给定的
B. 系统动力学建模的第一步就是确定系统的边界
C. 系统动力学模型强调信息的反馈机制
D. 上述三类模型均可以模拟能源政策的作用效果
7. 假设你拥有某只新能源股票，收集日收益率 T 个，其满足下面的模型：

$$r_t = \varepsilon_t$$
$$\varepsilon_t = \sqrt{h_t} v_t$$
$$h_t = 0.0001 + 0.9 h_{t-1} + 0.08 \varepsilon_{t-1}^2$$

已知 $h_T = 0.005$，$\varepsilon_T^2 = 0.0002$，v_t 为随机变量序列，且独立同分布于 $N(0, \sigma^2)$。
（1）根据模型对收益率进行 1 步预测和 2 步预测。
（2）对条件方差进行 1 步预测和 2 步预测。
8. 假设某序列满足 GARCH(1,2) 模型，请推导该序列的平方满足什么过程。
9. 图的结构如下图所示。
（1）请计算节点 5 的度。
（2）请计算节点 1 到节点 6 的路径数。

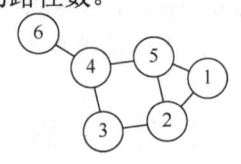

参 考 文 献

李成，马文涛，王彬. 2011. 通货膨胀预期、货币政策工具选择与宏观经济稳定. 经济学（季刊），10(1): 51-82.

李文溥, 李鑫. 2010. 利率平滑化与产出、物价波动: 一个基于泰勒规则的研究. 南开经济研究, (1): 36-50.

肖璞, 刘轶, 杨苏梅. 2012. 相互关联性、风险溢出与系统重要性银行识别. 金融研究, (12): 96-106.

谢平, 罗雄. 2002. 泰勒规则及其在中国货币政策中的检验. 经济研究, (3): 3-12, 92.

于扬, 王维国. 2015. 混频数据回归模型的分析技术及其应用. 统计与信息论坛, 30(12): 22-30.

张屹山, 张代强. 2007 前瞻性货币政策反应函数在我国货币政策中的检验. 经济研究, (3): 20-32.

Adrian T, Brunnermeier M K. 2016. CoVaR. American Economic Review, 106(7): 1705-1741.

Baruník J, Křehlík T. 2018. Measuring the frequency dynamics of financial connectedness and systemic risk. Journal of Financial Econometrics, 16(2): 271-296.

Bollerslev T. 1986. Generalized autoregressive conditional heteroskedasticity. Journal of Econometrics, 31(3): 307-327.

Calvo G A. 1983. Staggered prices in a utility-maximizing framework. Journal of Monetary Economics, 12(3): 383-398.

Christiano L J, Eichenbaum M, Evans C L. 2005. Nominal rigidities and the dynamic effects of a shock to monetary policy. Journal of Political Economy, 113(1): 1-45.

Clarida R, Galí J, Gertler M. 2000. Monetary policy rules and macroeconomic stability: evidence and some theory. The Quarterly Journal of Economics, 115(1): 147-180.

Davidson J E H, Hendry D F, Srba F, et al. 1978. Econometric modelling of the aggregate time-series relationship between consumers' expenditure and income in the United Kingdom. The Economic Journal, 88(352): 661-692.

Dejong D N, Dave C. 2012. Structural Macroeconometrics. 2nd ed. Princeton: Princeton University Press.

Diebold F X, Yilmaz K.2008. Measuring financial asset return and volatility spillovers, with application to global equity markets. The Economic Journal, 119(534): 158-171.

Diebold F X, Yilmaz K. 2012. Better to give than to receive: predictive directional measurement of volatility spillovers. International Journal of Forecasting, 28(1): 57-66.

Engle R F. 1982. Autoregressive conditional heteroscedasticity with estimates of the variance of United Kingdom inflation. Econometrica, 50: 987-1007.

Engle R F. 2001. Co-integration and error-correction: representation, estimation, and testing// Ghysels E, Granger C W J. Essays in Econometrics. Cambridge: Cambridge University Press: 145-172.

Finn M G. 1995. Variance properties of solow's productivity residual and their cyclical implications. Journal of Economic Dynamics and Control, 19(5): 1249-1281.

Foroni C, Marcellino M G. 2013. A survey of econometric methods for mixed-frequency data. Available at SSRN 2268912.

Glomsrød S, Vennemo H, Johnsen T A. 1992. Stabilization of emissions of CO_2: a computable general equilibrium assessment. The Scandinavian Journal of Economics, 94: 53-69.

Granger C W J. 2001. Investigating Causal Relations by Econometric Models and Cross-Spectral Methods. Cambridge: Harvard University Press.

Hazilla M, Kopp R J. 1990. Social cost of environmental quality regulations: a general equilibrium analysis. Journal of Political Economy, 98(4): 853-873.

Johansen S. 1988. Statistical analysis of cointegration vectors. Journal of Economic Dynamics and Control, 12(2): 231-254.

Johansen S. 1995. Likelihood-Based Inference in Cointegrated Vector Autoregressive Models. New York: Oxford University Press.

Jorgenson D W, Wilcoxen P J. 1990. Intertemporal general equilibrium modeling of U.S. environmental regulation. Journal of Policy Modeling, 12(4): 715-744.

Lofgren H, Harris R, Robinson S. 2001. A Standard Computable General Equilibrium (CGE) Model in GAMS. International Food Policy Research Institute.

Newman M E J. 2003. The structure and function of complex networks. Siam Review, 45: 167-256.

Piggott J, Whalley J, Wigle R. 1992. International linkages and carbon reduction initiatives. https://search.informit.org/doi/abs/10.3316/apeclit.apec376[2024-01-12].

Rotemberg J, Woodford M. 1996. Imperfect competition and the effects of energy price increases on economic activity. Journal of Money, Credit and Banking, 28(4): 550-577.

Schmitt-Grohé S, Uribe M. 2005. Optimal inflation stabilization in a medium-scale macroeconomic model. NBER Working Paper Series.

Shoven J B, Whalley J. 1992. Applying General Equilibrium. Cambridge: Cambridge University Press.

Vaughn Nestor D, Pasurka C A. 1995. Cge model of pollution abatement processes for assessing the economic effects of environmental policy. Economic Modelling, 12(1): 53-59.